安東尼・畢佛——著

解密突出部之役

ANTONY BEEVOR

1944 ARDENNES

Hitler's Last Gamble

黃佳瑜

獻給
亞當·畢佛（Adam Beevor）

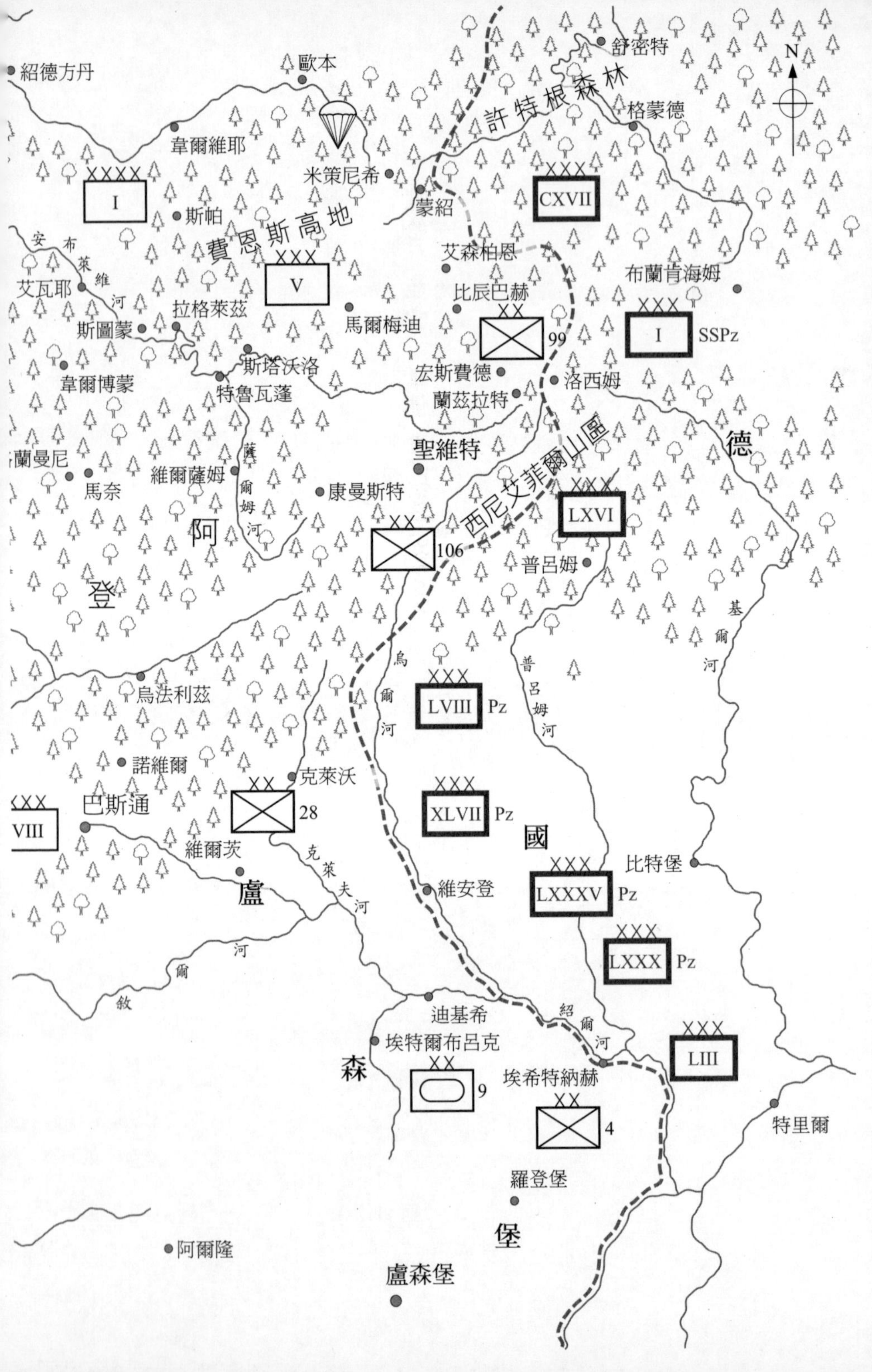

紹德方丹
歐本
舒密特
許特根森林
格蒙德
N
韋爾維耶
米策尼希
蒙紹
I
CXVII
斯帕
費恩斯高地
安布萊維河
艾森柏恩
艾瓦耶
V
比辰巴赫
布蘭肯海姆
拉格萊茲
馬爾梅迪
99
I SSPz
斯圖蒙
斯塔沃洛
宏斯費德
洛西姆
韋爾博蒙
特魯瓦蓬
蘭茲拉特
西尼艾菲爾山區
德
聖維特
蘭曼尼
馬奈
維爾薩姆
薩爾姆河
康曼斯特
LXVI
阿
106
普呂姆
登
基爾河
烏爾河
普呂姆河
烏法利茲
LVIII Pz
諾維爾
克萊沃
巴斯通
VIII
28
XLVII Pz
國
維爾茨
比特堡
克萊夫河
盧
維安登
LXXXV Pz
LXXX Pz
敘爾河
紹爾河
迪基希
埃特爾布呂克
LIII
森
9
埃希特納赫
4
特里爾
羅登堡
堡
阿爾隆
盧森堡

德軍突襲前夕的阿登前線

一九四四年十二月十六日

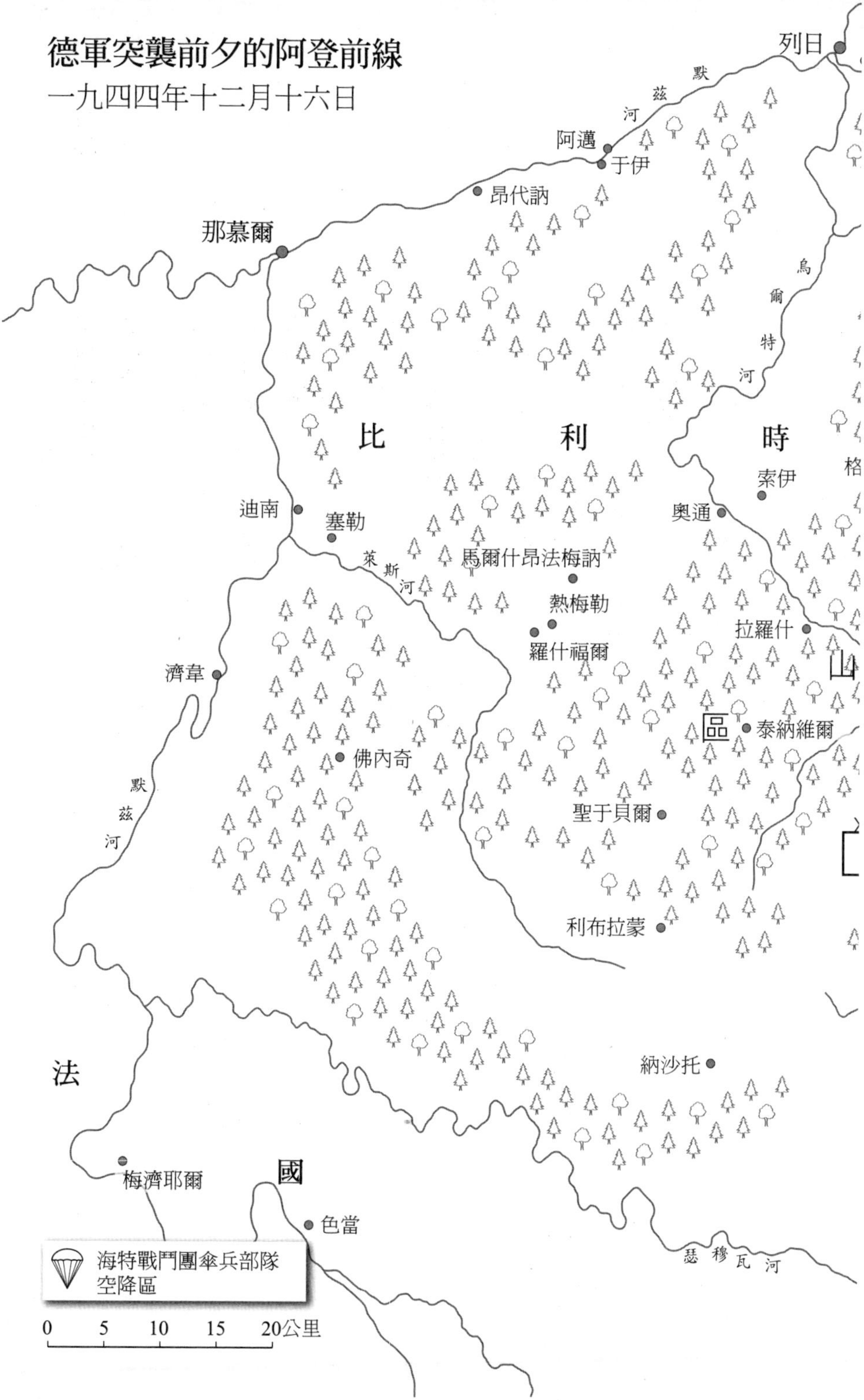

目錄

軍事標誌圖例

盟軍		德軍	
	第十二集團軍		B集團軍
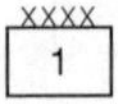	美第一軍團	 Pz	第五裝甲軍團
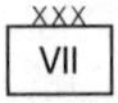	美第七軍	 26VG	第二十六國民擲彈兵師
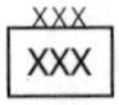 BR	英第三十軍	 LEHR	裝甲教導師
 101	第一〇一空降師	 3FSJ	第三空降獵兵師
B 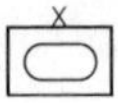 10	第十裝甲師B戰鬥指揮部	115  15Pzg	第十五裝甲擲彈兵師第一一五團
335  84	第八十四師第三三五步兵團	Rcn 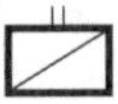 26V G	第二十六國民擲彈兵師偵察營

詞彙表

鹿砦（Abatis）	以砍倒的樹木橫阻馬路和小徑的障礙物，往往佈有地雷或詭雷。
兵站區（Com Z）	負責一切補給與士兵替補事宜，由李將軍指揮。
反情報部隊（Counter Intelligence Corps）	等同於英國野戰保安部隊（British Field Security）的美軍單位。
CSDIC	三軍聯合審訊中心（Combined Services Detailed Interrogation Centre），包括監獄與戰俘營，例如主要由德國猶太裔志願者負責、將德國戰俘的對話秘密錄音下來的英國特倫特公園（Trent Park）。
狗臉（Dogface）	美軍俚語，泛指步兵。
麵糰男孩（Doughboy）	源於一次大戰的術語，泛指美國大兵。
G-2	情報部高級參謀或一般參謀。
G-3	作戰部高級參謀或一般參謀。
戰轟（Jabo）	德文戰鬥轟炸機（Jagdbomber）的縮寫。
水桶車（Kübelwagen）	對應於吉普車的德軍裝備，由福斯汽車生產，比吉普車大一點也重一點。
絞肉機（Meat-chopper）	美軍俚語，指用於應付敵軍步兵、配備四聯式點五〇機關槍的防空半履帶車。
默茲河（Meuse River）	德語、荷語與佛蘭德語中的馬斯河（Maas），在法語與英語中稱為默茲河。
非戰鬥傷亡（Non-battle casualties）	包括罹患戰壕腳、凍瘡以及精神崩潰或戰鬥衰竭症的患者。
近炸引信（Pozit fuses）	在阿登戰役中首度運用於戰爭的「近發」引信，會在敵軍頭頂上空引爆炸彈，產生致命效果。

消費合作社（PX）	販賣物品（包括香菸）給美軍人員的福利社。
羅爾河（Roer river）	德國稱為魯爾河（Rur），但為清楚起見，即便在德國境內，本書一律採用這條河流的佛蘭德語／法語／英語名稱，羅爾河。
衝鋒隊（SA）	納粹的「褐衫」衝鋒隊員。
城堡（Schloss）	德國城堡或大型鄉間別墅
咪咪砲（Screaming meemies）	美軍俚語，指會發出嚇人聲響的德國噴煙者六管火箭砲。
SHAEF	盟軍遠征軍最高司令部。艾森豪將軍的總部設於凡爾賽宮，指揮西線戰場的三個集團軍。
戰壕腳（Trench foot）	戰壕腳在美國軍方的正式名稱為「足浸病」，但所有人仍沿用一次大戰留下來的術語。這是基於腳濕氣、沒有勤換乾襪子，以及缺乏活動造成的疾病，有可能引發壞疽。
終極（Ultra）	攔截德國恩尼格瑪（Enigma）密碼機發送的信號，並在布萊切利園解譯的情報。
國民擲彈兵（Volksgrenadier）	德國於一九四四年秋天組建的步兵師級部隊，是一支規模較小的兵種。
國防軍指揮參謀部（Wehrmachtführungsstab）	由約德爾上將領導的國防軍作戰指揮參謀部。
西牆（Westwall）	德國沿著西部邊境修築的防禦工事，美國人和英國人稱之為齊格菲防線（Siegfried Line）。

1. 勝利熱潮

一九四四年八月二十七日清晨，艾森豪將軍從沙特爾（Chartres）啟程，準備看看剛解放的巴黎。「今天是星期天，」[1]盟軍最高司令告訴隨行的布萊德雷將軍（Omar Bradley），「所有人都會賴床，我們此行可以不驚動任何人。」然而，當兩位將軍在這趟所謂的「非正式參訪」朝法國首都風馳電掣行進時，他們的行動很難不引人注目。[2]最高司令的草綠色凱迪拉克由兩輛裝甲車護送，另有一名准將坐鎮吉普車負責前導。

當他們抵達奧爾良門，第三十八騎兵偵察中隊已在傑羅少將（Lenoard Gerow）的指揮下呈檢閱隊形恭候大駕，形成了更盛大的護送隊伍。傑羅少將是艾森豪的老朋友；進攻巴黎期間，法軍第二裝甲師的勒克萊爾將軍（Philippe Leclerc）三番兩次違抗他的命令，此刻，他依然為此怒氣衝天。傑羅以巴黎的軍事首長自居，前一天，他下令禁止勒克萊爾及其部隊參與戴高樂將軍從凱旋門到聖母院的遊行。相反地，他囑咐他「堅守當前任務，肅清殘留在巴黎及其近郊的敵人」。[3]收復首都的過程中，勒克萊爾始終對傑羅的命令置若罔聞，但是那天早晨，他確實派遣了部分軍隊前往城市北郊，掃蕩聖德尼（Saint-Denis）一帶的德軍陣地。

巴黎街道冷冷清清，因為還能動的車輛幾乎被撤退的德軍掠奪殆盡。由於電力供應微弱，就連地鐵也不太可靠。事實上，這座有「光城」之名的城市已淪落到要用黑市蠟燭照明的地步。美麗的建築雖然幸運逃過一劫，卻顯得黯淡而陳舊。希特勒要讓巴黎化為「一片廢墟」的命令並未被貫徹執行。[4]街頭民眾憑著喜悅的新鮮後勁，一見到美國大兵或美軍車輛仍會響起一陣歡呼，不過，要不了多久，巴黎市民就會開始咕噥著說，「比德國佬還糟。」[5]

儘管艾森豪表示這趟巴黎之行「可以不驚動任何人」，但他們此行有一個明確的目的。他們打算會見戴高樂將軍——羅斯福總統拒絕承認的法國臨時政府領導人。羅斯福堅決表示，在法國的美國軍事力量不會協助戴高樂將軍取得政權，然而個性務實的艾森豪已準備好忽略總統的明確指令。最高司令需要在前線後方建立穩固的力量，既然戴高樂是提供穩定力量的不二人選，他願意支持他。

戴高樂和艾森豪都不希望見到解放時期的危險混亂局面一發不可收拾，尤其值此流言四起、風聲鶴唳、陰謀論和告發賣國賊的惡言惡語此起彼落的年代。在鄰近巴黎市政廳的一次行動中，作家沙林傑（時任第四步兵師反情報上士）與同袍聯手逮捕了一名嫌犯，卻只能任由群眾拖走嫌犯，眼睜睜看著他們將他毆打致死。戴高樂前一天從凱旋門到聖母院的勝利遊行，最後在教堂槍聲大作中告終。這起事件讓戴高樂確信他必須解除地下反抗軍（the Resistance）的武裝，將其成員整編成正規的法國部隊。當天下午，SHAEF——盟軍遠征軍最高司令部（Supreme Headquarters Allied Expeditionary Force）*——接到一萬五千套制服的請求。很不巧，小號制服的數量不夠，因為一般法國男性的個頭明顯比美國同輩矮小。

戴高樂在聖多米尼克街的陸軍部（ministry of war）會晤兩位美國將軍。悲慘的一九四〇年夏天，他短暫的部長生涯就是從這裡展開的。如今他回到此地，特意表達延續的意味。要抹除維琪政權的恥辱，他的解決辦法簡潔有力：「共和國從未停止存在。」戴高樂希望艾森豪讓勒克萊爾師留守巴黎以維護法律與秩序，但既然勒克萊爾的幾支部隊已經開拔，他提議美軍不妨透過「展現壯盛軍容」來懾服老百姓，向他們保證德軍不會回頭進犯。何不讓一兩個師在出征前線的途中，順道遊行穿越巴黎？眼看戴高樂竟然要求美軍幫忙「鞏固他的地位」，艾森豪不免有些啼笑皆非，於是轉而徵詢布萊德雷的想法。[6] 布萊德雷表示他可以在一兩天內完成調度，毫無問題。於是艾森豪邀請戴高樂在布萊德雷將軍陪同下接受軍隊致敬，他本人則迴避出席。

在返回沙特爾途中，艾森豪邀請蒙哥馬利將軍（Sir Bernard Montgomery）陪同戴高樂與布萊德雷參加遊行，但蒙哥馬利拒絕前往巴黎。這麼一個微小卻相關的細節，並不妨礙英國某些報

---

* 原註：詳見本書詞彙表。

紙指控美方企圖獨占所有榮耀。「艦隊街」（Fleet Street）＊難以克制衝動，每每把ＳＨＡＥＦ的決策視為藐視蒙哥馬利——也就是怠慢英國——的舉動，嚴重傷害了同盟國之間的關係。這反映出英國民眾普遍不滿自己的國家遭到排擠，退居二線地位。現在是美國人當家了，他們將搶盡勝利的功勞。英國媒體的偏見，讓艾森豪的英籍副手——空軍上將亞瑟．泰德爵士（Sir Arthur Tedder）——憂心忡忡：「根據我在ＳＨＡＥＦ聽到的一切，我忍不住擔心，這段期間埋下了盟國之間嚴重分裂的種子。」[7]

隔天晚上，第二十八步兵師奉指揮官諾曼．科塔少將（Norman D. Cota）之命，冒著滂沱大雨從凡爾賽朝巴黎前進。[8]在奧瑪哈海灘展現過人勇氣與領導能力的「荷蘭人」科塔，不到兩星期前才因為前任指揮官遭德國狙擊手槍殺身亡而剛剛走馬上任。六、七月間，在灌木叢生的諾曼第鄉間作戰，是一場進度緩慢而死傷慘重的戰事，但是八月初，喬治．巴頓將軍（George S. Patton）的第三軍團帶頭突圍，使得進攻塞納河與巴黎期間，盟軍部隊的樂觀情緒高漲。

布洛涅森林（Bois de Boulogne）裡搭起了淋浴設備，供科塔的弟兄在遊行前把自己梳洗乾淨。翌日上午，也就是八月二十九日，部隊從福熙大街（Avenue Foch）和凱旋門之間出發，踏上風景如畫的香榭麗舍大道。步兵們頭戴鋼盔，扛起上了刺刀的步槍，以完整的戰鬥序列展開遊行。浩大的草綠色隊伍橫跨整條馬路，一列接著一列，每列二十四人。每名士兵的肩上都別著師隊徽章——代表賓州的紅色「拱心石」標誌；這個肩章以其形狀被德軍取了「血色鏟斗」的綽號。

法國民眾大感驚奇，一方面因為美軍制服顯得輕鬆隨意，另一方面則因為美軍看似擁有無限量的機械裝備。「一支機械大軍，」日記作家尚・加爾蒂耶—布瓦西埃（Jean Galtier-Boissière）如此評論。[9]那天早上在香榭麗舍大道，法國民眾簡直無法相信一個步兵師竟擁有如此眾多的車輛：數不盡的吉普車，部分車輛後頭架著點五〇機關槍；偵察車；以履帶牽引車拖曳的一五五毫米「長腳湯姆」（Long Tom）榴彈砲；工程車；勤務單位的小型軍車與十噸大卡車；M4謝爾曼坦克和坦克殲擊車。德國國防軍自一九四〇年以來在法國似乎戰無不勝，然而美軍的展示，卻讓德軍的馬車運輸看起來古怪而過時。

閱兵台設在協和廣場，那是陸軍工兵以倒扣的登陸艇搭建而成的，上頭用一條長長的三色布幔遮蓋，並且插著不計其數的星條旗在微風中飄揚。由五十六人組成的樂隊在最前方帶頭遊行，吹奏著師隊進行曲〈卡其比爾〉（Khaki Bill）。觀賞閱兵表演的法國民眾恐怕料想不到，但全體官兵心知肚明，第二十八師即將朝城市北緣的德軍陣地出發。「那是史上最不尋常的進攻命令，」布萊德雷後來對他的侍從官說，「我想，沒幾個人知道這群弟兄要從遊行隊伍直接走上戰場。」[10]

---

* 譯註：曾經是英國媒體機構的大本營，至今仍是英國媒體的代名詞。

在英吉利海峽沿岸，加拿大第一軍團必須奪下大港口勒阿弗爾（Le Havre），英國第二軍團則朝東北方的加萊海峽省（Pas de Calais）推進，目標是德軍的幾處V型飛彈發射場。儘管坦克駕駛兵已疲憊不堪，而且八月三十到三十一日間的夜裡下了一場狂風暴雨，英軍近衛裝甲師（Guards Armoured Division）仍在法國反抗軍協助下攻占亞眠（Amiens），並跨越索姆河（Somme）的幾道橋梁。隔天早晨，德軍第五裝甲軍團司令海因里希·埃伯巴赫將軍（Heinrich Eberbach）被殺了個猝不及防；英軍得以在據守加萊海峽省的德軍第五裝甲軍團及第十五軍團的殘部之間切出一道缺口。由加拿大皇家軍團（Royal Regiment of Canada）、皇家漢密爾頓輕步兵團（Royal Hamilton Light Infantry）以及埃塞克斯蘇格蘭步兵團（Essex Scottish）領頭的加拿大軍隊，則朝他們兩年前在突襲戰中傷亡慘重的第厄普（Dieppe）前進。

盟軍陣營裡，勝利的歡喜氣氛前所未有地高漲。那年夏天，刺殺希特勒的七月炸彈陰謀（July bomb plot）讓人不由得相信德軍內部已開始分崩離析，正如一九一八年的情況。然而實際上，刺殺行動的失敗卻讓納粹勢力毫無節制地擴張。SHAEF的G-2情報部門歡欣鼓舞地表示：「八月的會戰已了結對手，西面的敵軍遭受了致命打擊。」[11]在倫敦，戰爭內閣相信一切將在耶誕節以前結束，為了計劃之便，他們把結束戰事的日期訂在十二月三十一日，只有邱吉爾仍然提防著德國人奮戰到底的決心。華府也抱持類似的假設，因此逐漸將注意力轉向戰情依然膠著的太平洋對日戰爭；美國戰時生產局（War Production Board）開始取消包括砲彈在內的軍需品合約。

許多德國人也認為大勢已去。駐烏特勒支（Utrecht）的弗立茲・福爾里德中校（Fritz Fullriede）在日記中寫道：「西線完蛋了，敵軍已進入比利時、瀕臨德國邊境；羅馬尼亞、保加利亞、斯洛伐克和芬蘭紛紛求和，有如一九一八年舊事重演。」[12]在柏林火車站，抗議群眾膽敢高舉這樣的標語：「我們企求和平，不計一切代價。」[13]在東線戰場，紅軍的巴格拉基昂行動（Operation Bagration）粉碎了德國的中央集團軍（Army Group Centre），大軍推進五百公里，直抵華沙外圍和維斯瓦河（River Vistula）。三個月之內，德國國防軍在東線折損了五十八萬九千四百二十五人，在西線則損失了十五萬六千七百二十六名兵力。[14]

紅軍挺進維斯瓦河，鼓舞了勇氣十足卻註定失敗的波蘭救國軍（Armia Krajowa）起義。史達林並不希望波蘭獨立，因此無情地旁觀德軍鎮壓波蘭的起義行動。東普魯士以及希特勒位於拉斯滕堡（Rastenburg）附近的總部「狼穴」（Wolfsschanze）也面臨了威脅，除此之外，德國在巴爾幹地區同樣兵敗如山倒。就在巴黎解放兩天前，羅馬尼亞在蘇聯軍隊大舉壓境之際叛離了軸心國。八月三十日，紅軍進入布加勒斯特，占領普羅耶什蒂（Ploesti）一帶的重要油田。通往匈牙利平原及多瑙河的道路暢行無阻，一路延伸進入奧地利及德國本土。

八月中，喬治・巴頓將軍的第三軍團從諾曼第殺向塞納河，在此同時，龍騎兵行動（Operation Dragoon）成功在地中海沿岸的坎城（Cannes）和土倫（Toulon）之間登陸。德軍面臨後路被切斷的威脅，不得不大舉橫越法國進行撤退。[15]心知自己一旦落入反抗軍之手即難逃厄運的維琪民兵（Vichy Milice）成員，也紛紛穿越敵境到德國尋求安全，有些人甚至跋涉上千公里。臨時湊成的「行軍隊伍」——由德國陸海空三軍及大西洋沿岸的非作戰人員所組成——奉命往東撤逃，沿路設法躲避法國反抗軍。德國國防軍開始在第戎（Dijon）附近的突出部加強兵力，設法護送將近二十五萬名德軍。另有五萬一千名士兵困在大西洋沿岸及地中海地區。儘管毫無希望奪回幾座重大港口，但這些大港仍被元首指定為「要塞」據點。一名德國將軍把這樣的否認現實比喻成天主教神父在耶穌受難節對盤子上的豬肉灑聖水，然後說：「你是一條魚。」[16]

七月二十日的炸彈行刺事件落幕後，希特勒的偏執達到了新頂點。在東普魯士狼穴，他原本就對德國總參謀部嗤之以鼻，嘲笑他們不過是「一群知識分子」，如今更變本加厲。[17]「現在我知道為什麼我這幾年對俄羅斯的偉大計劃一再失敗，」他說，「全都因為背叛！如果不是那些叛徒，我們老早就贏了。」[18]希特勒痛恨七月陰謀的參與者，不僅因為他們企圖謀反，也因為他們傷害了德國的團結形象，並且對第三帝國的盟友與中立國家產生了負面影響。

希特勒在八月三十一日的戰情會議上宣稱：「同盟國內部關係總有緊繃到決裂的一天，在歷史上，國與國之間的聯盟必定會在某些瞬間崩潰瓦解。」[19]不久後，宣傳部長約瑟夫．戈培爾（Joseph Goebbels）很快在柏林一場部長會議沿襲元首的思維路線。「隨著同盟國眼看即將勝利，其內部的政治衝突肯定逐日攀升，總有一天，敵營必將出現無法修補的裂痕。」[20]

德國空軍參謀長維爾納・克萊普中將（Werner Kreipe）在八月最後一天的日記中說道：「傍晚傳來西線潰守的消息。」[21]在「命令、指示、電話聯繫」之下，慌亂的行動持續徹夜。隔天早晨，國防軍最高統帥部（OKW）首長威廉・凱特爾陸軍元帥（Wilhelm Keitel）要求空軍將另外五萬名士兵調到地面部隊。九月二日，克萊普寫道：「西線顯然註定瓦解，約德爾（Jodl；國防軍最高統帥部作戰廳長）出乎意料地鎮定。芬蘭人跟我們劃清界線。」在那天的會議中，希特勒開始出言侮辱芬蘭領袖曼納海姆元帥（Marshal Mannerheim）。他也因為帝國元帥赫爾曼・戈林（Hermann Göring）竟然懶得在此關鍵時刻現身而大發雷霆，甚至建議解散德國的空軍中隊、將飛行組員轉調到高射砲部隊。

紅軍如今瀕臨東普魯士邊境，希特勒擔心自己會遭蘇聯傘兵部隊逮捕。狼穴成了一座堡壘。「此刻，一座巨大裝置已搭建完成，」他的祕書特勞德爾・榮格（Traudl Junge）寫道，「到處是路障與新的崗哨，還有地雷、纏繞的棘刺鐵絲網和瞭望塔。」[22]

希特勒希望找到值得信任的軍官來指揮他的護衛部隊。奧圖・瑞馬上校（Otto Remer）曾率領柏林大德意志衛戍營（Grossdeutschland guard battalion）擊潰七月二十日行刺事件的黨羽，所以當希特勒聽說瑞馬請求重回戰場，便命令他組建一支旅級部隊，負責防衛狼穴。瑞馬的部隊最初是以柏林營以及擁有八組砲台的戈林高砲團為基礎，隨後一天天擴大勢力。元首護衛旅

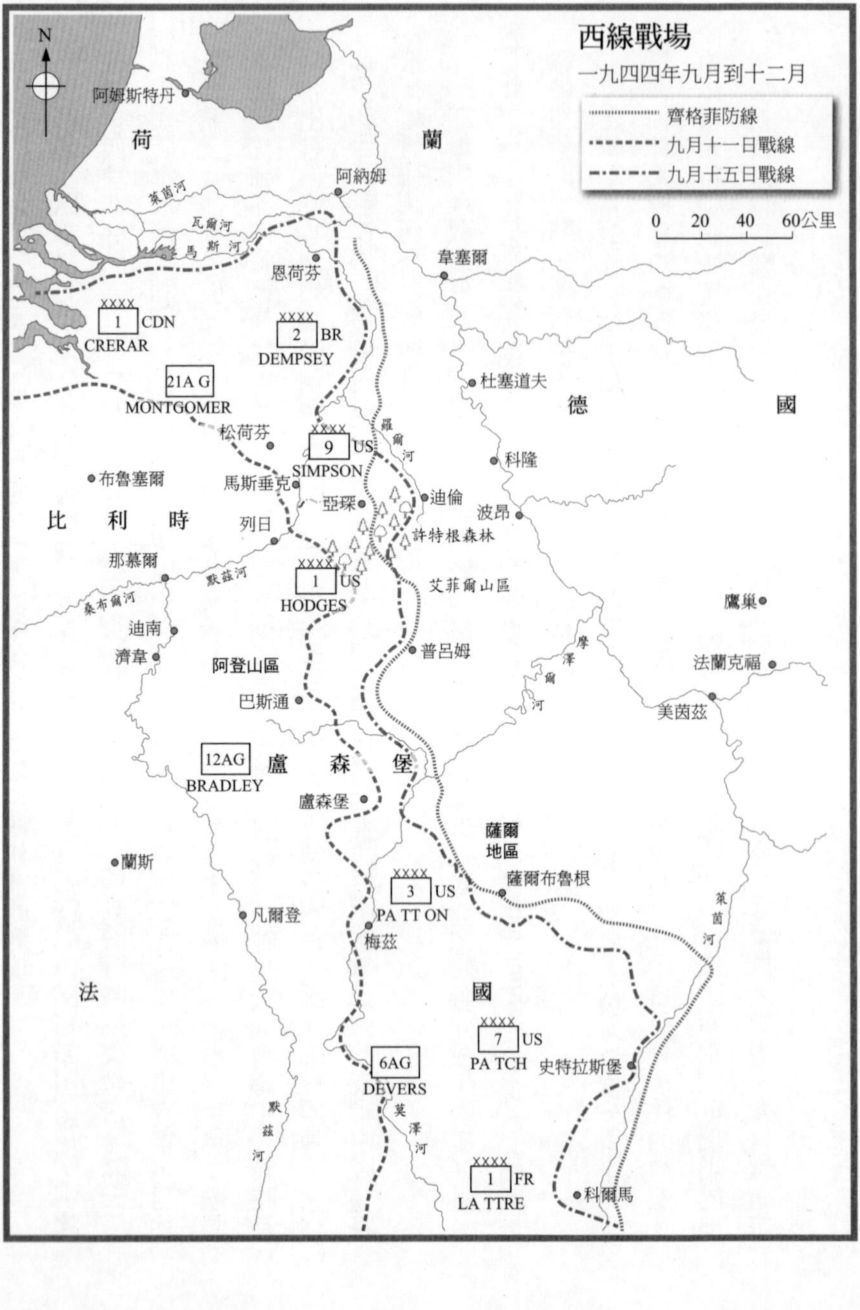
西線戰場
一九四四年九月到十二月
齊格菲防線
九月十一日戰線
九月十五日戰線
0 20 40 60公里
N
阿姆斯特丹
荷
蘭
阿納姆
萊茵河
瓦爾河
馬斯河
恩荷芬
韋塞爾
1 CDN
CRERAR
2 BR
DEMPSEY
21A G
MONTGOMER
杜塞道夫
德
國
松荷芬
9 US
SIMPSON
羅爾河
科隆
布魯塞爾
馬斯垂克
亞琛
迪倫
比
利
時
列日
波昂
許特根森林
那慕爾
默茲河
1 US
HODGES
艾菲爾山區
桑布爾河
鷹巢
迪南
濟韋
普呂姆
摩澤爾河
法蘭克福
阿登山區
巴斯通
美茵茲
12AG
BRADLEY
盧
森
堡
盧森堡
薩爾地區
蘭斯
3 US
PATTON
薩爾布魯根
凡爾登
梅茲
萊茵河
法
國
7 US
PATCH
史特拉斯堡
6AG
DEVERS
默茲河
莫澤河
1 FR
LATTRE
科爾馬

（Führer Begleit Brigade）在九月成軍，準備好為狼穴抵禦「二到三個空降師的空降作戰行動」。瑞馬口中這個「不尋常的聯合隊伍」被賦予絕對優先權，可以優先取得武器、裝備，以及主要來自大德意志師的「資深前線作戰人員」。[23]

狼穴氣氛極度低迷。接連幾天，希特勒成天賴在床上，無精打采地躺著，而他的祕書則「打出一疊又一疊的傷亡報告」，東線和西線戰事雙雙失利。[24]在此同時，戈林留在東普魯士，他之前強占了霍亨索倫家族的羅明登（Rominten）狩獵莊園，此刻正躲在這裡生悶氣。他的空軍在諾曼第遭受挫敗後，他知道在元首面前，自己已被競爭對手將了一軍，尤其是日後成了他的剋星、心機很深的馬丁・鮑曼（Martin Bormann）。他的另一個對手，黨衛軍全國領袖（Reichsführer-SS）海因里希・希姆萊（Heinrich Himmler），則在預備軍總部策畫的炸彈陰謀失敗之後接掌了後備軍的指揮權。而似乎完全掌控了大後方的戈培爾，則被任命為帝國全權代表（Reich Plenipotentiary），負責發動「全面戰爭」（Total War Effort）。但鮑曼和各地省長仍能破壞戈培爾的計劃，以便掌控自己的地盤。

儘管絕大多數德國百姓對刺殺希特勒的行動深感震驚，但隨著蘇聯大軍進逼東普魯士邊界，全國人民的士氣迅速瓦解。[25]女人尤其希望結束戰爭，正如黨衛軍祕密警察彙報的，許多人已對元首失去信心。觀察力敏銳的人發現，只要元首還活著，就不可能有結束戰爭的一天。

儘管（或許也正因為）夏天的奏捷，盟軍高層將領之間的明爭暗鬥開始浮出檯面。艾森豪——正如一位觀察家所言，是一名「軍事政治家而非軍閥頭子」——試圖維持和諧，但讓布萊德雷氣憤而巴頓輕蔑的是，他似乎一心一意討好蒙哥馬利和英國。[26]始於八月十九日的那場爭論，點燃了盟軍內部從一九四四年下半直至新的一年間的緊張衝突。

蒙哥馬利要求把將近全數的盟軍兵力納入他的指揮，由他率領大軍穿越比利時與荷蘭，進入德國的魯爾（Ruhr）工業區。提議被拒之後，他希望他自己的第二十一集團軍在考特尼・霍奇斯將軍（Courtney Hodges）的第一軍團支援下，仍然循這條路線進攻。盟軍將能因此奪下轟炸倫敦的V型飛彈發射場，並占領對日後軍需供應至關緊要的安特衛普（Antwerp）深水港。布萊德雷及其麾下的兩位陸軍司令——巴頓和霍奇斯——同意占領安特衛普的必要性，但他們希望往東取道薩爾（Saar）；那是進入德國的最短路徑。幾位美軍將領認為己方在眼鏡蛇行動（Operation Cobra）的成功，以及巴頓的第三軍團帶領盟軍一口氣攻到塞納河的戰功，應該讓他們享有優先配給權。然而，艾森豪深知單一的強勢進攻——不論由北方的英軍或中路的美軍率領——都會引發更甚於軍事風險的政治危機。假如自己國家的軍隊由於補給問題而暫停行動，另一個國家的軍隊卻能繼續挺進，不論美國或英國媒體都會爆發憤慨的指責聲浪。

九月一日，延宕多時的布萊德雷調任案終於公布。嚴格來說，他原本是蒙哥馬利的下屬，此刻將接任美國第十二集團軍司令。消息一出，英國媒體再度一片譁然。艦隊街把這項改組視為對蒙哥馬利的打壓，因為如今艾森豪坐鎮法國，蒙哥馬利不再是地面部隊的最高指揮官。倫敦早就預見問題，為了平息事態，蒙哥馬利被晉升為陸軍元帥（此舉理論上讓他的位階壓過只有四星的艾森豪）。巴頓當天早上聆聽廣播，聽到「艾克*說蒙弟是當今最偉大的軍人，晉升元帥當之無愧」時，心裡很不舒服。廣播完全沒提到其他人的成就。翌日在布萊德雷的總部開完會之後，曾率軍橫掃法國的巴頓說：「對於我們的功勞，艾克沒有向我們任何一人表達謝意或祝賀。」[27]兩天後，他的第三軍團抵達默茲河（River Meuse）河畔。

無論如何，美國第一軍團偕同英國第二軍團以迅雷之勢深入比利時，事後證明是整場戰爭最快速的一次行動。倘若不是沿途在每一個比利時鄉鎮受到當地居民狂熱歡迎而耽擱了時間，行動還可以更迅速。第三十軍軍長布萊恩·何洛克斯中將（Brian Horrocks）評論：「在香檳、鮮花、民眾和趴在無線電通訊車車頂的女孩簇擁之下，實在很難繼續作戰。」[28]美軍也發現他們在比利時受到的歡迎與熱情，遠勝過在法國得到的待遇。九月三日，英軍近衛裝甲師進入比利時，受到空前的熱烈歡迎，街頭巷尾一片歡騰，熱鬧滾滾。

隔天，「好手」羅伯茲少將（'Pip' Roberts）的第十一裝甲師以一次非凡的突襲行動攻進安特衛普。透過比利時反抗軍（Belgian Resistance）協助，他們搶在德軍摧毀設備之前占領了港口。

---

* 譯註：艾森豪的小名。

第一五九步兵旅攻擊德軍設在公園的總部，到了晚上八點，德軍駐防指揮官宣布投降，他的六千名弟兄被押解到動物園，關進一座空的獸欄；裡頭的動物早被饑民搶著吃光了。「俘虜坐在乾草上，」瑪莎．蓋爾霍恩（Martha Gellhorn）*描述，「透過柵欄向外凝望。」[29]安特衛普的淪陷震驚了元首總部。「你們才剛剛勉強過了索姆河，」砲兵中將華特．瓦利蒙特（Walter Warlimont）隔年對盟軍審訊人員承認，「然後突然之間，你們的一兩個裝甲師殺到了安特衛普門口。我們沒料到你們能這樣長驅直入，毫無防備。消息傳來的時候，我們大感震驚。」[30]

美國第一軍團也迅速行動，設法攔截撤離的德軍。第二裝甲師偵察營遠遠走在其他部隊前頭，摸清了敵軍的撤退路線。剛剛入夜之後，他們便在村莊或城鎮完成輕型坦克的埋伏。「我們等到敵軍車隊進入最有效的射程才開火。輕型坦克負責把擊毀的車輛拖到城裡的建築物之間藏好，免得被後來的車隊發現。行動持續了一整夜。」[31]一名美軍坦克指揮官估計，八月十八日到九月五日之間，他的戰車行進了五百六十三英里，「幾乎完全沒停下來維修保養。」[32]

布萊德雷的部隊在法國與比利時邊界使用鉗形戰術，大軍於芒斯（Mons）附近會合，取得了更甚於英軍的勝利。德軍三個裝甲師的機動部隊在美國第一步兵師完成合圍之前設法逃了出來。第三及第六空降獵兵師（Fallschirmjäger-Division）的傘兵憤憤不平，武裝黨衛軍再度只求自保，完全不顧其他人死活。美軍困住了來自諾曼第的六個師的殘餘部隊，總計超過兩萬五千人。這些人若不投降，就只能等死。第九步兵師的砲兵彙報情況：「我們的一五五毫米砲直接對準敵軍縱隊開火，造成慘重傷亡，最後擄獲六千一百名戰俘，包括三位將軍。」[33]

比利時反抗軍在芒斯包圍戰的攻擊行動，揭開了德軍一連串報復的序幕。六十個平民喪生，許多房屋付之一炬。在最後的清剿階段，來自比利時民族運動（Mouvement National Belge）、獨立陣線（Front de l'Indépendance）及白衣部隊（Armée Blanche）的地下軍事力量跟美軍密切合作†。德國軍事指揮部又氣又怕，擔心德軍穿越比利時、朝西牆（Westwall；也就是盟軍口中的「齊格菲防線」〔Siegfried Line〕）撤離的路上，會遭遇大規模起義。比利時年輕人群起攻擊，引發了嚴重後果；不僅當下如此，當十二月的阿登戰役帶回渴望報復的德國軍隊，情況更是不堪設想。

九月一日，在阿登北部地區羅什福爾（Rochefort）附近的熱梅勒（Jemelle），莫里斯・狄凡尼（Maurice Delvenne）心滿意足地看著德軍撤離比利時。「德軍撤退的腳步似乎逐漸加快，而且越來越漫無章法，」他在日記中寫道，「工兵、步兵、海軍、空軍和砲兵擠在同一輛卡車上，所有人顯然剛從戰區回來。他們又髒又憔悴，最關心的莫過於離家鄉還有幾公里遠，而無可厚非

---

* 譯註：美國小說家兼記者，被譽為美國二十世紀最偉大的戰地記者，海明威的第三任妻子。

† 原註：此處的白衣部隊跟俄羅斯內戰時期的白軍完全無關，它源於一次大戰期間，比利時在德國占領區建立的地下情報網，名為La Dame Blanche——「白衣夫人」。相傳白衣夫人的幽靈一現身，霍亨索倫王朝的國王便會駕崩。

的，我們誇大距離捉弄他們，暗自開心。」[34]

兩天後，黨衛軍部隊通過了熱梅勒，有些人頭上纏著繃帶。「他們表情嚴峻，對人投以仇恨的目光。」[35]他們對所經之地極盡破壞：焚毀建築物、扯斷電話線、驅趕掠奪來的羊群和牛群。住在阿登東部德語區的農民，被命令帶著家人和牲口搬到齊格菲防線後方，遷入第三帝國境內。光是盟軍的轟炸消息便足以讓他們裹足不前，更何況絕大多數人壓根不想離開自己的農地，於是他們帶著牲口躲入樹林，直到德軍消失蹤影。

九月五日，年輕反抗軍的事蹟惹怒了撤退的德軍，引發德軍焚毀N4公路從馬爾什昂法梅訥（Marche-en-Famenne）到巴斯通（Bastogne）路段旁的三十五棟民宅，就在邦德村（Bande）附近。等到德軍在耶誕節前夕因為阿登突襲行動而折返時，更慘的情況還在後頭。反抗軍攻擊行動激起的報復，讓一般老百姓人心惶惶。九月六日，德軍為了兩天前的攻擊在比松維爾（Buissonville）展開報復，縱火燒掉當地及鄰村的二十二間房屋。

在德軍的撤退路線上，沿途各個村落和城鎮的居民紛紛插上比利時、英國和美國國旗來歡迎他們的解放者。有時候，當另一支潰逃的德軍小隊在大街上現身，他們得手忙腳亂藏好這些旗幟。據德軍駐守荷蘭烏特勒支的福爾里德中校描述：「一群可悲的荷蘭國家社會主義人士（Dutch National Socialist）撤往德國，逃離憤怒的荷蘭人民。其中有許多婦女及兒童。」[36]這群荷蘭納粹黨徒在比利時邊境的埃赫特爾（Hechtel）遭遇戰鬥，最後游過運河才逃出包圍，但是「有損英軍名聲的是——投降的受傷官兵絕大多數遭比利時人槍殺（英軍顯然袖手旁觀）」。歷經四年的占領期，荷蘭人和比利時人都對德國充滿怨恨。

德軍在比利時與荷蘭的陣線似乎完全潰堤。後方的混亂局面中隱含著恐慌，使得德國第八十九軍在作戰日誌中寫道：「一個愧對德國軍隊、讓德軍蒙羞的畫面。」[37]憲兵懲戒大隊（**Feldjäger Streifengruppen**）抓捕脫隊的散兵，帶回集運中心，然後由軍官押送到前線，通常每批六十人。在列日（Liège）附近，大約一千名士兵在軍官的槍口下走上前線。有逃兵嫌疑的人必須接受軍法審判，一旦定罪，將被判處死刑或送往緩刑營（事實上更像懲戒營）。俯首認罪或換上平民服裝的逃兵，則會被當場處決。

每一名憲兵都配戴印有「OKW憲兵」的紅色臂章，並持有特殊證件，上頭的綠色對角線上寫著：「如有不從，有權使用武器。」德國憲兵被強力洗腦；教官每星期給他們上一次課，教導他們：「世界局勢、德國的堅不可摧、元首絕不會犯錯，以及有助於智取敵人的地下工廠。」[38]

瓦爾特．莫德爾元帥（Walter Model）呼籲西線部隊堅守崗位、為元首爭取時間，但他「對西線戰士的籲請」並未受到重視。軍方採取了最激烈的手段。凱特爾元帥在九月二日下令，「凡裝病或偷懶的懦夫，包括軍官在內」，一律立刻處決。[39]莫德爾警告，如果要阻擋敵軍攻進德國北部，他最少需要十個步兵師和五個裝甲師。然而德國並沒有如此大規模的可用之兵。

在北部，拜加拿大軍隊延遲追擊之賜，德軍在海峽沿岸的撤退行動顯得有秩序多了。古斯塔夫·燦根步兵中將（Gustav von Zangen）率領第十五軍團，井然有序地從加萊海峽省撤到比利時北部。當盟軍情報單位表示，「目前已知即將抵達荷蘭的唯一增援兵力，是取道荷蘭各島逃離比利時的第十五軍團殘部；他們軍心潰散，漫無組織」，情報顯然嚴重錯誤。[40]

盟軍突然奪下安特衛普，或許曾給予德軍高層強力的打擊，但接下來幾天，由於英軍遲遲無法攻克須耳德河（Scheldt）出海口北岸，燦根將軍得以設立了防線，包括須耳德河口南岸一道稱為「布萊茲肯斯口袋」（Breskens pocket）的二十公里寬的防禦工事、北岸的南貝弗蘭（South Beveland）半島，以及瓦爾赫倫島（Walcheren）。他的部隊很快召集八萬兩千名士兵，部署五百三十座砲台，阻擋英國皇家海軍渡過水雷和地雷密布的出海口。

盟軍海軍總司令貝特倫·拉姆齊上將（Bertram Ramsay）曾提醒SHAEF和蒙哥馬利，德軍有可能輕而易舉封鎖須耳德河出海口。第一海務大臣——海軍上將安德魯·康寧漢爵士（Andrew Cunningham）也曾警告，除非打通通道，否則安特衛普「對我們的用處，跟廷巴克圖（Timbuctoo）*沒什麼兩樣」。[41]陸軍指揮官何洛克斯將軍後來自承失敗的責任。「拿破崙無疑能洞悉問題，」他寫道，「但何洛克斯恐怕無能為力。」[42]然而，那不是何洛克斯的錯，也不是第十一裝甲師指揮官羅伯茲將軍的錯。問題出在對河口興趣缺缺、以為加拿大軍隊可以稍後清除障礙的蒙哥馬利。

那是一個巨大的錯誤，導致盟軍日後遭受嚴重打擊。但在那個歡欣鼓舞的時期，曾經參與一次世界大戰的將領深信一九四四年九月是一九一八年九月的翻版。「報紙上刊登盟軍六天內挺進兩百一十英里的消息，指出荷蘭、盧森堡、薩爾布魯根（Saarbrücken）、布魯塞爾和安特衛普都已落入同盟國手中，」戰爭歷史學家佛瑞斯特．波格（Forrest Pogue）寫道，「各個陣線傳來的戰情預估，幾乎全都樂觀得昏了頭。」[43]高階將領將目光鎖定萊茵河，心裡想著盟軍可以一舉過河。艾森豪無疑沉醉於如此幻想，而蒙哥馬利基於自己的原因，也越來越執迷於這個美夢。

---

* 譯註：北非城市，在歐洲流行文化中，代表遙不可及的神祕之地。

2. 安特衛普與德國邊境

八月底，正當德軍前線似乎即將崩潰，後勤補給問題讓艾森豪的大軍面臨窘境，前進的步伐隨時可能陷入停頓。法國鐵路網大致已被盟軍先前的空襲摧毀，所以美軍的「紅球快遞」（Red Ball Express）運輸卡車，每天必須大老遠從諾曼第接運一萬噸左右的燃油、口糧與彈藥。從瑟堡（Cherbourg）到九月初的戰線，距離將近五百公里，來回一趟需要三天。光是解放後的巴黎，每天就需要至少一千五百噸的補給。

唯有美軍的龐大資源能應付這樣的艱鉅任務。大約七千輛卡車日以繼夜沿單向路線奔馳，每天消耗近三十萬加侖的汽油。這段期間，總計約有九千輛卡車報銷。由於亟欲維持橫掃法國的衝勁，盟軍一度動用第九空運司令部（IX Troop Carrier Command）的運輸機將桶裝汽油送到前線，甚至連轟炸機都派上了用場。不過飛機每運送兩加侖油料，就得耗掉三加侖燃油。從任何角度來看，補給危機凸顯出打通安特衛普港的急迫性，但蒙哥馬利的整副心思，全都放在橫渡萊茵河上。[1]

九月三日，蒙哥馬利得到消息，雖然美軍第一軍團的一大部分兵力將支援他在北部作戰，但軍隊並不歸他指揮。他原以為艾森豪同意由他全權掌握北部的單線攻勢，因此當他聽說巴頓的第三軍團並未如他預期的暫停行動，一時勃然大怒。他在英國參戰五周年當天寫信給倫敦的帝國總參謀長艾倫．布魯克元帥（Alan Brooke），透露他打算盡快全力衝過萊茵河。他顯然認為那是迫使艾森豪優先補給他的軍隊，並將霍奇斯的第一軍團交給他指揮的最佳辦法。[2]

巴頓不僅沒有在補給危機緩解之前暫停行動，還偷偷朝薩爾方向挺進。「為了進攻，」巴頓在日記中說明，「我們首先必須佯裝偵察，然後為偵察部隊增援，最後發動攻擊。這是非常可悲的作戰方式。」[3]巴頓可以為了達到目的使出任何手段。轟炸機飛行員被調去幫忙補給油料時，並不會大發牢騷，因為當他們把補給送到第三軍團，偶爾會收到「巴頓將軍答謝」的一箱香檳。[4]巴頓慷慨得起，因為他不知道從哪裡「解放」了五萬箱香檳。[5]

蒙哥馬利決心在北部發動大型攻勢，甚至不惜危害開啟安特衛普港以利補給的行動。這位新出爐的陸軍元帥在九月三日提出一份作戰綱領，顯示他已打消調派大軍打通須耳德河出海口的念頭。這就是羅伯茲的第十一裝甲師進入安特衛普後，並未接到命令越過阿爾伯特運河（Albert Canal），並且朝西北方向前進、攻擊德軍正在建立據點的貝弗蘭半島的原因。

接下來幾天，須耳德河兩岸的德國第十五軍團殘部，再度成為一支強大的戰鬥力量。德國軍隊一次又一次在東線及西線展現非比尋常的復原能力。士氣雖然低落，但奮戰到底的決心從未徹

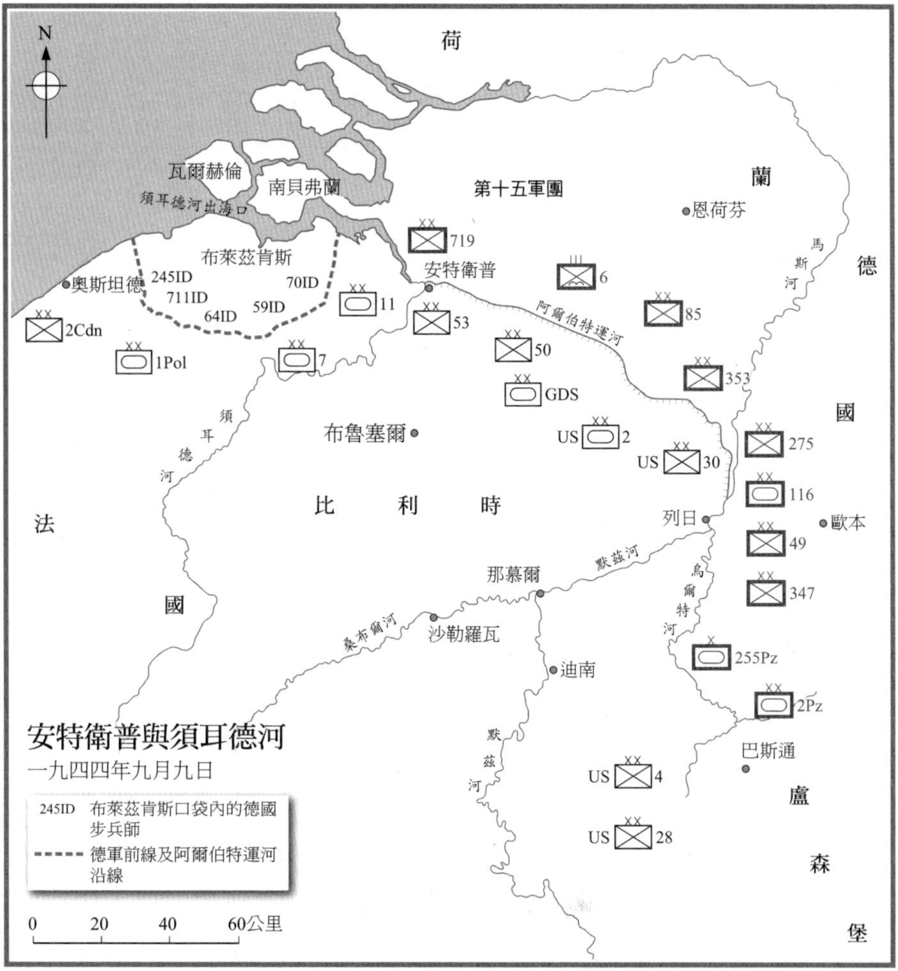
N
荷
蘭
德
國
比
利
時
法
國
盧
森
堡
瓦爾赫倫
南貝弗蘭
須耳德河出海口
第十五軍團
恩荷芬
布萊茲肯斯
奧斯坦德
245ID
711ID
64ID
59ID
70ID
719
安特衛普
11
53
7
2Cdn
1Pol
6
85
50
GDS
353
阿爾伯特運河
馬斯河
US 2
US 30
275
116
49
347
255Pz
2Pz
布魯塞爾
須耳德河
列日
歐本
默茲河
那慕爾
烏爾特河
桑布爾河
沙勒羅瓦
迪南
默茲河
巴斯通
US 4
US 28
安特衛普與須耳德河
一九四四年九月九日
245ID 布萊茲肯斯口袋內的德國步兵師
德軍前線及阿爾伯特運河沿線
0 20 40 60公里

底瓦解。「即便所有盟友棄我們而去，我們也絕不可失去勇氣，」一名士官在家書中寫道，「等到元首完成新武器的部署，最後的勝利終將降臨。」[6]

雖然艾森豪明白打通安特衛普港的重要性，但他也同樣渴望在萊茵河對岸占領橋頭堡。確切地說，他希望運用新成立的盟軍第一空降軍團（First Allied Airborne Army）發動一次大規模攻勢。他的想法與華府的陸軍參謀長喬治．馬歇爾將軍（George C. Marshall），以及美國空軍司令「哈普」．阿諾德將軍（'Hap' Arnold）不謀而合；耗費無數時間與精力打造空降部隊之後，他們迫不急待想把軍隊重新派上戰場。

自從諾曼第突圍之後，有關這次空降行動，已出現不下九項作戰計劃，但盟軍前進的速度之快，意味著各項方案還沒機會展開就被推翻。可以想見在機場等候的傘兵部隊有多麼氣餒，他們不斷做好待命準備，登上了飛機和滑翔機，而行動卻一再取消。[7]巴頓將軍在第三軍團的記者會上自吹自擂：「該死的空降部隊跟不上我們的速度。」然後補充道：「這句話也不得列入紀錄。」[8]

九月第一個星期，蒙哥馬利元帥開始認真思索傘兵部隊在萊茵河對岸的阿納姆（Arnhem）空降的可能性。即將於九月十七日發動的市場花園行動（Operation Market Garden），不僅過分大膽，而且計劃極其草率，成功機會微乎其微，根本不該執行。空降區（尤其阿納姆一帶）距離目標橋梁太遠，達不到突襲效果。盟軍第一空降軍團和地面部隊之間的配合失調。照計劃，英國第三十軍應該沿著同一條路行軍一百零四公里，接應英軍空降師在阿納姆的行動，前提是後者已奪下萊茵河下游橋梁。最糟的是，事情完全沒預留出錯的空間，包括有可能阻礙增援部隊迅速抵達的天候變化。

美軍第一〇一空降師占領了恩荷芬（Eindhoven），第八十二空降師最後也奪下了奈美根（Nijmegen）及瓦爾河（River Waal）的橋梁；這多虧了莫德爾元帥當初基於日後反攻仍需渡河的緣由，沒有同意炸橋。但德軍的頑強抵抗，以及對野外道路持續不斷的側面攻擊（這條道路很快有了「地獄公路」的稱號），嚴重牽制了英國近衛軍裝甲師的前進。

盟軍情報單位知道，德國黨衛軍第九「霍亨斯陶芬」裝甲師（9th SS Panzer-Division Hohenstaufen）及第十「弗倫斯堡」裝甲師（10th SS Panzer-Division Frundsberg）正在阿納姆一帶休整。但分析人員犯下一個致命錯誤：他們假設這兩支軍隊從法國撤退之後已疲弱不振，無法造成嚴重威脅。相反地，英國第一空降師著陸之後，德軍的反應又快又狠。最後只有一個營抵達了橋頭，但即便如此，他們也被困在大橋的北面。九月二十五日，倖存的傘兵被撤離到河對岸。包括英國、美國及波蘭部隊，盟軍總共損失了一萬四千名士兵。整體行動並未增強美方對英軍領導能力的信心。

盟軍因為有望一舉躍過萊茵河而雀躍不已，因而忽略了一項比較現實而且必要的任務——補給線的取得。海軍上將拉姆齊爵士怒不可遏，因為他曾提醒要打下須耳德河出海口以及安特衛普通道，但SHAEF——尤其蒙哥馬利——對他的意見充耳不聞。儘管艾森豪極力主張集中火力奪取碼頭設施完好無缺的大型港口，但蒙哥馬利仍堅持加拿大第一軍團應繼續掃蕩仍在布洛涅（Boulogne）、加萊（Calais）和敦克爾克（Dunkirk）頑抗的德國部隊。然而，這幾座港口遭到守軍破壞，還得過一段時間才有辦法通航。

膝蓋傷勢已差不多痊癒的艾森豪，終於開始設法釐清盟軍戰略。他先在蘭斯（Reims）附近成立一個小型的先遣指揮部，隨後在九月二十日，SHAEF進駐了凡爾賽的特里亞儂宮飯店（Trianon Palace Hotel）——一座來自美好時代的雄偉建築。一次大戰期間，協約國軍事委員會（Inter-Allied Military Council）曾以這裡作為總部。一九一九年五月七日，喬治．克里蒙梭（Georges Clemenceau）在飯店大廳口述《凡爾賽和約》的種種條件，幾天後，各國在凡爾賽宮的鏡廳簽署了這份和約。

接下來兩星期，更多單位遷進附近的建築物，連碩大無朋的馬廄也不放過。沒多久，凡爾賽地區大約有一千八百棟房宅受到徵用，供兩萬四千名官兵住宿。在巴黎，約翰．李中將（John C. Lee）——美軍兵站區（Communication Zone；簡稱「Com Z」）的後勤首長——占用了三百一十五家飯店以及其他數千戶大樓與公寓，好讓麾下的高階軍官住得體面風光。他還徵用喬治五世飯店，幾乎完全供他一人獨享。豪奢自大的李將軍在阿諛奉承的幕僚陪同下巡查軍隊的靴子、馬刺和馬鞭，甚至屢屢要求醫院病床上的受傷士兵躺直了向他致敬。[9]

對於後勤單位把自己的舒適當成第一要務，前線部隊莫不義憤填膺，法國官員也抱怨美軍的需索甚至比德軍更加無度。雜誌戲稱SHAEF是「美國在法國飯店業者」（Société des Hôteliers Américains en France）的簡稱。艾森豪對李的行徑大為震怒；後者明目張膽地違反他不得把巴黎視為殖民地的命令，但他始終沒有下定決心革除李的職位。就連既討厭又鄙視李的巴頓都不敢跟他起衝突，唯恐他會切斷第三軍團的補給以茲報復。

盟軍最高司令也發現戰略方向依舊混淆不清，即便在阿納姆遭受嚴重挫敗之後也未見改善。蒙哥馬利一旦動了某個念頭，絕不輕言放棄。他無視自己的軍隊並未打通安特衛普以開放船運，以及他最看重的市場花園行動以失敗告終的事實，仍舊聲稱大部分補給應優先供應他的陸軍部隊，以便大舉進攻德國北部。九月二十一日（英國傘兵營在阿納姆被迫投降那天），蒙哥馬利寫信指責盟軍最高司令無法讓巴頓的軍隊完全停下腳步。[10]值得注意的是，就連德國人也認為蒙哥馬利戰略錯誤。在亞眠遭英軍俘虜的埃伯巴赫將軍告訴戰俘營裡的其他德國將領：「他們的主要行動完全錯誤；傳統的切入點是穿越薩爾。」[11]

巴頓認為蒙哥馬利「尖刀似地單線直搗柏林」的「狹窄戰線」（narrow front）計劃，是個十足的錯誤。[12]謹小慎微的蒙哥馬利不適合指揮這樣的戰略，更何況他規劃的北進路線，必須橫渡歐洲北部幾條主要河川最寬廣的河段。布萊德雷說蒙哥馬利所謂「匕首式的推進，由第二十一集團軍插入德國心臟」，可能更像是「奶油刀式的推進」。[13]巴頓遲遲無法攻下加強了防禦工事的梅茲（Metz），因而接到改採守勢的命令；這無益於改善他的心情。但在九月二十一日，當艾森豪說蒙哥馬利是個「聰明的狗雜種」，巴頓滿心歡喜地相信最高司令終於開始看穿英國陸軍元帥的心機。在他爭奪地面部隊指揮權的通盤計劃中，蒙哥馬利預測一旦由艾森豪擔任統帥，行動將逐漸失去嚴密控制。「問題是，」正如歷史學家約翰．巴克利（John Buckley）強調的，「正是蒙弟本人，一如其他人，在挖最高司令的牆角。」[14]

艾森豪自己屬意的戰略，是同時朝魯爾與薩爾挺進。他設法輕描淡寫地處理他跟蒙哥馬利的戰略歧異。事實上，他讓人以為他支持蒙哥馬利的單線挺進計劃，只不過希望給中路的軍隊預留一點彈性。這是個嚴重錯誤。他需要把話說清楚。艾森豪可以對他的兩名部下——美國陸軍指揮官布萊德雷和雅各布．德弗斯將軍（Jacob L. Devers）——下達直接命令，但他留給蒙哥馬利太多餘地，因為蒙哥馬利是盟友，不屬於美國陸軍的指揮系統。艾森豪早該明白華府的馬歇爾將軍會替他的盟軍總司令身分撐腰，邱吉爾也無法繼續對羅斯福總統產生任何影響，尤其涉及軍事決策時。艾森豪不願意斬釘截鐵地結束討論、強烈要求所有人遵照他的命令；這讓蒙哥馬利得以持續質疑他不認同的戰略，並且不斷鑽漏洞，好讓事情能照他的意思去做。蒙哥馬利完全沒察覺他在美英之間挑起的緊張關係；兩國間的張力即將在十二月至一月間達到巔峰。

九月二十二日，艾森豪在凡爾賽的最高司令部召開一場重要會議；蒙哥馬利的缺席並無益於舒緩雙方關係。他派他的參謀長——受所有人喜愛與信任、小名「弗萊迪」的法蘭西斯．甘岡少將（Francis de Guingand）——代替他出席。美國將領懷疑蒙哥馬利是故意缺席，以便日後抵賴協議內容。這場會議的重點，是討論盟軍奪下安特衛普港之後的戰略。艾森豪同意由蒙哥馬利的第二十一集團軍負責主攻，從北面包圍魯爾。但在此同時，他希望布萊德雷的第十二集團軍在科隆（Cologne）與波昂（Bonn）一帶越過萊茵河，設法從南面對魯爾展開夾攻。兩天後，艾森豪發給蒙哥馬利一封電文，詳細羅列上述計劃，確保陸軍元帥的心裡不存有任何疑點。

已將清除安特衛普通道的任務交付加拿大第一軍團的蒙哥馬利，似乎不把那個方向的戰事放在心上。他更有興趣利用市場花園行動占領的奈美根突出部，對德國邊境內的芮斯華（Reichswald）森林發動攻擊。然而，當加拿大軍隊終於肅清法國北部、十月初開始投入須耳德行動時，他們發現德軍的抵抗遠比想像中頑強。如今，德國第十五軍團的殘存部隊得到喘息時間來增強瓦爾赫倫島和南貝弗蘭半島的防禦，加拿大軍隊面臨了一場惡戰。

英國皇家海軍的一份報告讓艾森豪更加擔心戰事的緩慢進展。蒙哥馬利每次聽到有人暗指他不夠盡力打通安特衛普，就會怒氣沖沖地為自己辯護，並且再次主張美國第一軍團應該歸入他的麾下，好加快進攻魯爾的速度。十月八日，他再度抨擊艾森豪的戰略，但這次是對蒞臨恩荷芬視察的馬歇爾將軍本人抱怨。真是失策。就連自制力超強的馬歇爾都表示蒙哥馬利「極度自大」，差點因此大發雷霆。[15]毫無情緒智商的陸軍元帥緊接著以一篇名為〈對西歐戰場指揮權的幾點意見〉（Notes on Command in Western Europe）的文章，重新撻伐艾森豪的指揮能力。蒙哥馬利的批評無疑變得更尖銳，因為他聽到了有關他沒有攻下須耳德河兩岸，以致盟軍的攻擊停滯不前的大量暗示。他甚至影射市場花園行動之所以失敗，是因為沒有得到SHAEF的足夠支援。

數天後，艾森豪以強硬的措辭反駁；這封信，他已先呈給馬歇爾過目。不論他的參謀長沃爾特·比德爾·史密斯將軍（Walter Bedell Smith）或馬歇爾本人，都不答應他放低姿態。就連臉皮超厚的蒙哥馬利都不會漏掉其中一段話的含意：「如果您，身為這支偉大盟軍的資深戰區指揮官，認為我的見解與方針會危及行動的成功，那麼我們有責任將此事呈報上級裁決，不論最終的處置行動多麼激烈。」蒙哥馬利立刻讓步。「您不會再從我這兒聽到有關指揮的任何議論，我已經說出我的看法，您也給了您的回應。事情到此結束……您非常忠實且忠誠的部屬，蒙弟。」但對蒙哥馬利而言，這起事件將一輩子在他心裡隱隱作痛。[16]

須耳德河口戰役終於在十月二日展開，軍隊在滂沱大雨中從安特衛普的北方與西北方挺進。英國第一軍從右側支援加拿大軍，他們總共花了兩星期才抵達南貝弗蘭半島底部，並且直到十月底才完成肅清。在此同時，加拿大第二軍整個十月都在須耳德河河口南岸，掃清利奧波德運河（Leopold Canal）內側的大包圍圈。英國皇家空軍為了協助奪取瓦爾赫倫島，同意炸毀堤壩、淹沒島嶼大部分地區，迫使六千多名德國守軍離開他們的防禦陣地。英國突擊部隊搭乘登陸艇從奧斯坦德抵達島嶼西端，儘管傷亡慘重，仍成功與從南邊的占領地渡河而來的加拿大軍隊會合。十一月三日，最後一批德國戰俘遭到圍捕，總計四萬名德軍被俘，但在須耳德行動中，加拿大軍和英軍也有一萬三千人傷亡。儘管如此，盟軍仍有必要清除出海口一帶的德國水雷，這意味著第一支補給船隊要到十一月二十八日才能進入安特衛普港。距離第十一裝甲師突襲占領這座城市，已過了整整八十五天。

第一支美軍巡邏隊在九月十一日下午從盧森堡東北部跨越邊界，進入德國本土。他們從高地俯瞰，發現了齊格菲防線的幾座水泥掩體。從那時起，許多部隊便象徵性地在地上撒一泡尿，宣告他們踏上了納粹領土。同一天，巴頓第十五軍轄下的法國第二裝甲師，在第戎西北部與從法國南部北上的法國第七軍團第一師會合。至此，盟軍掌握了從北海到瑞士的一條完整防線。

巴頓在九月十四日奪取南錫（Nancy），但他的第三軍團被擋在梅茲的古老防禦工事前，要跨越莫澤河（Moselle river），還有一場硬仗要打。「我們抓了足夠多的俘虜，」一名軍官報告，「去擋在德軍開火的河邊。試圖衝上攻擊艇抬回傷兵的我軍醫護人員，遭德軍射擊；他們也把原本挺得過去的傷兵打得滿身窟窿。我們迫使戰俘以肉身阻擋槍砲，而他們竟然連自己人也照殺不誤。我們最後說，『去死吧』，然後把那群該死的傢伙殺個片甲不留。」[17]

德軍面臨各種不利條件。黨衛軍第十七「古茲．馮．伯利辛根」裝甲擲彈兵師（17th SS Panzergrenadier-Division Götz von Berlichingen）的一名團長抱怨他的車輛「不斷故障，因為油料太差，裡頭摻了水。那就是我們的作戰條件！我完全沒有砲彈。當士兵老是得拖著大砲到處跑，他們不用多久就會說：『見鬼去吧，我寧可被俘。』」[18]這樣的心情當然得瞞著元首總部。「前線將士之間關係良好，毫無理由擔心。」德國第一軍團向最高統帥部如此彙報。從士兵的家書看來，這段話整體而言並無不實之處。[19]

「戰事達到了最高點，」一個一等兵寫信給他的妻子，「我的防區就在我的出生地對面。正因如此，我有更高的勇氣與決心來捍衛家鄉和妳……我們絕不可思索戰敗的可能性，那簡直無法想像。」[20]其他人則表達對敵人的鄙夷。「敵人沒有飛機和坦克就無法進攻。他們太懦弱了。他們有各種想像得到的武器可以使用。」[21]另一個人寫道：「美國步兵根本一文不值。他們沒有重型武器就無法進攻，而且只要德國的機關槍不停火，美國大兵就無法前進。」[22]但是一等兵瑞格勒承認，「擁有空中優勢的一方將贏得戰爭，事實就是如此。」[23]而一等兵霍茲則對V型武器沒有發揮作用心懷不滿：「為什麼要犧牲越來越多的士兵？為什麼容許家鄉遭受越來越嚴重的蹂躪？為什麼被捧得天花亂墜的V型武器毫不見效？」[24]

九月十六日，盟軍發動市場花園行動的前一天，當希特勒在狼穴的晨間戰情會議之後緊接著召開另一場會議，他身邊的侍從大吃一驚。約德爾上將正在陳述西線多麼欠缺重型武器、彈藥與坦克，這時，正如克萊普空軍中將在日記中記錄的：「元首打斷約德爾。元首決定從阿登發動反攻，目標安特衛普……我們的攻擊部隊，除了從東線調來的裝甲師，還有三十個新增的國民擲彈兵師和新裝甲師。意圖將英美一分為二，製造新的敦克爾克。古德里安（負責俄羅斯前線的陸軍參謀長）基於東面的情勢發出抗議。約德爾指出敵人的空中優勢，並表示敵軍預計在荷蘭、丹麥和德國北部進行空降。希特勒要求十一月一日前準備好一千五百架戰鬥機！攻擊應在天候惡劣的期間發動，屆時敵機將無法起飛！由倫德施泰特負責指揮。十一月一日前準備完畢。元首再度以長篇大論總結他的決策，還要求我們嚴守機密，並徵召幾名可靠的人員……我向當晚要飛回卡琳宮（Karinhall）的戈林做簡報。累壞了，頭很痛。」[25]

這項計劃讓古德里安大為驚愕，因為他知道一旦地面結冰的硬度足以支撐紅軍T－34中型坦克通行，史達林會立刻大舉進攻東普魯士，並且從維斯瓦河對岸的蘇軍橋頭堡展開西面夾擊。「陸軍總司令部（OKH）對阿登計劃持高度懷疑。」克萊普寫道。[26]

七月的諾曼第戰役期間，希特勒曾撤除了陸軍元帥格特・馮・倫德施泰特（Gerd von Rundstedt）的西線總司令職位，此時讓他恢復原職。這名「老普魯士人」被視為值得信賴的典型。希特勒曾以金錢和榮譽收買他，把他推銷成正直的象徵。儘管倫德施泰特仍展現健全的軍事判斷力，但他始終是個酒鬼，很少參與作戰行動決策。一九四一年十二月，當希特勒首度以健康為由開除他，每個人都以為那不過是個託辭。事實上，倫德施泰特總感覺疲憊，而且飲酒無度，經常在睡夢中大吼大叫，偶爾還得讓侍從壓著他施打鎮定劑。[27]那次解職，希特勒同時送了一筆高達四十萬德國馬克的「生日禮物」作為補償。不久前，倫德施泰特主持了希特勒的「榮譽法庭」，整肅所有涉嫌參與七月炸彈陰謀的人，讓許多傳統派軍官深感唾棄。

自從刺殺行動失敗之後，納粹黨和德國國防軍之間的關係日益惡化。一名國防軍上尉的妻子當時住在史特拉斯堡（Strasbourg）以東的羅伊特林根（Reutlingen），這名上尉回憶道：「羅伊特林根的〔納粹黨〕地區領導人在一場婦女集會中表示，德國國防軍不過是一群低賤的豬玀，要不是有黨衛軍和希特勒青年團（Hitler Jugend），戰爭老早就結束了。他還說國防軍軍官跟法國女孩上床，英國人抵達時，他們只穿著內褲被拖下床。他看不起每一個國防軍軍官。當然，所有人都跟著他高喊：『不要臉！』我的太太在吵吵嚷嚷中離開，但她或許出於直覺，不怎麼相信那些指控。」這名上尉聽到妻子轉述的內容，立刻向他的將軍抱怨：「就算有一部分是真的，也不該對鄉親父老說那樣的話，不然他們會對部隊失去信心。」但他的抗議沒收到什麼效果，而且風聲必然傳回了家鄉。當地的納粹對他的家人展開報復，把許多士兵分配到他們家寄宿，擠得他們沒地方住。[28]

在亞琛（Aachen）附近，當德國婦女抗議戰爭、寧可讓美軍夷平這塊地區時，黨衛軍第一「阿道夫．希特勒警衛旗隊」裝甲師（1st SS Panzer-Division Leibstandarte Adolf Hitler）的上級突擊隊領袖華爾基大吃一驚。「五年來，我們受到欺瞞哄騙，並被許諾一個黃金未來，而我們最終得到了什麼？」她們當中最敢說話的人發出怨言，「我就是不明白怎麼還有德國大兵肯再開一槍。」她很幸運地選中華爾基吐苦水，因為他肯定是隊上幾名私心裡同意德國撐不了太久的少數人之一。他挖苦地想著，等到戰爭結束，「他們會開始重新教育我們這群黨衛軍成為民主之士。」[29]

3. 亞琛戰役

在美國第一軍團北翼，第十九軍奪下了馬斯垂克（Maastricht），但彈藥及燃料的短缺讓他們無法更深入推進。在此同時，作為第一軍團右翼的第五軍進入比利時與盧森堡境內的阿登山區。這支部隊包含海明威鍾愛的第四步兵師，以及行軍穿越巴黎的第二十八步兵師。勝利遊行的激情已煙消雲散。突破齊格菲防線的過程緩慢、沉悶而且往往充滿危險，似乎沒什麼值得吹噓。「通過一座水泥碉堡時，」第三十步兵師的一名士兵寫道，「我看見一個大兵可憐兮兮地趴在地上，臉埋進泥土，鋼盔滾落一旁。褲子後面兩邊口袋鼓起來的，是永遠沒人吃的乾糧。」[1]

光為了在被稱為「龍齒」（dragons' teeth）的水泥三角錐之間打穿一條通道，謝爾曼戰車（Sherman tanks）就需要發射大約五十枚砲彈。美軍發現，他們首先必須趁夜間滲透到德軍迫擊砲陣地與水泥碉堡之間，然後，由至少十二名弟兄組成的突擊隊，在坦克以及坦克殲擊車或反坦克砲的支援下，分別攻占各個碉堡。水泥工事非常堅固，只有一五五毫米口徑的自走砲可以穿透。但坦克殲擊車如果對準碉堡的射擊孔發射穿甲彈，可以靠震盪的力量造成傷亡。「傷員迷迷茫茫走出來，口鼻滲出鮮血。」美軍在報告中寫著。[2]美軍也用穿甲彈射擊鋼門、電線杆或至少放了三十磅黃色炸藥的炸藥包。「如果敵軍仍拒絕投降，就從通風口扔進一枚碎裂手榴彈震聾他們」，同一份報告如此建議。而把白磷手榴彈「丟入同一個通風口，證明是矯正〔態度〕的一大利器」。他們接著應該用德語高喊「同志？」以及「我們不會開槍！」。「如果仍未見效，就叫坦克打穿碉堡背面，或請坦克推土機給洞穴填土〔活埋他們〕。」

弟兄們被叮囑絕對不可進入碉堡，他們應該迫使守軍走出來。「當大門和射擊孔被炸穿，」美軍第二裝甲師的四十二裝甲步兵團報告，「而敵軍的自動武器毫無動靜，步兵會躲到碉堡的視線死角，喊著要求裡面的人走出來。敵軍會立刻遵從。在一座碉堡，只有十三名戰俘走出來。然而從炸穿的射擊孔扔進一枚手榴彈後，又有七個人現身。」[3]

如果德國士兵喊著回答他們受傷了，無法移動，建議的解決方法是再炸一次。「第二輪黃色炸藥之後，不知怎麼地，他們就能走出來了。」[4]但進攻的一方應該再扔進幾枚手榴彈或使用火焰噴射器，以防還有人躲在裡頭。弟兄們必須提防「藥膏盒地雷」（ointment box mines）；這種地雷很小，只有兩吋寬和一吋高。最後，他們需要用焊槍或燒夷手榴彈把鋼門封死，避免德軍收復碉堡。有一支部隊必須三度收復防區內的六座碉堡。有一次，一整排的弟兄在下個不停的大雨中又濕又累，於是走進占領的碉堡沉沉睡去。德軍的一支巡邏隊折返，不費一枚子彈就俘虜了整排士兵。

在美軍第一軍團中路，第七軍朝查理曼大帝時期的古都兼神聖羅馬帝國聖地——亞琛——挺進。年輕的軍長勞頓·科林斯少將（J. Lawton Collins），因深具魄力而被弟兄們暱稱為「閃電喬」。亞琛位於德國領土的凸角，齊格菲防線繞過它的西面與南面，城市的背面另有一道防禦工事。科林斯希望避免會造成大量損耗的街頭巷戰，因此決定包圍城市，但願德軍會決定撤離。但這樣的推理並未將希特勒的「要塞」心態納入考量，希特勒絕不會放棄任何一座城鎮，尤其是亞琛這樣具有歷史意義的地方。戈林後來在一九四五年的審訊中說：「元首準備捍衛亞琛到最後一磚一瓦。他希望以亞琛作為其他德國城市的典範，如有必要，德軍會堅守到底，直到它被夷為平地。」[5]

美軍在九月十一日的突襲引發了恐慌。納粹官員、德國空軍高射砲分遣隊、地方公務員、警察和部隊紛紛逃向東邊的科隆。根據德軍第七軍團參謀長所述：「德國空軍與黨衛軍在指揮官帶頭下倉皇撤離的景象，嚴重斲傷了士氣。他們就這麼跳上車輛，一走了之，亞琛陷入一團混亂。」[6]

希特勒下令撤離平民，如有必要可以動用武力。他懷疑百姓為了結束轟炸，寧可讓美軍占領城市。不肯離開的人將被視為叛徒。但是事情的發展跟他預期的不同。九月十二日，第十二國民擲彈兵師正趕往這個戰區，但從諾曼第撤下來的德軍第一一六裝甲師搶先抵達亞琛。該部隊指揮官格哈德．馮．什未林少將（Gerhard Graf von Schwerin）立刻取消省長的疏散命令。什未林的同袍一般認為他太聰明、太瞧不起納粹，對他自己沒什麼好處。他曾因為在諾曼第對一名軍長出言不遜而遭開除，隨後又被召回，因為他確實是個卓越的領袖。這或許讓他以為自己可以為所欲為。

什未林首先下令他的裝甲擲彈兵槍斃趁亂打劫的人，設法恢復城中秩序。接著，他寄一封信給美軍指揮官，說明他已經阻止了這場「荒唐」的疏散行動，呼籲美軍善待城中百姓。然而，科林斯繼續執行他的包圍計劃。第一步兵師從東南方前進，由第三裝甲師保護其右翼。但是這支部隊從諾曼第長途跋涉而來，坦克車的引擎出現狀況，再加上各種口徑的彈藥幾乎告罄，攻擊力量大受限制。第一師甚至連糧食都吃緊。「我們淪落到只剩緊急口糧可嚼——跟石頭一樣硬的巧克力棒，全是人工養料，」加德納．波茲福特中尉寫道，「一天三根巧克力棒，會讓你看到巧克力棒就想吐。」[7]

納粹當局看清楚亞琛沒有立即危險後，官員趕回來重新啟動撤離平民的行動，同時在東北方準備反擊，避免被徹底包圍。什未林寫信求和一事走漏了消息，這名魯莽的年輕將軍必須躲避追捕，罪名是散播失敗主義，甚至叛國。令人意外的是，希特勒後來原諒了他。強制的撤離行動猛烈地展開。大多數平民不想走。有關盟軍投擲細菌炸彈以致科隆爆發斑疹傷寒的謠言滿天飛舞；

許多人也相信盟軍擁有含痲瘋病和黑死病病菌的炸彈。[8]

「你該看看在疏散區，他們是如何對待自己的德國同胞，」德軍下士哈特雷說，「他們沒給收據就趕走牛群，然後逼牛主人跟著走。納粹衝鋒隊（褐衫軍）驅趕了一批又一批的牛群。」[9]一位名叫貝爾的工兵補充說，「等到房子裡沒人了，他們就開始打劫。他們貼出公告，或宣布某某地方下午兩點到四點間準備不限量發放麵包，而當女人在店裡排好隊，卡車就來把她們全部載走。他們在街上抓捕兒童，丟進車裡，等到一離開危險區，就把他們扔在路邊自生自滅。」[10]由於擔心強徵來的外籍奴工會發起暴亂，黨衛軍曾動過集體屠殺的念頭，但混亂之中並未付諸行動。[11]

九月下半，華府與SHAEF內部，雙雙針對盟軍最高司令對德國人民演說的用字遣詞，出現了激烈辯論。如果急於示好，會被視為軟弱的跡象，讓德國人萌生一絲希望；如果語調太過嚴厲，說不定會激起他們奮戰到最後關頭的信念。九月二十八日，SHAEF終於發布了艾森豪的宣言：「如今，盟軍部隊已在我的指揮下進入德國；我們是征服者，不是壓迫者。」宣言中緊接著強調，盟軍將「消滅納粹主義及德國軍國主義」。[12]

納粹當局很快以奇特的文宣攻勢反擊，甚至運用轟炸機在德軍前線空投傳單，企圖加強部隊的作戰決心。一份傳單聲稱「美國軍官拿馬鞭鞭打德國女人」，並且承諾「每一名德國子民都會祕密或公開地奮戰到底」。[13]所謂的「祕密」作戰，是納粹計劃組織「狼人」（Werwolf）反抗運動的第一個跡象；地下工作者將持續作戰，目標對準與盟軍合作的德國人。但是這些傳單並未成功振奮軍心。一名德國士官表示：「弟兄們感到憤慨，要是讓盟軍收到這些傳單，那麼他們即將臨頭的被俘歲月就很難捱了。」[14]

十月初，美國第九軍團接防布萊德雷第十二集團軍的左翼，與英軍第二軍團並肩作戰。這讓霍奇斯第一軍團的兵力密度大增，尤其在亞琛一帶；在這裡，第一步兵師從東南方北上，設法和南下的第三十步兵師會合，徹底封鎖這座城市。到了這時，美軍車輛的狀況已得到改善，彈藥也恢復補給。

剛剛從東線戰場調派過來的德國第十二國民擲彈兵師，在施托爾貝格（Stolberg）附近正面遭遇美軍第一步兵師。一位德國軍官寫信告訴朋友，這個「曾經榮耀的兵團在莫吉列夫（Mogilev）潰不成軍」。整團弟兄只有六名軍官活下來，其中三人進了醫院。這支部隊隨後以新的人員與設備完成重建，重新投入戰爭。他們剛在軍需站下了火車就投入反攻，死傷慘重。「美軍布下的砲火網如此綿密，許多從東線來的沙場老兵一時目瞪口呆。」這名軍官也受傷了，腳上有個「拳頭大小」的洞，下筆當下正躺在醫院。[15]

十月十一日，第九戰術空中司令部（IX Tactical Air Command）對亞琛展開連續兩天的轟炸

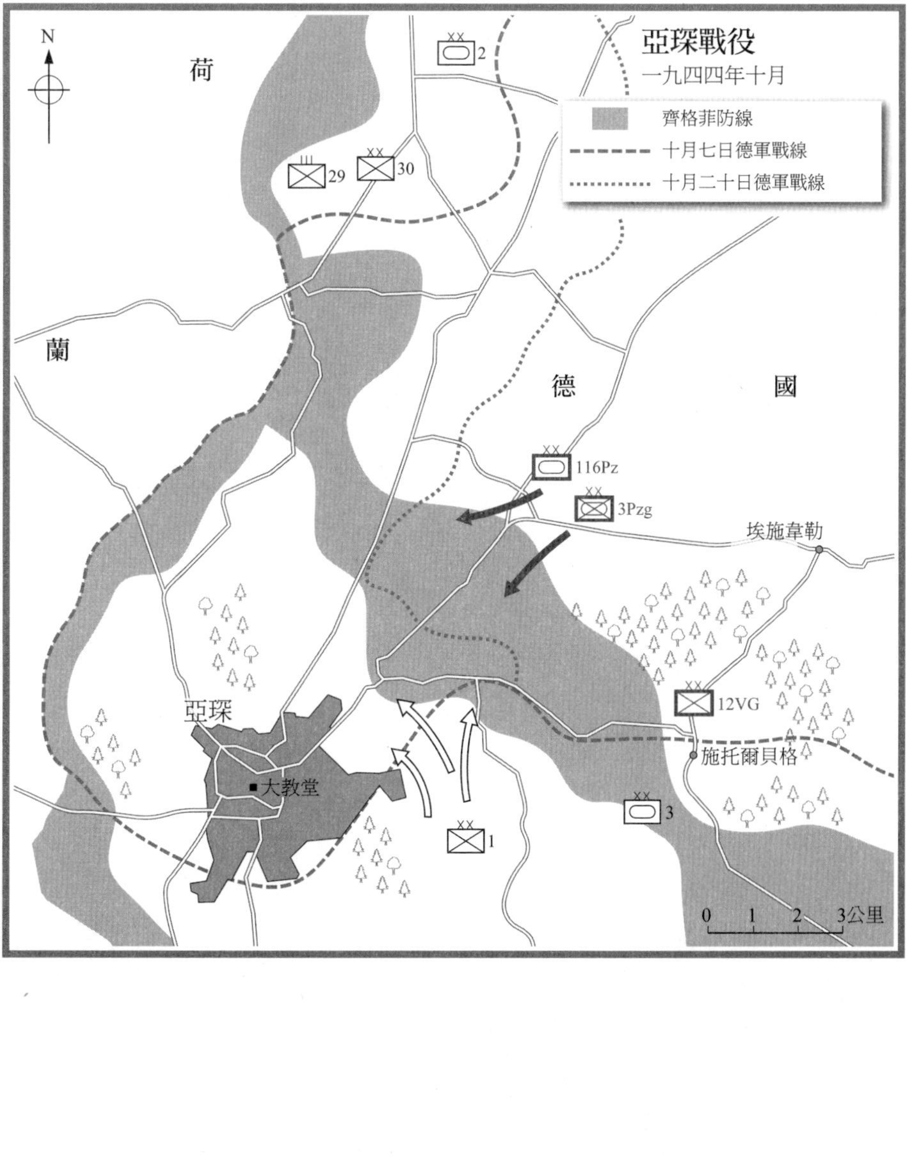
亞琛戰役
一九四四年十月
齊格菲防線
十月七日德軍戰線
十月二十日德軍戰線
N
荷
蘭
德
國
2
29
30
116Pz
3Pzg
埃施韋勒
12VG
施托爾貝格
亞琛
大教堂
3
1
0 1 2 3公里

與掃射。十月十四日，亞琛戰役正式開打。儘管納粹當局想盡方法撤離當地的十六萬居民，但仍有四萬人左右留在城裡。婦女與老人滿臉驚惶地望著德軍用強化混凝土將他們的房子改造成地堡。格哈德・維爾克上校（Gerhard Wilck）負責指揮將近一萬八千人的防禦部隊；這個軍隊的成分非常複雜，包括正規軍、武裝黨衛軍、充當步兵的海軍士兵，以及素質不佳的後勤營隊。在十月十六日亞琛被徹底包圍以前，德軍曾緊急動員一支營級的黨衛軍、第二四六步兵師的砲兵隊、第二一九突擊砲旅，以及幾支戰鬥工兵隊前來馳援。後勤營隊的士兵最有可能不戰而降，但二四六步兵師的赫曼少校表示：「我擁有最優秀的部隊，其中半數是受過U型潛艇訓練的海軍人員。」[16]他的麾下還有來自「阿道夫・希特勒警衛旗隊」的一百五十名黨衛軍，但他們希望脫隊獨立行動。赫曼必須嚴正警告他們，元首要求捍衛亞琛直至最後一兵一卒的命令既適用於其他人，也同樣適用於他們。

美軍的攻擊由第一師的兩個營從北方及東北方展開，「這應該是派給兩個團的任務。」一名軍官後來如此抱怨。鄰近的部隊之間務必保持緊密聯繫，以免敵軍趁隙溜到我軍的側翼或後方進行攻擊。「為確保不會遭遇埋伏，我們針對每棟建築物的每個房間和櫃子進行地毯式搜索，同時炸毀下水道。這不僅保障作戰部隊不會遭到背後狙擊，也能讓後方的指揮與後勤補給人員更有效率地運作。」[17]

第一師的行動是由坦克與坦克殲擊車先行，每輛坦克由一個步兵班護衛，對抗德軍的反裝甲火箭推進榴彈。M－4謝爾曼的砲塔右前方額外架了一挺點五〇口徑的機關槍；這在亞琛的巷戰中十分有效，因為它壓制了來自高樓層窗戶的火力。坦克人員知道德國士兵流竄於不同的地下室之間，因此一有機會，便以高爆砲彈射擊地下室，然後對房屋一樓開火，逐層往上。其他人則投擲破裂與白磷手榴彈，對付仍躲在地下室的德軍。火焰噴射器往往能「迅速招降敵人」。[18]

火箭筒和彈裝炸藥被用來打穿建築物之間的牆壁，這種行動稱為「老鼠打洞」（mouse-holing）。炸穿牆壁比從大門進出更安全，因為前者可以震倒躲在屋裡的敵人。一旦打穿隔壁房屋的入口，一名隊員會往裡面投擲一枚手榴彈，所有人在爆炸之後衝入屋內。持裝甲彈的士兵會射穿天花板或地板，一行人接著衝到房屋最頂樓，逐層往下掃蕩，迫使德國人進入地下室。一旦肅清一整條街道，便會設置哨口，謹防德軍溜回來。德軍也以類似方法使用他們的反裝甲砲彈。「當遭遇這種攻擊，」一份報告坦言，「美軍據點人員一旦因爆炸造成的塵霧而視線不良，往往立刻繳械投降。」[19]

美軍很快發現，迫擊砲和遠程砲彈的火力在城鎮戰中不夠精準，而且往往危及自家弟兄，所以他們堅持盡可能直接射擊。反正美軍迫擊砲的引信非常敏感，一碰到屋頂就爆炸，無法對建築物內部造成太大傷害。不過，他們的砲火如此猛烈，亞琛的德軍指揮官維爾克上校不得不將指揮所搬進防空避難室。「我們剛剛收到的幾門突擊砲立刻報銷，」維爾克後來追述，「你不能光靠卡賓槍來守衛城市！」[20]事實上，德軍並非只有卡賓槍，他們還非常有效地使用了一二〇毫米的重型迫擊砲。

盟軍飛機受到地面管制人員嚴密管理，但由於毫無可能在廢墟之中辨認特定地點，因此「並未執行近距離轟炸任務」。不過，我方飛機出現在頭頂之上，肯定讓地面部隊士氣大振，導致德國人垂頭喪氣。上層嚴令禁止破壞躲過地面戰火波及的大教堂。儘管如此，亞琛受到嚴重蹂躪，第七軍在報告中指出「建築物遭到夷平」，至少讓「相鄰的小隊得以保持實際聯繫」。[21]

「行動過程並未過分倉促，」第七軍彙報，「我們明白巷戰必然緩慢而冗長，若要徹底搜索每一棟建築物，必然得花費許多力氣與時間。」[22]大兵得到指令，掃蕩房屋意味著持續朝每一扇窗戶開火，直到他們進入屋內；接著，一人拿手榴彈，另外兩人持步槍進行掩護（拿湯普森衝鋒槍更好），從一個房間移動到另一個房間。不過，他們很快發現有必要在我方占領的房屋上做記號。「有好幾次，我們占領了建築物之後，卻因為自己人投擲的手榴彈和射擊的砲火而傷亡。」[23]

正如紅軍發現的，近距離重砲攻擊是最經濟、最具殺傷力的前進方式。在亞琛，美軍甚至使用一五五毫米「長腳湯姆」自走砲，射擊短短一百五十公尺外的目標。維爾克上校在投降之後承認，「一五五毫米自走砲的直接射擊威力強大，讓人魂飛魄散。有一次，一枚砲彈在爆炸之前射穿三棟房屋，炸毀了第四棟房屋。」[24]

「我軍占領一塊地區後，必須立刻積極驅離所有平民，」亞琛的一名美軍軍官強調，「否則恐怕會傷及人命。」[25]盟軍興建臨時收容所，由憲兵負責看守德國居民。但科林斯的部隊沒有足夠多訓練有素的通譯或反情報人員來過濾納粹擁護者，或審查數百名外籍奴工。戰爭期間，曾有三名男童撿到一把步槍，對一班美國大兵開火。一名中士發現他們，衝過來奪走槍枝，並給持槍的男孩銬上手銬。消息不知怎麼傳開來了，被德國文宣部當成一起英雄事蹟，厚顏無恥地誇大成「兒童徹底阻擋了敵軍前進」。[26]但正如日記作家維克多・克萊普勒（Victor Klemperer）指出的，這個案例無疑是自欺欺人。納粹據說開始徵用游擊隊，而這些人向來被他們斥為「恐怖分子」。這也凸顯了德國兵力的不足，正如納粹報紙所說的，「艾森豪以七個軍團的兩百萬士兵（士兵，不是兒童！）進行攻擊，」克萊普勒強調。[27]

十月十六日，死傷慘重的美軍第三十師和第一師終於在亞琛東北部會合。兩天後，希姆萊聲稱：「我們會堅守每一片德國家園，直到最後。」[28]但在十月二十一日，維爾克上校帶領又累又餓的殘餘部隊宣告投降。他不是希特勒的信徒，也知道殺戮之所以無法停止，是因為希特勒活在自己的幻想世界。「就連元首的副官都告訴我，元首是如何被謊言包圍，」他在囚禁期間表示。希姆萊為了投希特勒所好，經常眉飛色舞地走進來說：「元首萬歲！我想向您報告一支新成立的師隊。」[29]

維爾克的一名部下後來抱怨，受俘最糟糕的部分，是被押送著穿越亞琛。「百姓的行為比法國人還惡劣，」他說，「他們對我們破口大罵，還得靠美國人出面制止。他們的房子被炸成碎片，對此，我們也無可奈何。」沒多久，德國婦女開始從瓦礫堆中鑽出地窖尋找食物。可以看見她們宰殺中彈倒在路旁的馬匹，也可以看見她們用木製嬰兒車推著蘿蔔回家。[30]

戈培爾設法緩和戰敗的衝擊。德國文宣向人民保證：「在亞琛、阿納姆和安特衛普爭取到的時間，讓德國成為堅不可摧的堡壘。德國空軍注入了新血，德國如今擁有更多大砲與戰車投入戰爭。」[31]

最令盟軍受挫的耽擱，就是遲遲無法使用安特衛普港。這給了德軍重建軍隊所需的喘息空間，讓他們得以依希特勒的新計劃重新部署。受到勝利熱潮以及歐戰將在耶誕節之前結束的想法鼓舞，太平洋上的美軍指揮官把握機會增強自己的戰力。SHAEF突然意識到，原先於一九四一年商定的「德國優先」政策已形同虛設，導致彈藥與人員嚴重短缺。

由於德國東、南、西三面受敵，納粹內部開始呈現緊張狀態。十月十五日，霍爾蒂・尼克洛什上將（Nikolaus Horthy）與蘇聯祕密協商之後，透過廣播宣布匈牙利改變陣營。德軍早已得知他的叛變。廣播之前，曾在大薩索山（Gran Sasso）救出墨索里尼的奧地利狂人奧圖・斯科爾茲尼中校（Otto Skorzeny）便在街頭埋伏，綁架了霍爾蒂的兒子。*霍爾蒂本人也被帶回德國，匈牙利政權落入強烈反猶太的「箭十字」黨（Arrow Cross）法西斯分子手中。

在東普魯士，隨著紅軍首度踏入德國境內，納粹幕後的權力鬥爭變得日益激烈。德國空軍參謀長克萊普將軍成了不受狼穴歡迎的人物；凱特爾等人（甚至希特勒的空軍副官貝洛上校）視他為「失敗主義者」，對他不理不睬。戈林決定繼續留在附近的羅明登獵鹿，克萊普在日記中寫著，因為「他必須更嚴密監視希姆萊和鮑曼；希姆萊如今要求將幾支空軍中隊歸入黨衛軍轄下」。[33]這是希姆萊首次企圖把他的軍事王國從武裝黨衛軍的地面部隊向外擴張。元首身旁的部分權力遊戲取決於兩名守門人：鮑曼（掌握了除國防軍與黨衛軍之外的所有人），以及凱特爾。「任何一位將領或其他人要對阿道夫彙報之前，」一名被俘的將軍對他的同伴說，「凱特爾會詳細指示他們該說什麼、該怎麼說，在那之後，他們才會獲准站在阿道夫面前。」[34]

十月十八日，克萊普在前線附近視察高射砲砲兵連後，寫下對紅軍入侵的觀察：「東普魯士人心惶惶，即將出現第一波逃難潮，情況惡劣。」[35]戈林不得不匆忙離開羅明登，凱特爾企圖說服希特勒放棄狼穴，但元首拒絕了。幾天後，克萊普前往貢比涅（Gumbinnen）視察「赫爾曼戈林」裝甲師（Panzer Corps Hermann Göring）。「貢比涅陷入一片火海，」他記錄著，「一隊又一隊的難民絡繹不絕。在內莫斯多夫（Nemmersdorf），遭槍殺的婦女及兒童被釘在穀倉大門上。」[36]紅軍殘暴地血洗內莫斯多夫。然而，德國文宣肯定誇大渲染了這場浩劫，克萊普本人恐怕也從未親臨現場。

---

* 原註：德國軍官開玩笑說斯科爾茲尼因為解救墨索里尼而獲頒騎士鐵十字勳章，但「要是能把他帶回來，恐怕能得到更高榮譽的橡葉勳章」。[32]

同樣在十月十八日，正當亞琛戰役即將進入尾聲，艾森豪、布萊德雷和蒙哥馬利在布魯塞爾會面。由於英軍和加拿大軍正全力投入須耳德河出海口的掃蕩行動，艾森豪決定由美軍第一軍團集中火力在科隆南方攻占萊茵河對岸的橋頭堡，剛剛抵達的第九軍團負責保護它的左翼。可想而知，蒙哥馬利不高興第一軍團取得優先權，但自從上次讓步之後，他暫時保持緘默。另一方面，這項戰略意味著美軍的前進路線將穿越許特根森林（Hürtgen Forest）。不論幾位司令或部隊，完全沒有人知道在那裡等待著他們的恐怖命運。

4. 戰爭進入冬天

蘇軍十月間在東普魯士的短暫暴行，引來戈培爾拿紅軍姦淫擄掠的故事大作文章。他希望在生死存亡關頭之下，可以激起人民的民族團結意識。然而，西線的國防軍將領，卻因為德國軍人洗劫德國民宅的消息而深感震驚。

「當今大兵的行徑真令人難以置信，」德軍第三空降獵兵師的軍醫表示，「我當時駐紮迪倫（Düren），阿兵哥在那裡搶劫自己的同胞。他們到處翻箱倒櫃……簡直無異於禽獸。」[1]這個師顯然在義大利就已出現類似行徑；而在撤退途中順道洗劫法國與比利時的其他編隊，回到德國本土後也沒戒掉壞習慣。他們的破爛制服還沒替換，據估計，大約六成的士兵長了蝨子，而且所有人始終餓著肚子。據傳在戰線後方不遠處，有士兵故意刺瞎馬匹眼睛，好找藉口把牠們宰來果腹。

這並不表示他們不願意繼續戰鬥。紅軍抵達帝國邊境的消息，促使他們打起了精神。值得注意的是，一位名叫達曼的被俘德軍軍醫認為，「號召士兵挽救祖國的德國文宣，成功降低了戰鬥衰竭症（combat exhaustion）的病例。」[2]

德國士兵打家劫舍的行徑，並不是造成德國西部軍民關係急遽惡化的唯一因素。婦女希望戰爭盡快結束。東普魯士在她們心裡非常遙遠。「你很難想像家鄉的士氣有多麼低落，」一名下士告訴同為戰俘的幾名袍澤，「村子裡的女人惡毒地咆哮：『滾蛋！我們不想被轟成碎片！』」[3]第十六空降獵兵團的一名成員附和，「她們說我們是『戰爭拖延者』，而且不只在一個地方，西部的五十個城鎮和村落都這樣。」[4]一位名為穆克勒的士官說，在海德堡，「氣氛糟透了，可是仇恨的對象不是敵人，而是德國政權。」[5]民眾表示，「要是盟軍能趕快來結束戰爭，那該有多好。」儘管軍隊內部仍熱切相信希特勒承諾的祕密武器，但平民的生活圈裡充斥冷言冷語，當然，死忠的納粹黨徒和窮途末路的人除外。某些地方已經把不可靠的V－1飛彈戲稱為「失靈一號」[6]或「一號瞎彈」。

戈培爾把握每次機會，設法煽起德國西部百姓對盟軍得勝的恐懼。羅斯福的財政部長亨利·摩根索（Henry Morgenthau）九月份宣布，他計劃把德國改造成一個「以農業與畜牧業為主的國家」。[7]這項宣言是個災難；它讓戈培爾得以宣稱「每個美國大兵的行囊裡都裝著摩根索跟他同行」，而德國將四分五裂。[8]這個念頭顯然對西部的國防軍造成影響。一名被俘的軍官接受審訊時，被美國審訊員問到是否後悔摧毀了萊茵河兩岸。「欸，反正等到戰後，那塊地區大概也不屬於我們了，」他回答，「幹嘛不破壞呢？」[9]

納粹黨報《人民觀察家報》（*Völkischer Beobachter*）警告：「德國人民必須明白，我們打的是一場生死對決，每一個德國人都有責任竭盡全力追求最後勝利，阻撓這群食人魔盤算的毀滅計劃。」[10]摩根索是猶太人的事實，也讓文宣部長可以趁機宣傳猶太人密謀破壞德國的陰謀理論。部長企圖引用一些靠不住的英國媒體報導來加強效果，包括《每日郵報》（*Daily Mail*）引述的「海明威」的話：「德國強權必須被徹底摧毀，好讓德國永遠無法捲土重來、再打另一場仗。要達成這個目標，唯有靠閹割。」[11]

美國總統大選後，戈培爾表示美國共產黨在史達林慫恿下支持羅斯福總統，以致羅斯福的連任乃「意料中之事」。[12]然而，德國文宣也玩兩面手法，鼓吹人民相信與帝國敵對的同盟國陣營很快就會瓦解。根據美國反情報部隊所述，德軍散布的傳單顯示「湯米（Tommy）*和他的洋基兄弟（Yankee）†鄙夷地看著俄國佬占領並統治布魯塞爾和柏林等地；而條頓人顯然無法揮去這個念頭，若提到對布爾什維克的卑微恐懼，我們德國佬全都像酸菜似地縮成一團（Kraut）‡」。

---

* 譯註：英國大兵的暱稱。

† 譯註：意指美國佬。

‡ 譯註：原意是一種德國酸菜，後引申為對德國人的蔑稱。

其他傳單則試圖指出，「儘管成千上萬的美軍正慘遭殺戮，蒙弟的部隊『仍在荷蘭享受悠閒假期』」。[13]

「德國百姓無所適從，」反情報部隊在報告中表示，「他們不知道該相信德國當局描述的『恐怖』故事，還是相信穿越前線而來的人、小道消息以及盟軍廣播中所說的，我們是如何善待占領區的民眾。」[14]有關納粹在家鄉的貪腐，以及軍政府高階官員在法國忝不知恥的洗劫行徑等種種風聲在德國境內流傳開來，當然也有利於盟軍的行動。地方首長累積大量財富，他們的子女可以毫無節制地使用車輛，而一般企業老闆一星期只能分配到四十公升汽油。[15]

反情報部隊承認，他們踏入德國境內，「只帶著少許指令，沒有先例可循，也不確定會發生什麼情況，更隱隱擔心遭遇游擊戰。」他們的首要目標是盡速取得納粹黨的紀錄，但是光過濾美軍大量逮捕的「可疑民眾」和戰俘，情報人員就已焦頭爛額。德國士兵及平民可以輕易逃出美軍的戰俘收容所。反情報部隊還面臨另一個問題，那就是大批比利時和法國反抗軍湧入德國境內打家劫舍，或從事「他們自己的情報任務」。[16]

反情報部隊估計，亞琛有高達三成居民違抗納粹的撤離命令。「別欺壓他們，」對於如何對待美國占領區的德國人民，反情報部隊如此建議，「但也別讓他們耍你。德國人習慣順從命令，不習慣接受請求。」[17]許多民眾確實願意提供訊息告發納粹，但盟軍情報單位往往很難分辨訊息真偽。科隆遭到炸彈狂轟、該地區動盪不安的消息傳得滿城風雨；在那裡，警察長期對抗所謂的

「小白花海盜幫」（Edelweiss Pirates），其成員包括年輕異議分子，再加上大約兩千名德國逃兵，以及逃跑後躲在廢墟裡的外籍勞工。[18]

盟軍的轟炸不僅夷平多座城市，也讓火車運輸變得十分困難，甚至完全中斷。終於得以休假回家的德國官兵，整個寶貴假期幾乎都耗在火車上，或在車站枯等。「我們的一名中尉要回慕尼黑渡假（從荷蘭邊境的賴內〔Rheine〕出發），」德國空軍士官波克說，「他離營十天，只有一天待在家裡。」[19]

幾乎沒有士兵選擇到柏林渡假，除非那裡有他的家人或心上人。首都每一位居民都因為夜夜無眠而筋疲力盡，因為英國皇家空軍轟炸機司令部（RAF Bomber Command）在打他們自己的「柏林戰役」，一夜接連一夜地轟炸這座城市。「什麼叫懦弱？」這座城市有一句典型的黑色笑話是這麼說的：「就是自告奮勇離開柏林，上東線戰場打仗。」[20]

訪客經常對各階層人民的環境適應能力感到驚訝。「我現在已經很習慣住在瓦礫堆裡，」蜜絲・瓦西里契科夫（Missie Vassiltchikov）在日記中寫道，「空氣中隨時瀰漫著汽油味，並且摻雜橡膠和鏽蝕的金屬味，偶爾甚至飄出屍體的腐臭味。」[21]那年冬天因為燃油短缺，公寓裡特別寒冷。由於很難取得玻璃修補窗戶，居民往往一聽到警報聲就敞開窗戶，以免僅剩的幾片窗玻璃被炸彈震碎。

空襲期間，人滿為患的地窖和水泥防空洞晃個不停，低瓦數的燈泡閃閃爍爍，變得益發黯淡，然後完全熄滅，最後再恢復光明。兒童拚命尖叫，許多大人則把頭埋在兩膝之間。等到終於解除空襲警報，許多人坦承有喜獲重生的奇妙感覺。不過許多人在其他人魚貫而出之後繼續留在地窖；那裡比較溫暖，也比較不受威脅。

「皮膚病，」一個醫生指出，「在軍隊和民眾之間屢見不鮮，這是因為肥皂品質不佳、防空洞及僅剩的幾間房子裡人群過於擁擠、布料短缺、衛生不良等等。」[22]越來越多工業區勞工染上白喉，性病也出現蔓延之勢；這一部分得歸咎於從法國、比利時、巴爾幹半島和波蘭返鄉的德國部隊。

一名軍事法官估計，大約有一萬八千名國防軍逃兵藏匿於柏林。[23]許多人躲在棚屋區裡。他們想必十分認同德國軍隊的一個笑話：「戰爭就像電影院：前排熱鬧滾滾，但最好的位置恰恰在後排。」[24]德國百姓終於願意冒極大風險掩護逃兵，通常是自己的兒子或外甥，但有時甚至是陌生人。年底以前，國防軍處決了一萬人左右，這個數字在戰爭最後幾個月還會大幅上升。[25]

逃兵的家人也可能受到嚴懲。「十月二十九日到三十日之間的夜裡，」第三六一國民擲彈兵師師長在一份當日命令中宣布，「第九五二擲彈兵團第四連的士兵瓦迪斯勞．施拉赫特爾叛逃到敵方。軍事法庭當天通過施拉赫特爾的死刑判決。他將被永遠逐出我們的社會，不得返鄉。我們會對他的家人施加最殘酷的報復，這是求取德國民族生存的必要手段。」[26]透露太多訊息給美軍的戰俘，家屬也同樣受到威脅。

比較富裕的階級越來越害怕城市及其周邊的成千上萬名外籍勞工；他們有的是自願來的，但絕大多數是被強徵到德國的民伕。管理當局逐漸失去對他們的控制。工寮往往被焚毀，使得這些外國人無家可歸。德國商店老闆會宣稱外籍勞工結夥闖進商店，偷走物資，但其實是他們自己把少掉的品項拿去黑市賣了。[27]除了食物之外，香菸是最搶手的商品。根據一名被俘軍官所述，一根英國香菸在柏林要價五馬克，而一根駱駝牌香菸的價錢更高出一倍。純正的咖啡一公斤六百馬克，幾乎沒有人買得起。一位軍官說，咖啡的黑市買賣多半是荷蘭的黨衛軍籌辦的。[28]

由於供給緊俏，咖啡成了納粹高層最招搖的消費選擇。兩名被俘的德國海軍將領一九四五年在英國戰俘營裡的對話被祕密記錄下來，這段話怪誕得駭人聽聞。恩格爾少將對烏特克中將描述，後來被絞死的瓦爾特蘭省（Wartheland）省長——惡名昭彰的亞瑟·格賴澤爾（Arthur Greiser）是如何招待其他將軍。

「格賴澤爾得意洋洋地說：『你知道你現在喝的咖啡，花了我三萬兩千個猶太女人嗎？』」

「她們到哪兒去了？」烏特克中將問。

「『大概進了焚化爐，』格賴澤爾當時告訴我們，『大夥兒最好祈禱能像她們死得那麼容易。』那是他當下的反應。所有將軍圍坐在一起笑得前仰後合，品味著咖啡背後的人間苦難。」[29]

秉承羅馬人的「麵包與馬戲」傳統*，納粹當局在遭轟炸受損的體育宮舉辦一場冰上表演，讓人民暫時忘記物資的短缺。德意志婦女工作會印製傳單和手冊，教民眾如何節省食物。其中一篇名為〈沒有肉的一餐〉[30]。可想而知，這造就了柏林的另一個笑話：下一篇想必會教大家烹煮「沒有食物的一餐」。一首以納粹黨黨歌〈霍斯特威塞爾之歌〉（Horst Wessel Lied）重新填詞的諷刺歌是這樣說的：

價格飆漲
店門緊閉
飢餓橫行
肆虐德國百姓
然而挨餓的人
僅限升斗小民
在上位者
只能深表同情[31]

＊　＊

西線盟軍的假期就輕鬆舒適多了。英國和加拿大軍人到布魯塞爾渡假，美國大兵則前往巴黎。高階軍官總找得到好藉口去探視位於凡爾賽的SHAEF，或拜訪市區內的兵站區。九月中開始，每天有將近一萬名美國士兵持七十二小時通行證抵達巴黎。對於傘兵詩人路易斯・辛普遜（Louis Simpson）所說的這些「剛剛從壕溝裡爬出來的心癢難耐的狗臉步兵」，其頭等大事可想而知。[32]巴黎被冠上「銀色散兵坑」的封號，而「鋸齒壕」這個詞則涵蓋了性與酒的味道。皮加勒區（Pigalle）成了「豬玀巷」（Pig Alley）†，職業與業餘的妓女收費從三百法郎到五塊美金不等。‡

李將軍——兵站區的獨裁司令——對美國大兵在巴黎休假期間種種不符合規定甚至無禮的行為深感震驚。他從總部派出軍官，四處巡邏記下沒有敬禮的士兵名字，想藉此讓大兵學聰明點。克萊貝爾大道（Avenue de Kléber）很快被前線士兵稱做「敬禮大道」；他們厭惡要求他們循規蹈矩的軍官和憲兵。[33]

* 譯註：指以膚淺的綏靖手段轉移人民的注意力。
† 譯註：與皮加勒的法文諧音。
‡ 原註：根據一名軍需連二等兵的性病接觸表所示，他「在同一個街角搭上了九個不同女人，上了六間不同的賓館，並且確實有辦法完成七次性行為」，一切全在八小時之內發生。[34]歐洲戰區該年的性病比率成長了一倍，而法國境內有超過三分之二的性傳染病源於巴黎。

為了抵銷嫖妓和飲酒的開支，大兵到美軍福利社以每盒五十分錢買進切斯特菲爾德（Chesterfield）、鴻運（Lucky Strike）和駱駝牌香菸，然後轉手以十五到二十元不等的價格賣出。法國當局徒勞無功地抗議美軍部隊濫用他們的進口關稅與交易管制豁免權。美國大兵可以用官訂匯率把他們的法郎薪餉兌換成美元，再以黑市價格賣出美金賺取暴利，由法國政府承擔損失。大兵用香菸、罐頭火腿、尼龍絲襪和美國的其他進口商品來勾引女人。

上過大學或熱愛歐洲文化的人同情法國處境，而且渴望（不只基於肉欲）看看巴黎——世界的知識之都。但欠缺外國文化知識的人往往鄙視法國人，把他們視為連正規語言都說不好的失敗者。他們期望法國女人隨時準備好滿足其解放者的生理欲望。許多人費事去學的少數幾句法語之一是，「Voulez-vous coucher avec moi？」（你要跟我上床嗎？）美國大使館形容美軍在巴黎追求女人時，「態度急切且往往非常大膽。」[35]曾有美國大兵在咖啡館內用口哨召喚一名年輕女孩，並且致贈一包鴻運香菸。這名女孩接過香菸、扔在地上，然後用腳輾碎，贏來旁觀的法國人一片歡呼。[36]年輕法國男子無法跟美軍的慷慨競爭，他們目睹解放者的放肆無禮，越來越氣憤難平。兩邊對彼此的懷疑與憎恨與日俱增。「法國人在戰敗之前尖酸刻薄，獲救之後又悶悶不樂，」路易斯．辛普遜寫道，「這群狗雜種到底想要什麼？」[37]

如果說柏林黑市生意興隆，那麼由開小差的美國大兵和當地黑幫結合而成的巴黎黑市，可謂猖獗一時。盜賣美軍汽油的利潤極其豐厚，就連毒梟都被吸引進入這個新市場。將近半數的桶裝汽油在歐洲大陸消失無蹤。無論提高刑罰、添加染料以便追蹤汽油，或美軍當局的其他種種對策，全都無法遏阻黑市買賣，使得前線的補給問題更形嚴峻。巴黎很快有了「塞納河畔芝加哥」的稱號。[38]

那年秋天最明目張膽的，莫過於鐵路營犯下的一樁非法勾當。這群部隊在鐵路彎道停下火車，好讓駐守車尾防範盜竊的憲兵看不見他們行動，然後卸下肉品、咖啡、香菸和罐頭食物，交給他們的同夥。一桶二十磅裝的咖啡可以賣到三百美元，而一箱十合一的口糧要價一百美元。醫護列車上的毛毯與制服也遭竊。大約一百八十名軍官與士兵最終被判決徒刑，刑期從三年到五十年不等。短短一個月之內，總共有大約六千六百萬盒香菸不知去向。

法國人對「新占領期」的反感，隨著美軍的跋扈而與日俱增。頭戴白色鋼盔的美國憲兵在協和廣場指揮交通，總讓前往美國大使館的美國車輛優先通行。羅斯福遲遲不肯承認法國臨時政府，因為他懷疑戴高樂想當一名軍事獨裁家。但國務院與艾森豪多次施壓之後，總統終於讓步。十月二十三日星期一，美國大使傑佛遜・卡弗里（Jefferson Caffery）、英國大使達夫・庫柏（Duff Cooper）以及蘇聯代表亞歷山大・博戈莫洛夫（Aleksandr Bogomolov）終於各自遞上國書。當晚，戴高樂邀請庫柏夫婦共進晚餐，但戴高樂還是鬱鬱寡歡，以致英國大使在日記中描述這場晚宴「極其冷硬枯燥，甚至比他平時的宴會更乏味」。[39]

卡弗里遠比SHAEF的絕大多數高階將領更同情法國，因此受到他們許多人輕視。他是個彆扭的人，個性刻板而局促，明顯地不享受外交生活。排斥法國的高階將領決心壓制他，不給他任何外交自主權。卡弗里跟閱歷不深的法國外交部長喬治·皮杜爾（Georges Bidault）互表同情。皮杜爾經常因為戴高樂的無謂挑釁，而向卡弗里和庫柏致歉。他後來甚至告訴卡弗里：「眼前實在也沒有其他人選了，而且我們得承認，戴高樂雖然不喜歡法國人，卻深愛法國。」[40]庫柏的最大麻煩是他的老朋友溫斯頓·邱吉爾。首相打算視察SHAEF，但不準備預先通知戴高樂；這樣的舉動會被視為侮辱。首相最後答應以符合禮節的方式正式參訪；他跟戴高樂將軍沿著香榭麗舍大道行走，受到廣大民眾夾道歡迎。兩人巧妙地把D日前夕的火爆衝突拋到腦後。

戴高樂之所以悶悶不樂，一方面是因為他的政府面臨了嚴峻的經濟與政治困境。食物與燃油的補給狀況還不明朗，街頭經常出現民眾抗議。SHAEF估計有一百五十五萬棟建築在戰爭中被毀；工廠和礦場仍舊無法正常運作；這個國家的港口與運輸系統歷經盟軍轟炸與德軍劫掠等種種破壞，至今仍呈現半癱瘓狀態。戴高樂還需要應付憤怒的反抗運動。反抗分子怨恨自己失去了影響力，也氣憤從倫敦返國的戴高樂人馬重新建立了國家權力。法國共產黨及支持者是抗議聲音最大的一群人。史達林擔心如果法國在盟軍陣線後方出現暴亂，美國或許會停止租借法案給予的援助。不過，他們不曉得史達林完全反對這個想法。他們意圖把解放推向革命，卻橫遭攔阻。

戴高樂在十月底亮出他的王牌。他答應讓法國共產黨領袖莫里斯·多列士（Maurice Thorez）從莫斯科回到巴黎，但相對地，政府中的兩名共黨部長必須支持他廢除「愛國民兵」，並強迫他們交出武器。透過SHAEF提供的制服與武器，戴高樂開始將愛國民兵整編成法國正規軍，把大多數人分派到塔西尼將軍（Jean-Marie de Lattre de Tassigny）的法國第一軍團，朝盟軍戰線最南端的史特拉斯堡前進。

有一個人無意繳械，那就是巴黎解放不久前，在朗布耶（Rambouillet）一帶打游擊的海明威。十月初，海明威必須離開他在德國邊境的游擊地，當時，第四師的第二十二步兵團正設法突破齊格菲防線。法庭調查他在朗布耶的非法軍事行動；海明威做出偽證之後被判無罪，獲准留在法國擔任戰地特派記者。

儘管他在巴黎費時費勁地鼓勵第四師的沙林傑中士繼續寫作（沙林傑當時已著手寫《麥田捕手》），但海明威依舊是個積習難改的戰爭觀光客：畢竟，就是他在西班牙內戰期間發明了「戰鬥妓女」（whore de combat）這個詞彙。他回到巴黎的麗池飯店飲酒作樂、跟下一任海明威夫人瑪麗．威爾許（Mary Welsh）上床尋歡。幾天後，當他跟第二十二步兵團團長「巴克」．藍漢姆（'Buck' Lanham）上校喝酒，他抓起瑪麗現任丈夫的一張照片丟進馬桶，拿德製自動手槍對準照片開火，對麗池的水管線路造成災難性破壞。

他也慈愛地跟前往法國慰勞美軍的瑪琳．黛德麗（Marlene Dietrich）調情。巴頓將軍是黛德麗的「熱情仰慕者」之一，送了她一套有珍珠把手的手槍。另一名仰慕者是第八十二空降師的吉姆．蓋文（Jim Gavin）；這名年輕帥氣的傘兵少將後來成了她的情人。再後來，蓋文也跟無法再多看「老爹」一眼的海明威第三任夫人瑪莎・蓋爾霍恩上了床。戰爭最後一年，巴黎確實是個波瀾起伏的歡樂場。[41]

布魯塞爾是加拿大第一軍團及英國第二軍團的休假集中地。英國軍官經常感傷地說，對熱愛巴黎的人而言，前往布魯塞爾就像跟心上人的姊妹喝下午茶一樣。比利時首都或許不像皮加勒區那麼多采多姿，但它為大兵供應了啤酒和他們熱烈追求的女人。而且，它也成了逃兵和黑市生意人的避風港。

布魯塞爾的政治情勢說不定比巴黎更複雜。[42] SHAEF駐比利時代表厄斯金少將（G. W. E. J. Erskine），企圖協助結束流亡、從倫敦返回故國的赫伯特・皮埃洛（Hubert Pierlot）的比利時政府重建秩序。主要由左翼分子構成的反抗運動人士跟他們的法國同志一樣，沒興趣聽從保守派政客指揮；這些年他們為國家出生入死，這群政客卻躲在倫敦過安逸生活。反抗運動的成員在九月初共計三萬人左右，後來增加到七萬人。至於那些曾經跟英美部隊並肩作戰的戰士，更不願被收編到比利時的陸軍和憲兵隊，屈居人下。

艾森豪將軍在九月二十九日發出一份當日命令，他在其中盛讚反抗運動的成就，但也支持比利時政府的決定，呼籲他們交出武器和裝備，並自願從軍，加入作為後備兵力的特別營。在比利時人力不足且燃煤和食物嚴重短缺的時期，這項呼聲引發了混雜輕蔑與憤怒的反應。十月二十一日，厄斯金將軍向盟軍最高司令指出，頑強的反抗運動成員拒絕交出武器，他們的人數是警察與憲兵的十倍有餘。政府的控制力量極有可能全然瓦解。艾森豪於是敦促比利時政府發布禁令，民眾未經許可，不得在戰鬥區內持有武器。

十一月九日，艾森豪正式訪問比利時首都，在國會發表演說。幾天後，比利時國防部宣布，反抗軍部隊必須在十一月十八日前解散。兩名隸屬共產黨的部長及一名反抗運動代表辭去皮埃洛的內閣職務，以示抗議。不過在後來的一場會議中，厄斯金將軍讓他們明白SHAEF完全支持政府的這項措施，而且恐怕沒有人樂見反抗軍和盟軍之間出現齟齬。反抗團體決定讓步，同意把所有武器交給「同盟國當局」。

然而十一月二十五日，布魯塞爾政府辦公區出現一場大規模示威，英國軍隊與裝甲車輛進入布魯塞爾，支援比利時警察與憲兵的行動。和希臘發生的情況異曲同工，此舉讓英國看似要支持一個不受歡迎的政府維持政權。厄斯金被迫公開解釋他的行動；他的理由是戰區後方必須維持穩定秩序，然而選舉之前，軍方別無選擇，只能支持從流亡中保存下來、跟歷經漫漫占領時期受苦受難的人民完全脫節的政府。

正當參與諾曼第戰役的美國老兵持七十二小時通行證回到巴黎，源源不絕的新兵從瑟堡湧入待命營，取代陣亡或受傷的士兵。其中絕大多數是剛從美國抵達的青少年，但也有許多較年長的士兵被分派到損失八成兵力的步兵步槍排；這些部隊的傷亡比例遠超過預期。

在這個無趣得令人沮喪的體制中，那年冬天的唯一進步，就是把「替補」這個詞改為「增援」，以期消除新兵只是來填補死人空缺的印象。沒什麼效果。第二十八步兵師的一名團長說：「我們仍是第一流的部隊，只不過跟當初踏上〔諾曼第〕海灘的情況根本不能相比。我們現在得盯緊一點；這些替補人員，不論軍官或士兵，全都是新手。他們不懂得如何照顧自己，有時候三兩下就陣亡了。他們跟自己的長官和弟兄都不熟，沒有團隊行動的默契。」[43]有一個連有二十名弟兄請病假，絕大多數是因為感冒，以及又稱為「足浸病」的戰壕腳。他們全是剛來的新兵，甚至連最基本的戰地衛生規則都還沒學會，而其中最重要的一條規則，就是勤換襪子。連長承認他在十天內損失了二十六名士兵；他們全因戰壕腳而進了醫院。第四師的沙林傑每星期都會收到媽媽織的一雙毛襪，說來的確幸運。

兵站區人員對於他們負責照顧的士兵會面臨怎樣的命運，絲毫不感興趣。他們無非就是處理好規定的數字罷了。兵員補充站被稱為「士兵轉運站」，看起來跟臨時勞工的集散中心沒什麼兩樣。「每天早晨，」一位名叫亞瑟・考區的新兵寫道，「一千多個人站在總部單位外頭，有人會依照單子唸出大約一百名或更多士兵的名字，這些人就會坐上卡車，前往他們的師部或團部。剩下的人各自走回帳篷，等待下一次唱名。」[44]剛從醫院回到戰區的老兵經常嚇唬新兵，總喜歡說說前線作戰離奇而可怕的故事尋他們開心。

抵達前線的新兵通常完全不具備表格上描述的訓練資歷。許多人不會游泳。在橫渡莫澤河的戰役中折損了眾多兵力後，巴頓第三軍團轄下的一名連長如此形容由新兵替補傷亡士兵進攻德里昂堡（Fort Driant）的情況。「我們沒辦法叫欠缺訓練與經驗的新兵前進；我們得拽著他們爬上堡壘。年紀大的人累了，而嫩得跟草一樣的小伙子裹足不前。突破堡壘的三天時間，都用來叫士兵站到對的位置。幾名隊長為了維持隊形而在錯誤時機暴露自己，全都犧牲了。新兵似乎完全失去理智。他們隨地扔下自己的步槍、火焰噴射器、炸藥包和其餘種種。我看不慣，氣得火冒三丈，兩眼昏花。要不是事先規劃好防禦砲火網，以部隊這種水準，德國人會把我們全趕出堡壘。為什麼？因為這些人不肯戰鬥。他們為什麼不肯戰鬥？因為他們沒有戰鬥所需的訓練或紀律。」[45]

有太多案例，替補人員在夜間向他們的小隊報到，不知道身在何處，甚至不知道自己加入了哪支部隊。他們經常受到失去親密戰友的倖存隊員冷落。而且由於替補人員給人笨手笨腳、難逃一死的印象，老兵往往對他們敬而遠之。這簡直成了自我應驗的預言，因為欠缺卓越領袖的小隊會把最危險的任務派給新兵，不肯冒險失去作戰經驗豐富的老兵。許多人活不過剛進部隊的四十八小時。

替補人員的際遇，有時就跟可有可無的奴隸相差無幾。令人深感不安的犬儒主義在整個體制內滋長。瑪莎・蓋爾霍恩在她的小說《無法脫身的處境》（*Point of No Return*）中，重現一段顯然很普及的黑色幽默：「波斯塔洛齊說他們應該在轉運站斃了那些新兵，省得麻煩。他說還得把他們的屍體扛回來，根本只是浪費時間而已。」*

替補人員唯有在前線挺過四十八小時，才有機會活得更長一點。布萊德雷的一名參謀官思忖著一名新來的「麵糰男孩」會有怎樣的命運。「他在前線待了——呃，大概一星期之後，生存的機會似乎達到了最高點。然後你坐在高層總部，就像保險桌後面的精算師，你知道他的存活機率緩慢而穩定地下滑，統計數字很肯定地下降、下降、下降。只要留在戰場上的一天，他的生存機率就逐日降低，直到他待得夠久，成了俄羅斯輪盤上一整晚都沒出現的數字。對此，他也心知肚明。」[46]

「我很幸運，身旁的老兵願意幫助新來的替補人員活下去。」[47]亞瑟·考區記錄他被分派到第一步兵師的好運氣。有人教他，用白朗寧自動步槍掃射敵人之後，必須立刻滾到旁邊的新位置，因為德軍會集中火力朝任何一把自動武器的方向展開回擊。考區學得很快，但他肯定是少數人之一。「最近幾星期，替補新兵的素質稍有下滑，」他所屬的師部在十月二十六日報告，「我們收到太多沒達到步兵作戰體格的人，還收到幾個沒辦法承受低溫、泥濘和雨水的四十歲老頭。替補人員的作戰心理準備並不充足；他們不理解戰爭的現實面——一名新兵詢問前線是否使用實彈射擊，就是個實例。」[48]

對於新兵缺乏行前訓練，前線部隊大為震怒。「替補人員受過十三週的基本訓練，」第三軍的一名中士評論，「他們對機關槍一竅不通，不知道如何減少槍枝故障，也不知道如何快速使用槍枝。他們是好人，只不過沒受過訓練。戰場不是訓練新兵的好地方。」[49]另一名中士說，在美國本土的訓練中，剛入伍的士兵聽說「我們的武器可以壓制敵軍武器」。[50]他們抵達前線，以為輕兵器火力是唯一的危險來源，從沒想過還有地雷、迫擊砲、大砲和坦克。在攻擊行動中，他們往往成群結隊，成了明顯的目標。當步槍或機關槍開火，他們會撲倒在地上，引來迫擊砲射擊；其實往前衝才是最安全的方法。

幾名新兵似乎無法理解「行進間射擊」的原理——一邊行進，一邊朝可能的目標持續開火。「我發現最嚴重的錯誤，」一名連長報告，「就是士兵不開火。我看見他們遭到射擊，卻沒有回擊。他們只想找掩護。當受到質問，他們說開火會引來對方朝他們射擊。」[51]矛盾的是，當德國士兵試圖投降，替補人員幾乎總會率先朝他們開槍，導致他們趴到地上繼續奮戰。新來的人也需要學習德軍可能耍的詭計。「德國佬朝我們的砲火後方不遠處發射迫擊砲，讓部隊誤以為我方的砲火失靈。」[52]有經驗的部隊早已習慣這套把戲，但新兵往往驚慌失措。

對於軍官與士官替補人員的缺乏準備，前線部隊也感到失望。他們認為軍官需要有前線作戰

＊ 原註：海明威在他的《渡河入林》（*Across the River and into the Trees*）中也描述了一段非常類似的笑話，但當他們的婚姻難堪地破裂之後，兩人當然都不承認這個笑話是從對方聽來的。

經驗，才能被賦予掌握弟兄生命的重責大任。沒有作戰經驗的士官應該先自動降級，等到證明自己能不辱使命才官復原職。「有一名被派來我們這裡的士官長，」一個師部報告，「他加入陸軍以來，唯一做過的事就是在五角大廈繪製壁畫。他是個好人，但我們沒有他那個級別的工作給他。」[53]

「第一次跟敵軍交戰，我嚇得暈頭轉向，」一名年輕的替補軍官承認，「我無法領會眼前一切的涵義……我大概花了四天，才終於不再認為每一枚子彈都是瞄準我而來的。」[54]他最後無疑成了一名優秀排長。但許多人根本不適合自己的任務；那不能怪他們。幾名被分到坦克營的中尉從沒看過坦克內部的模樣。一個步兵師驚愕地收到「一群沒當過排長的替補軍官；他們從前是特勤官助理或食勤官之類的」。[55]

為了給替補人員打氣，指揮官設法激起他們對敵人的仇恨。「作戰之前，我要求麾下的小隊長談談德國佬如何泯滅人性，」第九十五師的一名營長曾參與攻打梅茲要塞，他說，「如今我們打過仗了，對於德國人的獸性有很多實際經驗，弟兄們不須鞭策就已摩拳擦掌，準備把德國佬大卸八塊。我們盡量不誇大其詞，純粹試著指出德國人是一群禽獸，他們不會對我們手下留情，必須被消滅。」[56]

5. 許特根森林

海明威的好朋友兼心目中的英雄——第四師的巴克·藍漢姆上校——很快回到跟舒適的麗池判若天淵的世界。十月底，艾森豪將軍發布秋天的行動命令。在加拿大第一軍團完成占領須耳德河出海口並打通安特衛普港之際，另外六支盟軍部隊將朝萊茵河挺進，以魯爾及薩爾工業區為下一個目標。

第一軍團衝破亞琛外圍的齊格菲防線後，軍團的位置距離萊茵河已不超過三十公里，從地圖上來看，只剩下誘人的咫尺之遙。不過，他們首先必須越過東邊十五公里開外的羅爾河（Roer river）。科林斯的第七軍和傑羅的第五軍一旦占領許特根森林及其周邊戰區，第一軍團的左翼便會設法渡河，由緊鄰他們北面的第九軍團負責支援。

霍奇斯中將選中古老的療養勝地斯帕（Spa）作為軍團總部。一次世界大戰末期，斯帕曾是德國陸軍元帥保羅·馮·興登堡（Paul von Hindenburg）及德皇威廉二世的大本營。一九一八年十一月，德國後方爆發叛變，第二帝國的領導層即是在斯帕瞬間瓦解：這就是二十六年後，希特勒一心一意亟欲避免的「背後暗算」。霍奇斯接收了不列顛大飯店（Grand Hôtel Britannique），他的作戰參謀在賭場的水晶吊燈底下搭起摺疊桌、展開情勢圖。鎮上的公園停滿吉普車和其他軍用車輛，草皮被輾成一大片爛泥巴。戰爭歷史學家波格指出，儘管這裡距離前線不到三十公里，卻沒有人費事攜帶武器或穿上野戰軍服。

第一軍團司令部不是一個快樂的地方。在戰情陷入膠著的秋天，總部散發著怨恨和挫敗的氣氛。霍奇斯是一個極其刻板而無趣的人，蓄著精心修剪的小鬍子，腰桿始終挺直，臉上很少露出笑容。他說話有慢條斯理的南方腔調，決策優柔寡斷，而且欠缺戰略想像力：他信奉直截了當跟敵人正面交鋒這種簡單而粗暴的方法。比起軍人，他更像企業總部裡的生意人，幾乎從來不到前線的師指揮所視察。他決定逕直穿越許特根森林朝萊茵河進攻，這個決策，揭開了整個西北歐戰事最慘烈的一頁。

許特根森林位於亞琛東南方，地勢崎嶇不平，廣袤的松樹林中摻雜著橡樹和山毛櫸，山頂還有幾片牧草地。在戰火聲壓過詭異的寧靜之前，這裡唯一的聲響就是林間的風聲，以及天上盤旋的禿鷹嘯聲。森林裡縱谷交錯，有太多令人頭暈目眩的斜坡。這裡的地形對坦克車太陡峭，重裝備的步兵在泥濘、岩石和樹根之間跌跤、滑倒，疲憊不堪。松林如此濃密幽暗，彷彿受到詛咒，就像童話故事的巫婆和妖怪住的恐怖森林。士兵覺得自己是不速之客，因此輕聲細語交談，彷彿森林正在聆聽他們說話。

在這個不到一百五十平方公里的地區，林間小徑和防火道讓人很難摸清方向。除了伐木工寮和農舍聚集而成的一兩個村落外，此地杳無人類居住的痕跡。村裡的房子以當地的灰褐石奠基，上層採木製結構。房子外頭的屋簷下，堆著整整齊齊的木柴。

九月第二個星期，當美軍第三裝甲師及第一步兵師開始殺向森林邊緣，霍奇斯和他的參謀就應該明白，他們派給部隊的是怎樣的任務。第九步兵師後來在九月下半到十月間的遭遇，不啻為進一步警訊。部隊朝東南方向的重鎮舒密特（Schmidt）前進時，一開始頗有進展。他們達到了突襲效果，因為照迎戰他們的德軍師長所言：「一般來說，我們認為美軍要打到羅爾河，應該不會取道這片難以勘查、只有幾條路的廣袤森林。」[1]德國步兵一得到軍砲兵的支援，這次森林作戰就成了一場傷亡慘重的戰役。

德軍派遣狙擊手埋伏樹梢（靠近地面的埋伏點視野不佳）。他們都在明斯特狙擊手訓練基地（Munsterlager）受過訓練。受訓期間，每天還得聆聽半小時的仇恨宣傳。「教官慷慨激昂地陳詞，通常以這種形式進行：

「教官：『每一槍都得殺掉一個猶太激進分子。』

「齊聲吶喊：『百發百中。』

「教官：『殺掉英國豬玀。』

「齊聲吶喊：『一槍斃命。』」[2]

美軍第九步兵師正在攻擊由漢斯．施密特少將（Hans Schmidt）指揮的德軍第二七五步兵師的陣地。施密特的團指揮哨設在森林裡的小木屋。這個師只有六千五百多人的兵力，以及區區六挺自走突擊砲。有些士兵對森林作戰略有概念，但其他人——例如第二十空軍要塞營——毫無步兵經驗。其中一個連由空軍解碼學校的人員組成，就施密特來看，他們「完全不適合赴前線作戰」。[3]接下來一個月，「幾乎全連投向敵營。」[4]部隊的武器裝備，是戰爭早期占領外國領土繳獲的各式步槍。

施密特承認，在許特根森林作戰，「是對〔士兵的〕生理及心理耐力的最大考驗。」[5]他們存活下來，只因為美軍無法發揮他們在坦克及空中的強大優勢，而且砲兵很難進行偵察。但德軍的補給及後勤梯隊受到轟炸機猛烈攻擊，無法將熱食送到前線。這意味著德軍除了「不定時收到冷的口糧」之外，沒有其他食物可吃。[6]衣服濕透了的士兵必須在接近冰點的氣溫中，連續好幾天待在他們的散兵坑裡。

十月八日，由老人組成的第一四一二工兵營加入師隊，施密特說，「無異於丟一滴水到熱火爐上。」[7]事實上，這一整個營差不多一天之內全軍覆沒。一個空軍軍校生營也被打得落花流水。十月九日，當師隊的傷亡人數達到五百五十人，「還沒把大量的病號算在內，」[8]來自迪倫的警察營被派到威查德（Wittscheide）東邊作戰。這群人的年紀在四十五歲到六十歲之間，身上還穿著綠色的警服，而且自從一次大戰結束以後就沒受過基本教練。「這群老爹的投入令人難過。」[9]施密特承認。傷亡如此慘重，以致來自野戰補充營及預備和替代單位的參謀官與教官，都被送到前線擔任指揮官。就連部隊迫切需要的通訊員都被派去當步兵。

只有十月十日的傾盆大雨，才給了德軍第二七五師重整戰線的機會。美軍第九步兵師讓施密特印象深刻；他甚至懷疑他們受過森林作戰的特殊訓練。當天下午，當來自軍團的幾位上級指揮官前來視察，他們對第二七五師的狀況大感震驚，承諾派兵增援。

增援部隊確實抵達了，但他們的任務是發動反攻，不是鞏固防線。這支部隊由裝備精良的兩千多名教導團（training regiment）成員組成，其中半數是預備軍官，由赫爾穆特・韋格林上校負責指揮。他們被寄予厚望。十月十二日上午七點，他們在強大的砲火支援下發動攻擊。不過令德國軍官喪氣的是，他們的進攻因為美軍的有效火力而停滯不前。這支精銳教導團的幾名營長顯然慌了，整個攻擊行動在混亂中瓦解。當天下午的第二次進攻也以失敗告終。韋格林的教導團在十二小時內損失了五百名兵力，韋格林本人也在翌日陣亡。十月十四日，德軍被迫撤退、重新整編，但施密特將軍寬慰地猜想，美軍第九師大概也同樣筋疲力盡。

由於戰鬥及非戰鬥因素而造成美軍第九師損失了四千五百多名弟兄之後，這場痛苦且代價不斐的進攻，終於在十月十六日劃下休止符：每一名弟兄的犧牲，換來一碼的挺進。為美德雙方重傷士兵動手術的美軍軍醫發現一個驚人的對比。醫生評論，「德國軍人的重傷復原能力遠勝過美國大兵」。這項差異顯然是因為「一個簡單的外科事實，那就是美軍的伙食比德軍好得多，導致他們一般具有較厚的脂肪層，那不僅使得外科手術更困難、更費事，也拉長了恢復期。另一方面，德軍由於食不果腹而比較精瘦，因此比較容易開刀」。[10]

美軍各師師長深感氣餒，因為第一軍團司令部對第九師的死傷完全無動於衷，而且依然不把地形地勢納入考量。霍奇斯再度堅持逕直穿過最艱難的地區與最濃密的森林，在這些地方，美軍的坦克、空中與火砲優勢毫無用武之地。他從未考慮從南邊的蒙紹（Monschau）走廊攻向關鍵的舒密特小鎮，這條路徑較短，通常也比較容易通行。麻煩的是，他麾下的師長及司令部參謀都不敢據理力爭；霍奇斯素有開除高階軍官的惡名。

第一軍團的許特根森林行動計劃中，從未提起舒密特南邊的施瓦門奧爾（Schwammenauel）及烏爾夫特（Urft）兩座水壩。他們的想法很單純：占領右翼，然後進攻萊茵河。對於部隊面臨的問題，霍奇斯從不聽部下解釋。在他看來，這類說法無非欠缺勇氣的託辭。無線電在深谷及潮濕茂密的松林中運作不良；他們永遠需要候補的通訊員，因為德軍會朝每個揹著無線電裝備的人開火；傳輸無線電的過程若稍有疏漏，立刻會遭德軍懲罰。一名營長在無線電中說漏嘴，清清楚楚表示「我半小時後回去」，導致他的兩支分遺隊在平常回團部的路上遭迫擊砲突擊。[11]

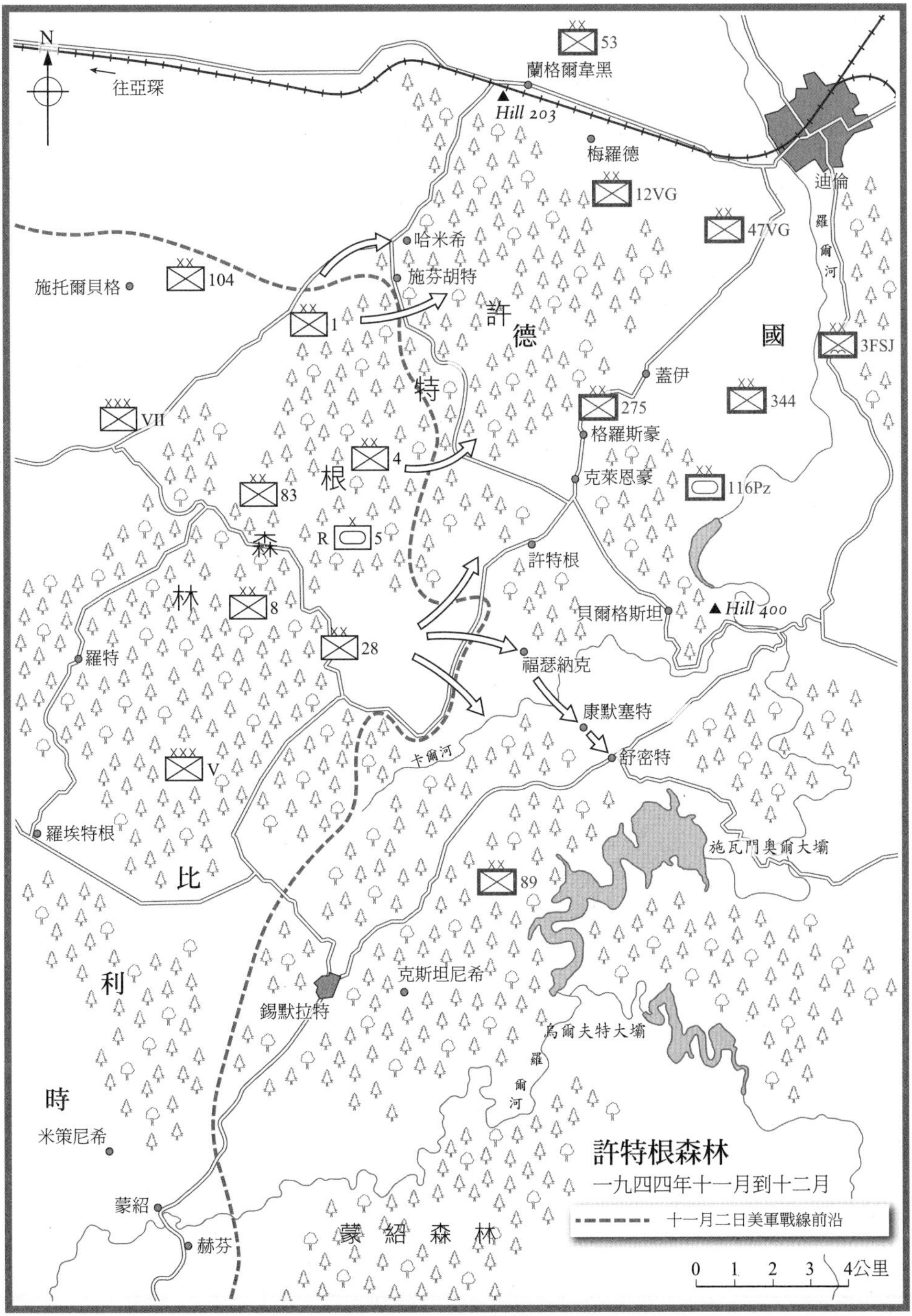
N
往亞琛
53
蘭格爾韋黑
Hill 203
梅羅德
12VG
迪倫
47VG
羅爾河
哈米希
施芬胡特
施托爾貝格
104
1
許
德
國
3FSJ
蓋伊
特
275
344
VII
格羅斯豪
4
根
克萊恩豪
116Pz
83
R
5
森
許特根
林
8
貝爾格斯坦
Hill 400
28
福瑟納克
羅特
康默塞特
卡爾河
舒密特
V
羅埃特根
施瓦門奧爾大壩
比
89
利
克斯坦尼希
錫默拉特
烏爾夫特大壩
羅爾河
時
米策尼希
許特根森林
一九四四年十一月到十二月
蒙紹
十一月二日美軍戰線前沿
赫芬
蒙紹森林
0 1 2 3 4公里

森林裡的小徑與防火道讓人摸不清方向，而且跟地圖不符，不過反正沒經驗的軍官本來就覺得地圖很難判讀。「在濃密的森林裡，」一份報告指出，「一行人徹底迷失前線方向的情況並不罕見。」[12]他們需要我軍的砲火聲來指引回營的路。有時候，他們必須透過無線電請求砲兵朝某一定點發射砲彈，幫助他們重新定位。士兵若在夜裡離開散兵坑，有可能就在離陣地一百公尺的地方完全迷路，必須等到天亮才能弄清自己的位置。

最讓人心裡發毛的，是那些踩到反步兵地雷而被炸掉一隻腳的人發出的哀嚎。「有個弟兄踢開擋在路上血跡斑斑的鞋子，」一名連長後來寫道，「結果赫然看見鞋子裡還有一隻腳掌。」[13]美國大兵很快發現，德軍對他們在這塊地區的作戰技巧深感自豪。他們在路障裝置詭雷，所以美軍必須以長長的繩索從遠處拖走橫亙小徑的樹幹。新兵必須認識「梭式、栓式、碟式和反坦克地雷」。[14]里格爾（Riegel）栓式地雷很難移除，因為「基於它的接線設計，只要輕輕一碰就會引爆」。德軍在彈坑埋地雷；沒經驗的新兵一遇到開火，往往本能地朝彈坑裡跳。而且，德軍深知美軍作戰指導原則要求部隊盡量沿著「蝕溝」（也就是澗谷）入山，他們也確保這些地方設置了地雷，並且布下機關槍火網。

兩邊都在這場死亡遊戲中布雷和掃雷。「當發現地雷，」一份報告指出，「同一小隊必須在敵軍地雷四周布下我方的地雷，誘陷前來檢查的分遣隊。然後德軍反過來在我們的地雷附近設下詭雷，就這樣反覆進行。」[15]第二九七工兵戰鬥營的成員發現一枚地雷凸出地面，幸好他很警覺，沒有朝它筆直走過去。地雷探測器顯示德軍在它周圍埋了一圈地雷，這名弟兄原本可能被炸掉一條腿。[16]「在這塊戰區，德軍可能在鬆軟的泥土路上深埋多達三枚地雷。」[17]巴克・藍漢姆上校的團部抵達許特根森林不久後提出這樣的報告。工兵會找到並移除最上面的一枚，沒意識到底下還有更多。一旦發現地雷，美軍會以火藥炸掉它們，然後用推土機填平路面坑洞。

另一項危險來自纏繞在松樹間的絆索。軍官抱怨士兵為了提防絆索和地雷，花太多時間緊盯眼前的地面，從不抬起頭來看看上方及四周。美軍也在前沿陣地前方的樹林間設下縱橫交錯的絆索，將半磅的黃色炸藥捆在六十毫米的照明迫擊砲上，並設置引爆裝置，設法就地拼湊出絆索照明彈。美軍很快發現，這些裝置必須設在機關槍掩體前方至少五十碼外，否則射擊手會因強光而一時眼花。但在許特根森林裡，沒有什麼輕鬆簡單的事。另一名軍官表示：「步槍在樹林裡的有效射程，很少超過五十碼的距離。」[18]

寒冷刺骨的秋雨讓兩邊陣營同樣深受其苦。就算沒下大雨，樹梢也不斷滴水。生鏽的砲彈卡住槍枝；制服和靴子都爛掉了；戰壕腳的病情可能迅速惡化，甚至需要截肢。美軍軍官一開始疏於察覺問題的嚴重性。團級部隊因為喪失許多弟兄而兵力大減，這才開始在發糧的時候順便發新襪子給全體士兵。弟兄們聽令將備用襪子放在頭盔裡保持乾燥，同時找到伙伴為彼此摩擦腳掌，並且把腳抬高睡覺，以助循環。

士兵接連好幾天待在泡水的散兵坑裡，渾身濕透，總覺得寒冷；這使營上軍官明白，每天至少需要給士兵取暖一次。戰線後方搭起了附設暖氣的帳篷，裡頭還供應熱咖啡和熱食。另一個有暖氣的帳篷用來烘乾制服。但持續的攻擊以及德軍的強勢偵察，往往讓前沿散兵坑裡的弟兄無法離開崗位。隨著士兵只能在傾盆大雨中打顫、嚼著冰冷的口糧，戰壕腳的罹患率迅速攀升。有些人想辦法把戰鬥口糧的罐頭改裝成暖爐和炊具；他們在罐頭裡填土並浸泡汽油，然後埋進一呎深的地洞。這麼一來，他們可以在較大的十號罐頭頂端打洞，用它替食物或飲料加熱。

在這樣的環境下，士兵需要有堅強的心理與生理素質，特別是高海拔地區十一月開始下雪之後。「超過三十歲的士兵年紀太大，承受不住這樣的戰鬥條件，」第七軍的軍官評論，「而不到二十歲的小伙子身心都不夠成熟。」[19]遺憾的是，絕大多數替補人員不是二十歲以下，就是三十歲以上。

就連替雙人散兵坑搭頂蓋都是一項危險任務。德國砲兵瞄準樹木開火，刻意在大松樹頂端爆破，讓木頭和金屬碎片如雨一般朝躲在底下的人傾洩而下。所以散兵坑的一部分必須搭起木頭架，覆上一層厚厚的泥土，再以苔蘚和樹枝掩飾。不過，拿斧頭砍木材非常危險；聲音傳得很遠，而德軍一旦得知大兵爬上地面，就會連續發射迫擊砲。大兵必須以手鋸取代斧頭。

德軍依循他們在諾曼第和東線的作法，最前線只部署少許士兵，主要靠自動武器的火力。然後，他們派素質較高的部隊進行反撲，並以坦克作後盾。而當美軍進攻，他們毫不畏縮地下令自己陣地上的砲兵開火。美軍很快發現他們可以如法砲製，因為當砲火從後方發射，致命的木屑和彈片會往前濺到攻擊者身上，不會往下撒到躲在散兵坑裡的自家弟兄。「這麼做需要膽識，但很有用，」一名上校評論道。[20]

十一月一日，第五軍軍長傑羅陪同霍奇斯視察位於羅特（Rott）的第二十八師總部。霍奇斯告訴曾驕傲地望著部下行軍穿越巴黎的「荷蘭人」科塔，翌日早晨，在左面的第七軍開始挺進之前，他們將發動第一階段的進攻。霍奇斯向科塔保證，這是個「卓越」的計劃。[21]事實上，這項計劃再愚蠢不過。第二十八師不僅要穿越最陡峭的山脊與深谷，霍奇斯還命令科塔將部隊分散開來，往不同方向行進，有效地讓攻擊力量遠遜於守軍的兵力。甚至不會有一個完整的團挺進到舒密特小鎮。科塔婉轉指出計劃的缺陷，但他的反對被置之不理。

第三帝國的高層甚至比霍奇斯更冥頑不靈、更不懂得聆聽。隔天早上，被迫辭去德國空軍參謀長職位的克萊普將軍，在狼穴的特別列車上向戈林元帥辭別。兩人話鋒一轉，聊到了戰爭的可能結局。「勢必會有一場尼伯龍根戰役（Nibelungen battle）*，」戈林說，「但我們將守住維斯瓦河、奧德河（Oder）及威悉河（Weser）。」[22]克萊普懷疑百姓承擔得起如此自殺式的戰爭。他乞求元帥「說服元首以政治干預戰事。戈林沉默了半晌」，克萊普在日記中寫道，「最後對我說他辦不到，因為這麼做會傷害元首的自信心。」

* 譯註：典出德國著名的中世紀英雄史詩。希特勒曾要求德國士兵學習尼伯龍勇士，排除萬難，堅持到最後勝利。

十一月二日上午九點，正當克萊普與戈林會面之際，第二十八師從一小塊凸角往東推進，走入濃霧密布的森林。右側的第一一〇步兵團之前在齊格菲防線遭地堡的機關槍掃射，嚴重受創。左側的第一〇九步兵團也同樣不幸；他們逕直衝進一片未標註的地雷區，並遭砲火猛烈攻擊。到了這個時候，防禦這塊地區的德軍第二七五步兵師已經擁有森林作戰經驗，但由於疲憊不堪，指揮官施密特中將強烈要求換防。某些德國士兵向美軍投降時宣稱，德軍為了防止士兵逃跑，在戰線後方和前方都埋了地雷。他們的好幾個弟兄因為試圖逃跑而遭處決。

在中路，美軍第一一二步兵團於兩百公尺深的卡爾河（Kall）溪谷上方沿著鞍狀峰行進，攻打山谷盡頭的福瑟納克村（Vossenack）。密集的白磷彈攻擊讓絕大多數房屋陷入火海。謝爾曼坦克對準教堂尖頂開火，認定那裡至少有一名砲兵觀測員或狙擊手埋伏。連長預料，美軍占領硝煙滾滾的村莊之後，德軍勢必會反攻，因此吩咐士兵挖掘壕溝、架好步槍。他沒料到的是，「一個鄉下來的大塊頭小伙子說，『上一回開槍，害我被簡易法庭罰了十八塊錢，我那時喝多了蘋果酒。』」[23]

十一月三日拂曉，第一一二步兵團開始沿著陡坡下山，抵達下方的卡爾河，然後爬上同樣陡峭的東南面斷崖，進入康默塞德村（Kommerscheidt）。一個展現高度耐力的營級部隊繼續往前疾行，在德國守軍毫無防備的情況下占領了舒密特鎮。科洛夫斯基中士擋下一輛由馬匹拖曳的彈藥車。「當車伕發現科洛夫斯基會說波蘭話，立刻跳下馬車親吻科洛夫斯基雙頰。」[24] 他是被迫加入德國國防軍的許多波蘭人之一。舒密特鎮下方是蜿蜒的施瓦門奧爾水庫及其大壩，和第一一二步兵團的所在位置只有兩公里半的距離。科塔情不自禁地沉浸在勝利的慶賀聲中，儘管勝利來得太不真實。

幾天前，第一軍團總部的軍官突然驚覺，假如德軍趁下游的美軍企圖越過羅爾河時打開水壩，一堵牆似的洪水便會沖走浮橋，使得在東岸占據橋頭堡的部隊陷入孤立。攻占舒密特的消息傳來時，霍奇斯才剛開始思索這個問題，但現在做什麼都已太遲。雪上加霜的是，霍奇斯剛剛鼓勵科林斯暫緩第七軍的進攻，靜待第四師馳援。結果造成第二十八師完全暴露。

對於這麼一個毫無希望的任務，很難找到比科塔的部隊更糟的選擇。先前的損失意味著部隊大多數成員都是新兵，很高比例的人會故意傷害自己以逃避出戰。為了殺雞儆猴，屢次擅離職守的二等兵艾迪．斯洛維克被挑中，成為美軍在歐洲戰場唯一一個因逃兵罪名而遭處決的士兵。

德國人之所以毫無防備，是因為他們不明白繼上個月「德軍有效擊退」第九師之後，美軍為什麼仍選擇強力進攻許特根森林。[25]但是正如戰爭中的許多巧合之一，同一時間，B集團軍總司令莫德爾元帥，正好在科隆以西、夸德拉特（Quadrath）附近的施冷德翰城堡（Schloss Schlenderhan）召開形勢會議。他和參謀正在研究美軍進攻德軍第五裝甲軍團和第七軍團交接地帶的可能性。所以當莫德爾接到美軍占領舒密特的消息，第一時間命令駐守這塊地區的第七十四軍軍長斯特勞貝中將（Straube）返回他的總部。接著，他和第七軍團的埃里希．布蘭登貝爾格將軍（Erich Brandenberger），及第五裝甲軍團的哈索．馮．曼陶菲爾將軍（Hasso von Manteuffel），一起跟在場的其他將領研擬最好的回應之道。

德軍第一一六裝甲師奉命協同第八十九步兵師，全速進攻美軍的北翼。繼什未林中將取消亞琛疏散行動而引發風暴之後，第一一六裝甲師目前由馮．瓦登博格少將（Siegfried von Waldenburg）接任指揮官。瓦登博格跟他的作戰官荷斯坦少校（Prinz zu Holstein）也立即離開沙盤會議，回到自己的部隊。元首總部曾指示莫德爾不要讓第一一六裝甲師投入戰爭，但莫德爾覺得有必要忽略這項指令，純粹為了「防止美軍湧出森林，進入開闊的地面」。[26]

當天晚上，美軍第一一二步兵團第三營的弟兄攻下舒密特後已筋疲力盡。他們沒有挖散兵坑，而是睡在房子裡。軍官從沒想過德軍會立刻反撲，所以也沒有派人巡邏或站崗。正因如此，當拂曉時分，德軍步兵與坦克在一陣突如其來的猛烈砲火後現身，美軍完全沒有防備。由於欠缺火箭筒彈藥，並且被三個方向的奇襲嚇一大跳，該營弟兄全都慌了手腳。一陣混亂中，大約兩百名士兵直接撞上從東南面來襲的德軍，只有六十七人活著離開。軍官無法控制自己的部下。殘餘部隊拋下受傷的弟兄，急忙退回康默塞德，跟第一營會合。[27]

在位於羅特的指揮哨（舒密特以西大約十三公里處），科塔一開始對部隊遇襲的災難一無所悉。十一月八日，一整個指揮鏈的長官到訪，讓他應接不暇。霍奇斯將軍抵達時，發現「艾森豪將軍、布萊德雷將軍和傑羅將軍正在跟科塔將軍討論戰情。大家有說有笑，直到長官一行人離開，」霍奇斯的侍從記錄，「然後霍奇斯將軍把科塔將軍拉到一旁，雙方短暫而尖銳地討論第二十八師的缺乏進展……不用說，霍奇斯將軍對第二十八師的表現極度失望。」[28]霍奇斯也怪罪該軍軍長傑羅將軍，儘管把僅僅一個師級部隊送進許特根森林、然後命令他們分散開來的所謂「卓越」計劃，是他自己的第一軍團總部的傑作。他強迫科塔命令第一一二步兵團重新占領舒密特；這顯示他對前線的實際處境全然無知。

被派來對付德軍豹式（Panther）及馬克四號（Mark IV）戰車的謝爾曼坦克，卻應付不了曲折陡峭的小路、地雷和泥濘。低矮的雲層和降雨，意味著戰鬥轟炸機無法起飛。被圍困在康默塞德的兩支美軍營級部隊，不斷遭受坦克及莫德爾從鄰近部隊調來的砲兵營密集攻擊。十一月七日，據守福瑟納克村的美軍第二營潰散逃竄，科塔派第一四六工兵營充當步兵作戰。他們設法抵擋裝甲擲彈兵和坦克的攻勢，守住了福瑟納克的西半部。情勢十分嚴峻，第四步兵師的部分兵力必須趕來協防第二十八師。

十一月八日晚上，美國砲兵強力轟炸康默塞德周圍，設法掩護兩營的倖存弟兄從卡爾溪谷逃出重圍。第二十八步兵師幾乎被迫退回了原點，並且因戰鬥與非戰鬥因素損失了五千六百八十四人。對於曾在巴黎如此驕傲地望著部隊的科塔而言，這必定是畢生中最痛苦的一天。光第一一二步兵團就折損超過兩千人，如今只剩三百多名弟兄。正如布萊德雷的一名參謀官所言：「當一支部隊的兵力掉到某個程度以下，會有很糟的後果，部隊的效力會急遽消失。實際情況是，沒剩下足夠多有經驗的士兵，可以組建具備高明作戰能力的替補——『增援』——部隊。」[29]

德國文宣迫不及待吹噓他們的成功反擊，同時誇耀德軍收復東普魯士的戈烏達普

（Goldap），以及紅軍無法攻占布達佩斯等種種戰績：「周圍的美軍特遣部隊全遭殲滅。福瑟納克和康默塞德等村落的小支部隊也已清除；這些人垂死掙扎，最後放棄了無謂抵抗。」[30]

霍奇斯將軍拒絕考慮其他計劃。即便如今得知水壩的重要性，他仍不打算往南繞道而行。他下令第一、第八及第十步兵師連同第五裝甲師和第四師的殘餘部隊進入許特根森林，組成第九及第一軍團聯合攻勢的右翼。十一月十二日，英國第二軍團開始從奈美根突出部向東進攻。接下來十天，他們不受雨勢、泥濘和地雷阻擋，掃蕩了馬斯河（Maas）西岸，直抵德荷邊境的芬洛（Venlo）與魯爾蒙德（Roermond）。同一天，第一師乘卡車離開他們在亞琛以西的整補區，朝森林的北部戰區出發。

幾經延遲之後，許特根森林的第三波攻勢於十一月十六日展開。這時在地勢較高的地區，天候已從凍雨變成了降雪。北面的第一師預備沿著施托爾貝格走廊朝迪倫前進；盟軍空軍投擲了重達九千七百磅的炸彈，迪倫、埃施韋勒（Eschweiler）和于利希（Jülich）幾乎已被夷成平地。美軍的砲火也在夜裡攻擊迪倫。

第一師的先頭部隊及其支援坦克一進入松林，立刻遭遇德軍第十二擲彈兵師以火砲和輕兵器猛烈攻擊。「受傷的士兵從樹林中蜂湧而出，」一生嫩的機槍手亞瑟・考區寫道，「我看見有個人按著肚子，想壓住一個巨大傷口，免得腸子流出來。前線醫護人員立刻衝上去扶他躺下，在他的肚子纏上一大塊紗布，替他打嗎啡。一名老士官叫我蜷伏在大石頭後面，然後往德軍大砲剛炸過的地方移動。他說那是最安全的方法，因為德軍砲手總會把砲口轉向幾度，瞄準新的轟炸地點。我確實照他說的跑到上一個砲擊點，下一枚砲彈落在三十碼外。那真是個救命的忠告。」[31]

正如第一步兵師的軍官表示，德軍再度試圖以輕兵器火力牽制進攻的美軍，「然後用大砲和迫擊砲把我們轟成肉醬。」[32]新兵被指示站在大樹後方，因為大樹能稍微保護他們不被四濺的木屑打到。要避免平躺在地上，因為那會增加你被彈片和木屑擊中的機會。美軍試圖運用支援武器中的四點二吋重型迫擊砲，但他們很快發現由於濕冷天氣對火藥的影響，彈藥的落點太過分散。而且當土壤飽含水份，每發射一枚砲彈，砲身的底板就往泥巴裡埋得更深一點。[33]

「德軍的大砲，」考區寫道，「預先對準林間道路，而且設定在擊中樹梢時爆裂，讓碎裂的彈片噴灑到我們身上。這造成許多危險傷口，甚至致命。我看見很多人受傷或垂死……一開始，我會蹲下來跟他們說話，但沒多久就承受不住了。我猜，看見這樣的傷口，開始打破我的心防。」他最佩服「當其他人寧可躲在安全一點的地方，那些仍冒著猛烈砲火或機槍掃射」衝上前協助傷患的醫護人員。[34]

在森林裡，大多數德軍消除了對坦克的恐懼。他們可以用鐵拳（Panzerfaust）偷襲坦克，若是射程遠一點，還可以使出暱稱「煙囪」的坦克殺手（Panzerschreck）；後者是美軍巴祖卡火箭筒的較大型翻版。德國步兵也拿鐵拳充當森林裡的近程火砲。難怪德軍認為——正如第七軍團參謀長指出的——「森林比開闊的平地更容易防禦」，因為美軍的坦克在森林裡使不開手腳。[35]工兵會沿著狹窄、泥濘的小路清除大多數地雷，但幾乎總有漏網之魚，而壓到地雷的第一輛坦克會被炸得無法動彈，癱瘓整條行進路線。

第一步兵師面臨激烈的抵抗和強大的砲火。「天快亮的時候，」考區繼續寫道，「爆發一陣猛烈砲轟，主要對準我們上方的樹木開火。夜色昏暗，危險四伏，新兵變得非常焦慮，開始慌張地四處亂竄。我試著抓住一兩個人，囑咐他們留在散兵坑裡，否則恐怕喪命……這是我第一次目睹戰場大恐慌，我可以理解為什麼有些人嚴重心理受創，到頭來罹患彈砲驚嚇症……最近有幾個病例被送到後方治療。在我們需要往前衝的時候，陣中夾雜這類精神失調的病患，對我們其他人太過危險。」[36]

由藍漢姆上校的第二十二步兵團居中的第四師向東出發，登上綿延至舒密特鎮的險峻山嶺。計劃是首先攻打接近山頂的格羅斯豪（Grosshau），同時間，右翼的第八師則對許特根村發動攻擊，然後奪下克萊恩豪（Kleinhau）。然而，每一吋占領地都是以十分驚人的犧牲換來的。美軍指揮官毫不知情，德軍之所以抵死防守，是為了阻擋美軍突破即將到來的阿登攻勢的發起線北面。

就連很小的村落都有用同樣的灰褐石蓋成的堅固教堂。施密特的第二七五步兵師曾派遣一批士兵接受密集的狙擊訓練。[37]美軍軍官必須把野戰望遠鏡塞在衣服裡，以免被狙擊手鎖定，然而正如第四師的拉基德上校指出的，視線範圍很難超過七十五碼，使得地面狙擊手的工作非常困難。[38]德軍並派遣一支八八毫米高射砲連，在馬瑞亞拉（Mariaweiler）西南方朝飛往德國城市的盟軍飛機開火。在此同時，前進觀測哨可以告知他們何時需要將大砲轉換成反坦克的角色。

施密特的軍官可以靠森林居民獲取有關該地區的大量情報，因而占了一個絕大優勢。他們發現，美軍只有準備攻擊某一特定區域，才會費事去偵察，這就暴露了他們翌日的目標。德國軍官與士官很懂得鑽美軍的漏洞。美軍占領陣地之後，年輕的指揮官往往在夜間撤回，德軍便趁機進駐，隔天就很難再度驅離他們。而且，美國大兵並非只在進攻時才聚在一起。每當有人被俘，「十二到二十人會擠成一堆，造成嚴重傷亡」。[39]

德軍將他們的坦克藏得很好，多半用來打心理戰術。「白天，」一名美軍軍官表示，「它們相對安靜，但在黎明、黃昏以及夜裡每隔一段時間，它們就變得很活躍。它們不斷移動、發射，火力剛剛好讓我軍的精神狀態維持在崩潰邊緣。」[40]美軍的因應方法，就是把坦克殲擊車派到前方，好讓士兵安心。每當支援用的戰車為了補充油料和彈藥而回到後方，步兵就會跟著驚慌撤退，所以只要有可能，美軍會有一個坦克預備排隨時接替任務。這並不容易辦到，因為裝甲車輛在幽暗的森林中非常脆弱。每一個輕坦克排都需要一個步兵班和工兵排雷隊支援。在森林裡，坦克組員似乎比步兵更害怕。「有一次，我們連續四天沒踏出坦克，」一名士兵記錄，「重砲、八八毫米、迫擊砲以及從『德國噴煙者』（Nebelwerfer）六管火箭筒發射的『咪咪砲』（screaming meemies）在我們四面八方轟隆作響，要是走出坦克撒泡尿，你就死定了。我們用我們該死的頭盔，然後從砲塔倒出去。」[41]

當藍漢姆上校的第二十二步兵團吃力地穿越濃密森林、朝山上的克萊恩豪村前進，部隊發現德軍已砍掉前方較低矮的樹枝，以便為MG－42機關槍提供更好的射界。一陣猛衝迫使德軍的最前哨倉皇逃竄，但往前沒多久，美軍就被「連成一片的詭雷和深二十五碼的棘刺鐵絲網」擋了下來。[42]正當他們研究眼前的路障，一陣迫擊砲突然如雨般打在他們身上。美軍的厄運才剛開始。藍漢姆麾下的三名營長全數陣亡。在一起最恐怖的事件中，三名德軍把一個身受重傷的美國士兵洗劫一空，然後在他的身體底下放置炸彈，一旦有人移動這名士兵就會引爆。他直到七十二小時後才被發現，但還撐著最後一口氣警告前來營救的人。

第四步兵師逐漸適應森林作戰。每一連分為兩個突擊小組和兩個支援小組；突擊小組僅攜帶個人武器與手榴彈，後方的支援小組負責背運迫擊砲和機關槍，並與前方保持視線可及的距離。前方的偵察兵與突擊小組必須隨時「以指南針辨別方向」，因為在森林裡很容易完全喪失方向感。部隊前進的時候，支援小組沿路放置通訊電線，除了方便傳訊，也為了替通訊員、運彈手和擔架員指引方向，就像糖果屋童話裡的漢賽爾和格萊特（Hansel and Gretel）一樣。

森林裡的美軍很快發現小徑、防火道和伐木步道不應被當成邊界，而是該作為中線。部隊應該沿著步道兩邊行進，不要踏上步道，因為路上密布詭雷，並且被德軍的砲火瞄準。德軍的迫擊砲對準了每一條小徑；這是第一步兵師部分弟兄以慘重代價換來的教訓，所以為了挽救性命，部隊決定直接從林間攻擊。部隊也將指揮所設在遠離小徑的地方，儘管這麼做會耽誤時間。[43]

十一月中，氣候轉為嚴寒。許多疲憊的士兵早就丟掉被雨水和泥巴浸濕的厚重羊毛大衣。「天降大雪，兩呎以上的積雪覆蓋了整片森林，」第一步兵師的考區寫道。「一天，我們穿越一片前進陣地；另一個連稍早在這裡發動攻擊。我見到六名士兵站成一列，身體前傾，步槍指向厚厚的積雪——似乎正在進攻。然後我發現他們一動也不動。我對一位弟兄說，他們肯定死了，身體凍結在中槍的一刻。為了小心起見，我在左邊胸口口袋塞了幾枚德國硬幣，以防子彈或彈片射進我的心臟——但我知道那樣很蠢。」[44]

在更南方，巴頓將軍持續逼迫旗下的指揮官發動攻擊。十一月十一日星期六，第十二集團軍日誌記錄員戲稱那天「既是一次大戰停戰紀念日，也是喬治．巴頓的生日：兩者扞格不入」。[45]整整一星期後，巴頓的第三軍團終於包圍了梅茲，又過四天，這座要塞城市的內部放棄了反抗。巴頓對占領梅茲的執迷，讓他的部下蒙受嚴重損失。歷經夏天的閃電式勝利，他的傲慢和急躁是部隊傷亡慘重的一大主因。持續不斷的降雨導致莫澤河水位上漲，淹沒兩旁平原，讓跨越梅茲南部成了一場泡水的夢魘。巴頓告訴布萊德雷，他的一支工兵連是如何歷經兩天的挫折與努力，才在湍急的河流上搭起一座浮橋。第一批過橋的車輛當中，有一輛坦克殲擊車鉤到一根纜繩，繩索應聲斷裂。浮橋被沖散了，朝下游擺動。「整連該死的士兵坐在泥巴堆裡，」巴頓敘述，「像嬰兒一樣嚎啕大哭。」[46]

在南方，美國第七軍團十一月中進攻薩維爾納隘口（Saverne Gap），讓法國第二裝甲師得以突破並進入史特拉斯堡，浩浩蕩蕩殺到萊茵河的凱爾（Kehl）大橋。而在第六軍團的右翼，塔西尼將軍的第一軍團解放了貝爾福（Belfort）、阿爾特基克（Altkirch）和米盧斯（Mulhouse），直抵科爾馬（Colmar）以南，在後來被稱為「科爾馬口袋」的地方遭遇德軍抵抗而停下腳步。

在德國軍事史上，史特拉斯堡的防衛是遺臭萬年的一頁篇章。黨衛軍撤退之前在史特拉斯堡大肆擄掠。負責鎮守史特拉斯堡的一位將軍表示，奉命「戰到最後一發子彈」的士兵往往在戰鬥前丟掉絕大部分彈藥，以便宣稱自己已彈盡援絕，然後棄械投降。[47]國防軍司令瓦特羅德少將（Vaterrodt）瞧不起高階軍官和納粹官員的行為。「我很驚訝，希姆萊竟然沒在史特拉斯堡吊死半個人，」他被俘之後對其他同袍說，「所有人都跑了。納粹幹部、地區領袖、市政當局、市長、副市長、政府官員，全部逃之夭夭……只要清早聽到任何動靜，他們馬上一溜煙越過萊茵河。」[48]史特拉斯堡的地方法院院長只拎著一只背包逃向萊茵。瓦特羅德比較同情他的處境。「他做得對；他以前不得不簽署許多死刑執行令和簡易判決，情況真的很糟糕。」他是出生於史特拉斯堡的亞爾薩斯人，要是留下來，他會是最先受審或被處私刑的人。

許多德國軍官帶著他們的法國女朋友現身，聲稱自己「跟部隊失散了」。「他們全是逃兵！」瓦特羅德怒氣衝天。最叫人瞠目結舌的是施賴貝爾中將（Schreiber）。他走進瓦特羅德的辦公室說：「我的人在外面。」瓦特羅德望向窗外，「那裡有大約十輛嶄新的好車，上頭坐著女孩、隨從以及腦滿腸肥的官員，還有為數驚人的行李，當然，行李裡面主要是食物和其他好東西。」施賴貝爾表示他準備渡過萊茵河。「這麼一來，我至少暫時安全了。」[49]

勒克萊爾將軍的第二裝甲師解放了史特拉斯堡，法國人民舉國歡騰，更實現了勒克萊爾本人當年在北非庫夫拉（Koufra）立下的誓言，讓三色旗再度於大教堂上飛揚。對他們而言，史特拉斯堡和亞爾薩斯的解放（兩地分別在一八七一年和一九四〇年被德國占領），象徵法國的最終目標。勒克萊爾受到美軍高階將領的推崇與喜愛，善變又浮誇的塔西尼將軍就不同了；後者相信他的責任，就是不斷抱怨在最南翼，他的法國第一軍團得不到足夠制服與武器。持平而論，要將大約十三萬七千名未受訓練又難以管教的法國反抗軍收編到他的部隊，塔西尼確實面臨嚴峻挑戰。戴高樂打算開始撤離殖民地部隊，好讓第一軍團呈現更純正的法國血統，況且，孚日山區（Vosges）的嚴寒讓北非和塞內加爾等殖民地部隊飽受折磨。在大雪中，塔西尼的第一軍團終於突破了通往萊茵河的貝爾福隘口，就在瑞士北方邊境不遠處。

十一月二十四日，艾森豪和布萊德雷探訪第六集團軍司令德弗斯中將，並視察帕奇中將（Alexander M. Patch）的第七軍團和塔西尼的法軍第一軍團。德弗斯是一名野心勃勃的年輕將領，惹毛了很多人，包括艾森豪。他還沒機會跟SHAEF討論他的作戰計劃，主要是因為艾森豪對他指揮的南翼興趣缺缺。德弗斯深信，儘管他的左側遭遇德軍些許反擊，但他可以在卡爾斯魯爾（Karlsruhe）西南方的拉施塔特（Rastatt）輕易橫越萊茵河。他顯然以為在萊茵河對岸占領橋頭堡的可能性，會讓艾森豪大為振奮。但是德弗斯陳述作戰綱領時，沒掌握好說話的要領，所以當盟軍最高司令當場否決他的計劃，他非常傷心。這基本上是艾森豪的錯；他把目光放在魯爾和柏林，從未認真思考南方的戰略。他只想遵循他的總體計劃，肅清從北海到瑞士之間的萊茵河西岸。很遺憾，艾森豪的決策顯然欠缺想像力。在萊茵河對岸的拉施塔特建立橋頭堡能產生很大的作用，要是行動夠快，甚至能打亂希特勒的阿登攻擊計劃。

隨著許特根森林的地面作戰持續進行，雙方越來越仰賴砲彈的威力。光是施密特的一支師級部隊就擁有一百三十一門大砲的直接支援，不過其砲兵團的武器混合了德國、俄羅斯、義大利和法國製的大砲，增加了補充彈藥的難度。美軍的火力甚至更為密集。

結果是，到處可見被大砲和迫擊砲打斷、碎裂、劃傷的樹木；被地雷炸得支離破碎的遺體、丟棄的頭盔和生鏽的武器、焚毀的車輛殘骸、彈藥箱、口糧包；基於重量而遭棄置的防毒面具以及被雨水和泥巴浸濕的外套。一團混亂，有如噩夢。「士兵的個人衣物尤其讓人看了難受，」德軍軍長斯特勞貝將軍承認。在潮濕而嚴寒的天氣中，他的部下深受失溫、戰壕腳、凍瘡和疾病所苦。然而，迫擊砲是造成雙方戰爭傷亡的最大因素。[50]

許多德國軍官認為，許特根森林戰役比一次大戰或甚至東線的戰事更為慘烈。有人形容這場戰役是「一道撕裂的傷口」[51]；格施道夫少將（Rudolf Freiherr von Gersdorff）則以「死亡磨坊」

稱之。[52]再度追隨藍漢姆第二十二步兵團的海明威目睹了融合積雪、泥濘和破碎松林的景象，表示許特根是「多了樹木爆裂的帕斯尚爾（Passchendaele）」。[53]

儘管海明威的婚姻狀況剛剛鬧得滿城風雨，他仍再度拿起湯普森衝鋒槍，還帶了兩個水壺，一壺裝杜松子酒，一壺裝干邑白蘭地。他無疑數度在戰火下展現了自己的膽識，甚至實際參與了一場戰役。新聞工作在他心裡的順位很低。他戲謔地自稱是「長痔瘡的老恩尼，可憐蟲派爾」，順便開開最著名的美國戰地記者恩尼．派爾（Ernie Pyle）的小玩笑。[54]但是他仔細研究周圍的人，以及他們在戰火下的表現，因為他打算寫一本偉大的美國戰爭小說。正如為他立傳的作家所言，「海明威以身為全體官兵的資深輔導員和朋友為榮」。

在一英里多以外的地方，第十二步兵團的沙林傑在這場宛如煉獄的戰役中持續寫作。正如他告訴讀者的，只要能找到「沒有人的散兵坑」，他便拚命似地寫短篇小說。寫作似乎至少給了沙林傑寄託，讓他直到戰爭結束才精神崩潰。[55]

戰鬥衰竭症——軍方用來指稱精神崩潰的委婉說詞——迅速蔓延開來。「在那裡待上五天，你會開始跟樹木說話，」有關這場戰役的少數幾則笑話之一是這麼說的，「到了第六天，你會開始聽到樹的回答。」[56]布萊德雷的參謀官視察這塊戰區後，大概出於嘲諷，誇張地寫道：「從許特根森林出來的年輕營長語無倫次，傻到幾乎得關起來的地步。」其中一名營長顯然曾對他說：「欸，情況本來還不算太糟，直到後來大兵太累了，當他們走出隊伍，前面有死掉的弟兄躺在地上，擋了他們的路，他們累到懶得抬起步伐，乾脆一腳踏上死人的臉，反正管他去死咧……」[57]

壓力使得士兵渴望尼古丁和酒精。絕大多數軍官慨然分享他們獨有的威士忌和琴酒，但有關後方軍需官偷了士兵的香菸配給、拿到黑市去賣的傳言，幾乎引起暴動。「弟兄們毫無怨言地接受伙食不佳或短缺的事實，」第四師的一名軍官表示，「事實上，他們寧可少吃一點，多換幾根香菸回來。」[58]

傷亡人數也同樣激增。「早上開車經過醫療帳篷，地上有兩到三具屍體；下午回來時，出現了三十到四十具……墳墓登記班人手不足。」[59]進攻的前三天，第四師的第二十二步兵團便有三百九十一人陣亡，其中包括二十八名軍官和一百一十名士官。有時候，新的連長和排長很快犧牲，弟兄們甚至還不知道他們的姓名。[60]

德軍的傷亡也很嚴重。莫德爾決心「掌握優勢地形」，接二連三將倉促成軍的師級或團級部隊投入作戰。[61]上了年紀的警察和訓練不足的空軍地勤人員走上戰場直接赴死；許多人甚至還未抵達前線就死於美軍的砲火。只要天氣放晴，美軍的戰鬥轟炸機便會以白磷彈攻擊德軍的砲兵連。儘管因為制服磨損而冷得半死，並且因為食物短缺而營養不良，但德國士兵仍奮力作戰，因為他們似乎別無選擇。

德軍持續對第一、第四及第八步兵師展開回擊，阻礙了美軍穿越破碎森林的腳步，但美軍仍痛苦而緩慢地前進——不計任何代價，也不顧坦克因凍雨、泥濘和地雷而無法前來支援的事實。

美軍的怒火越來越高。「我們的弟兄顯然充分建立了作戰應有的心理素質，」一名中士在日記中寫道，「他們是殺手；他們痛恨德國佬，可以不假思索地殺掉敵人，絲毫不以為意。」[62]

十一月二十三日感恩節，艾森豪下令讓麾下的每一名士兵收到一份火雞大餐。許特根森林裡的炊事兵想盡辦法服從命令，就算只能提供火雞三明治也無妨。但是士兵爬出散兵坑排隊領餐的時候，遭到德軍的砲火攻擊。那天目睹了嚴重傷亡的一名少校坦承，他從此再也無法吃另一頓感恩節大餐。他會「站起來走到後院，像個嬰兒似地痛哭一場」。[63]

沒有人有心情慶祝節日。還要再經過六天的慘烈戰事，美軍才會奪下克萊恩豪和格羅斯豪。第八師在一次瘋狂衝鋒，緊接著以手榴彈、步槍和衝鋒槍進行街道肉搏戰之後，終於占領了許特根村。

第八十三師開始接替第四步兵師的任務。這些部隊同樣因為「樹木爆裂致使彈片從樹頂往四面八方呼嘯而下」而受到重創。為了準備進攻蓋伊村（Gey），砲火集中起來設定「同時彈著」，每一門火砲同時對準同一目標發射。然而他們進村的時候，仍得「挨家挨戶激烈作戰」。美軍直到十二月第一週才走出森林，俯瞰魯爾谷地的廣闊鄉間。但他們還是攻不下舒密特鎮及附近的大壩。幾經要求之後，英國皇家空軍轟炸機司令部終於對水壩進行三次轟炸，另有五次行動因天候惡劣而取消。轟炸成效不大，轟炸機司令部拒絕再次行動。最後，霍奇斯決定派第二步兵師從西南方向攻擊大壩，但德軍的大型攻勢很快讓這次行動喊停。水壩直到一九四五年二月才被盟軍占領。[64]

雙方都因作戰傷亡、精神崩潰、凍瘡、戰壕腳和肺炎，付出了可怕的代價。十月份，大約百分之三十七的美軍因為一般呼吸道疾病而必須接受治療；這是整場戰爭中患病比例最高的一個月。在美國方面，許特根森林作戰引發了八千個精神崩潰病例。德國國防軍不認為精神崩潰是解除前線作戰任務的合理理由，因此沒有這方面的數據。[65]「有幾個戰鬥衰竭症的案例，」德軍醫務長後來說道，「不過，由於這些人並未除役，很難說戰鬥衰竭占總傷亡人數的比例。」[66]「有些案例中，」布蘭登貝爾格的第七軍團參謀長記錄，「士兵純然因筋疲力竭而死在自己的散兵坑裡。」[67]

在許特根森林戰役中，美國的十二萬大軍共有三萬三千人陣亡。僅僅第四步兵師就「超過五千人作戰傷亡，另外因非戰鬥因素損失了兩千五百人」。[68]為了幫助部隊恢復元氣，霍奇斯將軍命令第四步兵師移防到「平靜」的第八軍戰區，就在阿登山區旁。接下來十二天，第四師的三個團接防第八十三步兵師的陣地，轉調到特洛伊．米德頓（Troy Middleton）第八軍轄下，軍部設在巴斯通。第四師必須防衛長達五十六公里的前線，然而，幾天後德軍發動阿登攻擊時，該部隊還只有原來的一半兵力。

6. 德軍準備出擊

十一月二十日，希特勒在隱密的狼穴鐵路支線，登上他的特別列車。這輛元首專車包含兩端各裝了一座四聯式高射砲的一節防空砲車；另有兩節裝甲車廂，前後護衛著中間的六節客艙。整輛列車漆成深灰色。

希特勒必定深知此去再也沒有回到東普魯士的一天，但出於典型的否認心理，他仍下令持續修建狼穴的防禦工事。他的參謀和祕書勞德爾．榮格也搭上列車，「抱著依依不捨的心情做最後告別。」[1]希特勒只能以嘈雜的嘶啞聲說話；他的情緒緊張，因為隔天，柏林的專科醫師將替他切除聲帶上的息肉。希特勒對榮格坦承自己有可能失去聲音。「他非常清楚，」她寫道，「聲音是他施展力量的重要工具，他的言語讓人們沉醉其中，神魂顛倒。如果再也無法演講，他要如何煽惑人心？」幾星期來，他的隨從不斷乞求他對全國演說。「我的元首，您必須再次對德國人民講話。他們失去了信心，對您產生了懷疑。甚至有傳言說您已不在人世。」[2]

希特勒希望入夜以後抵達柏林。他說是為了維持行跡隱密，但隨從知道，他是不想看見盟軍轟炸的結果。當他們在古納森林站（Grunewald）下火車、開車前往帝國總理府，「車隊設法循路況完好的街道前進，」榮格寫道，「同樣地，元首還是沒機會看到柏林的真實創傷；低垂的車頭燈光，只隱約照見道路兩旁的瓦礫堆。」[3]

希特勒前來柏林，最重要的目的是督導部下擬定阿登攻勢的作戰計劃；這項攻擊行動是他九月第二星期在狼穴臥病時突發的靈感。希特勒當時因為黃疸發作而不適，無法參加戰情會議。「希特勒有一整天的時間思索，」約德爾上將後來追憶，「我在他的床邊單獨謁見他——他通常很討厭讓侍從以外的人看見他臥床——然後他談起他的想法。我大略畫出地圖，顯示攻擊的方向、範圍以及所需的兵力。」[4]

希特勒絕不給人討價還價的餘地；戈林對這點心知肚明，所以他拒絕克萊普將軍希望他勸元首尋求政治解決的懇求。希特勒不斷說服自己，西方資本主義國家和蘇聯之間的同盟關係「不符合自然」，勢必瓦解。而他料想，與其東西兩線雙雙陷入吃力的防守戰，不如展開一場最後的大反撲，這樣勝算應該會高出許多。「如果維持守勢，我們毫無機會逃脫懸在頭上的厄運，」約德爾後來解釋，「那是孤注一擲，但我們必須豁出一切，不計代價。」[5]

在東線戰場，由三十二個師發動的集中攻勢被紅軍的強大兵力吞沒、扼殺。而義大利前線的一次突發勝利，並無法改變局勢。然而希特勒相信，若在西線往北直取安特衛普，兩支裝甲部隊能將盟軍一分為二，以「另一個敦克爾克」迫使加拿大軍隊甚至英軍退出戰事。[6]這也會終結盟軍對魯爾地區軍事工業的威脅。

希特勒選定美軍防守力量薄弱的阿登山區進行突破。他顯然記得德軍一九四〇年在這片山區的成功攻擊，有意重演歷史。艾菲爾（Eifel）地區在德國邊境這一面的濃密森林，可以掩護德軍部隊和坦克不被盟軍的空中武力發現；這是德軍的一大優勢。勝敗關鍵在於出其不意，並且仰賴盟軍將領無法及時反應。他認為艾森豪需要跟他的政壇上級和其他盟軍司令商量對策，那得花好幾天時間。

希特勒九月十六日突然在狼穴發布消息以前，只有約德爾知道元首的計劃。從那時起，所有消息人士都必須簽署保密協議，不得對沒被授權的人吐露風聲，否則一律處決。約德爾命令他的一小群參謀根據希特勒的意思籌畫行動細節。名義上執掌最高統帥部的凱特爾並未參與規劃，只負責針對各項行動分配燃油與彈藥。擔任西線總司令的倫德施泰特則完全被蒙在鼓裡，這就是美國人後來不斷把這次進攻稱為「倫德施泰特攻勢」、彷彿整起行動是他的主意時，他會如此生氣的原因。

十月二十二日，倫德施泰特的參謀長齊格菲・魏斯法爾騎兵中將（Siegfried Westphal）和莫德爾的參謀長漢斯・克雷布斯步兵中將（Hans Krebs）奉召前往狼穴。他們惴惴不安，既擔心自己會因亞琛失守而遭希特勒怒罵，也擔心他們的增兵要求會被嚴厲拒絕，所以當他們必須簽署違者處死的保密誓言才能進入會議室時，兩人深感驚訝。約德爾的副手提出一份名為「守望萊茵」（Wacht am Rhein）的祕密研究——這個代號的用意，是要讓人誤以為整件事都跟防守有關。在那個階段，阿登攻勢尚未露出任何跡象，德軍只是將部隊調到阿登一帶的西部前線，看似準備反擊美軍即將發動的猛攻。

午餐過後，兩位參謀長出席希特勒的每日戰情會議。聽完整體性的簡報後，許多軍官被要求退席，大約十五人留在屋裡。希特勒開始說話。他說，西線一直要求增援；鑑於一次大戰期間，德軍在西線投入了一百三十個師，增援的要求可以理解。但他無法在西線增兵，因為他負擔不起投入更多部隊僅僅用於防守。但現在情況不同了，因為他萌生一個朝安特衛普突襲的計劃。行動地點將在列日以南，而且將有兩千架飛機支援；在場軍官壓根兒沒有人相信這個誇大的數字。

他希望在十一月的霧季發動攻擊，但他明白軍隊需要大半個月進行準備。最主要的突破將由第六裝甲軍團在許特根森林以南完成。曼陶菲爾的第五軍團會在左翼支援，第七軍團則負責在南方對抗巴頓第三軍團的反擊。會後，魏斯法爾有滿肚子疑惑要問約德爾，卻被「匆匆打發」。[7]他本來打算說分配的軍力顯然不夠，甚至連默茲河都到不了，但他知道如果提出抗議，「總參謀部八成會指控我散布失敗主義」。

魏斯法爾一回到齊根伯格城堡（Schloss Ziegenberg）——西線總司令在法蘭克福附近的總部——即向倫德施泰特匯報情況。這裡緊鄰希特勒的西部行營，也就是艾伯特．施佩爾（Albert

Speer）一九四〇年開戰前替希特勒建造的極其隱密的「鷹巢」（Adlerhorst）。魏斯法爾也說出他的印象，他認為說不定連約德爾都不相信他們到得了安特衛普。

儘管倫德施泰特不高興沒有被事先徵詢，但他絕不允許這麼一個野心太大的計劃，沒有經過任何修改就直接行動。B集團軍總司令莫德爾將軍聽完參謀長的報告後，也有同感。你可以想像，當他聽到自己被嚴禁動用奉召參與大攻擊的師隊，會有怎樣的反應。這些部隊必須撤離前線，以進行整補、強化與複訓。美軍對許特根森林的攻擊，迫使莫德爾在不到兩週後違背命令，派遣第一一六裝甲師幫忙收復舒密特。其他幾支被挑中參與大攻擊的部隊也投入作戰，以防德軍在許特根森林潰敗。而在更南方，負責阻擋巴頓第三軍團的黨衛軍第十七「古茲．馮．伯利辛根」裝甲擲彈兵師，從來無法按照計劃抽調兵力參加阿登攻擊。第七軍團的參謀長承認，「這些部隊逐漸耗損，無法在阿登攻擊之前整補完成。」[8]

若論長相、品味和政治前途，「老普魯士人」跟矮小霸氣的莫德爾有著天壤之別，但兩人至少有一個共同點，就是認為希特勒的「大滿貫」（或稱「大解決方案」）是他又一次異想天開的幻想。倫德施泰特堅決主張，兩翼包圍是阿登到亞琛這條戰線唯一實際可行的方案，由兩個裝甲軍團殺進默茲河的河套地區，切斷霍奇斯第一軍團與威廉．辛普森中將（William H. Simpson）第九軍團之間的聯繫，在此同時，德國第十五軍團從北方的魯爾蒙德附近揮軍南下，在列日一帶跟他們會師。這個替代方案後來被稱為「小解決方案」或「小滿貫」。[9]莫德爾對十五軍團的作用存疑；他希望動用所有預備兵力進行主攻後的後續攻擊，在軍隊前進之際擴大突破範圍，造成「掃雪機效應」（snowplow effect）。[10]

十月二十七日，幾位陸軍司令在克雷菲爾德（Krefeld）附近的莫德爾指揮部開會，商討作戰計劃。與會將領包括黨衛軍第六裝甲軍團的賽普．迪特里希上將（Sepp Dietrich）、第五裝甲軍團的曼陶菲爾，以及第七軍團的布蘭登貝爾格。莫德爾明白，沒有大老們的支持，最高統帥部不可能批准他屬意的「小解決方案」，因此同意接受倫德施泰特的計劃。然而，就連約德爾企圖委婉說服元首接受「小解決方案」時，都碰了個大釘子。希特勒頑固地忽略警訊：若要抵達安特衛普，並保護整條走廊、抵禦盟軍的反撲，德軍還需要更強大的兵力。

約德爾警告倫德施泰特，元首態度堅決、不可動搖，所以西線總司令改以書面報告陳述觀點。倫德施泰特顯然再也承受不住希特勒當面咆哮；若有將領膽敢不贊成他的意見，希特勒肯定大發雷霆。就連後來莫德爾迂迴地提議採用「小解決方案」，成功之後再大舉北上安特衛普，都被希特勒堅定地拒絕。希特勒認為亞琛前方的美軍太過強大，削弱他們的唯一辦法，就是橫越默茲河進行包抄，切斷他們的補給線。[11]

古德里安上將再度抗議德國軍力全部集中在西線。他知道在東線戰場，一旦地面結冰的硬度足以支撐紅軍坦克部隊衝過維斯瓦河，紅軍將發動下一輪猛攻。[12]「就現在的狀況來看，」約德爾十一月一日向他說明，「我們只能把全部賭注放在同一副牌上，退無可退。」[13]古德里安的兒子將參與阿登攻擊，擔任第一一六裝甲師的作戰參謀。

儘管諸位陸軍司令得到再三保證，他們將獲得一切所需燃料，但大夥兒都知道燃料會是最大的問題。十一月二十三日，他們在柏林的一場重大會議提出這個疑問。迪特里希抱怨，毫無跡象顯示他會得到承諾的補給。最高統帥部的華特．布勒將軍（Walter Buhle）試著以文件證明補給的燃料都已運出，但因盟軍空襲而卡在萊茵河以東。曼陶菲爾知道險惡的地形與泥濘會對車輛的耗油量產生影響，因此要求五百公里的燃料，但他的部隊只收到足夠行進一百五十公里的燃料。[14]凱特爾囤積了一千七百四十萬公升的燃油，但約德爾後來承認，凱特爾打算「原則上」扣住部分補給，「否則司令們會揮霍無度。」[15]

已經毫無希望照希特勒的原定計劃在十一月發動攻擊；就連十二月初也越來越難說。燃油、彈藥和師隊本身的運輸都延誤了，一部分是因為盟軍對運輸網的轟炸，一部分則因為德軍前一陣子難以抽調部隊做準備。沒有一支裝甲師有時間和燃料來訓練新的坦克駕駛員。西線的德軍可以優先替補他們的裝甲車、突擊砲和砲彈。武裝黨衛軍師得到絕大多數新裝備，並有權優先挑選預備人員，但即便如此，可挑選的預備人員通常都是從空軍和海軍轉調過來的年輕小伙子。[16]有希特勒做後盾的黨衛軍毫無顧忌地使用特權，而他們給自己的辯護，就是第六裝甲軍團承擔了最主要的突破任務。不過約德爾後來承認，曼陶菲爾的第五裝甲軍團是更有效率的精銳部隊。「政治確實介入了作戰。」他說。[17]

十二月二日，莫德爾會同曼陶菲爾和迪特里希前來柏林。在納粹的街頭運動年代，迪特里希就是希特勒忠實的保鑣隊長。這兩人也支持「小解決方案」。然而，希特勒堅持安特衛普行動完全遵照他的指示去做，一切準備也必須以他的計劃為基礎。倫德施泰特並未參與這次會議，他派他的參謀長魏斯法爾出席，後者差不多完全沒發表意見。希特勒後來向約德爾表達「他對這種行為的震怒」，但倫德施泰特已明顯傳達他對自己無力掌控的整起行動有什麼看法。[18]希特勒在最後命令上加註「不得更動」。倫德施泰特和莫德爾得到明確指示，他們的任務純粹是把最高統帥部的命令傳達給「他們的下級司令官」。[19]

莫德爾顯然認命了。他接受這次行動是「最後一搏」的觀點，而他別無選擇，只能盡力奉命執行。[20]曼陶菲爾後來表示，就是在十二月二日的這場會議，他私心決定「最後的目標是默茲河」，而不是希特勒堅持為大軍設定的布魯塞爾。[21]他知道，「盟軍的反應能力，將是勝敗的決定因素。」

曼陶菲爾原是一名剽悍的騎兵，一次大戰期間服役於齊騰騎兵團（Zieten Hussars）。停戰之後的革命動亂期間，他加入馮奧芬義勇軍（Freikorps von Oven），協助鎮壓柏林的斯巴達克團和慕尼黑的蘇維埃共和國（Räterepublik）。二次大戰時，他在東線戰場證明自己是個卓越的領袖，迅速竄起，先是擔任第七裝甲師師長，隨後接掌大德意志裝甲擲彈兵師。「奇襲奏效，」他解釋道，「是裝甲部隊的成功關鍵要素。各級官兵的怠惰、軟弱等種種弊病，都必須嚴格戒除。」[22]

希特勒對保密的執拗從不曾稍加放鬆。部隊必須等到進攻前一天晚上才會收到任務說明，事前就連各團團長也一無所悉。砲兵不得事先進行檢驗射擊。最高統帥部不顧各部隊指揮官請求，仍然嚴奉希特勒的指示，拒絕對各軍長、其砲兵總長及一名參謀官以外的人透露任務。軍部的砲兵司令必須親自偵察每一門大砲的位置。說來並不奇怪，許多軍官很快察覺軍隊正在準備一次大型攻擊，因為光是大砲的配置，便足以顯示這次部署不是以防守為目的。[23]

夜間行軍進入艾菲爾山區集結的部隊，白天奉令在村裡宿營，把所有車輛藏進穀倉。白天不得開火或前進，以免被美軍的偵察機察覺。烹飪必須使用煤炭，因為煤炭不會產生太多煙霧。德軍軍官感到詫異，盟軍的空中偵察竟未發現村子和樹林裡「人多到爆」。他們隱約預期大規模空襲隨時會降臨。[24]

基於安全理由，地圖要到最後一刻才會發放。部隊全面禁用無線電通訊，但那也意味著信號網要到開砲以後才能建立。前往攻擊位置的道路一律限定單向通行，不得在路上做記號，以免被敵軍的斥候發現。搶救車要隨時準備應付車輛故障。大鸛鳥飛機（Storch）整夜在空中盤旋以觀測進度、偵察任何燈火，同時掩蓋車輛引擎發出的噪音。[25]平民百姓受到嚴密控制，艾菲爾山區的所有電話線都必須切斷。蓋世太保被派來檢查一切安全措施。國民擲彈兵師奉命沒收士兵的薪餉單和證件，要是他們叛逃，可以視作間諜予以射殺。[26]

在亞琛以北，一個虛設的總部傳送指令，藉此佯裝第六裝甲軍團在那裡駐防，準備反擊美軍即將展開的跨羅爾河攻勢。德軍也捏造出第二十五軍，一如盟軍D日之前在英格蘭東部虛設的美國第一集團軍。曼陶菲爾本人「十二月初在一家餐廳編造謠言，製造出我們準備在一月初進攻薩爾地區的印象。一天晚上吃飯的時候，我扯開嗓門對幾名指揮官提起這項虛假的作戰計劃」。[27]

在此同時，戈培爾反覆宣傳納粹領袖的箴言：「敵營的政治危機正逐日加劇。」[28]但許多最忠實的納粹信徒並不相信這段散播希望的訊息；他們純粹認為此刻除了奮戰到底，已別無選擇。一名被俘的武裝黨衛軍上校被祕密監聽，錄音內容透露出當時的死硬派觀點。「我們從小被灌輸列奧尼達（Leonidas）在溫泉關（Thermopylae）的死戰，是對國家人民最崇高的犧牲奉獻，」他告訴另一名軍官，「其餘一切都傳承這項精神而來。但假如整個德國成為一個軍人國家，那麼它勢必滅亡，因為如果站在人的角度思考，說『我們的人沒指望了，整件事情毫無意義，全是鬼扯淡』——你真的相信你會設法避免犧牲可觀的人命？你認為你會改變和平條款？當然不會。另一方面，大家都知道，沒有經過如此死戰的國家，不會有再度復興的一天。」[29]

德國將成為從灰燼中重生的鳳凰；這個觀點在狂熱分子之間極為盛行。「唯一能做的就是持續戰鬥直到最後，」海姆中將（Heim）說，「就算一切被毀也在所不惜。奮戰到底能賦予人民重新站起來的精神力量；舉手投降的人永無翻身之日。歷史已證明這一點。」[30]

武裝黨衛軍和德國國防軍之間的緊張關係逐漸升高，因為在一次撤退行動中，希特勒堅持保全黨衛軍部隊，要求一般部隊負責斷後、持續戰鬥。而且黨衛軍很會記仇。黨衛軍第十七裝甲擲彈兵師的一位軍官聲稱，在諾曼第戰役尾聲，當他們試圖逃離法萊茲包圍圈（Falaise pocket），第二裝甲師的呂特維茲中將（Freiherr von Lütwitz）拒絕出借車輛以協助大腿中彈的黨衛軍警衛旗隊指揮官撤離。「真是卑鄙下流！」他說。他接著硬說呂特維茲本人曾被黨衛軍裝甲擲彈兵師的一位指揮官救過一命。[31]

瓦利蒙特將軍承認：「黨衛軍不認為自己是國防軍的一員，而是一個獨立的組織。對此，許多人議論紛紛。」[32]賽普．迪特里希打算把他的第六裝甲軍團標名為「黨衛軍裝甲軍」，但這項請求被否決了，因為他的轄下有幾支非黨衛軍部隊。迪特里希甚至拒絕克魯斯中將出任他的砲兵總長，因為後者不是武裝黨衛隊成員。[33]曼陶菲爾和許多人一樣，看不起迪特里希的率軍能力，他認為第六裝甲軍團「沒有統一的指揮，成員也不具備軍團該有的戰鬥責任感」。[34]在其他高階將領眼中，迪特里希無非跳梁小丑。當被問到第六裝甲軍團在攻擊頭一兩天的目標，據說他是這麼回答的：「目標！目標！目標！要是我得給每個人訂目標，那我成什麼了？像你們這樣的一般參謀官！」[35]

馮．德．海特中校（von der Heydte）跟他會晤討論傘兵部隊在第六裝甲軍團前方的空降點後，對迪特里希的抨擊甚至更為嚴厲。他說迪特里希喜歡擺出「人民將軍」的姿態，但其實是個「狂妄而魯莽的軍事領導人，頂多只具備一名傑出中士的知識與能力，而且毫無道德底線」。[36]海特雖是德國民族主義者，卻憎恨納粹。作為克勞斯·馮·施陶芬貝格上校的表弟，他被七月二十日炸彈行刺事件之後的調查激怒了；一份問卷問他是否擁有非德意志的貴族血統、是否跟之前統治德國的家族有關係，或者是否曾在海外或耶穌會的機構就學。[37]當海特詢問迪特里希的整體計劃，後者只說得上他要殺向安特衛普，「然後給英國佬一頓痛宰。」[38]

海特是空降獵兵作戰學校校長。十二月八日，他在庫爾特·司徒登空軍上將（Kurt Student）位於荷蘭的總部，從將軍口中首度聽到有關這項任務的消息。「元首下令在強勢進攻的架構下，進行一次傘降突襲，」司徒登告訴他，「你，我親愛的海特，奉命執行這次任務。」[39]司徒登準備組建一支約一千兩百人的突擊隊，空降在敵軍戰線後方，占據關鍵的交通路口。海特建議任用第六空降獵兵團，但他拒絕了，因為那有可能被敵軍察覺，而保密至關緊要。

海特戰鬥團預計在行動的第一夜空降歐本（Eupen）以南，負責阻撓美軍增援部隊從亞琛戰區南下。接下來兩天，海特收到他的人員，並把他們送往森納拉格（Sennelager）接受短期密集訓練。自從一九四一年在克里特島嚴重損兵折將，希特勒便拒絕採取空降行動，這意味著許多傘兵從未受過正規訓練，某些老兵甚至從那次入侵行動之後就沒上過飛機。

海特接著前往林堡（Limburg）會見佩爾茨將軍（Pelz），商討飛機的需求量。他對所聞所見並不滿意。「在林堡，佩爾茨統轄的第十二航空軍的食堂裡，除了法國女孩什麼都沒有。」[40]他如此記錄。*佩爾茨針對嚴峻的情勢大吐苦水，他說：「德軍最後的燃料存量全都要投入這次阿登行動。」[41]海特發現，一百一十二架容克五二（Junker 52）運輸機奉派參與這次任務，但半數飛行員沒有空投傘兵或飛越敵境的經驗，也沒受過編隊飛行的訓練。「只有兩名飛行員是飛過史達林格勒的老兵，」[42]他說，指的是曾在一九四二年十二月飛行進出史達林格勒包圍圈、徒然地試圖為保羅斯（Paulus）第六軍團提供補給的資深飛行員。

十二月十一日，海特在一名最資深飛行員的陪同下，會見國防軍有史以來培養過最糟糕的情報官——俾波．施密特空軍中將（Beppo Schmidt）。不列顛空戰期間，施密特不斷誤判英國皇家空軍已奄奄一息，隨時會被德軍剿滅，但戈林至今仍保護並拔擢這位馬屁精。「嚴重受酒精影響」的施密特聲稱，「德軍進攻安特衛普的成敗，將決定整場戰爭的結局。」[43]施密特建議海特將部隊一分為二，一隊人馬空降馬爾梅迪（Malmédy）以西，另一隊人馬則在歐本一帶著陸。海特認為這種作法太荒謬，由於許多隊員無法在降落區著陸，他們的人數將少得發揮不了作用。海特並提出警告，飛行員和傘兵嚴重訓練不良，行動恐有失敗之虞。施密特咒罵他的兩位客人，並因

* 原註：這段期間，關於年輕法國女人伴隨他們的情人撤回德國的紀錄多得驚人，因為這些女人知道反抗軍會對她們的「橫向合作」施加報復。然而，她們後來的際遇就不得而知。其中許多人在戰爭最後六個月的慘烈戰事中失去了「保護人」，而德國女人認定法國女人自一九四〇年以來除了引誘她們的男人之外無所事事，也絕不可能收留她們。

為他們質疑德國空軍的能力而斥退他們。

一整夜長途開車之後，海特在明斯特艾費爾（Münstereifel）南邊的一座狩獵小屋見到了莫德爾元帥。莫德爾直言不諱，毫無顧忌。他說這次行動不是他的主意，並單刀直入地詢問是否有十分之一的成功機會。海特必須承認，成功並非毫無可能。莫德爾顯然答覆，「整體攻擊行動的成功機率不超過百分之十，」然而，「這是讓戰爭出現有利結局的僅剩機會。」[44]莫德爾接著派他去見迪特里希，往南半小時的車程即可抵達後者的總部。

為了會見迪特里希，海特等了大半個早晨。在他等候之際，一名文書人員告訴他一個祕密計劃，事關奧圖．斯科爾茲尼帶領的戰鬥團的破壞行動。這是驚人的洩密行為，他有可能因此被槍斃。最後，海特終於被引進迪特里希的辦公室。海特認為他看起來像「一名永遠戒不了酒癮的老士官」。[45]迪特里希劈頭就問：「說到底，你們傘兵能幹些什麼？」海特回答，只有被告知具體任務，他才能判斷是否可能完成使命。海特得不到明確答案，只好接著詢問德軍對該地區的敵軍實力有多少認識。「我所知道的是，」海特記錄，「他們的前線由美軍駐守，後面不過是『幾個銀行經理和猶太小鬼』。」以迪特里希的原話說，「至於戰術和作戰儲備，沒有人能給我任何情報。」[46]

海特後來在戰俘營描述接下來的對話，還模仿迪特里希濃重的茲瓦本腔調逗其他被俘軍官開心。當海特試著說明這次行動面臨的某些問題，迪特里希顯然認為這種說法是失敗主義；他相信這次攻擊會讓美國佬一敗塗地。

「我們會殲滅他們，」他吼著說。

「但是敵人的情況如何呢，將軍大人？」

「老天爺啊，我不曉得。你很快就能搞清楚了。」

「你會先派誰出馬？」

「現在還很難說——看誰先出現吧。」

海特繼續描述：「當我補充說，只有在風勢有利的情況下才能跳傘，他說：『欸，德國空軍的笨拙不是我的責任，這只再度證明他們的無能。』」[47]

這次怪誕會談的唯一用處，就是迪特里希同意不該將兵力一分為二。海特從迪特里希的參謀長——克萊默（Krämer）黨衛軍少將口中得到更多消息；克萊默是「一個高度緊張且工作過勞的人」，這毫不意外，因為他得替迪特里希打點所有事情。[48]克萊默告訴他，黨衛軍第十二「希特勒青年團」的裝甲部隊先鋒，將在「二十四小時內」跟他們會合。海特要求派一位砲兵前鋒觀測員隨同他們空降，結果派來的是埃特里希（Etterich）黨衛軍中校。海特接著得知空降行動將在十二月十六日清晨四點半到五點之間展開，就在開砲之前。屆時將有汽車送他的部隊前往帕德博恩（Paderborn）和利普施普靈格（Lippspringe）的機場。

最高統帥部籌劃的另一項特殊行動，是一次冒險的突擊任務。最高統帥部將派遣特選的精銳部隊搭乘繳獲的美軍車輛、穿上美軍制服，滲透盟軍防線，在敵人後方製造混亂。十月二十一日，遠在倫德施泰特或莫德爾聽到有關這次攻擊的任何消息之前，希特勒便在東普魯士召見奧圖．斯科爾茲尼黨衛軍中校。「斯科爾茲尼，」希特勒說，「接下來的任務，將是你這輩子最重要的行動。」[49]身高兩公尺、左臉頰有一道大傷疤的斯科爾茲尼，比佝僂而孱弱的元首高出一大截。海特形容這名高大的奧地利人是「典型的邪惡納粹」，運用「典型的納粹手段，吸引一群跟他同類的人，形成一支特別的隊伍」。[50]托馬中將（Thoma）也把斯科爾茲尼看成奧地利罪犯，形容他是「真正的下流胚子……開槍對他來說都嫌太高尚」。[51]

斯科爾茲尼被賦予無上的權力來籌備他的任務；他的部下只要表明「來自帝國元首的命令」，就可以得到想要的一切。[52]不論國防軍、武裝黨衛軍、德國空軍或德國海軍，會說英語的官兵都接到命令前往奧拉寧堡（Oranienburg）市郊的弗里登塔爾城堡（Schloss Friedenthal）報到，執行「翻譯任務」。他們在那裡遭黨衛軍軍官以英語審問，然後被告知自己將加入番號第一五〇裝甲旅的特種部隊，並且宣誓保密。他們必須簽署一份文件，上頭寫著：「關於第一五〇裝甲旅的任務，我所知的一切都是機密，即便戰後也需要保密。違背命令者將以死刑論罪。」[53]他們的指揮官有個很妙的名字，叫做穆斯庫魯斯中尉（Musculus），意思是「家鼠」。他有一頭金髮，以及學生時代跟人決鬥在臉上留下的傷疤。他向隊員承諾，第一五〇裝甲旅的行動「將對戰爭走向起決定性作用」。[54]

年輕的海軍軍官孟茲少尉（Müntz），隨同其他人前往戒備森嚴的格拉芬沃爾（Grafenwöhr）營區。他隨後接獲任務，在十一月二十一日以前，到各戰俘營搜集兩千四百套美軍制服，包括十套將軍制服及七十套軍官制服。孟茲首先前往柏林的戰俘部，負責的軍官莫伊雷爾上校（Meurer）被希特勒本人簽署的元首命令嚇了一跳。他說這樣的行動違反國際法，但仍開具書面指示給各戰俘營的指揮官。孟茲和幾名幫手開了卡車，開始搜集美軍制服以及證件和薪餉單之類的物件，但他們在戰俘營的搜羅行動遭遇極大困難。在奧德河畔弗斯滕伯格（Fürstenberg-an-der-Oder），戰俘營指揮官抗命，不肯剝下八十名美軍身上的野戰外套。孟茲被召回格拉芬沃爾，以免紅十字會聽到這次爭議，跑去跟盟軍報信。孟茲並未達成任務，因為美軍冬季制服嚴重短缺；這是美國大兵在許特根森林、洛林（Lorraine）和亞爾薩斯付出慘痛代價學到的教訓。[55]

在格拉芬沃爾，所有官兵不分階級，一律以美軍的手勢敬禮。他們大啖K口糧，穿上孟茲一行人勉強搜刮來的幾套美軍制服。每一項命令都以英語下達。他們被逼著看美國電影和新聞影片，藉此學習諸如「chow-line」（吃飯大隊，意指排隊領餐的人龍）這類的俚語，並加強英語發音。他們每天花兩小時學習語言和美國習俗，包括如何「放下刀子後再拿叉子」進食，甚至如何以美式作風敲打出菸盒裡的香菸。他們也學習一般的突擊技能，例如近身格鬥、爆破，以及如何使用敵人的武器。[56]

獅鷲行動（Operation Greif）具體細節陸續出爐後，對於穿美軍制服執行任務這件事仍表示懷疑的人，遭到海迪克（Hadick）上校威脅。他強調，「元首的命令必須信守奉行，不得質疑，選擇表達異議的人，將被判處死刑」。[57]當隊員接到「藏在廉價打火機裡」的氰化物時，士氣也出現了動搖。

基於斯科爾茲尼在義大利和布達佩斯的事蹟，來自黨衛軍的隊員幾乎把他奉為超級英雄般崇拜，而他則以「引人注目的友善」對待他們。[58]其中一人後來寫道：「他是我們的海盜船長。」[59]營區裡有許多流言蜚語討論著他們的真正任務。有些人以為他們將參與一項空降行動，重新占領法國。斯科爾茲尼後來宣稱，他本人曾搧風點火，助長了某些小隊即將前往巴黎綁架艾森豪將軍的謠言。

斯科爾茲尼戰鬥團分為兩組人馬，包括一支稱為施蒂勞部隊（Einheit Steilau）的突擊隊，以及第一五〇裝甲旅。突擊隊隊員是斯科爾茲尼從六百名會說英語的官兵當中，精挑細選出的一百五十名菁英。他們多半乘坐吉普車、穿美軍制服，幾個小組分別負責炸毀彈藥及燃油庫、偵察默茲河路徑並觀測敵軍實力，並且透過切斷電線和發布假命令等方法來擾亂美軍通訊。每輛吉普車坐四個人；這是個錯誤，因為美軍很少在車上塞進那麼多人。每個小組有一名「發言人」，由陣中最能掌握美國俚語的人擔任。穿著美軍制服坐在吉普車上等待出發的德國大兵顯然很緊張，為了讓他們安心，旅部的軍官告訴他們：「根據德國廣播，德國陣線後方捕獲了穿著德軍制服的美軍……這種情況從寬處理；這些美國大兵被視為戰俘處置。」[60]

第一五〇裝甲旅的兵力強大許多，連同支援單位在內，總共有將近兩千名成員。其中有一個傘兵營、兩個坦克連（配有M4謝爾曼戰車和偽裝得很差的豹式戰車）、幾個裝甲擲彈兵連，並配備重型迫擊砲和反坦克砲，試圖占領阿登、于伊（Huy）或阿邁（Amay）等地的默茲河大橋。計劃是抄小路，搶在裝甲先頭部隊之前抵達與斯帕在同一條線上的費恩斯高地（Hohes Venn）。他們白天藏身，入夜之後往前疾行，設法奪取三座大橋。[61]

斯科爾茲尼還計劃在巴塞爾（Basle）一帶，炸掉萊茵河上游的五座橋梁，以防盟軍進入瑞士，從南邊包抄德國守軍。[62]事實上在十二月五日，SHAEF的確研究了取道瑞士、從南邊圍攻德軍的可能性，但艾森豪駁回了這項計劃。（顯然很討厭瑞士的史達林，在一年前的德黑蘭會議便力促盟軍穿越瑞士、攻打德國南部。）[63]

隨著阿登攻勢的開戰日逐漸迫近，行動名稱從「守望萊茵」這個防守代號，改為「秋霧」（Herbstnebel）。燃油和彈藥供應不上的情況越來越嚴重，攻擊必須推遲到十二月十六日凌晨展開。總共需要大約一千零五十班次的列車載運師隊前往集結地；光一個裝甲師就需要七十班列車。[64]

截至目前為止，軍司令部以下層級的人都被蒙在鼓裡。但是十二月十一日，當第六裝甲軍團參謀長克萊默想要探討在艾菲爾山區進行一場假設性進攻時，被黨衛軍第一「阿道夫・希特勒警衛旗隊」裝甲師的約亨・派佩爾中校（Joachim Peiper）看出了端倪。克萊默問派佩爾，一個裝甲團夜行八十公里需要多長時間。為了確定答案，派佩爾本人入夜之後開了一輛豹式戰車測試這麼長的距離。他明白移動一整個部隊的情況更為複雜，但他和長官還是低估了阿登山區的道路狀況和土壤的飽水程度。

當天，希特勒在一長列的賓士黑頭車隊中，抵達了位於鷹巢的西線總部。他最關心的無非保守機密。當盟軍轟炸機夷平迪倫，他整個人緊張兮兮，因為迪倫是行動起跑線後方不遠處的主要通訊中心。他的情緒大幅擺盪，在灰心喪志和毫無來由的樂觀之間起伏不定。根據他的空軍副官貝洛上校（Below）所述，他「已經在腦海中看見德軍的先頭部隊湧進安特衛普」。[65] 隔天早晨，迪特里希奉召前往偽裝成農舍的掩蔽指揮所，謁見希特勒。

「你的部隊準備好了嗎？」希特勒開門見山問。

「要進攻還不行。」據說迪特里希如此回答。

「你永遠不會滿意。」元首答道。[66]

午後稍晚，交通車將各師師長帶來鷹巢，聆聽希特勒講話。每位軍官都得接受黨衛軍衛兵搜身，並交出手槍和公事包。十八點整，希特勒蹣跚地走上講台。有一陣子沒見到他的將軍們，都被他的衰弱模樣嚇了一跳。他的臉色蒼白，彎腰駝背，一條手臂不停顫抖。他在凱特爾和約德爾拱衛下，於桌子後面坐下來。

他首先解釋德國為什麼在戰爭的這個階段處於目前這種狀態，滔滔不絕地自圓其說。他說，有必要發動一場「先發制人的戰爭」來團結德國人民，況且，「沒有『生存空間』的生活將不堪設想」。他壓根沒想過其他國家會如何反應。任何反對意見，都是反德國的陰謀之一。「當交戰的一方承認自己已不可能打贏，戰爭才會終於定出勝負。因此，最重要的任務就是讓敵軍認清這個現實。而最快的辦法，莫過於占領對方領土，藉此摧毀敵人的力量。如果我們被迫採取守勢，我們的責任是無情反擊，好讓敵人知道他還沒贏，而戰爭還會繼續打下去，不會中斷。」

希特勒提醒在場的將領，在一九四〇年，他們某些人對當年進攻法國的舉動也心存疑懼。他聲稱「美軍在短短三週內已折損二十四萬兵力」，而且「敵人或許擁有較多戰車，但我們最新型的戰車更加優越」。德國正面臨一場無可避免的戰爭，遲早得奮力一搏。這次攻擊必須以最殘暴的方式進行，絕不允許「人性障礙」存在。「部隊抵達之前必須先製造一波驚恐氣氛。」目的是讓敵人明白德軍永遠不會投降。「永遠不會！」[67]

會後，將軍們前往附近的齊根伯格城堡，到倫德施泰特的總部參加他的六十歲壽宴。齊根伯格城堡是一座陰鬱的建築，以新哥特式風格重建。沒有人有心情慶祝。據迪特里希所言，他們不敢聊起這次攻擊，因為走漏風聲的人恐怕會被判處死刑。

十二月十三日，迪特里希拜訪B集團軍總部。莫德爾告訴他，「這是德軍在整場戰爭中，準備最不充分的一次攻擊。」[68]倫德施泰特指出，承諾投入的三十二個師當中，有四個師在進攻前夕被撤回，包括第十一裝甲師和黨衛軍第十七裝甲擲彈兵師。只有二十二個師被指派參與一開始的攻勢，其餘歸為最高統帥部的後備兵力。然而，儘管絕大多數將領對這次行動的成功機會深表懷疑，但年輕官兵——尤其是武裝黨衛隊成員——莫不迫切渴望勝利。

派佩爾兵團接到從迪倫以東行軍到前線後方集結地的行動命令。他們天黑後出發，循著標誌行軍路線的黃色箭頭前進。各師的標誌和番號都隱藏起來。當天夜裡和隔天早晨大霧瀰漫，隊員得以溜進集結地區，沒被空中的偵察機發現。其他師隊前進之前，也塗掉了車上的師隊標誌。[69]

暱稱「約亨」的約阿希姆．派佩爾只有二十九歲，長相英俊，栗色的頭髮往後梳得服服貼貼。他是個堅貞的納粹分子，殘忍好戰，被武裝黨衛軍視為最理想的裝甲軍領袖典範。在蘇聯，他因為焚燒村莊並屠殺所有居民而惡名遠播。十二月十四日午前不久，他到黨衛軍第一「阿道夫．希特勒警衛旗隊」裝甲師總部報到，在此，威廉．蒙克少將（Wilhelm Mohnke）發布了十二月十六日的攻擊命令。[70]這個師的增援部隊已抵達，包含一個配備八八毫米砲的防空團、一個重型榴彈砲營，以及一個額外的、專門負責修復橋梁的工兵營。每一個戰鬥團皆由斯科爾茲尼的一支分隊隨同作戰，但師部無權控制他們；這些分隊皆配備從敵軍擄獲的謝爾曼戰車、卡車和吉普車。派佩爾回到陣地之後，在森林小屋向他麾下的各營營長說明任務。

直到十二月十五日晚上，軍官才獲准向部隊下達指令。巴爾上尉——第二十六國民擲彈兵師的一名連長——對他的弟兄說：「再過十二到十四天，我們會抵達安特衛普——否則我們就輸了這場仗。」他接著說：「不論缺什麼裝備，從美軍戰俘身上拿來就對了。」[71]的確，德軍的心情因有機會報復而充滿狂喜，黨衛軍陣營內部尤其如此。士官顯然是積怨最深的一群。他們告訴彼此，我們即將重新占領巴黎。柏林被炸成廢墟，法國首都卻能逃過一劫，許多人為此深感遺憾。在黨衛軍第十「弗倫斯堡」裝甲師，有關攻擊行動的簡報掀起一股「非比尋常的樂觀氣氛」，因為元首「下令在西線猛撲」。[72]他們相信奇襲的震撼，將給予盟軍士氣一大打擊。根據一位飽經沙場的第二裝甲師軍官所言，「戰鬥精神甚至比剛開戰那段期間更抖擻。」[73]光是迪特里希的第六裝甲軍團就擁有超過十二萬大軍、將近五千輛坦克和突擊砲，以及一千門大砲。曼陶菲爾的第五裝甲軍團擁有另外四百輛坦克和突擊砲。盟軍的將領一無所知，他們將在兵力最薄弱的地區，遭遇怎樣無情的打擊。

7. 情報失靈

盟軍陣營的確出現希特勒預測的緊張衝突，但離他期望的程度還差一大截。大英帝國總參謀長艾倫．布魯克元帥和蒙哥馬利，再度為了盟軍進攻速度緩慢而憂心忡忡；他們把問題歸咎於艾森豪欠缺軍事統御能力。兩人都認為地面部隊應交由一位司令官統一指揮，最好是蒙哥馬利這一流的人物。但布魯克覺得蒙哥馬利在這件事情上嘮叨太久了。如今情勢已全然改觀；他很清楚這項政治現實。正當英國勉強支撐分散全球各地的軍隊，西北歐的戰爭已成了美國人主導的大戲。所以在布魯克看來，假如只能有一位地面指揮官，人選必定是布萊德雷，不是蒙哥馬利。但這位瘦小的陸軍元帥顯然學不到也忘不掉任何事情，只除了自己承諾過艾森豪不會再針對指揮議題大放厥詞。

十一月二十八日，艾森豪前往比利時松荷芬（Zonhoven），視察第二十一集團軍總部。儘管前線平靜無事，蒙哥馬利卻總是佯稱自己太忙，沒時間拜會他的最高司令。艾森豪實在不該容忍這樣的行為。他坐在蒙弟的地圖拖車裡，後者花了三小時一邊來回踱步，一邊指示他什麼地方出了差錯，以及為什麼有必要將地面部隊交給單一司令官統籌指揮。蒙哥馬利認為阿登地區是天然的分界線，山區以北的盟軍應全數交給他指揮，如此一來，他將得到美國第一軍團的絕大部分兵力，以及辛普森中將的第九軍團。遺憾的是，蒙哥馬利以為艾森豪的沉默——他因為疲憊和無聊而不發一語——代表默認。在蒙哥馬利看來，盟軍遲遲無法攻到萊茵河，並且在許特根森林打了一場無謂的血戰，是戰略上開了倒車。事後，陸軍元帥發送無線電訊號給倫敦的布魯克，表示艾森豪完全同意他的觀點；對此，就連蒙哥馬利的副官都大表錯愕。十一月三十日，蒙哥馬利拍電報給艾森豪，羅列他認為雙方已達成的幾點共識。

隔天，艾森豪到布萊德雷位於盧森堡市阿爾發大飯店的總部找他。布萊德雷得了感冒又出疹子，病懨懨地躺在床上。儘管有關戰略上開倒車的指控讓艾森豪怒不可遏，但他口述的回函語氣不夠尖銳，不足以穿透蒙哥馬利有如銅牆鐵壁的自負。雙方同意十二月七日在馬斯垂克開會。

十二月六日星期三，艾森豪在他的副司令泰德空軍上將陪同下，回到了布萊德雷總部，打算在會晤蒙哥馬利之前，先商量好對策。布萊德雷的侍從官韓森少校（Chester B. Hansen）擔心他的將軍「孤單得可憐」。「正因為他知道自己面臨關鍵時刻，因此出現前所未見的緊張。他並不暴躁易怒，但比平常疾言厲色，面露倦容，再加上身體不適，使得他身心俱疲。」他對艾森豪說話的時候，「蹙起眉頭，臉上皺成一團，脖子縮在飛行夾克的毛皮衣領裡。」[1]

盟軍的停滯不前也讓布萊德雷耐不住性子。「如果我們打的是一群理智的人，他們老早就投降了，」他說，「但這些人並不理智。」[2] 韓森接著在他的日記中補充：「德國佬出乎意料地頑強，沒那麼容易死……戈培爾告訴過他們，這是一場至死方休的最後死戰，弱者會被送到西伯利亞的勞改營，慘遭滅絕。難怪他們兇猛地抵抗我們前進，迫使我們不得不殺掉大批德國士兵。」戈培爾為了防止西線的德國士兵棄械投降，散布謠言說美國已經答應把所有戰俘送往蘇聯從事重建工作。他提出一句口號：「要嘛打贏，要嘛下放到西伯利亞！」[3]

隔天在馬斯垂克，艾森豪跟蒙哥馬利、霍奇斯、辛普森共商下一階段的行動。艾森豪談起「能帶領大夥兒跨越羅爾河、直抵萊茵河河畔的強力猛攻」。[4] 他接著表達對橫渡萊茵河的擔憂。他擔心水雷和浮冰會毀壞浮橋，導致橋頭堡上的部隊孤立無援。當艾森豪在十一月中告訴布魯克元帥，盟軍恐怕要到一九四五年五月才能渡過萊茵河，布魯克深感震驚。布魯克在視察前線的尾聲聽到這些話，強烈影響他對艾森豪是否適任盟軍總司令一職的觀感。

蒙哥馬利再度提出集結重兵強渡魯爾工業區以北的萊茵河、美軍其他部隊則暫停前進的主張。艾森豪無疑咬著牙重申立場：往法蘭克福挺進也同樣重要，而他無意阻擋巴頓前進。會議紀錄顯示：「蒙哥馬利元帥不認為朝法蘭克福挺進有任何成功機會。在他看來，如果兵分兩路，那麼不論這項行動或在北方朝魯爾的進擊，都不會有足夠力量……蒙哥馬利元帥表示，雙方對法蘭克福—卡塞爾（Cassel）攻擊行動的不同觀點，存在著根本上的歧異。」[5] 為了避免衝突，艾森豪企圖說服他，雙方的歧異並沒有那麼大。蒙哥馬利的第二十一集團軍將負責主攻，而辛普森的第九軍團將納入他的轄下。

當蒙哥馬利滔滔不絕陳述「阿登以北的所有行動應交由一位指揮官統籌指揮，阿登以南的行動則交給另一名指揮官」，布萊德雷必須掩飾他的怒氣。[6]這種劃分法會讓布萊德雷只剩下第三軍團的兵力。艾森豪反駁說，根據未來的行動，分界線應該是他們前方的魯爾。會後不久，布萊德雷向艾森豪表明心跡。如果他的第十二集團軍被置於蒙哥馬利之下，那麼他會認為自己被解職了，因為他沒做好司令的工作。

當時，絕大多數戰事發生在第三軍團前線。巴頓的部隊正兵分多路跨越薩爾河，並在幾天之後拿下梅茲地區的最後一座要塞。「我想，史上只有匈奴王阿提拉（Attila）跟第三軍團打下了梅茲。」[7]巴頓心滿意足地在日記中寫著。他也開始籌備即將於十二月十九日展開的大規模強攻。然而，若說蒙哥馬利的行為是出於對巴頓的嫉妒（正如有些人的說法），那就錯了。蒙哥馬利太自我中心，以至於不懂得嫉妒。而且，他似乎沒有能力判斷別人對他的話會有什麼反應。事實上，我們幾乎可以懷疑蒙哥馬利患有今天所謂的「高功能型亞斯伯格症」。

一個無法掌控的因素開始讓巴頓怒火中燒，那就是下個不停的雨。十二月八日，他打電話給第三軍團的隨軍牧師詹姆士・歐尼爾（James O'Neill）。「我是巴頓將軍。你有沒有可以祝禱天氣的好禱詞？」[8]牧師請求巴頓准許他稍後回電。他在書裡遍尋不著這類禱詞，於是自己寫了一段：「全能且仁慈的天父，我們謙卑地祈求豐厚慈善的您，約束我們必須抗爭的這場無節制的大雨。請賜予我們適合戰鬥的好天氣，仁慈傾聽士兵對您的呼喚，讓我們帶著您的力量連戰皆捷，粉碎敵人的壓迫與邪惡，在人民與國家之間樹立您的正義。阿們。」[9]巴頓讀過之後深表贊同。「印出二十五萬份，確保第三軍團的每一名弟兄都收到一份。」他接著交代歐尼爾務必敦促所有人虔心祝禱。「我們必須請求上帝停止這場雨；這場雨是勝負之間的餘地。」等到歐尼爾再度見到巴頓，將軍露出樂觀的神色。「欸，牧師，」巴頓說，「我們的禱詞奏效了；我就知道行得通。」他還伸出短馬鞭敲敲牧師的頭盔，以示強調。

在南方，不被看重的美軍第七軍團駐守亞爾薩斯；此時，他們在這塊凸角的北翼重新部署，展開對比奇（Bitche）一帶的攻擊，支援巴頓在洛林的攻勢。這使得鄰近的塔西尼將軍的法國第一軍團覺得自己毫無掩蔽。塔西尼認為他的部隊人員不足，一部分是因為許多法軍仍在大西洋沿岸圍攻德軍駐地。他堅稱這就是儘管有一個美國步兵師增援，他的部隊仍無法突破科爾馬口袋，以致招來許多美國軍官對他出言不遜的原因。雪上加霜的是，孚日山區的嚴寒氣候，讓部隊的士氣更加低落。

＊＊

有關阿登戰役的一大爭議，在於盟軍竟無法預料到這次攻擊。事實上，有許多零碎情報可以拼湊出德軍的意圖，但幾乎所有情報失靈的案例都如出一轍：高階將領漠視跟他們的假設不一致的任何情報。

從一開始，希特勒的絕對機密命令就不可能貫徹執行。就連英國戰俘營裡的德國高階軍官之間，都流傳著德軍即將展開攻擊的風聲。十一月第二週，埃伯巴赫裝甲軍中將被祕密錄音，他說幾天前被俘的艾伯丁（Eberding）少將提起，德軍即將在西線動員四十六個師展開進攻。* 埃伯巴赫相信消息屬實，並認為這是德軍的最後一搏。[10]就連在盟軍清除須耳德河口階段，於南貝弗蘭被俘的馮．德．高茲中尉，都聽說「我軍準備以四十六個師進行的大攻勢，將於十一月展開」。[11]軍情十九處（MI 19a）在十一月二十八日將這些祕密錄下來的對話呈報給英國陸軍總部，然後送到SHAEF，但這些相當重要的情報似乎沒有被認真看待。盟軍無疑將這些風聲斥為被俘軍官絕望之下編造出來的樂觀故事，尤其是四十六個師級部隊的數字，似乎高得有如天方夜譚。

十一月第一週，一名德國逃兵在報告中詳細指出，被調往西伐利亞（Westphalia）的幾支裝甲師，乃隸屬於第六裝甲軍團的成員。這也凸顯了SHAEF情報處已經好幾個星期沒聽到德國第五裝甲軍團動靜的事實。SHAEF和布萊德雷的第十二集團軍都假設德軍正在準備一次強力反攻，阻撓美軍橫渡羅爾河。他們認為德軍也有可能在耶誕節以前發動擾亂式攻擊，但沒有人料到攻擊會來自艾菲爾山區，並穿越阿登，儘管德軍在一八七〇、一九一四和一九四〇年都曾採用這條路徑。

盟軍無法相信力量已被削弱的德軍，在他們需要保留實力對付紅軍即將在冬天發動的猛攻之際，竟敢採取如此野心勃勃的戰略性攻勢。這樣的豪賭無疑不符合西線總司令倫德施泰特元帥的作風。的確如此，但盟軍指揮部嚴重低估希特勒對軍事力量的瘋狂掌控。高階將領向來被鼓勵站在對手的角度思考，但如果你以自己的觀點來判斷敵人，經常會鑄下錯誤。總而言之，盟軍認定德軍欠缺發動一次危險突擊所需的燃料、彈藥和力量。而且盟軍擁有強大的空軍優勢，德軍若朝曠野進攻，無異正中盟軍下懷。在倫敦，聯合情報委員會也認定，「讓德軍跛足難行的油料短缺，持續成為其抵抗能力的最大弱點。」[12]

盟軍確實察覺德國國防軍部隊朝比特堡（Bitburg）一帶的艾菲爾山區移動，但其他師隊似乎繼續前進，所以盟軍假設這裡不過是德軍集結或整備新編隊的地區。遺憾的是，阿登山區被視為次要的空中偵察地帶，而且由於天候惡劣，飛往該地區執行任務的航次寥寥無幾。阿登突襲六天

* 原註：針對少數幾位德國戰俘的祕密錄音，是由三軍聯合審訊中心（CSDIC）執行。翻譯工作主要由猶太難民負責；他們聆聽被隱藏式麥克風收音，並錄製在蠟盤上的對話。事後，相關的監聽紀錄分送到英國陸軍總部、海軍總部、祕密情報局及英國內閣，一九四四年起一併送往SHAEF。

前，位於巴斯通的米德頓第八軍總部斷言：「敵人如今將新編師隊帶到這個戰區獲取前線經驗，然後抽調到其他任務的作法，顯示對方有意在這塊前線地區維持平靜。」[13]事實上，德國佬玩的是很聰明的「賭徒三張牌」遊戲，把部隊調來調去以混淆盟軍的情報。

巴頓的第三軍團總部注意到德軍的裝甲隊伍逐漸撤離，其情報處長奧斯卡・科克（Oscar W. Koch）上校擔心駐防阿登山區的第八軍軍力太過薄弱。許多人（包括布萊德雷將軍）的結論是，德軍有可能計劃出擊，破壞巴頓預計在十二月十九日展開的大規模攻勢。事後，許多情報官放馬後砲，聲稱他們早就料到這次的大型攻勢，但是沒有人肯聽。SHAEF和布萊德雷的第十二集團軍內部，確實有幾位情報官預測到一次大攻擊，一兩個人甚至差點猜中日期，但沒有人及時指出阿登山區是攻擊的目標地區。

艾森豪的資深情報官肯尼斯・史壯少將（Kenneth Strong），將德軍攻擊阿登山區列為諸多可能性之一。這項結論讓艾森豪的參謀長比德爾・史密斯印象深刻。十二月第一週，史密斯請史壯到盧森堡警告布萊德雷。布萊德雷在對話中表示他「明白有此危險」，並且已挑出幾支部隊移防阿登山區，以防敵人攻擊那裡。[14]

最具爭議的卡珊德拉（Cassandra）*，莫過於美國第一軍團的G-2（資深情報官）——狄克森（B. A. Dickson）上校。狄克森個性鮮明，但不怎麼受到同儕信任，因為他總是很不幸地在德軍師隊被確認駐防東線時，硬說他們的位置是在西線。他在十二月十日的報告中指出，德國戰俘出現高昂士氣，顯示他們重振了軍心。然而儘管他察覺德軍裝甲部隊在艾菲爾山區集結，卻預測攻擊將於十二月十七日在更北方的亞琛地區展開，因為許多戰俘聊天時提起奪回亞琛，作為「送給元首的耶誕禮物」。[15]然後在十二月十四日，狄克森接到一名說德語的婦人報信，指出艾菲爾山區的敵軍陣線後方，出現集結的部隊及搭橋的裝備。狄克森如今確定攻擊肯定在蒙紹和埃希特納赫（Echternach）之間的阿登地區展開。布萊德雷第十二集團軍的席伯特（Sibert）准將被狄克森惹怒（他們倆人互看不順眼），最後駁回狄克森的報告，認為那不過是空穴來風。十二月十五日，狄克森被吩咐到巴黎渡假。

希特勒下令進攻部隊之間全面禁用無線電，導致布萊切利園（Bletchley Park）的解碼員，並未透過「終極」（Ultra）的情報掌握情況。遺憾的是，ＳＨＡＥＦ過於仰賴「終極」，並且往往認為那是所有消息的泉源。然而在十月二十六日，布萊切利園偶然截獲「希特勒下令為西線的特別計劃組建一支特別部隊，志願者必須懂得英語及美語俗諺」的命令。[16]然後在十二月十日，它也查明了黨衛軍部隊全面禁用無線電的事實，這照理應能敲響ＳＨＡＥＦ的警鐘。

有別於陸軍，德國空軍再度證明軍紀鬆弛，但ＳＨＡＥＦ似乎對布萊切利園的情報毫無反

---

* 譯註：希臘神話中的特洛伊公主，據說具有預言能力，但由於受到詛咒，其預言永遠不被人信任；這個名字後來指稱不被人信任的預言家。

應。早在九月四日，日本駐柏林大使跟里賓特洛甫（Ribbentrop，納粹德國外交部長）和希特勒會面之後，就曾報告「一旦空中部隊完成整補」，德國計劃十一月在西線發動攻擊。[17]後來針對情報失靈的相關調查指出，「GAF（德國空軍）的證據顯示，十月最後一週起，便有大批空軍人員搭火車前往西部機場待命」。[18]

十月三十一日，「第二十六戰鬥機聯隊轉達戈林的命令：將戰機改裝為戰鬥轟炸機的所有工作，必須在二十四小時內完成。」這項消息意義重大，因為它確實顯示德國空軍正在做攻擊準備，以便支援地面部隊。十一月十四日，布萊切利園解碼：「西線的戰鬥機分隊不得使用聯隊徽章或分隊標記。」十二月一日，他們截獲消息，基於「即將展開的特別行動」，國社黨的幹部訓練課程宣布取消。納粹對「特別」這個詞的濫用，或許是這項消息未受重視的原因。十二月三日，帝國航空艦隊（Luftflotte Reich）想要了解「對於已抵達西線的分隊，有怎樣的技術補給方案」。隔天，一群戰鬥機指揮官奉召到第二戰鬥機師（Jagdkorps II）總部開會。沒多久，整個SG4（負責對地攻擊的特種聯隊）便從東線戰場調往西線。這種種訊息理應讓人察覺事情有異。

英國祕密情報局（Secret Intelligence Service）局長「有些震驚，因為德軍從無線電情報得知美軍的戰鬥序列，勝過我們從情報來源（終極）得知德軍戰鬥序列的程度」。他認為原因很簡單。「打從D日起，美軍發出的信號就是敵人的一大助力。特別要強調的是，除了二到三個師之外，德軍隨時隨地掌握美軍在西線三十多個師的位置，往往也很清楚這些部隊的意圖。他們知道在美國第一軍團南翼長達八十公里的前線，主要是由甫上戰場或疲憊的師隊戍守。」[19]

第四和第二十八師的疲憊情有可原，歷經許特根森林的恐怖戰事，他們正在舔舐自己的傷口。他們被送來阿登南部休整；這是一個號稱「盧森堡瑞士」的陡峭山區，被形容成「疲憊軍隊的幽靜天堂」[20]。這裡似乎是最不可能遭到攻擊的地方。他們寄宿民宅，從許特根森林極度不適的散兵坑換換口味。

在後方地區，士兵和機工在當地居民的家中安頓下來，商店堆滿了美軍貨品。「川流不息的車輛和爛泥巴，很快讓每個村子都一副風塵僕僕的模樣。絕大多數吃飯喝酒的地方，氣氛有如電影裡的大西部城鎮，男人晚上聚在一起喝點小酒，給生活找點樂子。這些大兵多半受夠了部隊。他們不喜歡軍隊的生活，但打算盡可能過得舒服一點。」[21]

儘管上級嚴令禁止偵察，德軍仍對前線的某些區段瞭若指掌，尤其是兵力薄弱的地方，例如第四步兵師南面的前沿陣地。德國老百姓可以悄悄在紹爾河沿岸的前哨站之間來回穿越防線，德軍因此得以確認觀測哨和大砲的位置。在攻擊一開始最關鍵的幾個鐘頭，對於保護紹爾河浮橋的計劃，反砲兵射擊的任務至關緊要。在戰線後方的村子裡，有些經驗豐富的情報員，甚至跟沒在值勤的美國大兵打成一片。幾瓶啤酒下肚以後，許多大兵樂得跟會說一點英語的盧森堡人和比利時人談天說地。

願意聊天的當地居民比以前少了許多。由於不斷有人被告發通敵，而且瓦隆區（Walloon）和德語區之間的猜忌逐漸加深，九月的解放以及美軍一開始的慷慨帶來的喜悅，到了秋天開始發酸。反抗組織向農民索求的食物與補給越來越不合理。但在齊格菲防線沿線、最靠近戰爭的東部省分，最令人不悅的，是美軍民政司在十月五日到九日之間決定撤離絕大多數當地居民。每個村子只有少數幾個被挑中的人獲准留下來照料牲口。某方面而言，這是一項德政，否則恐怕有更多農民家庭遇害。[22]

此前一百五十年間，歐本和聖維特（St Vith）的交接地帶曾來來回回劃分給法國、普魯士、比利時和德國，視戰爭的結果而定。一九三九年四月比利時大選中，在以德語為主的「東部省分」，百分之四十五的選民投票給主張重歸第三帝國版圖的家園忠誠陣線（Heimattreue Front）。但是到了一九四四年，身為帝國一分子的優越感變了調，東部省分的德語百姓發現自己淪為次等公民。他們在一九四〇年阿登入侵之後被聚集起來遷徙至此，因此被戲稱為「德意志背包客」（Rucksackdeutsche）。[23] 而且，由於許多家鄉子弟在東線戰場陣亡或傷殘，如今，絕大多數德語人民渴望被第三帝國的敵人解放。然而，仍有足夠多的民眾對第三帝國忠心耿耿，構成了一大群潛在的告密者和替德國情報局工作的密探，被稱為「前線前鋒」（Frontläufer）。

駐紮阿登地區的人員獲准回到阿爾隆（Arlon）或巴斯通的第八軍休養營地。瑪琳・黛德麗在這裡慰勞大兵，用她沙啞的嗓音吟唱小曲，身上穿著鑲滿亮片的長禮服，衣服非常貼身，所以她不穿內衣。她幾乎每次都會唱〈莉莉瑪蓮〉（Lili Marlene）；儘管這首歌原是德國曲子，但輕快的旋律依舊擄獲了盟軍部隊的心。「該死的德國佬，」一名美國大兵寫著，「他們不是要殺你，就是讓你掉眼淚。」[24]

黛德麗熱愛大兵的反應，但是跟她打交道的參謀官，對她就沒有太大好感。「黛德麗在發牢騷，」韓森在日記中寫著，「她在第一軍團各軍之間巡迴勞軍的行程太累人了；她不喜歡第一軍團；她不喜歡各軍、各團和各師之間的競爭；最重要的是，她討厭凡爾登（Verdun）老鷹總部〔Eagle Main，第十二集團軍的後方總部〕的上校與將軍。在那裡，她得靠鮭魚果腹，因為她的用餐時間跟放飯時段錯開了，沒人管她死活。」她也宣稱自己身上長了蝨子，但那並不妨礙她接受布萊德雷將軍的邀請，到盧森堡市的阿爾發飯店參加雞尾酒會、晚宴、看「一部爛電影」。巴頓將軍顯然更對她的胃口；她聲稱自己跟巴頓上了床。「巴頓熱切信仰祭奠戰士英靈的殿堂。」韓森當天還補了這一句評論。[25]

十二月十日星期天晚上下了一場大雪。隔天早晨，尚未完全病癒的布萊德雷前往斯帕會見霍奇斯和辛普森。那將是他們這一陣子最後一次會面。當天下午，他長途跋涉回營，途中經過巴斯通。由於前一天夜裡的冰雪暴，覆蓋整片區域和道路的積雪滿是污泥。他訂的兩把散彈槍已經在等著他。霍奇斯將軍似乎跟他所見略同。三天後，他「花了大半個下午」跟列日的著名槍枝製造商弗蘭科蒂先生（Monsieur Francotte）討論，最後按他要求的規格訂製了三把散彈槍。[26]

布萊德雷總部對不遠的前景仍保持低調樂觀。那一週，參謀官斷定：「人員的耗損正逐漸侵蝕德軍在西線戰場的實力，他們的防禦層比我們的G－2地圖所顯現，或前線人員看到的更薄、更脆弱。」[27]布萊德雷最掛心的是兵力的替補狀況。他的第十二集團軍短缺了一萬七千五百八十一人，他打算到凡爾賽找艾森豪討論這個問題。[28]

十二月十五日，在為了表揚第九戰術空軍司令部而召開的記者會上，布萊德雷估計德軍整條戰線只有不到六百至七百輛坦克。「我們認為敵軍的戰力相當分散，」他說。韓森指出，就空中支援而言，「今天沒什麼動作……天候讓他們甚至只有不到四分之一的時間可以行動。」[29]接連幾天，能見度不佳阻礙了飛行，這是希特勒最希望看到的狀況。然而，這似乎不妨害砲兵觀測機在阿登地區進行非正式行動。布萊德雷接到抱怨，「嘴饞想吃烤肉的美國大兵，開著飛機低空飛行，拿湯普森衝鋒槍獵殺野豬。」[30]

同樣在十二月十五日，G－3作戰官在SHAEF的每日例會中表示阿登地區一片平靜，無可報告。蒙哥馬利元帥問艾森豪將軍，是否介意他下星期回英國過耶誕節。他的參謀長甘岡將軍那天早上剛剛離開了。時機實在很不湊巧，就在德軍大突擊的前夕，蒙哥馬利表示「德軍在兵員、裝備和資源上的短缺，使得他們不可能發動任何攻勢」。[31]另一方面，駐守阿登地區的第八軍報告，不斷有部隊往他們的前線移動，陣中不乏全新編隊。

在第八軍的戰區北面，新來的第一〇六步兵師剛剛接防第二步兵師在西尼．艾菲爾山（Schnee Eifel）豬背嶺上的陣地。「接防士兵的外貌讓我的弟兄大感驚異，」第二師的一名連長說，「他們配戴只有剛從美國上戰場的士兵才敢配戴的各式各樣裝備，而且最可怕的是，他們竟然打領帶！巴頓將軍的翻版！*」[32]交接過程中，第二師的一名團長告訴第四二三步兵團的卡文德（Cavender）上校：「這一帶非常平靜，你的人得了個涼差。」[33]作戰經驗豐富的部隊帶著所有爐具一起撤離，新來的菜鳥沒有工具烘乾襪子，許多人很快在潮濕的雪地裡染上了戰壕腳。

接下來幾天，第一〇六步兵師聽到坦克和其他車輛往前線移動的聲音，但由於缺乏經驗，他們不確定這代表什麼意思。就連在他們的南方、經驗豐富的第四師，都假設這些引擎噪音是幾支國民擲彈兵師接防駐地的聲音。事實上，光是第一波行動就有七支裝甲師和十三支步兵師，摩拳擦掌地準備朝前方的幽暗松林進擊。

雀躍與不耐的情緒在武裝黨衛軍部隊中尤其強烈。黨衛軍第十二「希特勒青年團」的一名成員在作戰前夕寫信給他的妹妹：「親愛的露絲，我今天的家書會非常簡短——簡單而明瞭。下筆的此際，正值進攻前的偉大時光——充滿了騷動，充滿了對未來幾天的期待。過去兩天兩夜（尤其是夜裡）來過此地的人、曾經目睹我們的精銳部隊源源不絕前來集結的人、聽到裝甲車不絕如

---

* 原註：眾所周知，巴頓將軍要求麾下憲兵給沒戴領帶的士兵冠上「衣冠不整」的罪名。

縷的轟鳴聲的人，都知道有大事要發生了，我們迫不及待聽到一聲令下，好紓解我們緊繃的神經。對於『打哪裡』和『怎麼打』，我們仍然一無所知，但那是不得已的事！知道我們即將展開攻擊、把敵人攆出我們的家鄉，那樣便已足夠。這是一個神聖的任務！」在封了緘的信封背後，他草草地補述：「露絲！露絲！露絲！我們行軍前進！！！」[34]那必定是在他們拔營時匆匆寫下的，因為這封信在作戰期間落到了美軍手裡。

8. 十二月十六日星期六

十二月十六日清晨五點二十分，距離「發動時刻」（zero hour）還有十分鐘，迪特里希的第六裝甲軍團開砲了。在長達十六小時的黑夜裡，美軍為了躲避雪地的冰冷濕氣，多半睡在農舍、伐木工小屋、穀倉和牛棚裡。天際要到八點半才會破曉。南起蒙紹森林，前線的地形大抵和許特根相似，有著濃密的樹林、岩石峽谷、山澗小溪、寥寥幾條道路，以及飽含水分、泥濘很深以至於車輛幾乎無法通行的防火小徑。

德軍的砲兵指揮官知道美軍喜歡躲在室內，無不把砲口對準房屋。哨兵奉令不得躲在屋內的門邊；他們應該在不遠處的散兵坑站崗，以防德軍突襲。哨兵看見地平線上出現有如夏夜閃電的火光，連忙衝進去叫醒屋內的人。不過，直到砲彈開始在四周爆裂，士兵才驚慌失措地跳出睡袋，抓起裝備、頭盔和武器。[1]

以往也不乏零星的轟炸，但這次激烈多了。獲准留在前方照料牲口的老百姓驚惶地望著砲彈點燃堆滿乾草的穀倉，眼見大火迅速蔓延到農舍。他們控制不住火勢，紛紛逃向後方投奔親人。有些人在砲火中送命。在一個叫做曼德費德（Manderfeld）的小村子裡，有五名百姓喪生，包括三名幼童。[2]

在南邊，德軍第五裝甲軍團在紮營地按兵不動。對於希特勒執意以漫長的砲轟揭開攻勢的序幕，曼陶菲爾決定不予理會。他認為如此密集的火力進攻是「第一次世界大戰的概念，完全不適用於防守薄弱的阿登戰線……這樣的計劃只會驚動美軍，讓他們警覺白天即將展開的攻勢」。[3]幾天以前，曼陶菲爾曾喬裝打扮，溜到前方偵察烏爾河（River Our）的深谷及最南端的紹爾河（River Sauer）。紹爾河是「一大阻礙，因為它的河岸陡峭，而且渡河點有限」。[4]

他接著詢問他的官兵，對面的美軍有怎樣的習慣。由於「老美」入夜以後就進屋睡覺，直到天亮前一小時才會回到陣地，他打算偷偷渡河、滲透他們的防線，不吵醒他們。只有到確實展開攻勢之後，他的部隊才會把探照燈的光柱投向低矮的雲層，利用反射的光線製造人工月光，幫助步兵先頭部隊在陰暗的森林裡找到向前的道路。在此同時，工兵營開始在烏爾河上搭橋，好讓三個裝甲師——第一一六師、第二師及裝甲教導師（Panzer Lehr）——長驅直入。

希特勒明確指示由步兵師進行突破，好讓珍貴的裝甲師在抵達默茲河橋梁以前完好無缺。傳回鷹巢的第一批報告十分振奮人心。約德爾向希特勒匯報，「奇襲已完全奏效。」[5]德軍確實達到奇襲的效果，但他們最需要的，是一鼓作氣將奇襲變成癱瘓美軍的震撼。幾支美軍部隊倉皇失

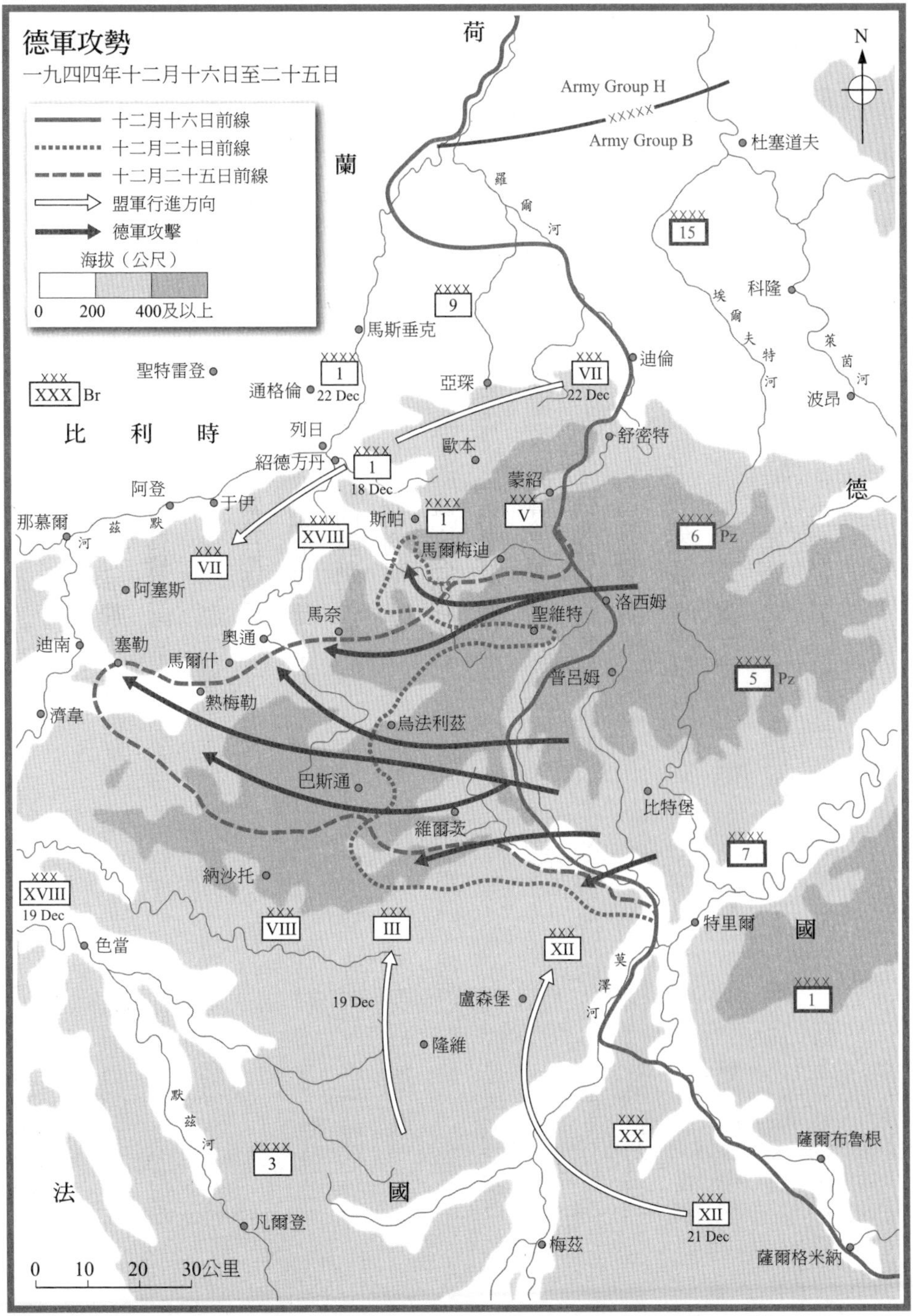
德軍攻勢
一九四四年十二月十六日至二十五日
十二月十六日前線
十二月二十日前線
十二月二十五日前線
盟軍行進方向
德軍攻擊
海拔（公尺）
0
200
400及以上
N
荷
蘭
比 利 時
德
國
法
國
Army Group H
Army Group B
杜塞道夫
羅爾河
埃爾夫特河
萊茵河
默茲河
莫澤河
15
9
科隆
馬斯垂克
迪倫
聖特雷登
XXX Br
1
22 Dec
通格倫
亞琛
VII
22 Dec
波昂
列日
歐本
舒密特
紹德方丹
1
18 Dec
阿登
于伊
蒙紹
那慕爾
斯帕
1
V
6 Pz
XVIII
馬爾梅迪
VII
阿塞斯
洛西姆
馬奈
聖維特
迪南
塞勒
奧通
馬爾什
熱梅勒
普呂姆
5 Pz
濟韋
烏法利茲
巴斯通
比特堡
維爾茨
7
納沙托
XVIII
19 Dec
VIII
III
XII
特里爾
色當
19 Dec
盧森堡
1
隆維
XX
薩爾布魯根
3
凡爾登
XII
21 Dec
梅茲
薩爾格米納
0 10 20 30公里

措，開始設法自救。某些案例中，驚恐的百姓乞求軍隊收留。另一方面，一些講德語的居民依舊忠於第三帝國，他們看著混亂的場面，毫不掩飾心中的滿足。「若說有些地方一團慌亂，」美軍第九十九師的一名軍官指出，「有些地方則顯現無上的勇氣。」[6]這些大無畏的事蹟將拖住德軍的攻勢，產生深遠影響。

在曼德費德以北四公里處，洛西姆裂口（Losheim Gap）對面的蘭茲拉特村（Lanzerath），正落在派佩爾戰鬥團率領的黨衛軍第一裝甲師的前進路線上。它幾乎位於山脊的制高點，可以鳥瞰德國，遼闊的視野盡收眼底。美軍第九十九師三九四團情報偵察排的十八名士兵擔任前哨，據守山坡草地上的散兵坑，俯視房屋與道路。右後方的濃密松林為他們提供了逃跑的退路，但也為敵軍提供包抄他們的路徑。這個據點之所以重要，是因為在它的左邊幾百公尺外，就是通往西北方的宏斯費德（Honsfeld）、直抵安布萊維河（River Amblève）河谷的交通路口。

欠缺作戰經驗的第九十九師雖然隸屬於第五軍，但由小萊爾．鮑克中尉（Lyle J. Bouck）指揮的這個偵察排卻剛剛越過邊界，進入第七軍的戰區；第十四騎兵團負責據守這塊戰區的東北端，防禦薄弱。第十四騎兵團轄下的幾輛坦克殲擊車，隱匿在偵察排弟兄下方的房屋之間。當東邊地平線因為幾百座大砲發出的閃光而戰火喧天時，偵察排在散兵坑裡躲避砲火。蘭茲拉特是德國砲兵的顯著目標。士兵們感謝結構完善的戰壕上方有頂蓋掩護，這是第二師之前建築的工事。砲轟結束後，他們看見躲在下方村莊裡的坦克殲擊車從他們身邊揚長而去，左轉上了宏斯費德

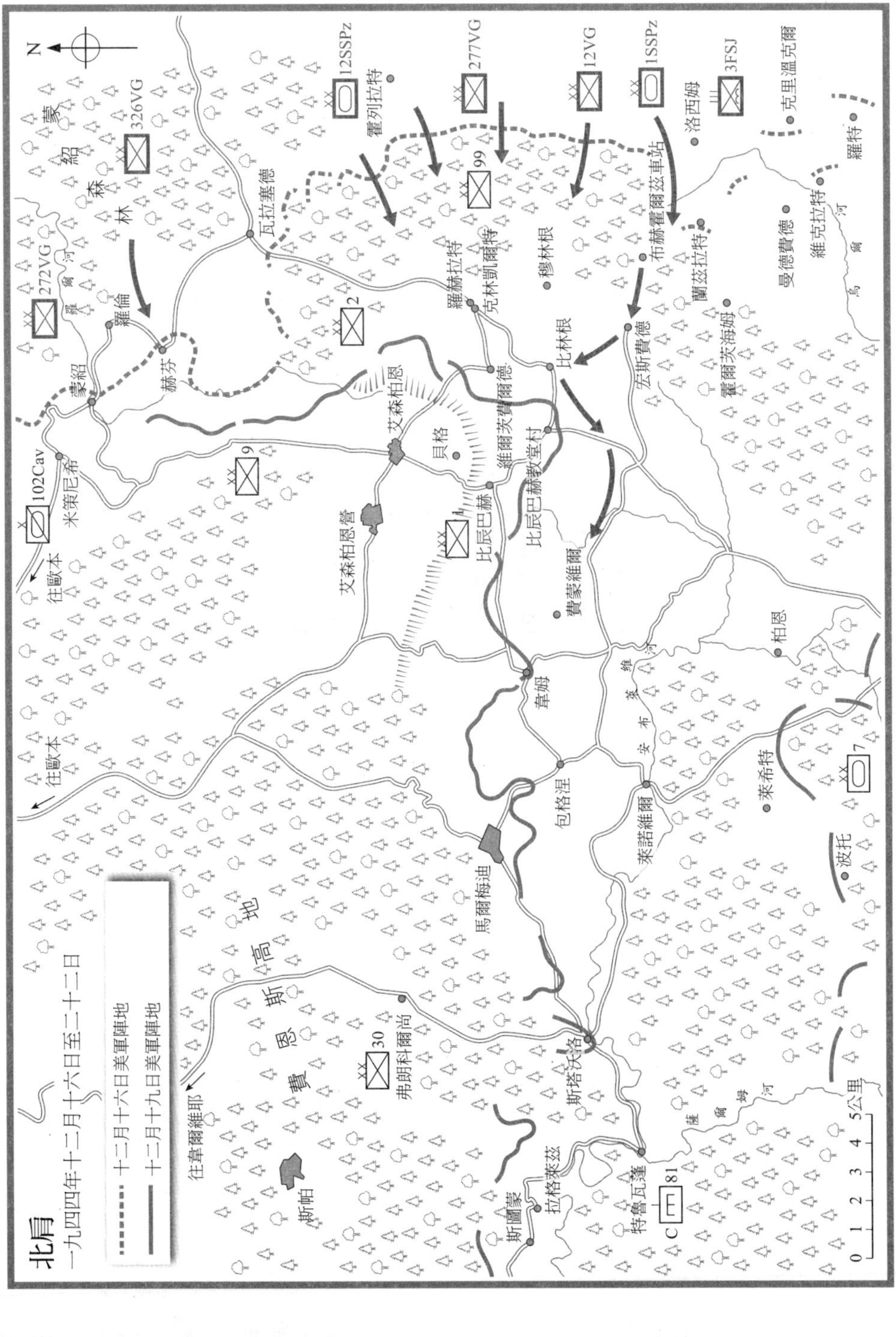
北肩
一九四四年十二月十六日至二十二日
十二月十六日美軍陣地
十二月十九日美軍陣地
N
蒙紹森林
326VG
272VG
12SSPz
277VG
12VG
1SSPz
3FSJ
99
2
9
1
30
7
102Cav
C 81
霍列拉特
洛西姆
克里溫克爾
羅特
瓦拉塞德
布赫霍爾茲車站
穆林根
羅赫拉特
克林凱爾特
蘭茲拉特
曼德費德
維克拉特
烏爾河
羅爾河
羅倫
赫芬
蒙紹
宏斯費德
霍爾茨海姆
比林根
艾森柏恩
貝格
維爾茨費爾德
比辰巴赫教堂村
米策尼希
往歐本
艾森柏恩營
比辰巴赫
費蒙維爾
柏恩
韋姆
維安布萊河
包格涅
萊諾維爾
萊希特
馬爾梅迪
波托
高斯恩費地
弗朗利爾尚
斯塔沃洛
往韋爾維耶
斯帕
特魯瓦蓬
拉格萊茲
斯圖蒙
薩爾姆河
0 1 2 3 4 5公里

路。「他們起碼該揮揮手道別。」一名士兵說。7

鮑克透過無線電向團部彙報這次砲擊；團部要他派遣一小支巡邏隊進入蘭茲拉特村偵察情況。此刻，在灰濛濛的晨光下，他帶領三名弟兄進村一探究竟。他們走進一棟房屋，聽到有人在講德語。蘭茲拉特位於比利時邊境，無疑隸屬於東部省分的德語區。鮑克一行人相信那人是在懇求敵人饒他一命。在那烏雲密布的早晨，當天色稍微明亮一點，他們看見遠方有一大批人以縱隊行進，即將從偵察排陣地旁的道路通過。鮑克趕緊跑回去，以無線電要求總部對蘭茲拉特下方的道路開砲，但團部對他的話抱以懷疑。

透過野戰望遠鏡，鮑克發現那是行進中的兩個德國傘兵縱隊，他們穿戴標誌性的頭盔與披風，分成兩隊走在道路兩側。他們的武器斜背在肩上，並未準備射擊，而且沒有派出斥候在部隊前方和側翼偵測敵情。他們有可能只是行軍路過。這是負責替派佩爾戰鬥團打頭陣的第三空降獵兵師第九團。偵察排的弟兄緊張地等候著，機關槍和其他自動武器都已上膛，準備進行一次完美的伏擊。鮑克希望等到敵軍主體進入他們的射界再動手。看到顯然是軍官的一小群人之後，他示意弟兄準備開火。但是此時，一名大約十三歲的金髮小女孩在最後一刻突然衝出民宅，揮手指出偵察排在山坡上的位置。鮑克遲疑了，他不想射殺那個小女孩。德國軍官大聲喊出口令，士兵立刻跳進道路兩旁的水溝。8

埋伏行動或許失敗了，但由於德軍指揮官冥頑不靈，美軍仍有機會擊斃這群訓練不足的少年兵。德軍指揮官一次又一次派他們進行正面攻擊，偵察排的機關槍只需要在他們辛辛苦苦爬過雪牆、朝美軍陣地下方飛奔而來時，把他們紛紛掃射倒地。射擊的距離很近，偵察排的弟兄可以清楚看見他們的臉孔。鮑克再度發送無線電，緊急請求砲兵支援，卻被告知所有大砲都上了其他轟炸任務。他詢問自己該怎麼做，得到的答案是，「不計一切代價堅守到底！」[9]好幾名弟兄中彈了，但他們可以繼續作戰。

屍橫遍野的景象讓鮑克很不舒服，他不敢相信德軍團長竟堅持讓弟兄做出如此無謂的犧牲，而不是想辦法從側翼包抄他們。一面白旗出現了，鮑克下令停火，讓德軍醫護員抬回傷兵。雙方接著繼續交火，直到入夜。這時，鮑克及其弟兄的彈藥差不多用光了。德軍指揮官一直到天黑以後才試圖包圍美國守軍；鮑克和他的弟兄幾乎全員被俘。他的偵察排把一整個團拖住一整天，只以一人陣亡及幾個人受傷的代價，換來超過四百名德國傘兵的傷亡。然而他們的最大功勞，莫過於拖延了德軍的攻擊進度。

派佩爾知道派步兵先行是個錯誤，為此，他大發雷霆。他的戰鬥團已經延誤了行程，因為德軍三個月前撤離時炸毀了洛西姆西北方的鐵道橋梁，此時還沒有修復完成，一直拖到當天下午七點三十分才有辦法通行。第十二國民擲彈兵師的馬曳大砲也走在派佩爾縱隊的前頭，耽誤了更多時間。道路阻塞不通，但派佩爾命令他的車輛「急速前進，毫不留情地輾過路上一切阻礙物」。[10]由於急著前進，他吩咐坦克指揮官穿越美軍的布雷區，五輛裝甲車因而報廢。

師部命令他改道前往蘭茲拉特，去跟遭美軍牽制的第三空降傘兵師會合。派佩爾奉命接手指揮兵團、發動攻擊。根據蘭茲拉特的一位居民所言，派佩爾的士兵進村時非常激動，「叫囂著要把美國佬一路逼退到英吉利海峽」，而且不斷說德軍部隊已經打到了列日的默茲河邊。[11]

派佩爾對傘兵軍官的蔑視溢於言表，後者堅稱美軍的陣地十分堅強，儘管他們始終沒靠近美軍陣地。他也難以容忍被派來支援的斯科爾茲尼戰鬥隊，後者配備了四輛謝爾曼、卡車和吉普車。「他們還不如待在家裡，」他後來說，「因為他們從頭到尾離他們應該待的縱隊前頭遠遠的。」[12]派佩爾命令他的士兵和傘兵向布赫霍爾茲（Buchholz）和宏斯費德挺進。

美軍第九十九師轄下的一小支部隊被圍困在布赫霍爾茲車站，他們奮勇抵抗，阻擋了德軍第三空降獵兵師的攻擊。一名年輕的前進觀測官奉命指揮砲兵支援。「我們把吉普車開到路旁，倒車進入穀倉，」他後來記錄，「那是個安靜寒冷的夜晚……我們可以清楚聽到黨衛軍裝甲部隊吼來吼去、坦克車引擎空轉，以及轉向架發出的嘎吱聲。」[13]他們也從SCR-536手提對講機上，聽到德國信號兵用英語對他們放話：「聽到請回答，聽到請回答。危險，危險，危險。我們正在發動一輪猛攻。請回答，請回答。這個頻道上有人嗎？」派佩爾的防空坦克抵達時，布赫霍爾茲車站的守軍再也無力阻擋。坦克上架著的二十毫米四聯砲，可以摧毀沒有混凝土或好幾吋厚的裝甲鋼板保護的任何守軍。

在派佩爾右翼，黨衛軍第十二「希特勒青年團」裝甲師陷入苦戰，緩慢地朝羅赫拉特

（Rocherath）和克林凱爾特（Krinkelt）這兩個毗連的村莊挺進。這個師在諾曼第遭英軍和加拿大軍隊痛擊之後，一直沒有完全復原。「他們當中有些傢伙的訓練未達標準，」另一支黨衛軍部隊的軍官評論道，「他們就像童子軍，是那種從沒想過劃破別人喉嚨的豬玀。」[14]這個師似乎也欠缺技術能力。希特勒青年團的馬克五號豹式戰車機械故障率極高。

在第九十九步兵師防線的最北端，第三九五步兵團的第三營據守蒙紹南方不遠處的赫芬（Höfen）村。赫芬位於蒙紹森林外圍略微突出的地帶，是個顯著的攻擊目標。莫德爾元帥打算兩面夾擊蒙紹，切斷通往歐本及亞琛的道路，阻止美軍南下增援。他下令禁止轟炸蒙紹本身。然而在赫芬，美軍第三營發現人造月光反而有利於他們。當德軍第三二六國民擲彈兵師在迷霧中前進，光暈映照出德國步兵行進中的身影。「六點整，德軍來了，」一名軍官報告，「霧氣中，他們出現在我軍陣地前方，似乎用其獨特的緩慢步伐成群走著。在雪地的完美映襯下，人造月光勾勒出行進德軍的剪影，於是我軍持有的每一把武器紛紛開火……德軍損失慘重。六點五十五分，他們開始撤退。」[15]第三營的十門八一毫米迫擊砲也派上用場，而當他們與第一九六野戰砲兵營恢復聯繫，更增強了火力支援。

不到兩小時後，德軍在坦克及裝甲車增援下，展開了另一波更強大的攻勢。「在K連正面，德國步兵隨著坦克往前衝刺，發出野人似的吼叫聲，攻擊連隊陣地。」[16]美軍要到迫擊砲和大砲——一五五毫米的「長腳湯姆」——瞄準這個戰區之後，才擊退了德軍的這次突襲。然而，九點半又來了另一波攻擊。一大群德軍攻占四間民房。營長下令他的兩門五七毫米反坦克砲發射穿甲彈，粉碎房屋的牆壁。步槍及自動武器則對所有窗口集中開火，防止德軍射擊美軍的反坦克砲砲手。「從屋內傳來的尖叫聲，可以輕易斷定反坦克砲產生了摧枯拉朽之效。」一個預備排悄悄迫近，朝窗內扔白磷手榴彈，倖存者很快繳械投降。屋內顯見有七十五人喪生。

美軍第三九三步兵團第二營隸屬於第二師，而第二師則剛剛加入第五軍，往北朝舒密特附近的羅爾河大壩前進。當他們聽到南邊傳來轟隆隆的砲火聲，以為是師部的其他支隊加入了他們的行動。他們對德軍的攻擊仍一無所知。

一位名叫喬丹的救護兵透過一兩位步槍兵的協助，開始在低於路面的隱蔽地點替傷員包紮。「一個男孩的右手臂斷了，只剩幾條筋相連，我們替他輸血，」一名士兵追憶，「想辦法安撫他，拿香菸給他抽。他受到驚嚇，身體抖得厲害，落在幾百呎外的砲彈都會讓他縮成一團。『把我弄走！老天爺啊，把我弄走。那一顆很近——該死的太近了。把我弄走，』他反覆說著。」救護兵喬丹則是頭部中彈。「那天後來聽說，我們的弟兄射殺了一名德國醫護兵以示報復。該醫護兵帶了一把魯格手槍（Luger）的事實，稍微減輕了我們的罪惡感。」[17] 他們奉命調轉回頭，由於搞不清楚情況，他們對於自己必須放棄剛剛朝大壩挺進所占領的地區感到生氣。他們收到的命令是撤回西南方的克林凱爾特，正面迎擊黨衛軍第十二裝甲師。

儘管第九十九師絕大多數弟兄以莫大勇氣打著一場毫無勝算的仗，但一名軍官承認，「少數人緊張崩潰，反覆尿濕褲子、嘔吐，或出現其他嚴重的生理症狀。」而且，「自稱不小心擦槍走火——通常是在清理槍枝的時候——射穿手或腳的案例急遽增加。」有些人無計可施，甚至打算更嚴重地自殘。第九十九師出現一個駭人聽聞的案例，據說一名士兵「在大樹旁躺下，雙手環抱樹幹，然後引爆手中的手榴彈」。[18]

＊＊

在南方的西尼艾菲爾山區，甫上戰場、甚至更沒有經驗的第一〇六步兵師，接下來三天即將被德軍打得落花流水。當駐守洛西姆裂口、負責掩護九十九師與一〇六師中間地帶的第十四騎兵隊無預警撤離，第一〇六師一下子就遭到德軍包圍。騎兵隊的撤離也讓九十九師的右側門戶洞開。當轄下的第三九五步兵團緊急倉皇撤退，士兵們苦澀地想起這句口號：「美國軍人從不撤退！」[19]由於沒收到口糧，他們被迫打開幾桶乾燕麥片。情急之下，他們想辦法把燕麥塞滿嘴巴和口袋。根據一名軍官記錄，有一名士兵甚至開價七十五美元，只為了換取一罐價值十三分錢的康寶湯罐。

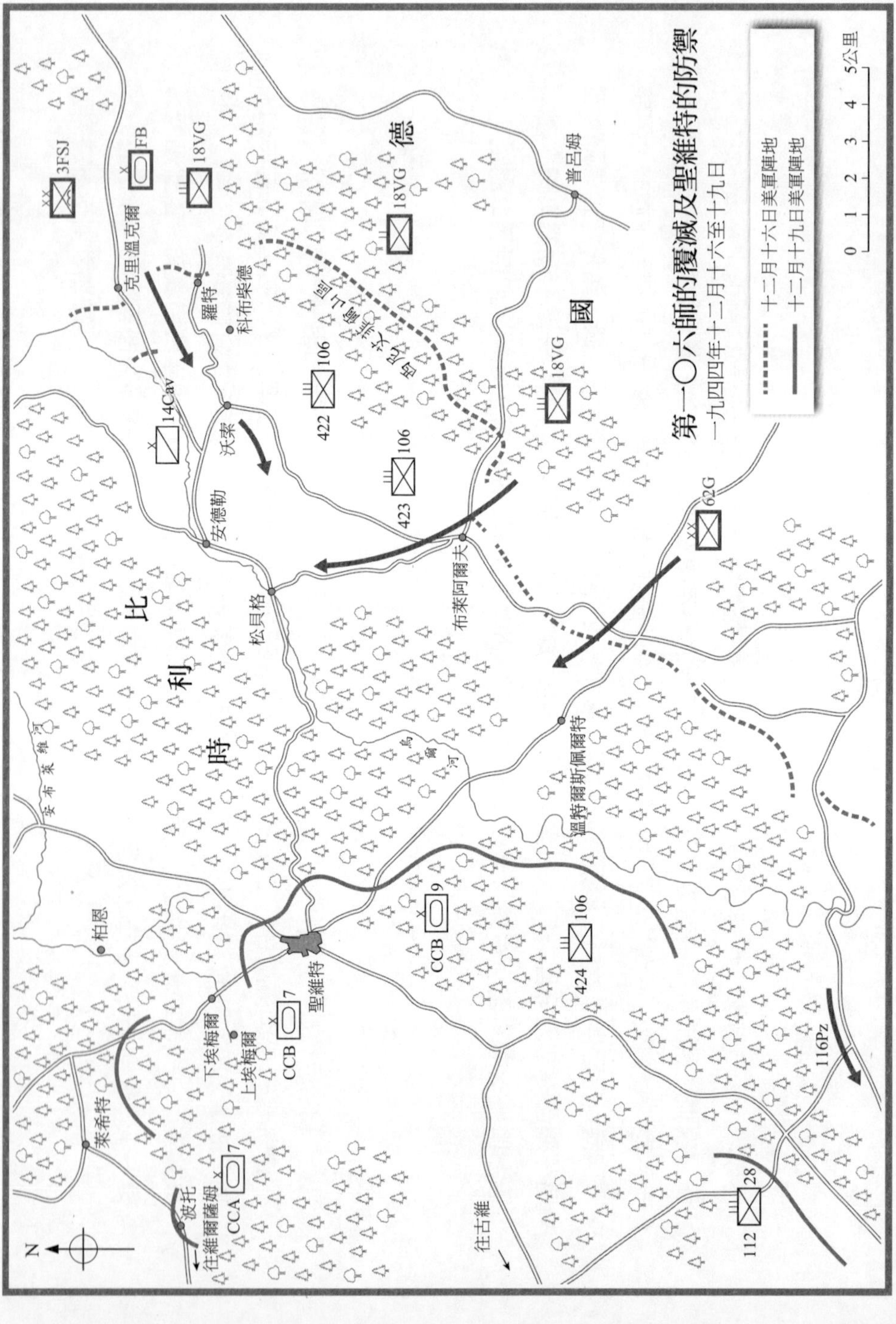
第一〇六師的覆滅及聖維特的防禦
一九四四年十二月十六至十九日
十二月十六日美軍陣地
十二月十九日美軍陣地
0 1 2 3 4 5公里
比利時
德國
克里溫克爾
羅特
科布柴德
沃索
安德勒
松貝格
布萊阿爾夫
普呂姆
溫特爾斯佩爾特
聖維特
柏恩
下埃梅爾
上埃梅爾
萊希特
波托
往維爾薩姆
往古維
安布萊維河
烏爾河
史內艾佛山脊
3FSJ
FB
18VG
14Cav
422 106
423 106
424 106
62G
CCB 9
CCB 7
CCA 7
116Pz
112 28

騎兵隊背負的是一項幾乎不可能的任務。他們在一條將近九公里的前線孤軍奮戰，各個小隊只能在小村落進行定點防禦，沒有連續的戰線，騎兵隊也沒有駐點防禦所需的人力、訓練或裝備。他們只有從偵察車卸下的機關槍、幾門反坦克砲，以及一個一〇五毫米榴彈砲營予以支援。第一〇六師剛剛抵達戰區，這意味著雙方尚未協調好防禦計劃。

攻擊之前的幾天，德軍斥候發現第十四騎兵隊的防區中，在羅特（Roth）和維克拉特（Weckerath）兩村之間有一道將近兩公里的缺口。於是天亮前，第十八國民擲彈兵師便在一個突擊砲旅支援下，大舉衝過美軍防線的漏洞，地點就在德軍第五裝甲軍團的北部邊界內。曼陶菲爾最初的目標，是從羅特的道路深入美軍戰線後方十五公里的聖維特鎮。

在朦朧昏暗的晨光中，駐守羅特和維克拉特的第十四騎兵團發現，德軍已在雲霧和毛毛雨的掩護下溜到他們後方。通訊已徹底切斷，因為炸彈摧毀了戰區的電話線，而且德軍的無線電攔截隊在美軍使用的波長上以最大音量播放唱片。在羅特陷入包圍的騎兵隊抵抗了大半天，終於在下午宣布投降。

第一〇六師並未立刻潰不成軍。由於有超過三十公里長的前線需要防禦，包括齊格菲西牆前方不遠處的一個大凸角，該部隊面臨的形勢極其不利，尤其當羅特一帶的第十四騎兵隊防區失守，導致其左翼門戶洞開。在八個軍砲兵營的支援下，它重創被當成砲灰、替裝甲師開路的國民擲彈兵，造成嚴重死傷。但是第一〇六師沒有設法反擊在其左側進行突破的德軍，導致隔天厄運臨頭。

正如莫德爾的砲兵團長所評論的，林區的崎嶇地形減緩了德國步兵的行進速度，也讓砲兵很難辨認目標。另外，國民擲彈兵師不懂得如何善用砲兵支援。嚴令禁用無線電更讓情況雪上加霜，這道命令讓德軍直到開砲之後才能搭建信號網路。[20]

美軍方面，通訊不良的情況甚至更糟。位於巴斯通的米德頓第八軍總部並不清楚攻擊的力度。在斯帕的第一軍團總部，霍奇斯將軍認定德軍發動的「不過是區域性的佯攻」，旨在分散美軍第五軍進逼羅爾河大壩的壓力。[21]而且儘管此刻，被美國人稱作「嗡嗡彈」（buzz-bombs）的V1飛彈每隔幾分鐘就會飛越頭頂、轟炸列日，霍奇斯依舊沒看出端倪。＊他不顧傑羅將軍的勸告，拒絕下令撤回北上的第二師。在盧森堡的第十二集團軍總部，G3作戰參謀官在九點十五分的會報中，表示阿登戰區一切如常。那個時候，布萊德雷將軍已經在前往凡爾賽的路上，準備跟艾森豪將軍討論兵員短缺的問題。

第二師師部的馬特．柯諾普中尉（Matt Konop）寫的日記，約略說明為什麼美方（即便接近前線的人員）得花那麼長時間才搞清楚德軍攻勢的力度與範圍。柯諾普在十二月十六日的紀錄一開始是這麼寫的：「05.15：與其他六名軍官睡在小紅屋內—聽到隆隆的爆炸聲—肯定在作夢—仍然覺得是一場夢—想必是我們的砲兵—不對，聲音越來越近、越來越響。」柯諾普摸黑起身，慢吞吞走到門邊，身上穿著衛生衣褲。他打開門，猛然看到門外的爆炸。他匆忙跑回床邊，叫醒每一個人。他們全都穿著內衣、拿手電筒照明，慌張地衝進地下室，直到砲火平息才回到樓上。柯諾普致電作戰部，詢問是否有任何異常狀況。「沒有，沒什麼不尋常的事，」對方答覆，「但〔我們〕這裡挨了猛烈砲轟。前線沒傳回任何異常報告。」柯諾普爬回床上，但再也無法入睡。[22]

七點十五分，他抵達位於維爾茨費爾德（Wirtzfeld）的指揮所，天色還很昏暗。從情勢地圖來看，第二師的推進速度令人滿意，轄下的第九步兵團剛剛奪下瓦拉塞德村（Wahlerscheid）。一個鐘頭後，柯諾普巡視維爾茨費爾德。砲轟並未造成任何傷亡，只除了一枚炸彈正中一堆肥料，導致「堆肥瞬間濺滿工兵營的廚房、食堂和軍官餐廳」。上午稍晚，他跟師部的神父達成共識，經過早晨的轟炸之後，他們應謹慎考慮隔天的教堂彌撒，因為教堂是個顯著目標。

十七點三十分，柯諾普看到德軍坦克已衝破第一〇六師的報告。這被描述為一次「地區性的敵軍活動」。[23]由於無事可做，他回到寢室看書。當天晚上，他跟幾名前來補眠的戰地記者聊天。就寢前，他為兩名記者指出通往地下室的門，以防隔天早上再度遭遇轟炸。

* 原註：V1飛彈造成的最嚴重災難，當天晚上發生在安特衛普。一枚飛彈擊中戲院，導致將近三百名英國及加拿大士兵喪命，另有兩百名士兵及許多百姓受傷。

緊鄰第一〇六師西南方的科塔第二十八師，一開始因為能見度太低而被德軍的奇襲嚇了一跳，但德軍使用人造月光，證實是一大「失策」。「他們把探照燈射進樹林，然後轉向我軍陣地上空的雲層，勾勒出他們（自己）的突擊隊身影，成了我軍機關槍手手到擒來的目標。」[24]

幸運的是，德軍進攻之前，美軍第二十八師派了訓練有素的步兵軍官和士官擔任砲兵前進觀測員。[25]在一次大規模進攻中，該師第一〇九團轄下的一個連，於陣地前方僅僅五十公尺處擊毀一門一五五毫米榴彈砲。事後，他們宣稱此役有一百五十名德軍喪命，美軍無人傷亡。

忍不住誇大戰績和敵軍規模的現象極其普遍。「十個德國佬就被說成一連，」該師的一名營長抱怨，「兩輛馬克四號戰車成了馬克六號的大規模攻擊。除非報告人所說的是他親眼所見或親耳所聞的事實，而不是想像出來的情節，指揮官簡直無法快速做出正確決策。」[26]

科塔第二十八師的第一一二步兵團發現，「突襲第一天早上，強烈證據顯示德國步兵飲酒無度……他們又叫又笑，吼著要我們的部隊最好別開火，否則就暴露了自己的陣地。我們欣然從命，直到縱隊的前頭走到我軍前方二十五碼。敵軍死傷慘重。許多具屍體的水壺檢查報告在在顯示，不久以前，這些水壺裝了干邑白蘭地。」[27]

瓦登博格的德軍第一一六裝甲師，對美軍第一〇六師與第二十八師的交界地展開進攻。但德軍沒找到缺口，反而遭遇第一〇六師主力營及一個坦克殲擊排從側翼攻擊。瓦登博格報告，在貝格（Berg）以西的森林裡，當美軍「非常勇猛地作戰」，他轄下第六十裝甲擲彈兵團的突擊連不僅被阻擋下來，甚至「幾乎慘遭殲滅」。[28]德軍急忙派砲兵掩護前方的河流渡口，但森林和山丘讓砲兵很難進行觀測，而且陡峭的斜坡沒有幾個地方可以架設砲台。

另一方面，在南方的瓦登博格第一五六裝甲擲彈兵團，快速地朝奧伯豪森（Oberhausen）挺進。然而，他發現基於齊格菲防線的龍齒工事，裝甲團不可能依照預定的路線前進。他必須請求軍部准許，讓第一五六裝甲擲彈兵團遵循之前占領烏爾河渡河口的成功模式。連日的大雨雪讓阿登山區的地面變得鬆軟，裝甲部隊只能沿著鋪設好的路面行進。坦克車的履帶在小徑上攪出深達一公尺的泥濘，導致輪式車輛甚至其他裝甲車無法通行。希特勒盼望能掩護其地面部隊不被盟軍空中武力發現的壞天氣，造成了沉重的代價；用來掩飾其真正目的的荒野森林地形也是如此。

更南方，第二十六國民擲彈兵師負責替曼陶菲爾最老練的部隊——第二裝甲師及裝甲教導師——打頭陣。他們希望當天夜裡或翌日清晨抵達直線距離不到三十公里以西的巴斯通。但第二十六國民擲彈兵師的師長海因茨．科科特少將（Heinz Kokott）遭遇一次不愉快的突襲。縱然沿著高地及一條被稱為「天際線公路」（Skyline Drive）的防線已被突破，美軍第二十八師仍奮勇作戰。他後來寫道，德軍沒料到的是，「敗軍的殘部並未放棄戰鬥。他們堅守崗位，持續阻斷道路。」[29]這迫使德軍指揮部接受「步兵確實必須殺出一條血路」的事實，不是這麼輕易就能替裝甲師打開道路、直搗默茲河。「攻擊的第一天結束時，〔第五裝甲〕軍團設定的目標通通沒有達成」。「霍辛根（Hosingen）的頑強抵抗」一直持續到翌日傍午。

儘管第二十六國民擲彈兵師終於強行渡河，但格蒙德（Gemünd）附近的烏爾河橋梁直到下午四點的薄暮時分才修復完成。第二十六國民擲彈兵師及裝甲教導師的車輛嚴重堵塞，因為美軍在通往霍辛根的道路上炸出許多大坑洞，並以倒塌的樹木設置「鹿砦」路障。德軍輕工兵營得徹夜趕工以恢復道路通行。在進攻的第一天，第二十六國民擲彈兵師損失了兩百三十名士兵及八名軍官，包括兩名營長。

在美軍第二十八師右側，曼陶菲爾的第五裝甲軍團往西朝默茲河挺進，德軍第七軍團派出第五空降獵兵師掩護曼陶菲爾的側翼。但第五空降獵兵師是最後一分鐘成軍的替補部隊，行動能力極其有限。雖然有超過一萬六千名兵力，但其官兵幾乎沒受過步兵訓練。其中，由第十三空降獵兵團的飛行教練法蘭克少校指揮的一個營，陣中有十二名軍官毫無野戰經驗。法蘭克被俘之後，在一次祕密錄音的對話中告訴另一名軍官，他麾下的士官「聽話而無能」，而他的七百名士兵大多只是十六、七歲的孩子，不過「這群小夥子很了不起」。[30]

「攻擊的頭一天，我們強力猛攻〔美軍第一〇九步兵團E連守衛的〕福倫（Führen）。這是個有防禦工事的村落。我們進逼到距離地堡二十五公尺內，在此受阻，我麾下最傑出的幾名連長全數陣亡，現場指揮大亂，逃跑回來的人通通被擊斃。隨後整整兩個半小時，我一直匍匐在地上，一吋一吋地爬回來。這對年輕人而言是何等震撼教育，要他們在沒有重型武器支援的情況下衝過

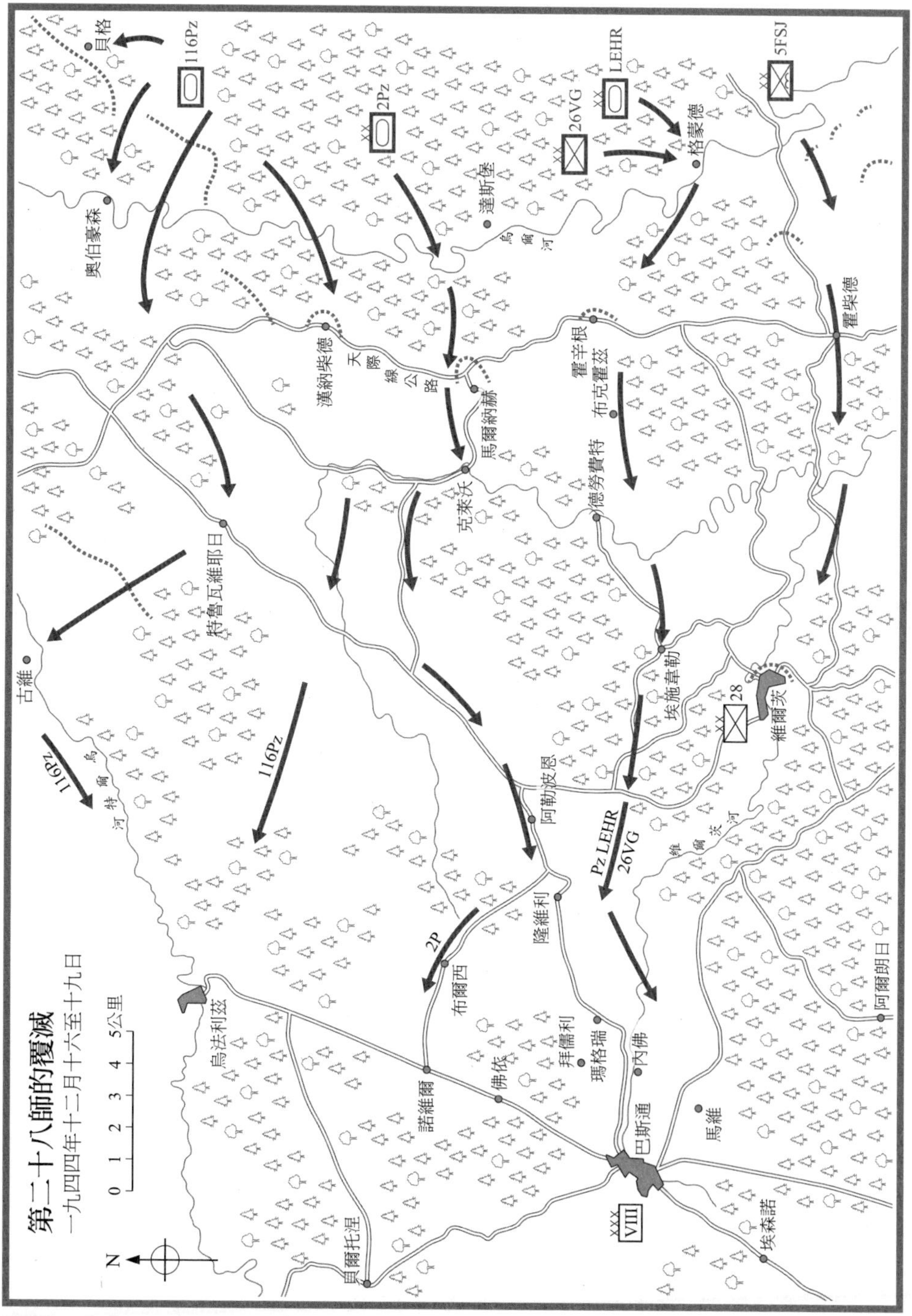
第二十八師的覆滅
一九四四年十二月十六至十九日
0 1 2 3 4 5公里
N
貝格
116Pz
奧伯豪森
2Pz
達斯堡
26VG
LEHR
5FSJ
格蒙德
烏爾河
漢納柴德
天際線公路
馬爾納赫
霍辛根
布克霍茲
霍柴德
克萊沃
德勞費特
特魯瓦維耶日
古維
116Pz
116Pz
烏爾特河
埃施韋勒
28
維爾茨
阿勒波恩
Pz LEHR
26VG
維爾茨河
隆維利
2P
布爾西
烏法利茲
拜儒利
瑪格瑞
內佛
阿爾朗日
諾維爾
佛依
巴斯通
馬維
VIII
埃森諾
貝爾托涅

一片平地！我決定等前進觀測官的消息。團長命令：『繼續前進，奪下村子——那裡只有區區幾名士兵防守。』

『那太瘋狂了，』我對團長說。

『不，這是命令。繼續前進，我們必須在天黑前攻占村子。』

我說：『我們會的。等候前進觀測官所浪費的時間，事後我會加倍彌補……起碼給我幾門突擊砲，讓我們從北面進攻，炸毀他們的地堡。』

『不，不，不。』

我們在沒有任何支援的情況下占領了村莊，但是才剛進村子，我軍的重型火砲就開始朝村子開火。我總共抓了一百八十一名俘虜。清點最後六十人的時候，一陣迫擊砲如雨般紛紛落下；我們的一個迫擊砲旅打中了這群戰俘和衛兵。二十二小時後，我方的砲兵還在射擊這個村子。我們的通訊完全失靈。」

德軍師長路德維希·海爾曼少將（Ludwig Heilmann）顯然對他的部隊毫無感情。海特形容他是「極具野心且膽大妄為的軍人，毫無道德底線」，並說他不應該負責指揮一整個師。[31]他的士兵稱呼他「卡西諾（Cassino）屠夫」，因為他的部下在卡西諾戰役中死傷慘重。[32]而在阿登攻擊的第一天，他的部隊踉踉蹌蹌地試圖穿越河水湍急、河床滿是泥濘的烏爾河時，遭美軍的迫擊砲痛擊。[33]

就在南邊，美軍第九裝甲師駐守一道長三公里的狹窄戰區，但被第二一二國民擲彈兵師逼退。在它的右邊，第四步兵師在埃希特納赫西面及南面的前哨站，都沒察覺德軍破曉前橫越了紹爾河。位於峭壁和山脊俯瞰河谷的前哨站，天氣晴朗時或許視野不錯，但在夜間和霧濛濛的時候，他們什麼也看不到。正因如此，這些前鋒陣地的士兵很快就被包圍並擄獲，因為德軍的斥候早已偷偷溜到他們後方。當一名連長終於得以透過野戰電話向營長報告攻擊的詳細情況時，愕然聽見電話那頭傳來另一個人的聲音。這個帶著濃濃德國腔的聲音宣布：「我們到了！」[34]在勞特博恩（Lauterborn），一支小隊遭德軍俘虜，完全猝不及防。但過度自信的德軍押送他們路過一座磨坊，遭到恰巧占領這座磨坊的另一個美軍連突擊。戰俘跳進水溝藏匿好幾個鐘頭，後來才終於跟自己的部隊會合。[35]

同樣地，從觀測站傳回總部的野戰電話線也被砲火切斷，而且基於丘陵地形及潮濕氣候，無線電經常故障失靈。有時由於粗心大意或驚慌失措的通信兵干擾了其他人的作業，訊號交通一團混亂。第四步兵師師長雷蒙．巴爾頓少將（Raymond O. Barton），直到上午十一點才得知他指揮的第十二步兵團在埃希特納赫兩面遭遇猛烈攻擊。巴爾頓毫不遲疑地派遣他的預備營及第七十坦克營的一個連馳援。當傍晚夜幕降臨，第十二步兵團仍堅守「天際線公路」在山脊線上的五個重要城鎮與村落。這些據點是極其重要的交通樞紐，阻攔了德軍的前進。「在戰爭中起決定性作用的，正是這些城鎮和十字路口，」一份分析如此總結。[36]

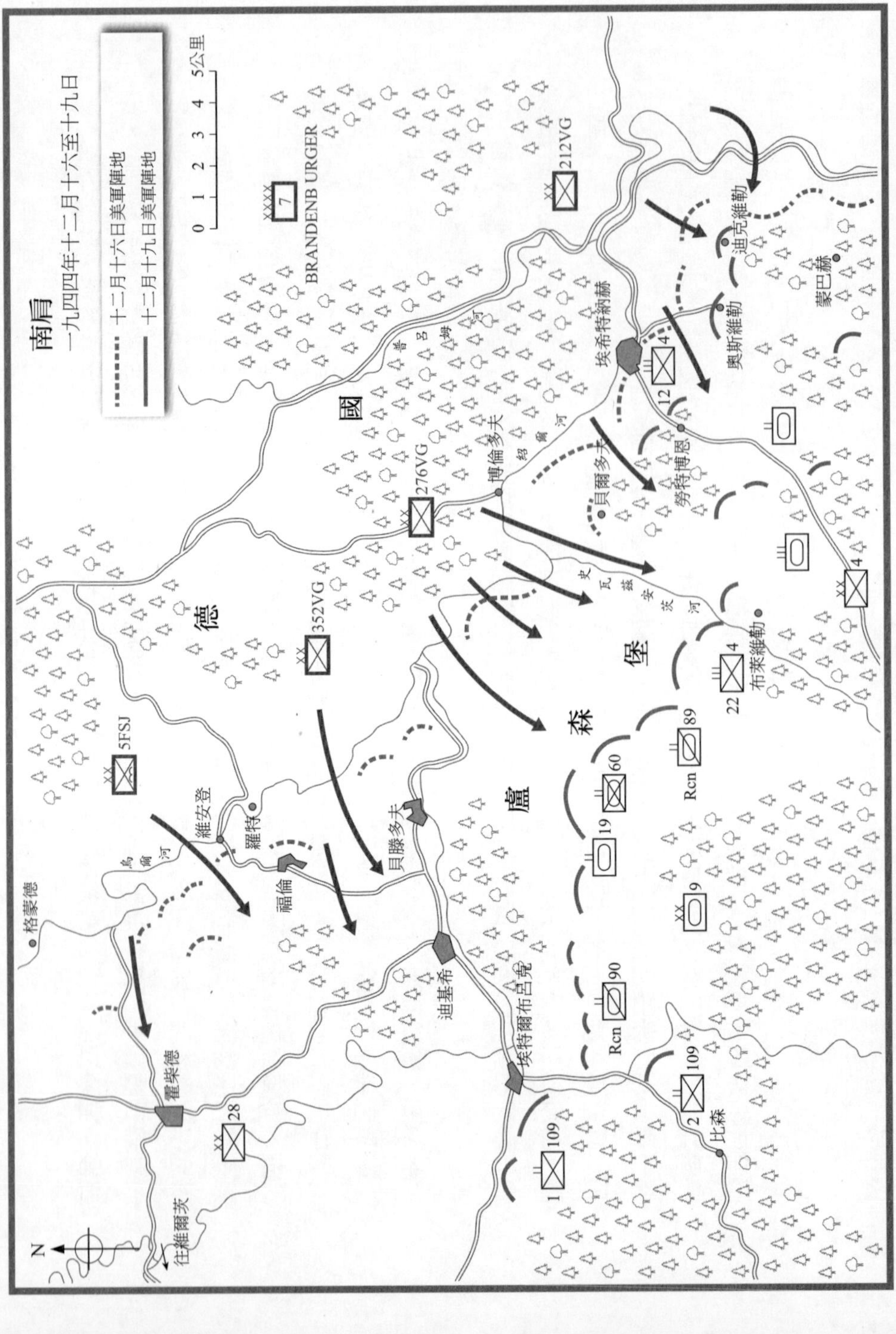
南肩
一九四四年十二月十六至十九日
十二月十六日美軍陣地
十二月十九日美軍陣地
0 1 2 3 4 5公里
BRANDENB URGER
7
212VG
276VG
352VG
5FSJ
德
國
盧
森
堡
普呂姆河
紹爾河
烏爾河
史瓦茲安茨河
博倫多夫
貝爾多夫
勞特博恩
埃希特納赫
迪克維勒
奧斯維勒
蒙巴赫
布萊維勒
維安登
羅特
福倫
貝滕多夫
迪基希
埃特爾布呂克
霍柴德
格蒙德
往維爾茨
比森
Rcn
Rcn
4
12
4
22
4
89
60
19
9
90
109
2
109
1
28
N

第四步兵師也砍下高大的松樹橫亙路面，做成鹿砦，並且設置地雷和詭雷。有鑑於這個師的人員和兵器經許特根森林戰役之後極度短缺，他們的成就顯得格外突出。自從諾曼第戰役以來，第四步兵師一有機會就扣押德軍的「鐵拳」火箭筒，因為可以反過來拿它們對付德軍。儘管鐵拳的有效射程只有大約四十公尺，但步兵發現鐵拳的威力比他們自己的火箭筒更強大，更能穿透德軍的豹式戰車。在他們的五十四輛坦克當中，四十三輛還在後方的工廠進行維修。不過，後果並不如想像的嚴重。曼陶菲爾原本打算派一個裝甲師協助布蘭登貝爾格的第七軍團打通南肩，但抽不出任何兵力。

那一天，布萊德雷踏上結冰的道路從盧森堡市前往凡爾賽，車程比預期的還長。他抵達時，艾森豪喜氣洋洋，因為後者剛剛聽說自己即將獲頒他的第五枚將星。布萊德雷恭賀他。「老天，」艾森豪回答道，「我真等不及看到自己第一次在名字後面簽上五星上將。」[37]

隨同布萊德雷前來的韓森少校回到麗池飯店，海明威正在跟一大群訪客喝酒。「房間裡，滿坑滿谷的書從兩張黃銅床堆到了地上，」韓森寫著，「到處是酒瓶，牆上則用釘子和圖釘隨意貼滿了巴黎的海報。」跟他們聊了一會兒後，韓森「溜出房間，無精打采地走到麗都（Lido），觀賞上空女郎大跳豔舞，直到深夜」。[38]

傍晚，正當艾森豪和布萊德雷跟SHAEF其他幾位高階將領討論替補兵力的問題，一名參謀官打斷了會議。他遞給史壯少將一封短信，後者一讀之下，馬上召來第八軍的戰區地圖。德軍突破了五個點，其中最危險的，要屬洛西姆裂口的穿透。儘管訊息籠統，而且阿登地區沒有明顯的目標，艾森豪仍立刻察覺事態嚴重。另一方面，布萊德雷則相信這不過是他大概猜到的擾亂式攻擊，用意在於破壞巴頓對洛林的進攻。艾森豪研究了作戰地圖後，十萬火急地下令第九軍團派出第七裝甲師到阿登協助米德頓，並要求巴頓調動他的第十裝甲師。布萊德雷表示巴頓三天後即將展開攻勢，恐怕不樂於抽出兵力。「告訴他，」艾森豪咆哮說，「是艾克在指揮這場戰爭。」[39]

布萊德雷必須立刻致電巴頓。不出所料，巴頓抱怨連天，並說德軍的攻擊只不過是為了擾亂他的行動。由於艾森豪緊盯著他，布萊德雷只能直接下達命令。第十裝甲師的弟兄聽說部隊要從巴頓的第三軍團調到第一軍團預備師，全都大吃一驚。「那消息傷了我們的心，因為，你知道的，第一軍團……見鬼了，我們原本是在第三軍團旗下。」[40]不過講完電話後，巴頓直覺認為「事情看起來是來真的」。[41]「我不由得聯想起一九一八年三月二十五日〔魯登道夫攻勢（Ludendorff's offensive）〕，」他寫信給朋友說，「而且我猜，結局也將如出一轍。」[42]

布萊德雷接著打電話到他在盧森堡市的總部，吩咐屬下聯絡第九軍團。他料想這邊不會有任何麻煩。辛普森將軍是一位個頭很高但說起話來輕聲細語的德州佬，素有「大兵的將軍」之稱，受到人人喜愛。他有一張迷人的長臉，方頰大耳，頭頂已禿。根據辛普森的總部日誌，他在十六點二十分接到第十二集團軍參謀長艾倫少將的電話時，正在檢閱橫渡羅爾河的空中支援計劃。「霍奇斯的南翼遇到一點麻煩，」艾倫說，「你的南邊有突發狀況。」[43]辛普森當下答應把第七裝甲師轉調到第一軍團。兩個鐘頭之後，辛普森打電話確認第七裝甲師的先遣隊已經上路。

調派了兩個師的兵力之後，艾森豪和布萊德雷打開一瓶香檳慶祝晉升五星。盟軍最高司令剛剛收到一箱他愛吃的生蠔，但布萊德雷對生蠔過敏，改吃炒雞蛋慶祝。由於布萊德雷打算隔天早晨才返回盧森堡，兩人又打了五局橋牌。

兩位美國將軍在凡爾賽會晤時，在帕德博恩沉睡的海特中校被電話聲吵醒。他極度疲倦，因為前一天晚上出了一堆紕漏，害他徹夜未眠。他的戰鬥團原本排定當天凌晨起飛，但載運傘兵到機場的卡車沒有及時得到燃料，只好延遲出發，後來甚至看似需要取消行動。現在，電話那頭的佩爾茨將軍告訴他，空降行動照舊進行，因為一開頭的進攻速度不如預期。

海特一到機場，就聽到西線航空艦隊的氣象報告預計空降區的風速為每小時二十公里。這是夜間空降森林地區所允許的最高風速。海特是被人故意誤導，以免他取消這次行動。就在全體傘兵爬上老舊的容克五二運輸機之後，一名「很有良心的氣象員」在海特的飛機準備滑行之際衝上來說：「我認為我有必要恪守職責；我的資料來源顯示風速是每小時五十八公里。」[44]

整起行動以災難收場。由於絕大多數飛行員都是「緊張的新手」，不習慣夜間飛行，海特的傘兵有大約兩百名被空投在波昂一帶。[45]沒有幾名跳傘指揮員出過任務，只有十架飛機成功在歐本以南，把機上的傘兵隊伍投到由兩枚鎂光照明彈標誌的空投區。風勢非常強勁，幾名傘兵被吹進後方飛機的推進器裡。空降的倖存者在黑暗中靠彼此的口哨聲集合。天亮以前，海特就知道他的任務「徹底失敗」。[46]他只集合了他稱為「少得可憐」的一百五十人，也只找到極少數的武器箱。原本的五百支鐵拳只找回了八支，並且只有一門八一毫米迫擊砲。[47]

「德國人民，要有信心！」希特勒對全國發出訊息，「不論面對什麼，我們都能克服。道路的盡頭就是勝利。在任何情況下，只要保持對國家民族的狂熱，勝利必定在望！」[48]莫德爾元帥在對B集團軍的當日命令中宣布：「我們會贏得勝利，因為我們對希特勒及大德意志帝國有信心！」[49]然而那天夜裡，大約四千名德國百姓在盟軍對馬格德堡（Magdeburg）的轟炸中喪生；這次空襲是在德軍發動阿登攻擊之前就計劃好的。

比利時百姓至少可以選擇逃離殺戮，但有些人留在農場照顧牲口，無奈地接受再度被德國占領的命運。然而他們不知道的是，黨衛隊保安處（SS Sicherheitsdienst）將亦步亦趨地尾隨武裝黨衛軍的腳步而來。在這些保安單位看來，東部省分的居民屬於德國公民；他們想知道有哪些人違抗了九月份下達的、將家人及牲口東遷到齊格菲防線以內的命令。逃避國防軍兵役以及秋天期間勾結美國人的當地居民，都有可能被捕，有些人甚至會被處死。但他們最主要的目標，是九月份侵擾德軍撤離的年輕比利時反抗軍。

終於察覺危險的霍奇斯將軍，命令當時在防線後方整補的第一師準備行動。「我們聽到猶如警報器的聲音，」亞瑟．考區寫道，「然後宣布美軍一律回到部隊，準備撤出——德軍在阿登地區發動了一次大型攻擊。我們拾起戰鬥裝備、爬上帶領我們前往新前線的軍車。我們聽說德國坦克擊潰了一支沒經驗的師；他們才剛從美國抵達戰場，然後倉皇撤退。」[50]二十二點整，第一軍團總部下達另一項命令，指示第二師暫停北部的攻擊行動，準備後撤到艾森柏恩（Elsenborn）山脈東翼，阻擋黨衛軍第十二裝甲師前進。[51]

歷經第一天的種種延遲之後，當天晚上，派佩爾強迫部下朝宏斯費德挺進。他的戰鬥團被賦予「此番攻勢的決定性角色」，而他無意辜負使命。[52]「我不必擔心我的側翼，只需要火速朝默茲河推進，充分發揮奇襲之效。」他的坦克、半履帶裝甲車和其他車輛構成的縱隊，綿延將近二十五公里，而且由於道路狹窄，他也無法改變行進順序。因此，他決定以戰鬥力量強大的裝甲擲彈兵搭乘半履帶裝甲車做先鋒，隨後是一連豹式和馬克四號戰車，最後由重型的虎式戰車營殿後。

發動攻勢之前，派佩爾衷心相信假如德國步兵照計劃在十二月十六日黎明突破美軍防線，他就可以在短短二十四小時後直搗默茲河。如今他知道，他之前針對豹式戰車所做的八十公里測試駕駛，完全誤導了方向。他被指派的農場道路是泥巴小徑。在這種情況下，元首本人為派佩爾欽定路線的事實，絲毫不起安慰作用。正如曼陶菲爾預測，裝甲車在這種地形上的耗油量，是凱特爾和最高統帥部預估的兩倍。派佩爾在師部例會上得到預警，兩列火車運輸的油料並未抵達，先頭部隊必須善用繳獲的補給。派佩爾查看地圖。師部的情報官圈出美軍在比林根（Büllingen）和斯塔沃洛（Stavelot）的油料庫位置，然而，地圖上卻未指出美軍在弗朗科爾尚（Francorchamps）的最大油料庫；這裡位於馬爾梅迪和斯帕之間，貯存了超過兩百萬加侖的油料。

9. 十二月十七日星期天

對美軍第二步兵師師部的柯諾普中尉來說，「情況有異」的第一個徵兆出現在第二天早上。當時，他床鋪旁的電話在不到七點的時候響起。作戰官表示收到一份報告，顯示德國傘兵在歐本以南著陸，大約三十輛德國坦克突破了他們的東面。柯諾普捻亮了燈，伸手拿起地圖，試著釐清事態嚴重與否。幾分鐘後，電話鈴再度響起。

「聽著，柯諾普，我要你通知所有人待命。」柯諾普認不出電話那頭的聲音。「集合每一把槍、每一個人，動用你能找到的所有資源，準備好抵死防守指揮哨！敵軍坦克已經衝破防線，此刻正在前往比林根的路上。」[1]

「遵命，長官，」柯諾普回答，「順帶一提，請問您哪位？」

「我是羅伯森將軍（Robertson）。」那位以冷靜、明智聞名的師長回答。柯諾普覺得有必要提醒將軍，唯一可動用的軍人，無非是「卡車駕駛兵以及因戰鬥衰竭症退下來的官兵」。羅伯森囑咐他召集所有找得到的人。於是，柯諾普把伙伕、文書、駕駛以及任何一個舉得起武器的人拼湊成一支防衛隊，命他們馬上去戍守維爾茨費爾德的道路。當他架設火箭筒以及兩門五七毫米反坦克砲，設法在德軍裝甲指揮官可能選擇的每一條岔路設防時，已經可以聽到遠方傳來機關槍的達達聲。他派一名炊事中士和他自己的駕駛兵負責一挺點五〇口徑機關槍，並設立配有無線電裝備的觀測哨。一位憲兵軍官帶著二十名部下抵達，儘管這個「雪花蓮」（snowdrops）＊的武器只有手槍，但他們也投入了防線。

霍奇斯將軍最後不得不面對現實。十二月十七日上午七點半，德軍發動攻勢二十二小時後，他終於准許第五軍軍長傑羅將軍取消第二師從瓦拉塞德村北上的攻擊行動。傑羅打算派第二師退守羅赫拉特和克林凱爾特，這兩個毗連的村莊此刻正遭遇威脅。第九十九師已被德軍第二七七國民擲彈兵師及黨衛軍第十二「希特勒青年團」裝甲師逼得節節敗退。他和羅伯森將軍一致認為，他們必須保護從羅赫拉特—克林凱爾特到瓦拉塞德村之間的北上道路，以便救出他旗下的兩個團。對於「美國軍人從不撤退」這句空洞的口號，傑羅並不買帳。他立刻認清最要緊的是守住突破點的北肩，而關鍵就在於從羅赫拉特—克林凱爾特一路向西延伸的艾森柏恩山脈。他們必須盡可能守住這兩個村莊，以便在山脈沿線建立堅強據點。此刻，他已派砲兵團馳援這塊戰區。

羅伯森命令他唯一的預備隊——第二十三步兵團的一個營——坐卡車從艾森柏恩奔赴前線。部隊在羅赫拉特東邊下車，帶著不祥的預感望著這片濃密的松林。他們只知道第九十九師的一支小隊「被打得屁滾尿流」，正在從黨衛軍第十二希特勒青年團師的面前撤退。[2]他們的後方傳來半履帶防空砲車截擊V－1嗡嗡彈的陣陣砲火聲。「路口附近的積雪，因最近的猛烈轟炸被攪成一片黃褐色，混雜著雪和泥土。」[3]一位名為查爾斯．麥當諾（Charles MacDonald）的連長寫道。

他率領士兵走向森林外緣。在氤氳的濃霧中，即便地勢開闊，能見度也不超過一百公尺。他們可以聽見前方的輕武器駁火聲，主要是德軍自動武器連珠砲似的啪啪聲，而不是美軍同型武器較緩慢而沉穩的節奏聲。接著，一陣咻咻砲朝他們飛來。麥當諾的弟兄一聽到砲火齊發的聲音，立刻躲到枝葉濃密的大松樹後面，希望躲避在頭頂上空爆裂的碎片。麥當諾這一連弟兄意興闌珊地挖起散兵坑，若非基於求生本能，他們根本提不起勁。潮濕的雪地下有大樹樹根，用小鏟子掘地十分費力。

維爾茨費爾德的第二師總部當天早上面臨的威脅（也就是柯諾普中尉準備抵禦的危險），並非來自東面的希特勒青年團師，而是來自南面的派佩爾戰鬥團。原訂路線的道路狀況令派佩爾心驚，於是他決定漠視命令，放棄希特勒為他欽定的路線。他的軍長後來認同這項決定。「由於路況惡劣，」他寫道，「輪式車輛必須被拖行很長距離。」[4]

＊ 譯註：美國憲兵因戴白帽和白色手套，而被取了「雪花蓮」的綽號。

十二月十七日黎明前，派佩爾戰鬥團對宏斯費德發動攻擊。他的先頭車輛緊緊尾隨一支正在撤退的美軍縱隊。儘管這一小支美軍部隊猝不及防，戰鬥團仍損失了兩輛馬克四號豹式戰車，但繳獲許多卡車和半履帶車。派佩爾的黨衛軍裝甲擲彈兵當場槍殺十九名美國戰俘，另有兩名村民被迫面牆，被德軍從背後朝頭部開槍擊斃。裝甲擲彈兵彷彿又回到東線戰場，他們曾在那裡毫不猶豫地屠殺戰俘與平民。他們接著劫掠房屋與教堂。派佩爾挑出一支小隊留下來保護他的通信線路。兩天後，五名裝甲擲彈兵逼迫愛爾娜・寇拉斯（Erna Collas）——一名美麗的十六歲少女——替他們帶路到一座農場。她從此不見蹤影，直到五個月後被人在散兵坑裡發現遺體。她的身上滿是彈孔，幾乎可以肯定遭人先姦後殺。[5]

由於道路泥濘，派佩爾決定將絕大多數卡車留在宏斯費德，並下令第九空降獵兵團團長留下來清剿並占領這塊地區。接著，他並未遵照指示往西挺進安布萊維河河谷，反而往北朝比林根疾行，奔向地圖上圈出的美軍第二師油庫。戰鬥團在星期天上午八點半後不久，不費吹灰之力攻占比林根村，並摧毀停在降落跑道上的十二架美軍輕型飛機。一名百姓戴著卐字臂章出來迎接他們。他在車隊經過的時候對他們行納粹禮，然後向納粹士兵通報美軍貯存油料的地方。[6]裝甲擲彈兵逼迫戰俘替他們的車輛加油，並將汽油桶搬上半履帶車。一名傷兵被人近距離朝頭部開槍斃命，但根據百姓目擊者所言，其他地方的戰俘比他們在宏斯費德的同袍幸運。另一方面，美軍的官方歷史則指出有五十人在比林根遭槍殺。[7]

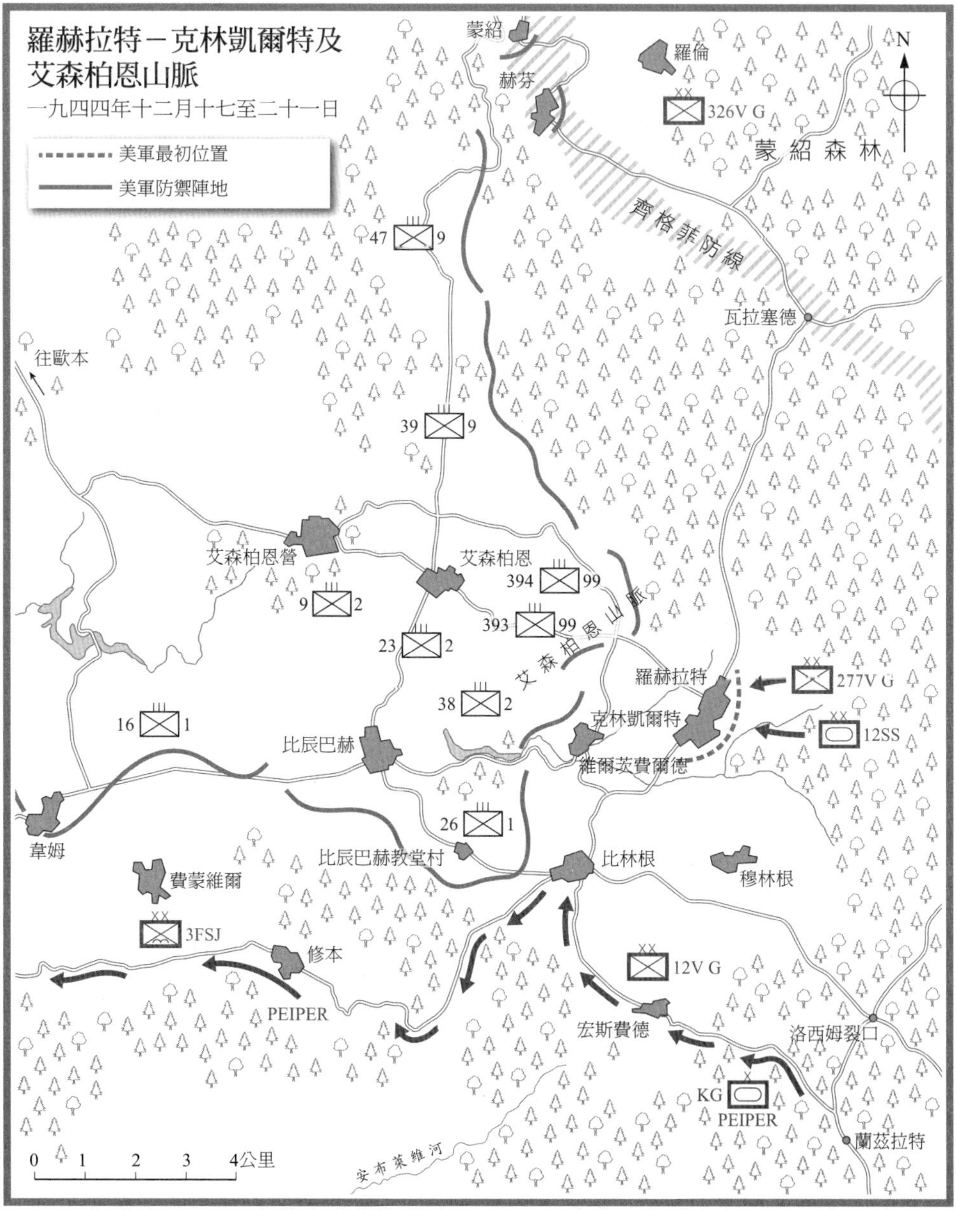
羅赫拉特－克林凱爾特及
艾森柏恩山脈
一九四四年十二月十七至二十一日
美軍最初位置
美軍防禦陣地
蒙紹
赫芬
羅倫
326V G
蒙紹森林
N
齊格菲防線
47
9
瓦拉塞德
往歐本
39
9
艾森柏恩營
艾森柏恩
394
99
9
2
393
99
23
2
艾森柏恩山脈
羅赫拉特
277V G
38
2
克林凱爾特
12SS
16
1
比辰巴赫
維爾茨費爾德
26
1
韋姆
比辰巴赫教堂村
比林根
穆林根
費蒙維爾
3FSJ
修本
12V G
PEIPER
宏斯費德
洛西姆裂口
KG
PEIPER
蘭茲拉特
0 1 2 3 4公里
安布萊維河

在比林根西邊不遠處，美軍第二五四工兵營的B連被德國坦克擊潰。德軍裝甲車不僅「輾平」散兵坑，還來回轉動，撞倒壕溝牆，將坑內的人埋進泥巴和雪堆裡。[8]幸而援軍已經上路。第一師的第二十六步兵團一整個清晨搭卡車趕路，上午九點抵達了山脊上的艾森柏恩營（Camp Elsenborn）。其中一營馬不停蹄地趕往南邊的比辰巴赫（Bütgenbach）。[9]

在南下的路上，他們跟第三空降獵兵師偵察營的一支先遣傘兵小隊短暫交火。美軍請求比辰巴赫的百姓讓他們暫時躲進地窖，然後繼續趕往比林根以西兩公里的比辰巴赫教堂村（Dom Bütgenbach），抵達之後，卻聽說黨衛軍已經占領了這個村落。在路旁的一處高地，他們遇見由大約五十名來自第九十九步兵師的文書和後勤補給人員組成的雜牌軍，帶頭的是一名坦克殲擊營上尉。第二十六步兵團的這一營弟兄，誤以為比林根的敵軍隸屬於第十二希特勒青年團師，不明白敵軍為什麼沒有繼續北攻。但是戰火之所以暫歇，是因為派佩爾的先頭部隊已經朝西南出發，準備收復通往安布萊維河河谷的道路。

儘管一開始的突破受阻，德軍依舊精神抖擻。「我認為西線的戰事再度出現轉折，」那天在等候出發時，第三裝甲擲彈兵師的一名三等兵寫道，「最重要的是，戰爭很快就會塵埃落定，我將回到愛妻身旁，我們可以攜手重建家園。收音機正在播放來自祖國的鐘聲。」[10]

* * *

那天早晨，布萊德雷將軍開著自己的草綠色凱迪拉克從巴黎返回盧森堡，發現一支架著機關槍的吉普車護衛隊正在凡爾登等候他，因為盟軍接獲了德軍傘兵空降的情報。韓森詢問是否可能遷移第十二集團軍的總部，因為德軍如今已打到他們北方三十公里以內的地界。「我絕不會把總部撤向後方，」布萊德雷回答，「那樣做有損名聲。」[11]這樣的傲骨讓他接下來幾天吃盡苦頭。

兩人都認為，盧森堡大公國的人民不到三個月前才對美軍表示熱烈歡迎，一旦被德軍重新占領，後果將不堪設想。布萊德雷進入盧森堡市之際，看見一棟屋子懸掛了一面星條旗。「但願他不必降下那面旗子，」他咕噥著。截至目前為止，盧森堡市還未受到戰爭的全面蹂躪。它被封為「歐洲最後的防空避難處」，因為它從未遭受英國皇家空軍或美國陸軍航空隊的轟炸。[12]

凱迪拉克在第十二集團軍的前進總部外靠邊停了下來。這個前進總部被稱為「老鷹戰術指揮部」（Eagle Tac），距離將軍下榻的阿爾發飯店四個路口。布萊德雷三步併作兩步上樓，在戰情地圖前停下腳步，看得目瞪口呆。「原諒我法語說得不好，」他說，「我想，情況已不證自明——但那狗娘養的究竟從哪兒調來那麼多兵力？」

德軍情報處掌握了盟軍整條防線最薄弱的地區，這一點讓布萊德雷及其參謀十分震驚。而且由於美軍的行動方針以攻擊為主，戰線並未保留深厚的預備編隊。然而，布萊德雷依舊希望避免大動作重新部署。當天，位於斯帕的第一軍團納悶「第十二集團軍是否充分了解事態的嚴重性」。[13]第三軍團似乎也驚訝於總部的慢半拍反應。「集團軍司令致電巴頓將軍，」參謀長記錄，

「表示他或許得仰賴巴頓再提供兩個師。他會在四十八小時後做出決定。」[14]

在第九軍團總部，似乎沒有人洞悉攻擊的規模，參謀官只能糊里糊塗地隨便臆測。德國空軍對其前線的攻擊，顯示這是「聲東擊西之計，以便在第一軍團戰區發動更大規模的反攻」。第九軍團參謀官告訴急於取得訊息的戰地記者，「一切取決於倫德施泰特可以調動哪些軍隊」。[15]

在SHAEF，多虧截獲部分德軍指令，情勢的險惡變得越發清晰。艾森豪下令投入所有預備編隊，並吩咐史密斯、史壯以及英軍作戰計劃參謀長約翰・懷特利少將（John Whiteley）規劃細節。三人在參謀長辦公室，圍著攤在地上的一張大地圖站立。史壯拿著一把德國儀禮劍指向巴斯通。這個城鎮是阿登中部的交通樞紐，通往默茲河的主要道路多半會經過這裡。這是攔阻德軍挺進默茲河的明顯據點，在場人士莫不表示贊同。

SHAEF的直屬預備部隊為美軍第八十二及一〇一空降師；兩支部隊結束荷蘭的行動之後，此刻正在蘭斯休整。問題是他們能否搶在東面的曼陶菲爾裝甲先頭部隊之前，率先抵達巴斯通。史壯認為可行，於是立刻對他們下達行動命令。

說來諷刺，位於盧森堡市的布萊德雷總部竟然會擔心遭海特的傘兵伏擊，因為這群傘兵的著陸點在往北直線距離一百公里以外的地方。海特明白如此薄弱的兵力發揮不了什麼作用，於是決定把弟兄藏在森林裡。他派人在歐本及韋爾維耶（Verviers）往馬爾梅迪的主要道路上警戒巡邏，伏擊落單的吉普車和傳令兵。一旦戰火聲越來越近，他的弟兄或許可以在迪特里希的坦克抵達之前幫忙占領一個重要據點。他的警戒巡邏隊很快帶回各式各樣的俘虜，以及關於美軍戰鬥序列的大筆情報，但海特苦於無法傳遞消息，因為他們的無線電發報機在空降過程中遺失了。他得跟迪特里希借用傳信鴿，但黨衛軍上將對他這個想法只是哈哈一笑。

十二月十七日晚上，越來越多的掉隊士兵和一大群著陸點太北邊的弟兄前來會合，海特的人員增加了一倍，達到大約三百人。當天夜裡，他釋放所有戰俘，並讓他們帶走幾名傷兵。然後他轉換陣地。海特一行人對情勢發展一無所悉，只聽到南邊十多公里外的艾森柏恩山脈傳來隆隆的砲火聲。[16]

美軍第九十九師在羅赫拉特—克林凱爾特遭到痛擊之際，南邊的第一〇六師也遭遇德軍第十八及六十二國民擲彈兵師猛攻，情況甚至更糟。倒楣的第一〇六師師長艾倫·瓊斯少將（Alan W. Jones）束手無策地坐在聖維特的一所學校；他的指揮所就設在這裡。他的兩個團（第四二二及四二三團）在西尼艾菲爾山區幾乎被完全包圍，而他的第三個團（第四二四團）則跟第九裝甲師的戰鬥指揮部聯手防禦戰線的南端。他的兒子隸屬於被圍困的其中一團，這讓他更加心煩意亂。*

---

* 原註：詳見第一五八頁地圖：第一〇六師的覆滅。

前一天，德軍衝破瓊斯北面的第十四騎兵團陣地時，瓊斯輕忽了事情的嚴重性。當騎兵團指揮官馬克．德凡尼上校（Mark Devine）告知騎兵團必須撤離的消息，瓊斯也置之不理。德凡尼補充說，他會設法派第三十二騎兵中隊反撲。但他們當天下午被擊退，而退到西北方的主要部隊也無法填補越來越大的缺口。只有一支騎兵隊留在烏爾河河谷，力圖阻斷通往聖維特的道路。瓊斯派他的最後一個預備營前往谷中的松貝格（Schönberg），但部隊在黑暗中迷路，轉錯了方向。而在第一〇六師的戰區右側，德軍第六十二國民擲彈兵師逼使瓊斯的主力部隊——第四二四團——退到了溫特爾斯佩爾特村（Winterspelt）和烏爾河。[17]

面對接踵而來的事件，瓊斯將軍一心仰賴外界承諾的協助，而不是想辦法自救。他預期第七裝甲師的B戰鬥指揮部十二月十七日上午七點抵達聖維特協防，指望靠他們展開反攻，解救他的兩個團。當布魯斯．克拉克准將（Bruce C. Clarke）——一個「大熊般的男人」——上午十點半出現在他的指揮所，瓊斯要求他立刻發動攻擊。[18]克拉克只能請他自求多福。由於幾支倉皇撤退的部隊所致，他的坦克堵在混亂的交通之中。瓊斯此刻對他前一天晚上派第九裝甲師戰鬥指揮部投入右翼的決策後悔不已。兩個男人只能靜待事情發展。

讓克拉克錯愕的是，他聽到瓊斯打電話到巴斯通，向上級軍長表示情勢在控制之中。瓊斯的情緒在莫名樂觀和沮喪絕望之間起伏。克拉克越來越擔心，因為除了要求空投補給之外，困在西尼艾菲爾的兩個團幾乎沒有傳回任何無線電訊息。*接著，第十四騎兵團的德凡尼上校現身指揮所，聲稱德軍的坦克緊跟在他後方。瓊斯和克拉克看見德凡尼心神俱喪，於是請他到巴斯通向米德頓將軍匯報狀況。[19]然而德凡尼並非空穴來風，另一支黨衛軍戰鬥團正在北方十公里外進行突破。†

十四點三十分，他們聽到輕型武器的槍砲聲。瓊斯和克拉克爬到學校三樓，看見德軍從遠方的樹林竄出。瓊斯叫克拉克接掌聖維特的防禦，克拉克答應了，但納悶除了兩個工兵連以及已經在松貝格東面道路上的師部人員之外，他還有哪些部隊。半小時後，這支部隊遭到攻擊。奇蹟似的，一個坦克殲擊排前來馳援。坦克殲擊車設法嚇阻德軍裝甲車，把他們逼回道路後方的樹林。但德軍在十二月十七日之所以攻勢緩慢，主要是因為路面狀況及堵塞的交通阻礙了砲兵及其他裝甲部隊前進。

國民砲兵（Volksartillerie）部隊無法前進，因為他們的挽馬沒辦法在裝甲車履帶攪爛的深泥中拖曳沉重的大砲。由於油料短缺，黨衛軍第一裝甲師也必須拋下幾門自走砲。莫德爾和曼陶菲爾都因為不耐煩而怒火中燒。莫德爾發現好幾個砲兵營還留在原地，氣得責令裝甲軍中將霍

---

* 原註：翌日，瓊斯做了一個「徒勞的努力」，但由於跟運輸航母指揮部協調不良，沒有執行任何空投行動。[20]

† 原註：參謀官形容德凡尼「激動、緊張、多話、狂躁、幾乎無法控制自己的行動、受一點小傷就大驚小怪，毫無一名幹練指揮官應有的英姿」。他到醫院打了鎮定劑，十二月十九日出院，後來卻被人發現在拉羅什昂阿登（La Roche-en-Ardenne）指揮交通，想盡辦法命令一個坦克營轉彎。他再度被施打鎮定劑，而後撤離。

斯特．史坦夫（Horst Stumpff）將這幾營的營長送軍法審判。「當我稟告，他們是因為油料短缺和路面狀況才沒有行動，他收回了成命。」[21]曼陶菲爾一度因為極端挫折，跑到十字路口指揮交通。「我原本預期主力部隊第一天就攻下聖維特，」他後來承認。[22]和巴斯通一樣，聖維特的道路網對於德軍能否快速挺進默茲河也至關緊要。

正當德軍堵在聖維特以東的道路上如牛步般前進，克拉克派作戰官到通往維爾薩姆（Vielsalm）的西面道路等候他的戰鬥指揮部。沿途景象震撼了第七裝甲師的軍官。「所有人只求自保，不顧他人；這是撤退，是潰散，」一名軍官寫著，「亂成一團，軍紀不存，畫面很難看——我們看見美國大兵落荒而逃。」戰鬥指揮部一度花了兩個半鐘頭只前進五公里，後來必須出動推土機推開路上的車輛。[23]

在馬爾梅迪，他們的砲兵遇到乘坐各式各樣車輛逃難的百姓，「神色倉皇的士兵穿越廣場，往西飛奔……馬爾梅迪北面的野戰醫院正在疏散，救護車來回奔馳。載滿護士的卡車全速駛過廣場，護士的頭髮都飛了起來。」[24]就在聖維特一公里外的地方，克拉克戰鬥指揮部的部分成員繞過彎道後，瞥見德軍的三輛裝甲車和一個步兵連朝他們而來。這行人迅速設好埋伏，「在彎道近距離迎面痛擊。」德軍的三輛裝甲車被打穿，步兵四處逃散，折損了大約十五人。

克拉克本人也親臨維爾薩姆的道路，震驚地看見一個野戰砲兵營丟棄大砲，自顧自逃命。他問他的作戰官，為什麼允許砲兵營阻礙道路。後者回答砲兵營的中校指揮官威脅他，要是他膽敢插手，就開槍射殺他。克拉克找到中校，指示他把卡車開走，否則克拉克就一槍斃了他。中校怯於克拉克的官階與體格，只能乖乖從命。

另一位砲兵官截然不同。馬克西米利安·克萊中校（Maximilian Clay）帶著一營的一〇五毫米自走砲現身，自告奮勇地要求協防。他的第二七五裝甲砲兵營，之前一直在支援此刻已離北方很遠的第十四騎兵團。克拉克熱情歡迎他，並指示他去什麼地方。終於，十六點整，克拉克麾下的偵察隊抵達了，戰鬥指揮部的其餘官兵也隨之而來。克拉克立刻派他們穿越鎮中心，增援薄弱的東面防線。不久後，克拉克的師長羅伯特·哈斯布魯克准將（Robert W. Hasbrouck）前來跟瓊斯及克拉克討論局勢。他也因為「慌張的士兵源源不絕逃向後方尋求『安全』」而覺得心煩。[25]令瓊斯灰心的是，哈斯布魯克不考慮發動反擊，救出兩個被困的團。扼守聖維特重要得多。瓊斯苦惱地說，美軍史上從沒有一位將軍那麼快就損失一整個師。那天傍晚，第十八國民擲彈兵師的兩股兵力在松貝格會合，徹底孤立了這兩個團。

聖維特的防線形成一個巨大的馬蹄型。聖維特鎮座落在小山丘上，周圍幾公里外群山環繞，在坦克的支援下，步兵、偵察隊和其他零星部隊可以守在山上的樹林裡。「城鎮周圍的防線，」哈斯布魯克寫道，「隨著各批部隊抵達聖維特而一點一滴建立起來。」[26]當時，他們不知道歸屬於黨衛軍第一裝甲擲彈兵團的漢森戰鬥團（Kampfgruppe Hansen）已悄悄越過北部防線，在萊希特（Recht）附近攻擊第七裝甲師的A戰鬥指揮部。這就是讓德凡尼上校大驚失色的那支裝甲部隊。

美軍和黨衛軍徹夜激戰。有些村民在房子遭兩面轟炸之際，僥倖逃到鄰近的採石場避難。由於這些不幸的「邊境比利時人」說德語，並且家裡懸掛身穿國防軍制服的子弟相片，因而遭美國大兵懷疑。德軍也不信任他們，因為他們曾違抗遷到齊格菲防線以內、進入德國本土的九月命令。這場戰爭中，大約一百名聖維特人在德軍服役期間陣亡。其他人則成了逃兵，決心不被緊跟在先頭部隊後面的黨衛軍憲兵或保安隊逮到。

漫長的派佩爾縱隊轉向西行，加快了速度。到了中午，大軍已逼近包格涅（Baugnez）的十字路口，地點是在馬爾梅迪東南方五公里處。派佩爾派遣一小支裝甲擲彈兵和坦克進入包格涅偵察情況；他的部隊剛好跟南下支援聖維特防禦的第七裝甲師R戰鬥指揮部擦身而過。

第七裝甲師的下一支部隊——第二八五野戰砲兵觀測營的部分兵力——對前方的危險毫無所覺，繼續朝馬爾梅迪前進。當這一行人乘著無篷卡車穿越城鎮，當地居民曾試圖對他們提出警告。老百姓從難民口中得知德軍突然挺進的消息，因而指著前方高喊：「德國佬！德國佬！」但大兵們沒聽懂，只是對他們揮手致意。車隊繼續開向包格涅的十字路口，直接撞上黨衛軍的半履帶車和裝甲車。

德軍坦克開砲。卡車瞬間起火，士兵滾下車子尋找庇護或衝向森林。裝甲擲彈兵抓到大約一百三十名戰俘，把他們趕到路旁的田地聚集起來。黨衛軍搶走戰俘的戒指、香菸、手錶和手套。

當德軍的一名軍官開火，其他人紛紛拿起自動武器射殺戰俘，坦克也以車上的機關槍加入殺戮。幾名美國大兵成功躲進森林，還有一些人詐死，但仍然有許多人被子彈射穿了腦袋。儘管這次屠殺發生在包格涅，卻以「馬爾梅迪屠殺」的惡名廣為人知。總共有八十四名美軍身亡，另有幾名試圖庇護脫逃者的百姓喪命。

事發當時，正往萊諾維爾（Ligneuville）繼續前進的派佩爾並不在屠殺現場。但只要想想宏斯費德的戰俘慘死，更別提他在東線戰場的殘忍事蹟，很難想像他會出言制止。他後來聲稱，德軍是因為戰俘試圖逃到樹林裡才開槍。躲過屠殺的幾名士兵當天傍晚順利回到美軍陣地。

駐守馬爾梅迪的一名工兵戰鬥營巡邏兵，當天下午在黨衛軍離開後抵達包格涅，看到了遍地屍體。一名負責在十字路口指揮交通的憲兵目睹整起事件，被帶回斯帕的第一軍團總部。他向霍奇斯和一眾軍官描述戰俘是如何「被趕到路邊的田地集合，一名黨衛軍軍官對空鳴了兩槍，接著立刻傳來劈劈啪啪的機關槍聲響，整群人被冷血地掃射倒地」。斯帕的參謀官大為震怒。「立刻將事件始末發布出去，」霍奇斯將軍的參謀長指示。[27]消息像野火般燒向每一個指揮哨、SHAEF及位於盧森堡的第十二集團軍總部。第十二集團軍總部的韓森記錄，這項消息「立刻讓屋內透不過氣來——彷彿瞬間被抽乾了空氣」。[28]第九戰術空中司令部的埃伍德・奎薩達少將（Elwood R. Quesada）要求，隔天早上的例會必須讓飛行員充分得知這項訊息。復仇顯然是當天

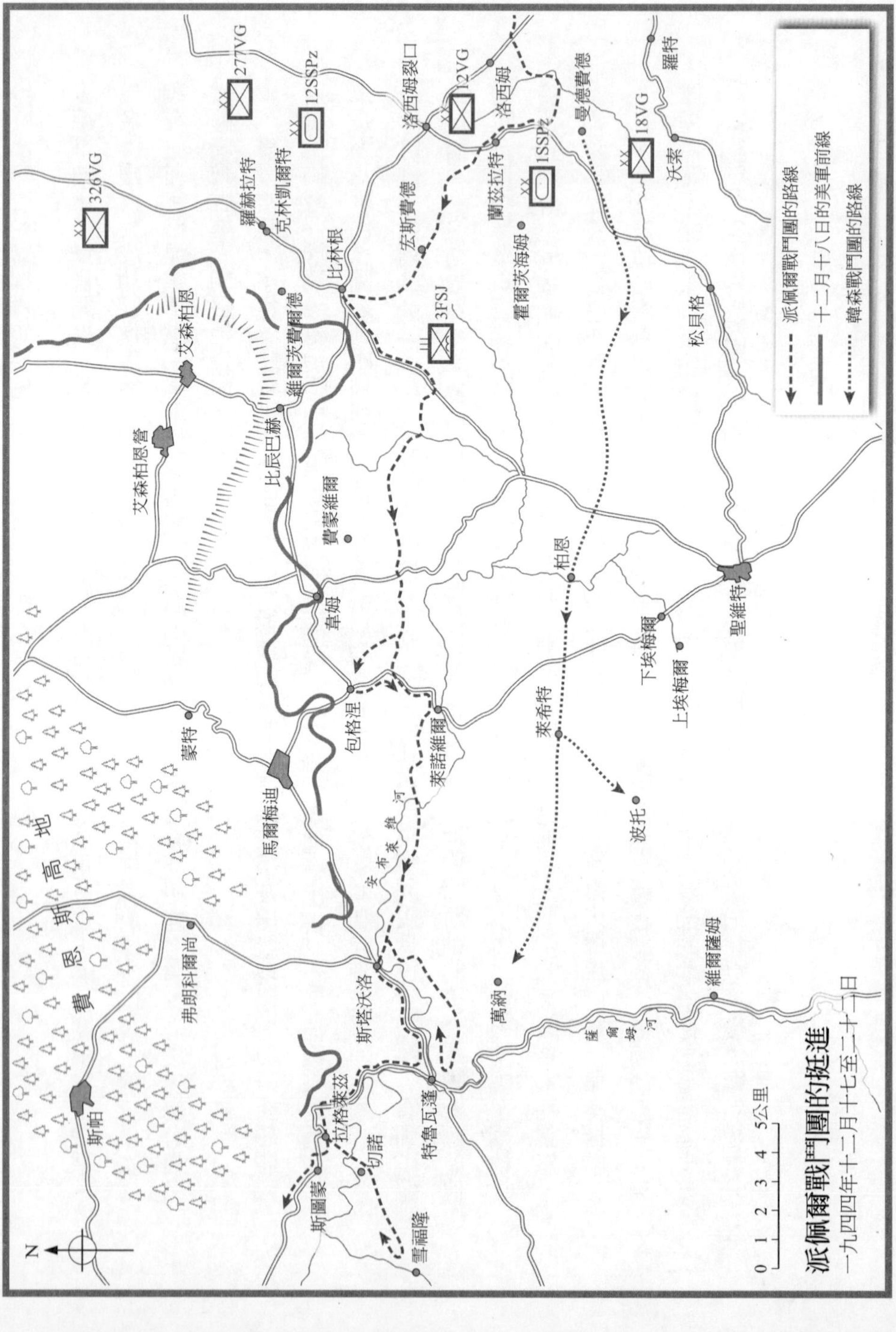
派佩爾戰鬥團的挺進
一九四四年十二月十七至二十二日
派佩爾戰鬥團的路線
十二月十八日的美軍前線
韓森戰鬥團的路線
0 1 2 3 4 5公里
N
費恩高地
斯帕
弗朗科爾尚
蒙特
馬爾梅迪
艾森柏恩營
艾森柏恩
比辰巴赫
維爾茨費爾德
比林根
羅赫拉特
克林凱爾特
326VG
277VG
12SSPz
12VG
洛西姆裂口
洛西姆
宏斯費德
蘭茲拉特
1SSPz
霍爾茨海姆
曼德費德
18VG
沃索
羅特
松貝格
聖維特
下埃梅爾
上埃梅爾
柏恩
萊希特
波托
萬納
維爾薩姆
薩爾姆河
3FSJ
費蒙維爾
韋姆
包格涅
萊諾維爾
安布萊維河
斯塔沃洛
特魯瓦蓬
拉格萊茲
切諾
斯圖蒙
雪福隆

的首要任務。*

派佩爾的先頭部隊繼續朝萊諾維爾推進，在此首度遭遇美軍坦克的強力抵抗。短暫而激烈交戰之後，德軍的一輛豹式戰車和兩輛半履帶車陷入大火，美軍則損失了兩輛謝爾曼戰車和一輛M－10坦克殲擊車。派佩爾的人射殺了另外八名美軍戰俘。在前方安布萊維河河畔的斯塔沃洛鎮，居民驚駭地望著他們的美國解放者開車逃之夭夭。許多百姓開始打包貴重物品和一些食物，深恐德軍基於九月的反抗軍行動而展開報復。當時，鄰近的韋爾博蒙（Werbomont）有二十二名男女慘遭德軍和俄軍附屬部隊殘害。[29]逃亡到默茲河對岸的熱潮，以及此舉會導致的交通混亂，迫使美軍當局下令禁止百姓出逃。美軍和逃亡的比利時人慶幸的是，派佩爾在黃昏時分下令縱隊停止前進，當時他們離斯塔沃洛只有咫尺之遙。

由於主要道路緊貼著陡峭山壁，派佩爾的坦克毫無迴轉空間，而且進城之前有個急轉彎，這意味著守軍可以將反坦克的火力集中於一個點。派佩爾將他的戰鬥團後撤，改以迫擊砲和大砲轟炸村莊。在此同時，他派出幾輛坦克另尋路徑，設法在特魯瓦蓬（Trois-Ponts）橫越薩爾姆河

* 原註：當屠殺的消息傳回英國，被俘的德軍將領深感不安。「真是徹底瘋了，竟然射殺手無寸鐵的士兵！」其中一人說，「這只會激起美國人報復我們的弟兄。」另一人補充說：「黨衛軍和傘兵是不折不扣的瘋子，根本沒辦法講道理。」[30]

（River Salm），從南邊繞過斯塔沃洛。但是當德軍其餘車輛循著這條路線行進，美軍從斯塔沃洛迂迴反攻，對他們展開側面襲擊。可惜美軍敗下陣來；派佩爾下令對斯塔沃洛進行另一波突襲，這一回派裝甲擲彈兵徒步進城。不過，折損了將近三十人後，他決定等裝甲擲彈兵營的其他兵力抵達。入夜之後，戰鬥團可以看見美軍車隊往西逃跑的燈火在遠方閃爍，於是動員他們的坦克以最大射程朝道路開火。[31]

當派佩爾戰鬥團奮力朝安布萊維河河谷西行，又有幾支隸屬於美軍第一師的營級部隊趕來加強艾森柏恩山脈南面通道的防禦。當天下午，第二十六步兵團第二營在正對比林根的陣地做準備。靠著四輛M－10坦克殲擊車的支援，他們已準備好迎戰德軍的進擊；這群德軍之前一直受制於來自背後山上的美軍砲火。

保衛山脈的重要戰役已經在東翼的羅赫拉特—克林凱爾特開打。第二師的羅伯森將軍在第九十九師節節敗退之際，已派他的第二十三步兵團投入這兩個村莊的東面防線，此刻，他也召回了駐守瓦拉塞德村的第三十八步兵團。中午，美軍的砲火網讓德軍不得不低調撤離他們的前進陣地。情勢如此混亂，同陣營的砲火確實是部隊的一大威脅。當天早上，一名P－47雷霆式（Thunderbolt）戰鬥機飛行員跟一架梅塞施密特（Messerschmitt）交戰之際，在第三營上空投擲了一枚炸彈，導致十二名美軍傷亡。[32]

增援部隊加強了瓦拉塞德—羅赫拉特道路的東面防衛之後，羅伯森將軍親自前來接見軍車上的弟兄，帶領他們前往羅赫拉特附近的新陣地。

最起碼，艾森柏恩以北十四公里左右的最左側防線似乎十分堅強。第三二六國民擲彈兵師一次又一次對蒙紹展開雙面夾擊，但美軍砲兵擊退了他們的每一波進攻。最高機密的新型近炸引信（Pozit）砲彈首度應用在戰爭之中。儘管未獲高層授權使用，但這項武器取得了巨大成功，因為它們會在攻擊者上空精確引爆。

美軍第五裝甲師下屬的一個裝甲步兵營，天黑後不久抵達米策尼希（Mützenich），協助鞏固防線。在他們後方，第一步兵師第十八團開始清剿歐本以南的森林，搜捕落單的海特傘兵。傑羅將軍大惑不解，為什麼德軍第六裝甲軍團並未在北面展開更凌厲的攻勢，反而將兵力集中在艾森柏恩山脈以南？這當然是因為希特勒堅決要求，但曼陶菲爾仍然認為迪特里希把自己局限在如此狹窄、幾乎沒有迴旋空間的前線陣地，是犯下了一個大錯。

在羅赫拉特—克林凱爾特以東，當天光逐漸退去而戰火聲越來越近，羅伯森麾下的第二師弟兄正拚命掘地，希望趕在黨衛軍希特勒青年團師的坦克攻擊他們之前，在雪地裡挖出足夠深的散兵坑。一旦停下動作，他們身上的汗水會變得非常冰冷。第九步兵團第一營冒著戰火從地勢較高的東面林地進入陣地時，場面一片混亂。第九十九師已潰不成軍；隸屬於九十九師的許多大兵抱著逃命的決心，完全不肯聽命停下腳步、投入防線。「面對如此敗壞士氣的畫面，我營奉命前來扼守陣地。」[33]營長麥金利中校（McKinley）報告，「森林到十字路口之間的道路人車川流不息，慌亂而無序。第九十九師無可救藥地失去控制，脫隊士兵人云亦云地散布他們的部隊已被包圍殲滅的消息，還說我們第二十三步兵團的一個營也遭到一架飛機圍剿，但那架飛機其實是要開往後方。」[34]

麥金利的弟兄在德軍坦克可能走的任何一條小徑或通道上，設置由六枚反坦克地雷組成的「菊鍊」（daisy-chains），或稱「項鍊」（necklaces）。第一波攻擊在入夜時展開。從「敵營傳出的尖叫聲」判斷，通行道路沿線的砲火確實有效。當砲火暫歇，弟兄悄悄溜到前方埋設從坦克殲擊車營借來的反坦克地雷，火箭筒雙人小組也移動到更好的位置來掩護道路，心知自己是涉險在我軍砲火的目標區域內行動。

除非從兩側或後面近距離攻擊，美軍步兵的五七毫米反坦克砲幾乎沒有機會擊毀德軍的豹式戰車。而使用拖曳大砲的坦克驅逐部隊在泥濘與雪地中居於嚴重劣勢，因為他們很難把大砲掛上車子撤離。「在猛烈的近距離作戰中，」一名分析師指出，「拖曳車輛往往被毀，而受掩體保護的大砲則完好無缺。」[35]

第三十八步兵團的巴爾桑蒂中校（Barsanti）警告他手下的排長，由於第九十九師全體官兵正在穿越他們的陣地撤退，除非確認敵軍身分，否則不許開火。在黑暗中，除非靠得很近，否則根本不可能確認身分。正因如此，兩輛德軍坦克利用探照燈讓散兵坑裡的士兵一時眼花，然後趁機穿越K連的陣地。不過這兩輛坦克終究被擊毀，一輛是被美軍的大砲，另一輛則是被火箭筒小組擊中。德軍裝甲擲彈兵尾隨著坦克偷溜進來。「一名敵兵摸進陣地，距離很近，他甚至可以抓住我軍的一挺輕型機關槍槍管，機關槍手最後不得不拿點四五手槍解決他。」[36]

一連弟兄被迫撤離他們在樹林中的前進陣地。他們「鑽進樹枝密密交錯的樅樹林，被子彈追趕，」連長寫著，「我猛力撥開四面八方的樅樹樹枝，猜想自己或許中彈了。我不覺得疼，但我看不出有誰能從如此槍林彈雨中全身而退。」回到羅赫拉特後，他寫下他們的逃跑經過。「我們彷彿一群無助的小蟲子，如今某個妖怪巨人掀起我們藏身的木頭，我們只能在底下盲目亂竄。」[37]

黨衛軍裝甲擲彈兵以自動武器和俗稱「馬鈴薯搗碎器」的M24手榴彈進行攻擊。一名黨衛軍抓了一個俘虜，逼迫俘虜往前走並回答暗號。他和他倒楣的人肉盾牌都被擊斃。幾名脫隊的第九十九師士兵在這場夜間戰鬥打得如火如荼之際抵達，幸而他們及時表明身分，沒被同一陣營的弟兄射殺。第九十九師的一名醫護兵也來了，不過他是以戰俘身分被德軍派來。顯然，在這個被艾森柏恩山區的野戰砲兵營轟炸的地區，大約一百五十名美軍已被兩百名德軍包圍。「德國佬派他到美軍陣地勸降，否則他們威脅要殺害被俘的大兵。」[38]

在一次短暫停火期間，守軍詫異地看著一支滿載第九十九師官兵的龐大車隊抵達。車上的軍官詢問往艾森柏恩營的方向。他們竟能穿越德軍陣地、沒被認出是美軍，真是個奇蹟。

在羅赫拉特—克林凱爾特的前哨保衛戰中，火箭筒小隊被派去應付德軍裝甲車。他們擊中裝甲車、迫使車內的德軍跳出車外，「再由美軍的步槍兵把德軍各個擊斃。」麥金利中校表示。[39]二十二點整，他營上的兩名中士抓了一桶汽油，摸黑溜到一輛裝甲車旁。這輛裝甲車雖然開不動了，卻仍以機關槍和主砲造成美軍嚴重傷亡。他們把汽油澆到裝甲車上，點火燃燒。十五分鐘後，一名中尉躡手躡腳帶著火箭砲擊毀一輛馬克六號虎式戰車。不過德軍的攻勢一波接一波地持續整夜，而最主要的攻擊，即將於翌日拂曉前展開。

在南方，曼陶菲爾的第五裝甲軍團於巴斯通正東方遭遇科塔的第二十八步兵師，取得了較大勝利。在許特根森林一役中嚴重削弱兵力的第二十八師，人員與武器依舊短缺。不過儘管遭第一一六、第二裝甲師及裝甲教導師痛擊，科塔的弟兄仍設法重創德軍，並且盡可能堅守十字路口與村落，藉此拖延德軍的進度。在德軍軍長眼中，第二十八師不過是「一支沒有顯赫戰績的平庸部隊」。[40]然而，雖然第二十八師確實在許特根森林喪失陣中最有經驗的官兵，但其中幾連仍扮演了英勇的重要角色。

在守衛維爾茨（Wiltz）東面的一座小鎮時，科塔的第一〇九步兵團發現德軍坦克的蹤影。他們以為來襲的是馬克六號虎式戰車，但其實是外型相似、規格卻小得多的馬克四號。他們沒有反坦克砲。「附近一群人有幾挺火箭砲和彈藥，」一名軍官後來記錄，「但他們不懂得如何使用。我抓起其中一挺，在路口轉角處迎面遇上一輛虎式戰車。我處於坦克的正對面，但還是射出一砲，擊中它的前沿。坦克毫髮無傷地停下來，開始朝我藏身的房屋發射它的八八毫米砲彈。我爬上隔壁房屋的二樓，居高臨下面對坦克的側面。我又射出兩枚火箭砲，第一枚斜斜打中它的後甲板，砲彈爆裂，但坦克車似乎不痛不癢。第三枚擊中砲塔與坦克車身相連的地方；砲彈並未穿透，但火花四濺。車內的隊員肯定大受震撼，因為坦克立刻後撤到大約八百碼外的陣地，對我們展開砲轟。」[41]火箭砲的威力，比不上肩上發射型的同級武器——德國的鐵拳——那麼強大。若射擊坦克正面，頂多只能打斷車子的履帶。但假如獵捕隊能帶著火箭筒溜到虎式或豹式的後面，也許還有機會。一般認為使用反坦克的槍榴彈無非浪費時間，極其危險。

在第二十八師北翼，克萊夫河（River Clerf）上方的克萊沃（Clervaux）古鎮面臨威脅。德軍第一一六裝甲師的北面攻擊，把第二十八師第一一二步兵團逼退到第一〇六師的戰區；兩支美軍部隊在那裡建立聖維特的最右側防線。指揮第一一〇步兵團的富勒（Fuller）上校將團部設在克萊沃的一家旅館；他下屬的一個連扼守馬爾納赫（Marnach），為克萊沃古鎮提供部分屏障。然而德軍第二裝甲師強行通過這道阻礙。十二月十七日清晨五點，一個野戰砲兵連在克萊沃東北方五公里處遭裝甲擲彈兵擊潰。[42]

德軍斥候在黎明前抵達克萊沃，在此之前，德軍的一支砲兵觀測隊早已帶著無線電深入敵後。緊接著，步兵無聲無息地溜進來，藏匿在城堡正下方的藥局。這座城堡大約建於十五世紀，圓塔上方覆蓋著有如巫婆帽子的尖頂。城堡依舊矗立在突出的岩壁上，面向馬蹄型的城鎮中央。九點三十分，豹式坦克和自走突擊砲從俯瞰克萊沃的高地展開行動。科塔將軍派遣一排的謝爾曼戰車及一群步兵支援富勒，後者手上握有的，不外乎團本部人員以及從師部休養中心召回來的六十名官兵。傍晚天黑之後，富勒向位於維爾茨的科塔報告，城鎮已被包圍，而一輛坦克「正坐在他的大門外朝裡頭開火」。[43]急救站裡有人高喊：「如果你是猶太裔大兵，趕緊丟掉你的狗牌，因為黨衛軍部隊來了。」[44]至少有一名大兵把他的刻了「H」以代表「希伯來人」的狗牌丟進了大鍋爐。

總部人員偕同從休養中心回來的官兵退進城堡，隔天繼續奮力抵抗。許多百姓也躲進城堡，其中十六歲的約翰．塞佛耶形容在一個房間裡，一名大兵彈著鋼琴，而一名美軍狙擊手叼著香菸，冷靜地狙殺德國佬，一個接著一個。塞佛耶親眼目睹狙擊手的一名被害人從公園大飯店的後方滾下山坡。[45]隨著戰爭持續進行，傷兵和百姓都被安置在地窖裡。不過守軍很快彈盡援絕。由於城堡陷入大火，他們別無選擇，只能被迫投降。

巴爾頓將軍的第四步兵師，緊鄰第二十八師的南翼。這支部隊同樣在許特根森林受到重創，但起碼它此刻面對的攻擊者，不像曼陶菲爾的裝甲師那般令人生畏。巴爾頓的第十二步兵團分別部署在迪克維勒（Dickweiler）、埃希特納赫、奧斯維勒（Osweiler）、勞特博恩、貝爾多夫（Berdorf）等城鎮，設法對抗德軍第二一二國民擲彈兵師。他打算分別以一個連級兵力把守重要路口上的小城鎮和村落，阻擋德軍使用紹爾以西的道路網。德軍的主攻重創了第二十二步兵團的第二營，但這支美軍部隊堅守陣地。這幾個據點幾乎全數陷入包圍。但美軍第十裝甲師的特遣部隊十二月十七日晚上抵達後，很快就替他們解了圍。

這群「第十師的猛虎」（Tigers of the Tenth）十二月十七日從盧森堡北上。聽到他們將主導反攻行動的消息，隊員莫不歡欣鼓舞，因為他們原本擔心會被指定為後防部隊。當天傍晚，艾德溫・皮本（Edwin W. Piburn）准將麾下的A戰鬥指揮部在史瓦茲安茨峽谷（Schwarz Ernz）附近，「朝一支毫無防備的德軍部隊快速挺進。」[46]這場戰鬥持續三天，但德軍的進攻被阻擋下來。南肩安全了。

然而十二月十七日晚上，斯帕的第一軍團總部氣氛低迷，因為派佩爾戰鬥團從西面節節逼近，而第二十八師無力阻擋曼陶菲爾的裝甲師。「今晚的G－2情報推測，」作戰日誌記錄著，「敵軍有能力直搗我們的後方地區、占據默茲河上的橋頭堡，趁勝追擊。」[47]

情勢最危急的是巴斯通。德軍的裝甲教導師在它的南面往西直行，第二裝甲師則打算從北面合圍，並由第二十六國民擲彈兵師直取這座城鎮。這幾支部隊全都聽命於第四十七裝甲軍軍長海因里希・呂特維茨中將（Heinrich Freiherr von Lüttwitz）。[48]在南線，第五空降獵兵師被科塔的第二十八師牽制在維爾茨。德軍第七軍團對其下達的命令並未提及巴斯通，只要求他們「盡速前進，為曼陶菲爾的第五裝甲軍團奪取足夠大的迴旋空間」。[49]但是當天下午，呂特維茨頓時領悟巴斯通對美軍的重要性。他的總部截到一條無線電訊息，表示一支美軍空降師將搭乘卡車車隊抵達巴斯通。這項消息八成出自美軍憲兵無線電網路，其清楚的訊號讓德軍獲得幾條最寶貴的情報。呂特維茲很有把握，他的裝甲師會率先抵達巴斯通。

第八十二及第一〇一空降師在荷蘭的積水散兵坑曠日持久作戰之後，目前正在蘭斯附近的大穆爾默隆（Mourmelon-le-Grand）法國營區休養生息。休整期間，他們每天不外乎打打美式足球、沉溺於賭博、暢飲廉價香檳，並且縱容兩師人員在酒吧起口角。當天早上，高層在凡爾賽決定將第十八空降軍從SHAEF預備隊轉調到第一軍團；這個決定一開始引發一片混亂。許多高階將領都不在場。該軍軍長馬修・李奇威少將（Matthew B. Ridgway）恰好在英國；第一〇一師師長麥斯威爾・泰勒少將（Maxwell D. Taylor）則回了美國，副師長傑洛德・希金斯准將（Gerald J. Higgins）也在英國發表有關市場花園行動的談話。於是，第一〇一師的砲兵指揮官安東尼・麥克奧利菲准將（Anthony C. McAuliffe），不得不扛起帶領弟兄投入戰鬥的責任。

二十點三十分，麥克奧利菲一接到準備行動的命令，馬上召集分隊指揮官及幕僚開會。「就我所知，」他告訴他們，「防線已被突破，我們必須趕赴前線。」[50]他們的許多人員正在巴黎休假，決心以放蕩不羈的空軍風格盡情享樂，尤其是那些遵照戰時傳統、把負心女友寄來的絕交信張貼到部隊公告欄的弟兄。巴黎的憲兵奉命集合所有空降部隊人員，一名軍官徵用一列火車把他們載回前線。許多在休假中被抓回來的人，由於縱情享樂而更顯疲態。而且「聽他們說，」路易斯．辛普遜表示，「許多人深為性交中斷所苦。」[51]那些輸光薪水、離不開賭桌的人，心裡充滿了嫉妒。

第一〇一師兵員不足，而且沒有更新裝備。大約三千五百人在荷蘭戰役中喪生，而在穆爾默隆休整期間，該師只獲得相對較少的替補人員。所以行動命令一出，由於打架或攻擊士官而受監禁懲戒的人員被釋放出來，並奉命立刻向連上報到。軍官前往陸軍醫院，親自點召即將痊癒出院的士兵。另一方面，有些指揮官囑咐軍官放過精神狀態還很虛弱的人員。過去十天，許多人因罹患戰鬥衰竭症而企圖尋短，包括一名把自己的點四五自動手槍放進嘴裡並扣了扳機的師部參謀長。

在荷蘭大傷元氣之後，第八十二師有比較多時間整合替補人員並更新裝備，相較之下，第一〇一師不論人員和裝備都顯得不足，尤其欠缺冬季制服。當天夜裡，所有人想辦法或求、或借、或偷取他們欠缺的一切。軍需官只得敞開福利站的大門。在此同時，兵站區順利完成艱鉅任務，調集了足夠數量的十噸卡車來載運兩個師級部隊。一直為紅球快遞計劃來回奔波的駕駛員早已筋疲力竭，他們提不起勁開車送空降部隊前往阿登前線，但儘管如此，他們的表現遠遠超過「不辱使命」所能形容。

儘管SHAEF試圖封鎖德軍進攻的消息，風聲還是迅速傳開。謠言表示德軍正朝巴黎挺進。牢裡的法國賣國賊開始大肆慶祝，並且挑釁他們的看守員。這種作法實屬不智。許多獄卒出身的反抗軍，發誓會在德軍到達之前格殺他們每一個人。

巴黎的恐慌達到沸騰的地步，一部分歸因於欠缺清楚的訊息。阿爾方斯．朱安將軍（Alphonse Juin）在其他高階法軍將領陪同下，抵達凡爾賽的SHAEF總部討論德軍的突破。他們由史密斯將軍負責接待。「我們穿越走廊時，」史密斯後來寫道，「我看見軍官對似乎照常處理例行事務的辦公室投以疑惑的目光。接著，我身後的一位法國將軍對我們的情報長史壯將軍說：『搞什麼！你們還沒開始打包？』」[52]

當時，海明威和他的情婦瑪麗．威爾許下榻於凡登廣場（Place Vendôme）的麗池飯店；他就是在這裡聽到德軍進攻的消息。威爾許剛剛出席航空軍司令「圖伊」．斯帕茨（'Tooey' Spaatz）的晚宴回來，席間，將軍侍從匆忙地進進出出，不斷遞上緊急消息。麗池的大廳陷入混亂，許多軍官來回奔忙。雖然海明威在許特根森林得的支氣管炎還沒完全康復，但已決心再次加入第四步兵師。他開始打包並組裝他的不法武器。「防線出現一個完整的突破口，」他告訴路過巴黎的弟弟雷斯特，「這有可能讓我軍前功盡棄。德軍的裝甲部隊正大量湧入，而他們不會留下任何活口……把彈匣裝上子彈，每一發子彈都要擦乾淨。」[53]

10. 十二月十八日星期一

在羅赫拉特—克林凱爾特前方，德軍對第二步兵師最後一營的主攻，於清晨六點四十五分展開，距離天亮還有一個多鐘頭。德軍使出他們慣用的夜襲模式，設法製造最大音量的噪音，「時而吼叫，時而發出噓聲，還有敲打鍋碗瓢盆等其他五花八門的方法」。[1] 戰鬥持續四個小時。美軍砲兵為了支援散兵坑裡的步兵前哨，發動了一波又一波的砲轟。其中幾次甚至是連隊即將潰敗之際，要求砲兵炸毀我軍自己的陣地。第九步兵團第一營的麥金利中校在前往這兩座毗連村莊撤退的路上，也幫忙掩護了其他幾支部隊。

當天空出現第一道曙光，德軍的十二輛裝甲車各在一排裝甲擲彈兵的護衛下，再度浩浩蕩蕩從迷霧中現身，直到遭美軍砲火阻擊。美軍第二師發現，十來個火箭筒小隊遠比反坦克排配置的三門「笨重」的五七毫米反坦克砲更有效。「五七毫米反坦克砲格外令人失望，只有一枚有效擊中敵軍坦克砲塔，」一份行動檢討報告如此陳述。另一位軍官形容它是「基本上毫無用處的兵器」。麥金利中校則認為五七毫米「在步兵營中沒有用武之地」，因為砲車很難在泥濘中操作，而且當敵軍已近在眼前，幾乎沒有時間架設砲臺。他希望坦克殲擊車能成為部隊編制內的配備，免得它們隨時隨地不知去向。但那天在羅赫拉特—克林凱爾特，坦克殲擊車連同謝爾曼坦克、火箭砲和大砲，聯手擊毀了許多輛豹式及馬克四號戰車。[2]

美軍總會想辦法阻止德軍修復受損的裝甲車，或暫且利用它們作為戰線前方的射擊陣地。所以，一旦逼退了黨衛軍裝甲擲彈兵隊，「被打到故障但未被摧毀的戰車，會被淋上汽油混合物點火，並放置燒夷手榴彈焚毀砲管。」[3]

然而，接下來的另一波攻勢打垮了前線。德軍的裝甲車對準散兵坑開火，並且在坑上前後滾動，把士兵埋進坑裡。一排大約三十人的小隊，最後只有十二人活著走出來。有一連的左手排用光了反坦克砲彈，於是大約六、七人喪氣地朝後方逃竄。麥金利攔下他們，並命令他們回到自己的排上。奮力從雪地上撤離傷員的英勇醫護兵，把凸起的橫木釘在一對滑雪板上，製作成臨時的擔架雪橇。

該營適時接到後撤命令，但兩軍正打得難分難解，麥金利很難抽回任何一位弟兄。不過值此緊要關頭，第七四一坦克營的四輛謝爾曼翩然出現。他們設法掩護士兵撤離，順便打穿了三輛德國坦克。「全營回到羅赫拉特集合，」麥金利記錄，「戰事一開始的總兵力有六百人，最後只剩一百九十七人，包括配屬部隊。」[4]然而，整個第二營只有九個人臨陣退縮，逃向後方。他們後來被憲兵以「脫隊」之名逮捕；許多人發現自己沒有在戰爭的高峰受到「震撼」，而是戰火平息後才嚐到苦頭。

第九步兵團第一營的犧牲奮戰，幫忙挽救了第二師的其餘官兵，並阻撓黨衛軍第十二裝甲師進行突破。但是事後，就連麥金利都承認拯救部隊免於全軍覆沒的，「是砲兵部隊的功勞。」[5]戰事初期遭到重創的第九十九師，其殘餘部隊這幾天一直設法悄悄回到美軍防線後方。他們被送回艾森柏恩營填飽肚子並補充彈藥，隨即投入羅赫拉特—克林凱爾特後方的新戰線。一名被部下指控「怯懦無能」的營長遭到撤換。[6]

十點左右，由七輛美國卡車組成的車隊逐漸靠近。坦克殲擊車在五百公尺外朝第一輛卡車發射一枚砲彈，迫使車隊止步。一支巡邏隊上前確認這些卡車確實屬於美軍，而不是被德軍擄獲的車輛。但是當他們走上前，卡車上的人突然開火。這是打算混水摸魚、滲入美軍防線的「木馬屠城」把戲。[7]大約一百四十名德國大兵跳下卡車，向後方樹林潰逃。部隊以迫擊砲和重型機關槍開火，營長估計擊斃了四分之三的德軍，但有一些人或許詐死，後來趁機偷偷逃走。許多負傷的人成了戰俘，被證實是黨衛軍第十二希特勒青年團師的成員。在急救站，一名傷勢嚴重的德軍拒絕輸血，不希望身上流著美國人的血液。

這兩座毗鄰村莊的戰事持續進行，百姓被困在地下室，爆炸聲震得他們雙耳欲聾。晨霧大約在八點三十分散去，天色亮了一點，看得見雪地遠方的樹林了。更多豹式及馬克四號戰車伴隨裝甲擲彈兵出現，有幾輛戰車甚至打進了羅赫拉特—克林凱爾特。美軍第三十八步兵團的迫擊砲官組織四個火箭筒小隊，負責偷襲村莊周圍的坦克。有些弟兄戴上護目鏡以防射擊時的閃光，後來才注意到自己面頰灼傷。最悲慘的命運是啞彈卡在火箭筒裡，眼見敵人的坦克把砲口轉過來對準你。運用智謀有其必要。「我軍發現路上有一輛坦克漸漸逼近，」第五軍的報告上寫著，「一名中士在路邊藏好火箭筒，然後把牛群趕到坦克前面。坦克慢慢停了下來，立刻被火箭砲擊毀，坦克車手跳車之際遭小型武器格殺。」[8]

德軍坦克開始近距離轟炸房屋，甚至把砲管伸進窗內。「在羅赫拉特，即便近身作戰也很少用到刺刀，」另一名美國軍官後來評論，「槍托和拳頭似乎更受歡迎。」兩輛謝爾曼停在羅赫拉特的營指揮部旁，一支由「砲手、駕駛兵、助理駕駛兵、炊事兵和技工」組成的雜牌軍奮力回擊。[9]羅伯特．斯卡格斯中校（Robert N. Skaggs）猛然看見一輛馬克六號虎式戰車逼近看守德國戰俘的一群美國大兵。斯卡格斯向兩輛謝爾曼示意，兩車雙雙開火，無奈全都打偏。虎式戰車停了下來，轉動砲塔，回敬了兩枚砲彈，但也沒有命中。操作兩輛謝爾曼戰車的雜牌軍獲得了第二次機會；這一回，他們努力讓自己不再失手，虎式戰車瞬間燃起熊熊大火。德國坦克一中彈，美軍步兵立刻高舉他們的步槍，準備射殺試圖從砲塔或車身逃出來的坦克隊員。要是他們著了火驚聲尖叫，那麼美軍所做的，不過是讓那可憐的渾蛋免於受苦。第二師的麥當諾上尉「透過曳光彈映襯，看見一個士兵的人影朝坦克丟擲汽油罐，坦克霎時化成一團火球」。[10]

在這兩座毗鄰村莊的另一起事件中，第七四一坦克營的謝爾曼車手「察覺一輛馬克六號（虎式）從正面逼近，坦克指揮官知道穿透正面裝甲的困難度，有意善用謝爾曼砲塔較為靈活的優勢。謝爾曼迅速轉彎，繞到一小群建築物後方，打算攻擊馬克六號的側面或背面。洞悉對方戰術的德國佬也如法砲製，兩輛戰車開始兜圈子追逐，設法進入射擊位置。另一輛謝爾曼緊盯行動，趁馬克六號轉彎時露出背後立刻開火，一舉擊毀」。[11]兩名坦克指揮官跳下車來開心地握手致意，然後各自爬回車上，繼續作戰。

槍榴彈再度證實效力不彰；只有一輛坦克因槍榴彈受損。一名中士看見「另一支部隊的弟兄」對一輛德軍裝甲車發射六或七枚反坦克榴彈，雖然全部命中，卻絲毫不起作用。[12]另一些案例也是一樣，榴彈「只是輕輕彈了開來」。

在克林凱爾特的教堂前方，一輛馬克六號虎式戰車開始對營指揮部開火。巴爾桑蒂中校派出五個火箭筒小隊掩襲這輛坦克。他們兩度擊中，但虎式幾乎毫髮無傷。儘管如此，德軍坦克車長覺得在村裡太容易遭受攻擊，於是朝維爾茨費爾德的方向撤退。但是坦克起步之後全速轉彎，恰好輾過一台吉普車。車上兩名乘客及時跳進水溝逃生。這減緩了虎式的速度，足以讓五七毫米反坦克砲的隊員發射一砲，摧毀虎式的砲塔轉動機制。虎式繼續後撤，一輛謝爾曼開砲卻沒有命中，不過等在道路遠方的一輛坦克殲擊車終於用兩枚砲彈讓它停下腳步。步槍兵在穿著黑色制服的坦克組員試圖逃逸時抓到他們。「沒有漏網之魚。」[13]

第二師後來宣稱，在羅赫拉特—克林凱爾特周圍的這場延續戰中，謝爾曼、火箭砲、坦克殲擊車和大砲總共摧毀七十三輛德國裝甲車，另有兩輛馬克六號虎式戰車遭火箭砲擊毀。當然，這些戰績是這場突襲戰中的罕見勝利。美方折損了非常多的人員及坦克。另一方面，美軍的反擊決心，以及讓敵人為進攻的每一步付出慘痛代價的堅定意志，或許是他們對阿登攻擊的最終結局做出的最重要貢獻。第六裝甲軍團低估了美軍的砲火力量，以及艾森柏恩山脈的有利位置。黨衛軍原本傲慢地認定美國步兵素質低落，此刻才驟然醒悟。

戰鬥從白天持續到夜裡，越來越多建築物陷入火海。第一天晚上被派到前方的布赫爾霍茲偵察的第九十九師砲兵觀測員，遠眺羅赫拉特—克林凱爾特的熊熊烈火，心中不斷想起艾倫・西格（Alan Seeger）的一句詩：「但我跟死神有個約會，夜半在某個燃燒的小鎮相會。」[14]

當羅赫拉特—克林凱爾特的激戰達到最高峰，第一步兵師的部分兵力在西南方五公里外鞏固陣地，並加強巡邏，設法查明德軍的進攻方向與力度。在這兩座毗鄰村莊受挫於美軍頑強抵抗的迪特里希，下令第二七七國民擲彈兵師繼續攻擊。在此同時，黨衛軍第十二裝甲師準備朝西南方移動，從比林根往西推進到韋姆（Waimes）。韋姆小鎮是美軍第四十七後送醫院及第九十九師部分醫護營的所在地。傑羅將軍下令第一師出動一支混合部隊，靠著坦克殲擊車、輕型坦克及工兵，及時救出醫護人員與傷患。

希特勒青年團即將發現，艾森柏恩山脈南翼的防守跟東翼一樣堅強。僅僅第一師就有六營砲兵和一組八英吋大砲支援。美軍也很幸運，許多地方地面柔軟，使得德國坦克幾乎不可能越野行動。美軍的反坦克砲和坦克殲擊車一旦擊毀路上第一輛裝甲車，就能堵住後面其他車輛。配備四聯式點五〇機關槍、綽號「絞肉機」（meatchoppers）的半履帶高射砲車，接下來便能極有效地逼退黨衛軍裝甲擲彈兵隊。

傑羅將軍和霍奇斯將軍都不知道希特勒禁止第六裝甲軍團北上列日。元首希望避免美軍在亞琛周圍集結，因而下令黨衛軍裝甲師往西直取默茲河，不得變更路線。但派佩爾的行進方向，已讓美軍高層深信他們必須把北肩往西延伸。李奇威將軍的第十八空降軍奉命調動經驗豐富的第三十步兵師，以及已經朝韋爾博蒙出發的第八十二空降師，建立一條東起斯塔沃洛的防線。

繼前一天的馬爾梅迪大屠殺，美軍高層十萬火急地向全體官兵發布警訊：「不論何時，向德軍的坦克車組員（尤其是沒有步兵伴隨的坦克）或正在急行的部隊投降，是極其危險的舉動。這些部隊沒辦法處理戰俘，解決之道就是一律格殺。」心得是：「奮戰到底的部隊損失較小，投降的人則毫無生存機會。」[15]

派佩爾讓筋疲力盡的士兵補足睡眠後，在黎明時分對斯塔沃洛發動攻擊。[16]清晨，美軍的保羅．索利斯少校（Paul J. Solis）帶著第五二六裝甲步兵營、一排的反坦克砲和一排的拖曳式坦克殲擊車抵達。當兩輛豹式戰車和一個裝甲擲彈兵連出其不意越過山腰，全速朝安布萊維的橋梁前進時，他還在部署他的人員和火砲。第一輛豹式戰車被砲彈擊中，起火燃燒，但它以先前累積的強大衝勁撞垮了路上的反坦克障礙物。第二輛豹式繼續挺進，占據了斯塔沃洛的橋梁，裝甲擲彈兵部隊也迅速跟進。

美軍沒時間炸毀橋梁；索利斯的部隊被逼進了城裡。派佩爾的官兵毫無根據地指控比利時百姓對他們開火，因而射殺了包括女人在內的二十三個平民。經過一上午激戰，索利斯的小型部隊必須稍微撤到通往弗朗科爾尚及斯帕的道路。派佩爾的地圖還沒標出美軍在弗朗科爾尚的主要油庫，他決定繼續沿著安布萊維河河谷往西前進。無論如何，李將軍的兵站區部隊成功撤離了有可能落入派佩爾之手的絕大部分油料。十二月十七到十九日之間，美軍後勤補給隊從斯帕—斯塔沃洛地區撤走了超過三百萬加侖的燃油。盟軍最嚴重的一次損失，是十二月十七日V-1飛彈轟炸列日所折損的四十萬加侖燃油。[17]

當天下午，霍奇斯總部接獲一則錯誤報告，指稱斯帕本身正面臨威脅。坐在第一軍團司令旁邊的科林斯將軍聽到情報長對霍奇斯耳語：「將軍，您如果不趕緊出城，恐怕難逃被俘的命運。」[18]

「形勢急速惡化，」總部日誌指出，「今天下午三點，有報告表示坦克正從斯塔沃洛往斯帕逼近。在它們和我們的總部之間，只有一個小型路障和幾輛半履帶車可供屏障。」[19]霍奇斯在十六點零五分打電話給第九軍團司令辛普森將軍。「他說局勢很壞，」辛普森記錄，「他準備離開指揮部；他說他面臨威脅。」[20]總部撤離了斯帕，所有參謀人員遷移到該軍團位於紹德方丹（Chaudfontaine）的後方指揮部，就在列日附近。一行人於午夜抵達。他們後來得知，美軍一離開斯帕，「美國國旗、總統玉照以及其他各式各樣的盟軍標誌全被拆除，市長把二十名通敵嫌犯釋放出獄」。[21]

傍晚，兩名剛剛收假回營的美軍第七裝甲師軍官，發現他們的部隊離開了馬斯垂克。為了設法歸隊，他們首先前往斯帕，在人去樓空的霍奇斯總部，目瞪口呆地望著軍隊倉促撤離時忘了拆下的情勢地圖。他們收起地圖，帶到聖維特交給克拉克准將。克拉克驚愕地研究地圖；這些情勢圖明明白白顯露第一軍團對局勢的無知。「咳，等戰爭結束，」克拉克說，「已經夠多將軍得接受軍法審判，我沒心情製造更多麻煩。」他隨即毀了地圖。[22]

派佩爾企圖尋找替代路線，因而派出安布萊維南面的兩連偵察兵，前往位於安布萊維河與薩爾姆河匯流處的特魯瓦蓬村。偵察部隊似乎在黑暗中完全迷失方向，逕直從特魯瓦蓬的道路走到了韋爾博蒙。派佩爾已將美軍逼出斯塔沃洛，此時他假設第三空降獵兵師即將抵達，因而留下一小支分遣隊駐守，然後親自前往特魯瓦蓬。

駐紮在馬爾什昂法梅訥操作鋸木廠的第五十一工兵營，前一天晚上接到命令前往特魯瓦蓬，炸毀當地的三座橋梁。C連在派佩爾攻擊斯塔沃洛之際抵達，立刻著手在安布萊維河的一座橋和薩爾姆河的兩座橋上安裝爆破彈藥。他們也沿著派佩爾戰鬥團可能來襲的路線搭建路障。一門五七毫米反坦克砲及其組員也被臨時徵用；第五二六裝甲步兵營的一個連也被暫時徵調，此刻正在往聖維特的路上，預備跟第七裝甲師的其餘部隊會合。

十一點十五分，特魯瓦蓬的守軍聽到令人膽戰心驚的隆隆聲，得知坦克大軍即將逼近。派佩爾的先頭部隊擁有十九輛豹式戰車。五七毫米反坦克砲隊員準備就緒，第一砲擊中了第一輛豹式的履帶，讓它無法繼續前進。其他幾輛坦克紛紛開火摧毀反坦克砲，也擊斃了絕大多數組員。一聽到駁火聲，工兵立刻炸毀橋梁。派佩爾通往韋爾博蒙的道路被阻斷了。守軍從西岸的房屋對企圖涉水過河的裝甲擲彈兵開火。他們運用各種謀略，包括用卡車拖行鏈條以製造坦克的聲響，並由步兵發射火箭砲以模仿大砲的聲音，唬得派佩爾相信守軍擁有遠超過實際的強大兵力。

這次受阻讓派佩爾怒氣衝天，他決定回到斯塔沃洛，改走安布萊維河北面的河岸道路。他的縱隊轟隆隆地朝拉格萊茲（La Gleize）前進。河谷的北面山勢陡峭、植被密布，完全沒有迴轉空間。派佩爾依舊認為，要是油料足夠，「他當天應該可以輕而易舉地及早抵達默茲河畔。」[23]

德軍在拉格萊茲沒有遭遇抵抗。派佩爾派出的偵察隊發現，切諾（Cheneux）有一條完好的橋跨越安布萊維河。他們被一架低空飛行的美軍觀測機發現。第九戰術空中司令部的戰鬥轟炸機接獲通知，隨即不顧能見度不佳而投入攻擊。戰鬥團損失三輛坦克和五輛半履帶車。幸好下午四點半就天黑，派佩爾的縱隊因而免於被進一步痛擊，但美軍此刻已經掌握了他們的確切位置。

先前跟派佩爾失去無線電聯繫的黨衛軍第一裝甲軍，也透過攔截美軍不安全的傳訊方式而得知消息。

派佩爾在夜色掩護下繼續挺進，但是當縱隊抵達利爾納河（River Lienne）的橋梁時（利爾納河是安布萊維河的一條小支流），眼睜睜看著帶頭車輛被第二九一工兵戰鬥營的一支分隊炸飛。再度受阻肯定讓心臟不好的派佩爾差點心臟病發。他派一個坦克營往北尋找另一座橋，但正當他們以為找到一座無人守衛的橋梁，卻遭到一次精心設計的埋伏。反正繞到這裡也徒勞無益，因為這座橋的強度不足以支撐重達七十二噸的虎王坦克通行。頻頻受阻，再加上已沒有其他替代橋梁，縱隊在狹窄道路上艱難地掉頭，返回拉格萊茲，重返安布萊維河河谷以及三公里外的斯圖蒙（Stoumont）。派佩爾決定讓縱隊紮營休息一晚，隔天破曉再進攻斯圖蒙。這起碼給了村民逃命的機會。

派佩爾渾然不知美軍已逐漸合圍。第三十步兵師的一個團堵在前頭，封鎖兩公里半之外的山谷道路，而第八十二空降師也開始從韋爾博蒙展開部署。他也被斷了後路。第三十步兵師轄下另一團的一個營，在坦克及坦克殲擊車增援下，接替索利斯少校在斯塔沃洛以北的部隊，當天晚上打進了斯塔沃洛鎮北部。

* *

第八十二空降師趕赴韋爾博蒙之際，第一〇一師也在後方的大穆爾默隆準備上車。由三百八十輛十噸重無篷卡車組成的長長車隊正等著運送士兵，每輛車載五十人。各連開始點名。士兵「穿著冬季軍服，像一群大熊似地縮在一起」，相互取暖。[24]然而，許多人沒有大衣，甚至沒有他們的跳傘靴。剛從倫敦參加婚禮回營的一名中校，還穿著軍禮服就趕往巴斯通。奉命留在後方的師部軍樂隊忿忿不平地排好隊；一名隊員向隨軍牧師請求跟第五〇一空降步兵團的團長說話，好說服他准許他們同行。牧師回答上校太忙了，但默默同意讓他們跟其他人一起爬上車。他知道每一個人都派得上用場。

第一批卡車在十二點十五分載著空降工兵、偵察排和部分師部人員先行，目標韋爾博蒙。麥克奧利菲准將幾乎立刻動身，兩小時後，第一批主力縱隊也出發了。總計有八百零五名軍官和一萬一千零三十五名士兵投入作戰。沒有人知道確切目的地，而且，沒有空降到戰區，而是像一般「直腿」步兵一樣搭車，許多人覺得怪怪的。他們在無篷卡車上擠成一團，冷得直打哆嗦。車隊一路不停，由於沒有空間讓他們到車後小解，他們只能傳遞一個空汽油桶便宜行事。天黑以後，駕駛兵打開了車頭燈。趕路的必要性，似乎勝過遭遇德軍夜間突襲的風險。

當麥克奧利菲抵達巴斯通西南方三十公里的納沙托（Neufchâteau），一名憲兵攔下他的指揮車，傳遞米德頓第八軍總部捎來的訊息。訊息說明第一〇一師已歸入米德頓轄下，全體官兵應直接前往巴斯通。先遣部隊不知道計劃有變，已經抵達直線距離四十公里以北的韋爾博蒙。麥克奧利菲跟他的參謀官開車到巴斯通，趕在天黑前抵達米德頓將軍位於城鎮西北邊的軍總部；這裡原本是德軍的兵營。一路上，驚慌失措的駕駛和徒步的士兵往西逃竄的景象，實在不是可喜的畫面。

麥克奧利菲看見米德頓將軍正在對第十裝甲師B戰鬥指揮部的威廉·羅伯茲（William L. Roberts）上校說明情況。第十裝甲師是第一天夜裡奉艾森豪之命前往阿登的兩支部隊之一。羅伯茲比麥克奧利菲更清楚情勢的嚴峻。當天早上，科塔將軍緊急請求他支援在維爾茨附近遭德軍第五空降獵兵師猛烈攻擊的第二十八師。但羅伯茲接到命令直接前往巴斯通，不得有誤，只能不得已地拒絕馳援。裝甲教導師和第二十六國民擲彈兵師已經突破北面防線，正朝巴斯通鎮直撲而來。

「你可以組織多少支隊伍？」米德頓問羅伯茲。

「三支。」他回答。

米德頓命令他派一組人馬到瓦爾丹（Wardin）東南方，另一組人馬前往隆維利（Longvilly），設法聯手阻擋裝甲教導師前進。第三支隊伍則北上諾維爾（Noville）攔阻第二裝甲師。儘管羅伯茲不苟同將兵力分割為小組人馬的想法，但他沒有對米德頓的決策提出異議。「盡最大速度行動，」米德頓叮囑他，「不惜一切代價堅守陣地。」[25]

在趕往巴斯通途中，堵塞的交通讓德軍第四十七裝甲兵團火冒三丈。但時程的最大延誤，來自美軍第二十八步兵師的幾連英勇官兵。在稱為「天際線公路」的南北走向山脊道路上，他們對沿線交通樞紐——例如漢納柴德（Heinerscheid）、馬爾納赫和霍辛根等村落——的防守，影響至關重大。[26]「霍辛根的長期抵抗，」科科特少將承認，「拖慢了第二十六國民擲彈兵師的整體進程，連帶耽誤了裝甲教導師一天半的時間。」[27]裝甲教導師的指揮官也承認，K連堅守霍辛根直到十二月十八日早晨，嚴重拖延了教導師的腳步，以至於部隊「太晚抵達巴斯通地區」。[28]這對分秒必爭的巴斯通戰役，起了決定性的作用。

人在維爾茨的科塔將軍，心裡明白他的師已註定覆滅。他下令摧毀還沒分類的耶誕郵件，以免落入德軍手上。於是信件、卡片和包裹被堆在中庭裡，澆上汽油，付之一炬。下午，第一一〇步兵團轄下第三營的殘部往維爾茨撤退。這群又餓又累的士兵組織起來，在維爾茨東南方抵擋德軍野戰砲兵營的榴彈砲攻擊，好讓科塔有時間將師指揮部撤到巴斯通西南方的錫布雷（Sibret）。[29]

當天早上，裝甲教導師的先頭部隊迎著迷霧與細雨，終於在德勞費特（Drauffelt）一帶穿越克萊夫河的橋梁，在此同時，由於美軍嚴守克萊沃小鎮及其城堡而延誤了時程的第二裝甲師，也在克萊沃渡了河。隨後的交通堵塞，是由於坦克故障所造成——豹式戰車仍是最容易機械失靈的車型。隸屬於步兵師的馬曳大砲，跟裝甲部隊在同一條泥濘道路上艱難前進，也幾度引發火爆場面。

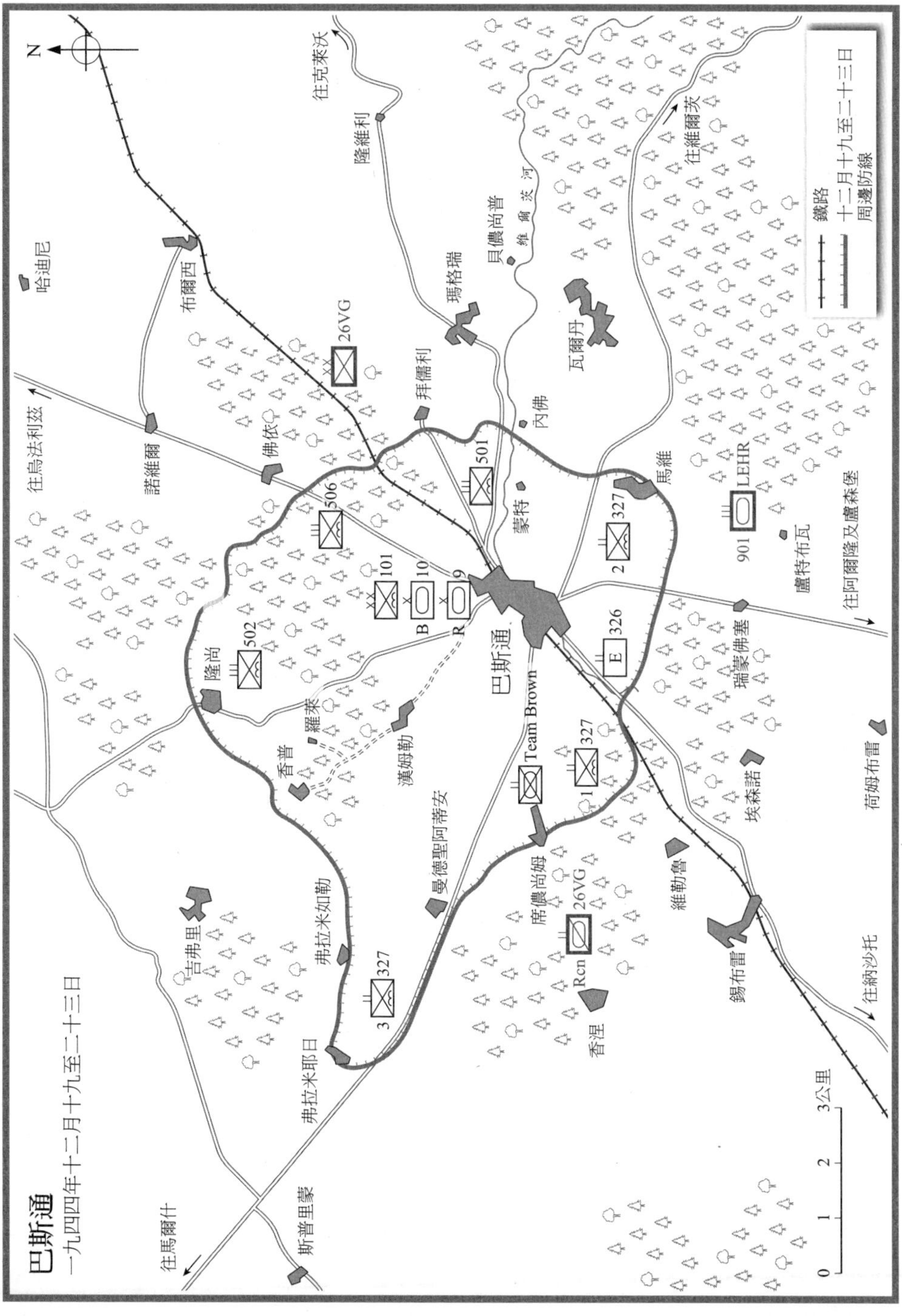
巴斯通
一九四四年十二月十九至二十三日
鐵路
十二月十九至二十三日周邊防線
往克萊沃
隆維利
哈迪尼
布爾西
瑪格瑞
貝儂尚普
維爾茨河
瓦爾丹
往維爾茨
26VG
拜爾利
內佛
諾維爾
佛依
往烏法利茲
501
506
馬維
LEHR
901
2 327
蒙特
盧特布瓦
往阿爾隆及盧森堡
101
B 10
R 9
502
隆尚
E 326
瑞蒙佛塞
巴斯通
Team Brown
羅萊
香普
漢姆勒
1 327
埃森諾
荷姆布雷
曼德聖阿蒂安
席儂尚姆
26VG
Rcn
維勒魯
錫布雷
往納沙托
弗拉米如勒
吉弗里
3 327
香涅
弗拉米耶日
斯普里蒙
往馬爾什
0 1 2 3公里

裝甲教導師指揮官弗里茨．拜爾萊因少將（Fritz Bayerlein），是一位矮小而強悍的沙場老將，曾征戰北非及諾曼第。他斥責麾下軍長放任局勢陷於混亂。堵塞的情況實在嚴重，徒步的第二十六國民擲彈兵師，竟然跟開著坦克和半履帶車的裝甲部隊大約同時抵達下萬帕赫（Nieder Wampach）。當車輛陷入泥淖，步兵就卸下車上的重型機關槍和迫擊砲，自己扛在肩上。

十二月十八日，當天色逐漸變黑，裝甲教導師朝巴斯通推進之際，拜爾萊因在隆維利附近目睹了一場坦克戰。「把砲口對準北方的裝甲教導師，」他寫道，「在暮色中穿越一場壯觀奇景，曳光彈劃過天際，編織出五彩繽紛的景象。」[30]事實上，他自己的一支部隊也參與其中。米德頓下令第九裝甲師的R戰鬥指揮部防守巴斯通東面的主要道路。下午稍晚，兩軍在路障和哨口短暫交手之後，羅斯特遣隊和哈潑特遣隊的幾輛謝爾曼和半履帶車，陷入德軍第二裝甲師先頭部隊、第二十六國民擲彈兵師砲兵團，以及裝甲教導師一個坦克連重重包圍。當美軍的第一輛坦克燃起熊熊大火，德軍裝甲車砲手就在火光映襯下，對準其他車輛連續開火。拜爾萊因把他們的成功，歸因於馬克五號豹式戰車的大砲擁有較高精準度和較長射程。不論中彈與否，美軍坦克組員拋下他們的車輛，向隆維利竄逃。

德軍後來吹噓，他們這次行動繳獲了二十三輛謝爾曼坦克、十四輛裝甲車、十五門自走砲、三十輛吉普車和二十五輛卡車，全都完好無缺。[31]儘管德軍誇大了他們的戰績，但這場在隆維利附近的一面倒的戰事，給了美軍一次非常沉重的打擊。

當晚在巴斯通，唯一令人快慰的進展，是第七〇五坦克殲擊營從北面南下，一路打到了巴斯通。第十裝甲師的羅伯茲上校已經向他的三個小隊長說明任務，並命令他們動身。每一支隊伍配備幾輛謝爾曼坦克、裝甲車和載運步兵的半履帶車。歐哈拉小隊前往瓦爾丹，將陣地設在這座村莊南緣的高地上。沒有德軍的蹤影，但幾群筋疲力竭的第二十八師弟兄正路過此地，前往巴斯通。他們歷經三天戰鬥，滿臉鬍鬚、又髒又臭。

第二十裝甲步兵營的威廉·德索布里少校（William R. Desobry）奉命北上諾維爾。他們沒有地圖，幸而有一名開吉普車的憲兵為他們帶路。到了巴斯通城外，憲兵指著路說：「諾維爾在北邊兩個鎮外，這條路直走。」[32] 德索布里派偵察排率先穿越佛依（Foy）抵達諾維爾。兩個村落都已渺無人跡。

德索布里在諾維爾的北面及東面部署防禦，步兵班負責站哨，兩輛謝爾曼則看守進村的道路。午夜過後不久，他上床就寢，心知眼前有一場硬仗要打。「我們可以聽見東面和北面的槍砲聲，也可以看見閃動的火光和探照燈等等。夜裡，許多小型部隊和脫隊士兵回到我們的戰線。他們對我們訴說恐怖的故事，像是他們的部隊如何被擁有眾多戰車的德國大軍痛擊、穿美軍制服的德軍、打扮成平民的德軍，以及各種形形色色的離奇傳說。」[33]

羅伯茲授權德索布里抓捕脫隊士兵、納入自己麾下，但他發現，鑑於這些人的「生理與心理狀態」，還不如把他們送回後方。唯一似乎值得徵用的，是第九裝甲師的一個步兵排以及一個工兵排，但隔天早晨，就連這群工兵也被打發走了。增援的傘兵部隊正在趕來的路上，不過德索布里感覺，德軍會在他們抵達之前發動攻擊。

亨利．切瑞（Henry T. Cherry）中校的隊伍從巴斯通朝隆維利和戰火聲前進；這支隊伍包括第三坦克營、一連的步兵、幾名工兵，以及第九十騎兵中隊的一個排。一行人在村子前止步，因為狹窄的路上擠滿了R戰鬥指揮部的後方梯隊車輛。切瑞中校徒步往前，試圖查明狀況，但臨時指揮哨的軍官似乎全都毫無頭緒。其實和瓦爾丹的情況一樣，這是因為第二十八師的殘兵正朝巴斯通撤退。

切瑞把他的坦克及步兵屯駐在隆維利以西一公里處，然後回巴斯通向羅伯茲上校報告。他在午夜前不久啟程回營，卻透過無線電，聽到第九裝甲師轄下R戰鬥指揮部的殘部已完全撤出的消息。接近內佛（Neffe）時，一名傷兵警告切瑞，裝甲教導師的偵察隊已在瑪格瑞（Mageret）切斷了前面的路。切瑞用無線電呼叫他的一名部下，吩咐他派一小支兵力來解決這個偵察隊。但是當搭載兩班步兵的半履帶車抵達瑪格瑞，他們發現德軍的兵力包含三輛坦克和一個步兵連。

切瑞一聽到這個消息，就知道儘管羅伯茲上校決心「不惜一切代價」死守到底，但隆維利已經守不住了。他命令隊伍撤回內佛，必要時為自己殺出一條血路。切瑞發現一座有厚實牆壁的古堡，決定把指揮所設在那裡。和德索布里一樣，他感覺真正的戰鬥將在早晨展開。

儘管曼陶菲爾將軍的裝甲師終於在南線突破，但他仍然因為遲遲攻不下聖維特而勃然大怒。部分問題在於西面的唯一道路必須穿越聖維特，而且第六裝甲軍團的邊界，就在北方六公里外。依曼陶菲爾之見，迪特里希軍團的正面戰線太窄了，他的一些部隊占用第五裝甲軍團的路線，增加了交通的混亂。

天亮後不久，德軍開始攻擊哈斯布魯克將軍在聖維特外的防線。裝甲車打爆松樹樹枝，迫使美軍埋頭躲進散兵坑裡。國民擲彈兵也拿著自動武器進攻。作戰經驗遠比第六十二師豐富的第十八國民擲彈兵師挺進到聖維特南方。德軍近午的第二波攻勢有一門碩大的斐迪南（Ferdinand）自走砲助陣，但謝爾曼戰車以一枚穿甲彈，將它射穿在美軍陣地二十五公尺外。

一輛藏在樹林中的「灰狗」（Greyhound）裝甲車，在松貝格路上偷偷溜到一輛虎式戰車背後，準備近距離發射它那弱小的三七毫米砲。虎式戰車的車長察覺背後動靜，試圖轉動砲塔一較高下，但灰狗成功將兩車距離縮短到二十五公尺，並對虎式戰車脆弱的背部發射三枚砲彈。「傳來一陣悶悶的爆炸聲，緊接著，砲塔和引擎口便竄出滾滾大火。」[34]

下午，德軍一個步兵連得到四輛坦克及八門自走突擊砲支援，展開了第三波攻擊。這次猛攻在謝爾曼的縱向射擊下瓦解。當天溫度驟降，天空飄下了幾陣大雪。

曼陶菲爾眼看進度膠著，決定投入作為預備兵力的元首護衛旅，由奧圖．瑞馬上校指揮。當天下午，瑞馬接到前往聖維特的命令，但他的車隊很快因惡劣的道路狀況而停止前進。瑞馬麾下一名軍官記錄：「元首護衛旅跟另外兩支步兵隊伍陷入嚴重的交通堵塞，所有人都走同一條路。」瑞馬命令部下繼續「向前推進，不必顧慮其他小事」。[35]當被指示繼續北上，瑞馬一開始「拒絕往那個方向前進」，但終究還是在柏恩（Born）以南的樹林建立陣地。[36]作為元首的寵信，他顯然不會因為其他軍官得受軍法審判的舉動而遭到懲罰。瑞馬在作戰期間的囂張跋扈，成了其他將領茶餘飯後的笑料。

對於戰局的真實情況，美軍幾個重要總部的消息都不靈通。如今退到紹德方丹的霍奇斯第一軍團參謀，面對災難似乎不知所措，而在馬斯垂克的辛普森第九軍團總部，則顯得非常樂觀。「對於德軍的進攻，美軍陣營沒有一丁點緊張氣氛，」澳洲戰地記者戈弗雷·白倫敦（Godfrey Blunden）如此寫著，「反而慶幸敵人選擇加入〔野外〕作戰，而不是躲在山川的屏障背後。」[37]有關P-47雷霆戰鬥機跟德軍FW190和Me109戰機在海拔兩萬英呎以上的雲層上空交戰的消息，引發美軍激昂的鬥志。

霍奇斯將軍棄守斯帕總部的事，布萊德雷將軍還被蒙在鼓裡。二十二點三十分，布萊德雷致電巴頓，召他盡快趕來盧森堡市商議大事。巴頓及三位重要參謀官十分鐘內動身。巴頓抵達後，布萊德雷再度對他說：「我想，你大概不會喜歡我們接下來的計劃，但我恐怕不得不這麼做。」[38]布萊德雷完全沒料到，對於延遲薩爾地區的攻勢，巴頓竟如此泰然以對。「管它呢，」他說，

「反正我們還能繼續殺德國佬。」[39]

布萊德雷在地圖上標出德軍突破的縱深；敵人遠比巴頓想像的深入。布萊德雷問巴頓能做些什麼。巴頓回答，他會召回第四裝甲師在隆維（Longwy）附近集結，然後往北進擊。他可以命令第八十步兵師翌日早晨啟程來盧森堡，第二十六步兵師也會在二十四小時內緊接著上路。巴頓打電話給他的參謀長，吩咐他發布必要命令，並且為第八十師準備交通工具。他後來承認，在黑夜中開車回去，完全不知道德軍究竟有多深入，讓他心中忐忑不安。「一次非常危險的行動；我最討厭這樣。」他在日記中寫道。[40]

回營後，巴頓打電話到盧森堡，布萊德雷說：「比起我們討論的時候，前方的局勢又惡化許多。」他要求巴頓命令第四裝甲師立刻行動。「上午十一點左右，你帶一名參謀官，和我一起到凡爾登跟艾森豪將軍開會。」[41]

11.斯科爾茲尼與海特

十二月十六日夜裡，斯科爾茲尼中校的九個吉普車組已有八組混過美軍防線。這幾支小隊是由德軍陣中英語說得最流利的人組成的，但就連他們都還不夠好。有些人隨身攜帶小瓶硫酸，準備在遭遇攔檢時潑到哨兵臉上。幾組人馬負責剪斷電話線並執行小型破壞行動，例如轉動路標，有一次甚至成功誤導整個步兵團的行進方向。但這次行動連同海特在歐本附近損失慘重的空降任務，最大的效果莫過於讓美軍成了驚弓之鳥，越來越多疑。

一輛四人座的吉普車，在列日城外的橋上被憲兵攔了下來。這四名士兵身穿美軍制服，操美國口音的英語，但當被要求出示派工單，他們愣了半晌，一時啞口無言。憲兵命令他們下車，在車上搜出德軍的武器與炸藥，並在他們的制服底下發現卐字臂章。原來，這輛吉普車是德軍在阿納姆繳獲的英軍車輛。

這一行人的軍官岡瑟．史瓦茲中尉（Günther Schultz），被移送到行動戰區審訊部第一處。

史瓦茲顯出充分合作的模樣。他承認自己隸屬於斯科爾茲尼的施蒂勞部隊，並且對盟軍反情報部隊供稱，照他的指揮官史洛特少校（Schrötter）所言，「遠程偵察隊的祕密任務是滲入巴黎，俘虜艾森豪將軍和其他高階將領。」上述種種訊息都源於斯科爾茲尼在格拉芬沃爾（Grafenwöhr）軍營散布的謠言；但至今未能肯定的是，史瓦茲本人是否相信這項消息，或者只是想製造混亂，又或者，這是他為求自保而唬弄審訊者的一次大膽嘗試。[1]

史瓦茲對他們說，有一項由「特殊小組」執行的「艾森豪行動」，指揮官是直接聽命於斯科爾茲尼的「施米胡博中尉」。大約八十人參與這次綁架或刺殺艾森豪的計劃。他們將在巴黎的寶劍咖啡館或和平咖啡館會合，他不確定哪一家。他還宣稱，一九四一年六月侵略之前就滲進蘇聯邊境的布蘭登堡突擊隊，此次也參與行動。另一項報告指出，他們「也許逮捕了一名德國軍官作為掩護，假裝要帶他到更高層總部審訊」。[2]儘管八十名德國士兵在巴黎咖啡館碰頭的情景太匪夷所思，但反情報部隊仍相信史瓦茲的供述。翌日上午，艾森豪的安全戒備層級大幅提升，甚至讓他覺得自己宛如成了階下囚。

布萊德雷將軍每次出門，總要確保自己受到前後保護；前有加裝機關槍的吉普車，後面則是一輛地獄貓式（Hellcat）坦克殲擊車。反情報部隊因為刺殺流言而大為緊張，因而囑咐他不要用車，尤其是進出盧森堡市阿爾發飯店旁的大馬路時。未來，他必須使用飯店的廚房後門，也必須換到飯店更裡面的房間。帶有將星的車牌一律拆除，就連頭盔上的將星也必須遮起來。[3]

德國突擊隊在後方到處流竄的念頭，讓美國人成了自己恐怖幻想的受害者。每一條道路都設了路障，大大拖慢了交通速度，因為哨兵必須盤查車上乘客，確保他們不是德軍。高層緊急下達指令：「盤問駕駛，因為如果是德國佬，他會是車上最不會說英語的人……這些德國大兵有時會喬裝成高階軍官，其中一人作准將打扮……最重要的是，別讓他們脫下美軍制服。相反地，把他們帶到最近的戰俘營。他們將在那裡接受盤問，最終站在行刑隊前。」[4]

美軍的路障哨兵和憲兵設計出自己的一套題目，用來確認車上乘客是道地的美國人。這些題目包括棒球常識、總統愛犬的名字、貝蒂・葛萊寶（Betty Grable）現任丈夫的姓名，以及「辛納屈叫什麼名？」。[5]克拉克准將答錯了關於芝加哥小熊隊的問題。「只有德國鬼子會犯這樣的錯誤，」憲兵斷言。[6]這名憲兵被通知要特別注意「一名偽裝成一星將軍的德國佬」，因而確信自己揪出了這個人，於是克拉克被拘禁了半個鐘頭。就連布萊德雷將軍也被攔下來盤查一段時間，儘管他正確說出伊利諾州的首府，但憲兵心裡另有答案。

這段恐慌期間，駐美軍第九軍團後防地區的英方人員，引來了很多猜疑。演員大衛・尼文（David Niven）當時是幽靈（Phantom）偵察團軍官，身穿步槍旅的制服。他有一次被美軍哨兵盤問：「誰贏了一九四〇年的世界大賽？」

「我哪會知道？」據說尼文用他獨樹一格的慵懶口吻回答，「但我確實曉得我在一九三八年跟琴吉・羅傑斯（Ginger Rogers）拍了一部片子。」[7]

「好啦，滾吧，大衛，」對方答覆，「但是看在老天爺的份上，拜託你走好一點。」

在更高層級，英軍近衛軍裝甲師司令艾倫·阿代爾少將（Allan Adair）有一次在侍從官陪同下，在一個由非裔美國大兵駐守的哨口遭遇攔檢。阿代爾那位廣受喜愛、但出了名成事不足敗事有餘的侍從官艾爾默·特萊恩上尉（Aylmer Tryon），怎麼找都找不到他們倆的身分證件。一名大塊頭士官替他們找卻徒勞無功，最後說了句讓阿代爾如釋重負的話：「將軍，換作是我，我會找個新的侍從。」[8]

另一種檢查方法，是要求接受盤問的官兵脫下褲子，看看他們有沒有穿規定的內褲。一位在希特勒上台後隨即逃到英國的德國猶太人，當時服役於英國皇家陸軍補給與運輸勤務隊。他請求長官准許他到布魯塞爾渡假。和許多出身德國猶太民族的大兵一樣，他把出生時的名字——傑哈特·昂格爾——英語化，以逃避納粹抓捕。於是傑拉德·昂溫（大家叫他小傑）開始在酒吧跟幾個美國大兵一起喝酒。美國大兵告訴他，他們有個德國猶太裔的情報官，岡瑟·沃特海姆中尉。岡瑟是小傑的表哥，後來從德國逃到美國。一時衝動下，他決定隔天一大早跟著他的新朋友回到他們的部隊。

隨著越來越接近阿登前線，他們可以看見遠方的猛烈砲火和慌亂景象。小傑在歐本附近的哨口被捕。他沒有行動命令或進出這塊地區的通行證，而且儘管身穿英軍制服，但他的口音清清楚楚帶著德國腔。他被押送到臨時充當牢房的當地學校；在當時被海特傘兵部隊攪得流言四起、人心惶惶的氣氛中，小傑很幸運沒被當場槍斃。他因為穿著英軍的制式內褲而保住一命，但還是被關在學校等候隔天審訊。當他走進審訊室，審訊官驚訝得倒抽一口氣：「傑兒？」他說。「岡瑟！」小傑看到表哥，如釋重負地高聲呼喊。[9]

斯科爾茲尼的一組人馬，十二月十八日晚上在離默茲河不到二十公里的艾瓦耶（Aywaille）被捕。這三人被搜出德國文件和一大筆美金及英鎊。他們五天後受審，獲判死刑。總共有十六名施蒂勞部隊成員落網，並且被判處「由步槍隊執行槍決」。有一組人申請緩刑，理由是他們只是聽命行事，若是不從，必死無疑。「我們被判處死刑，」他們的上訴書寫著，「如今要為了幾名罪犯而死；他們不僅要為我們、更要為我們的家人感到良心不安。因此，我們乞求司令將軍寬大憐憫；我們並未受到不公平審判，但我們實際上是無辜的。」[10]他們的上訴被駁回，布萊德雷將軍批准判決。

同樣在艾瓦耶被捕的另一群人，再次提起綁架或刺殺艾森豪將軍的計劃，因此證實了反情報部隊最深的恐懼。[11]也有報告指出，一群法國人——維琪民兵和黨衛軍「查理曼大帝」師的前任成員——被賦予深入盟軍後方破壞油庫和火車的任務。據說他們穿著美國大衣，假裝是從工廠逃出來的強征民伕。[12]

另外三名施蒂勞隊員訂於十二月二十三日在歐本處決，他們在死刑執行前，提出了最後的請求。他們想聽在附近實習的德國護士唱耶誕頌歌。當行刑隊在一旁待命，「這群女人以清晰嘹亮的聲音歌唱。」衛兵望著死囚，顯然「感染了當時的傷感氣氛而垂下頭去」。行刑隊指揮官「有點擔心當一聲令下，他們會射中牆壁而不是死刑犯」。[13]

十二月二十三日，英軍第二十九裝甲旅在迪南（Dinant）守衛默茲河大橋，由於濃霧，「能見度幾乎為零。」[14]皇家第三坦克團的指揮官寫下，「一輛從東岸上橋、看似隸屬於美軍的吉普車，直直衝過了路障。這個路障照例由第八步槍旅埋了地雷。他們設置移動式路障，並拉了一條地雷線，以防有車子過路障而不停。由於我們得盤問這些美國人，所以並未對吉普車開火，但它拒絕停下來，因而扯動路上的地雷線，車子被炸飛。」車上發現三名德國人：兩人當場死亡，一人被俘。

這或許跟布萊德雷的韓森侍從以某種破格藝術風記錄下來的，是同一起事件。文中說一輛吉普車上有四名德國人，他們在戒備森嚴的橋上慌了手腳，決定硬闖過關。哨兵在路上拉起一條地雷線，吉普車因而爆炸。三人當場喪命，第四人受傷。哨兵走上前，一槍斃了第四人，然後把吉普車與所有屍體滾進河裡，「清理橋面」，[15]繼續執勤。

事實證明，斯科爾茲尼的第一五〇裝甲旅根本雷聲大雨點小。[16]他們的坦克（大多是拙劣偽裝成謝爾曼的德國馬克四號及豹式戰車）漆成草綠色，畫上象徵盟軍的白色星星，有時省略了星號周圍的圓圈。斯科爾茲尼本人很清楚，除非在夜裡，否則這些戰車很難唬得過美軍。當戰車陷入泥濘，並且受阻於黨衛軍第一裝甲師造成的交通大堵塞之後，斯科爾茲尼很快放棄了越過默茲河橋梁的念頭。十二月十七日晚上，他請求迪特里希把他的部隊視為一般裝甲旅，另行分派任務。迪特里希應允了，立刻吩咐斯科爾茲尼把他的部隊帶到萊諾維爾。迪特里希之所以答應得如此爽快，其實另有原因。黨衛軍第一裝甲軍軍長已開口要求撤離斯科爾茲尼的部隊，因為他們「在車陣裡隨意亂鑽，妨礙了裝甲兵團的行動」。[17]

十二月二十一日，第一五〇裝甲旅在冰冷的霧氣中北上進攻馬爾梅迪。他們把第三十步兵師的一個團打得節節敗退，直到美軍砲兵抵達，並使出高度機密的全新武器——會在極接近目標時引爆的近炸引信砲彈。這一天的行動有超過一百名官兵陣亡，三百五十人負傷，包括斯科爾茲尼。他的臉被榴霰彈傷得很重，幾乎失去一隻眼睛。第一五〇裝甲旅自此完全撤出戰爭，獅鷲行動宣告結束。但在它唯一的一次行動中，機緣巧合地成功埋下混淆視聽的種子，正如施蒂勞部隊所做的。美軍第一軍團如今因為馬爾梅迪之役，確信德國第六裝甲軍團正準備大舉北侵。

最早成功迷惑盟軍的海特中校，此刻跟他的戰鬥團躲在歐本以南的森林裡，鬥志越來越消沉。對於「下達這類行動指令的高層將領所展現的業餘、甚至輕佻的態度」，他滿心憤懣。[18]迪特里希曾經跟他保證，他跟他的人會在一天之內解圍。但蒙紹四周沒有德軍突破的跡象，而美軍在艾森柏恩山脈南面的砲火仍然隆隆作響。沒有無線電設備，他根本無法得知戰爭的進展。

海特的三百名傘兵快沒有東西吃了，他們當初只帶了應急口糧：兩捲培根條、兩份臘腸、兩包素肉、兩片葡萄糖片、一些被稱為「生活麵包」（Dauerbrot）的德軍硬麵包、杏仁糖膏，以及當時還沒被禁的安非他命替代品「拍飛丁」（Pervitin）。一隊弟兄趁著夜色掩護，在十二月十七日夜間悄悄溜進美軍砲兵營，偷了幾箱口糧回來。但有三百人要分，這些糧食撐不了太久。[19]

海特部署在道路附近的前哨從未試圖攻擊車隊，只會對付落單的車輛。美軍發現路上有一條綳緊的鐵絲，正好是人坐在吉普車上的頸部高度。他們認為這是海特一行人所為，立刻決定在吉普車前加裝一片傾斜的鋼板，切斷橫亙馬路或小徑的任何一條鐵絲。[20]這類事件屈指可數，但美軍認為有必要讓駕駛兵安心，尤其當他們逐漸靠近德國本土，因為傳聞希特勒青年團的狂熱分子組織了幾支「狼人」反抗軍。

十二月十七日，第三八七高射砲營的殷貝爾中士從歐本開車南下，輕輕鬆鬆越過一隊慢速卡車。但是往前四百公尺，他「遭到襲擊、俘虜，並且在車隊第一輛車抵達前被匆忙帶離路邊」。[21]殷貝爾被帶到海特的巢穴，大約在樹林的一公里深處。他受到德國傘兵善待。海特告訴殷貝爾，假如他能帶海特的兩名傷兵到美軍急救站，海特就放了他。他們抓來的另一名美軍傷兵也會被放到路邊，等待救護車接運。

因為空降行動過於分散而孤立無援的傘兵和機組人員，很快落入美軍手中。一架容克五二在第九軍團背後被擊落。機上一名倖存者告訴審訊員，他們「以為那是一次練習飛行，起飛以後才得知有特殊任務要做」。[22]

海特部隊改變藏身地點後，十二月十九日跟正在森林搜索的第一師第十八步兵團的幾支隊伍發生衝突。雙方各有十多人受傷。有些負責搜索德國傘兵的士兵，從未呈報他們找到的降落傘，只是把傘布剪成一塊一塊，製成絲巾。[23]

海特意志消沉且罹患戰壕腳，他放棄前往歐本的念頭，決定改朝東邊的蒙紹前進。他的弟兄因為營養不良，個個面黃肌瘦，看起來很虛弱。他們艱苦地穿越森林與沼澤，並且涉水渡過赫勒河（River Helle），浸泡在結冰的河水裡。十二月二十日，又一次更激烈交火後，海特指示弟兄分成幾支較小的隊伍，各自設法回到德軍戰線。總共有三十六人被擒，但其餘眾人安全抵達。戰鬥團的三十七名陣亡士兵，全是第一天晚上死於高射砲砲火。[24]

到了十二月二十二日，海特覺得自己病得很重，而且完全筋疲力盡。他獨自走入蒙紹，闖進一間民宅。發現海特的平民說他必須向美軍當局舉報，海特鬆了一口氣。短期住院之後，海特被送到英國的一個戰俘營。那裡很舒服，但他和其他被俘軍官始終不知道他們的對話正被人祕密錄音。

12. 十二月十九日星期二

十二月十九日黎明，派佩爾戰鬥團以一個裝甲擲彈兵營、一連傘兵，以及負責道路支援的幾輛坦克，對斯圖蒙發動了攻擊。第一次突擊無功而返。斯圖蒙的防守似乎非常堅強；美軍第三十師第一一九步兵團立刻對德軍右翼展開反攻。但是沒多久，裝甲車全速衝刺的戰術，在濃密的晨霧中再次奏效。當伸手不見五指，反坦克砲手根本無計可施。唯有趁著濃霧神出鬼沒偷襲裝甲車的幾支火箭筒小組，成功從背後擊毀一兩輛裝甲車。另外，危急之中運來的一門九〇毫米高射砲，也成功摧毀來自德軍第五〇一重裝甲營的一輛虎式戰車。

然而，派佩爾戰鬥團依舊掃平斯圖蒙，大敗防守的步兵連。兩排謝爾曼到得太遲，只能撤離。派佩爾的部隊繼續挺進到四公里外的斯圖蒙車站。美軍軍官及時湊出一支守軍，包括第一一九團的預備營、從附近兵工倉庫調來的十五輛不完整的謝爾曼（屬於剛抵達的第七四〇坦克營所有）、一個榴彈砲連，以及另一門九〇毫米高射砲。由於道路北面有低矮的峭壁，峭壁上方是林木繁茂的陡坡，南面則是深谷中的沿河鐵道，高度落差很大，這個陣地不可能被敵軍包抄。儘管第一軍團總部擔心派佩爾的部隊會轉而北上列日，但斯圖蒙車站將是他進攻的最遠的一個點。第三十步兵師的其餘兵力與蓋文將軍的第八十二空降師，及時到達這塊戰區集結：第三十師將回擊德軍的先頭部隊，第八十二師則從韋爾博蒙出發，馳援聖維特的守軍。[1]

大約兩百六十名比利時百姓為了逃避斯圖蒙的戰火，跑到俯瞰安布萊維山谷的陡峭山坡上，躲進聖愛德華（Saint-Edouard）療養院的地窖。但德軍已占據這棟建築作為據點。當美軍翌日展開反攻、打進療養院時，神父正在為害怕的婦女及兒童舉行彌撒。百姓以為他們得救了，歡天喜地迎接美國大兵，但到了晚上，德軍又回來了。「修女院長帶領民眾為陣亡將士念誦十二遍玫瑰經。」美軍再度發動反攻，謝爾曼戰車瞄準療養院近距離開火。屋頂垮了，牆壁崩塌，地下室的幾塊天花板也在一團煙霧中掉了下來。神父為所有人赦罪，但奇蹟似的，沒有任何一名婦女或兒童受傷。[2]

十二月十九日上午，派佩爾聽說美軍已收復他後方的斯塔沃洛，斷絕了戰鬥團重新補充燃料的任何希望。他派他的偵察營奪回這座小鎮。派佩爾嗅到了失敗。他還因為戰鬥團在進攻第一天必須等待步兵開路而怨恨不已；他認為，要是沒有砲兵拖累，而是以裝甲作戰隊和步兵出擊，就可以攻其不備、奇襲成功。接下來的西行路上，漫長而蜿蜒的縱隊證實是一大錯誤。他們應該分成許多支較小的隊伍，各自尋找完整的橋梁和突破的路線。

他的武裝黨衛軍部隊惡習不改，幾乎一抓到機會就殘殺戰俘。離開拉格萊茲的回程路上，美軍第七四一坦克營的一名隊員前一天因遭遇德軍攻擊而跟部隊斷了聯繫，還躲在教堂裡。「從他的藏身之處，」一份報告表示，「這名士兵看見〔德軍〕坦克及步兵擋住一輛美軍裝甲車。車上隊員投降，被命令下車。他們還舉著雙手就被機槍掃射倒地。德軍接著擄走這輛車，絕塵而去。」[3]來自偵察營的史特勞布下士，後來對同樣被俘的第二十六國民擲彈兵師士兵描述：「我們的營打到斯塔沃洛，繼續往拉格萊茲前進，然後從那兒折返斯塔沃洛。我們的士官長一轉頭，不由分說地槍斃〔戰俘〕……第一次有十二個人。他就這樣斃了他們，只因為嫌他們擋路。」[4]

黨衛軍裝甲擲彈兵用最離奇的故事自欺欺人，以便替他們的行動開脫。來自黨衛軍第一裝甲師的一名十八歲大兵告訴同樣被俘的其他弟兄，他們隊上有一名資深士官因為多次射殺卸下武裝的人而惡名昭彰，害他們必須謹防假裝投降、但其實是打算祕密報復的美軍。「他們走出來，」他說，「揮舞著白旗。但我們很清楚他們是來找中士的，因為他殺了他們許多弟兄。所以我們拿起衝鋒槍，先下手為強。那就是我們的行事作風。」[5]

十二月十九日入夜後，第一〇五工兵營的美國大兵無懼於敵軍的坦克與機關槍砲火，成功滲透斯塔沃洛，摧毀了安布萊維河上的主要橋梁。派佩爾大為震怒：他的部分兵力如今被困在河的北岸，而且遲遲不見師部運送搭橋的裝備過來。[6]

派佩爾戰鬥團計劃與第三空降獵兵師會合；這支部隊是迪特里希進攻艾森柏恩山脈南面卻屢屢無功而返的編隊之一。黨衛軍第一裝甲軍總部派出傘兵部隊先拿下費蒙維爾（Faymonville），再奪取美軍野戰醫院已撤離的韋姆。但第三空降獵兵師的大部分兵力，從未抵達比費蒙維爾更遠的地方。

第六裝甲軍團的停滯不前，已引來希特勒及最高統帥部的一連串抨擊，上自倫德施泰特和莫德爾，下至既沮喪又憤怒的迪特里希。最新一次嘗試中，迪特里希下令黨衛軍第十二裝甲師繞過羅赫拉特—克林凱爾特，從比林根攻擊美軍第一步兵師的陣地。德軍迫切需要打開通往馬爾梅迪的西行道路。黨衛軍希特勒青年團的裝甲擲彈兵、第十二國民擲彈兵的幾個營及坦克車，清晨在比林根集合，準備粉碎美軍第二十六步兵團。比辰巴赫教堂村之役，將跟東北方的羅赫拉特—克林凱爾特的戰事一樣激烈。[7]

為了持續攻擊羅赫拉特—克林凱爾特和維爾茨費爾德一帶，迪特里希派出他的預備師——第三裝甲擲彈兵——支援第十二及第二七七國民擲彈兵師。砲火越來越猛烈，駐守艾森柏恩山脈的美國砲兵團大軍，夷平了射程範圍內每一個被德軍占領的村落。十二月十九日上午，他們的第一要務是破壞德軍對羅赫拉特—克林凱爾特重新展開的攻勢；這是一五五毫米長腳湯姆擅長的任務。但擔任前方觀測員的年輕砲兵軍官，死傷非常嚴重。

在飽受蹂躪的兩座毗鄰村莊，第二師的剩餘部隊和幾排的謝爾曼及坦克殲擊車持續擊退國民擲彈兵和裝甲擲彈兵。他們也一邊準備撤離到艾森柏恩山脈側面的新陣地。下午，他們開始摧毀不得不留下來的車輛、大砲和裝備；清空水箱和儲油槽，讓引擎空轉直至縮缸；砲兵則往砲管裡投擲燒夷彈。十七點三十分，天黑後的一小時出頭，第一批部隊開始撤離。沿著車轍斑斑的馬路，工兵在兩側樹上黏好黃色炸藥，準備炸毀樹木阻擋道路。

在羅赫拉特—克林凱爾特連打三天仗、重挫德軍第六裝甲軍團的銳氣之後，筋疲力竭的弟兄在融雪泥濘中走一步跌一跤，咒罵連連、滿身大汗。他們實在太累了，以至於走在較堅硬的地面時，竟能一邊打瞌睡，一邊拖著沉重的腳步繼續前進。夜深之後，一支小型巡邏隊溜到兩座村莊邊緣，然後回來報告那裡大約有一千名德軍，還有一百名左右的美國戰俘。

往南十幾公里處，第一〇六師的兩個倒楣兵團被困在聖維特以東的西尼艾菲爾山區，試著打通一條返回美軍陣地的路。沒有經驗的官兵完全洩了氣。他們缺乏彈藥、由於德軍干擾而失去了無線電聯繫，眼前的災難似乎讓他們難以承受。許多人保證接防部隊已在趕來的路上，設法為彼此加油打氣。

隸屬於第四二三步兵團的寇特．馮內果（Kurt Vonnegut），描述他的同袍無非一群大學生和為了逃避牢獄之災而從軍的人。許多人「天生體質孱弱」，「根本不應該入伍」。沒有幾個人受過步兵訓練。擔任步兵偵察的馮內果對武器略知一二，只因為他的「父親是個槍砲迷，所以〔他〕知道怎麼使用這些鬼玩意兒」。[8]

有些人試圖搭車離開，但當德軍發射反坦克砲，他們立刻棄車逃逸，害後面的車動彈不得。「有如走在五里霧中」的指揮官派斥候查看狀況，但他們甚至找不到理應前來支援的砲兵營。德軍用擴音器播放班尼・固德曼（Benny Goodman）、亞提・蕭（Artie Shaw）和其他知名美國樂隊的音樂，中間穿插「只要投降，就能享受沐浴、溫暖的床、早餐吃鬆餅」的承諾。[9]美軍用此起彼落的髒話作為回應。一名大兵躲在壕溝，大聲地哭吼：「放你媽的屁，你這狗娘養的死德國佬！」

當部隊遭德軍砲火從四面八方攻擊，兩位團長決定放棄。下午四點，一名軍官揮舞著雪帽走上前來。官兵們把雙手放到腦後，跌跌撞撞地魚貫而出。衛兵後來叫他們把口袋裡的東西放進頭盔，好讓他們挑走他們想要的。一大群人被押送到由石牆圍起來的農場。黃昏時，有人大聲吼叫：「不准逃。只要逃跑，一律以機關槍處決。」[10]在漫長寒冷的夜裡，他們只能緊緊依偎，相互取暖。

馮內果形容這是「美國軍事史上武裝部隊最大規模的一次投降」。[11]（事實上，一九四二年在巴丹島投降的人數更多，但第一〇六師有八千多人繳械，無疑是歐洲戰場最大規模的一次投降。）馮內果和其他十幾人企圖穿越冰天雪地的森林，找到返回美國戰線的路，但正在清剿戰區的第十八國民擲彈兵師的幾名德國大兵，把他們困在了小溪的溪床上。擴音器播出投降命令。德軍緊接著打穿他們頭頂上的樹木，催促他們做出決定。被圍困的美軍已無計可施，只能拆卸武器，丟出有用的零件。他們高舉雙手現身，展開了被俘的歲月。馮內果被帶到德勒斯登（Dresden），遭遇一九四五年二月的焚城大火，整個過程被他寫進小說《第五號屠宰場》（*Slaughterhouse Five*）。

在巴斯通，第八軍總部的軍官聽到投降消息，莫不大驚失色。副參謀長「暗指這兩個投降的團應該更頑強地投入戰爭。他形容那樣規模的兵力有如『叢林裡的兩頭山貓』，有機會抓傷敵人，不該輕易投降」。[12]

德軍無法相信他們包圍了那麼多人。一名軍官在日記中寫著：「無止盡的戰俘川流而過；一開始大約一百人，後來又出現一千人。我們的車輛被堵在路上，我下車步行。莫德爾親自指揮交通。（他戴著單片眼鏡，長相並不起眼。）路上堆滿了被毀的美軍車輛、汽車和坦克。又有一隊戰俘走過。我數了數，超過一千人。在安德勒（Andler），有一隊一千五百人的美軍，其中大約五十名軍官；隊上一名中校出面請降。」[13]

令莫德爾深感挫折的是，德軍在聖維特以東的交通幾乎陷入停滯。美軍第七裝甲師的砲兵持續轟炸前進的道路。繼前一天占領聖維特未果，德軍改採試探與包抄行動，主要對手是美軍第三十一坦克營。美軍第三十八裝甲步兵營遭遇痛擊之後，正在「舔舐傷口」，由於損失慘重，幾排的士兵必須合併整編。[14]但儘管如此，德軍似乎嚐盡了苦頭。*

第三十八裝甲步兵營報告，在前方的樹林，「唯一找得到的德國佬是死掉的德國佬——絕大多數顯然死於在樹木或倒塌的樹幹背後挖壕溝的時候。沒有鏟子的人，便設法用頭盔、刺刀甚至他們的指甲挖出淺坑。」在重機槍掩護的右翼戰區，一條防火小徑上發現了「十九名傘兵，幾乎呈閱兵間隔延伸開來，每五碼一人，每人的胸前或頸部至少中了五到八發子彈。」根據波以爾少校（Boyer）所言，這些「傘兵」後來被發現「在他們的跳傘夾克底下」，穿戴著大德意志師的制服與徽章。當天下午的另一波進攻，坦克殲擊排的九〇毫米大砲擊毀一輛馬克五號豹式戰車和支援步兵的兩門突擊砲之一。[15]

哈斯布魯克准將的防線面臨的最大威脅，來自第十八國民擲彈兵師和元首護衛旅在北面的迂迴挺進。但儘管元首護衛旅自詡為精銳部隊，隊上也不乏心理受創的人員。參謀部顯然有一位莫倫道夫上尉，「歇斯底里且精神脆弱，只要有人提起希特勒的名字，他就忍不住哭泣。」[16]

當黨衛軍第九「霍亨斯陶芬」裝甲師循更北方的同一路線、經由漢森戰鬥團之前奪下的萊希特和波托（Poteau）而來，哈斯布魯克的後方遭遇了更大威脅。在波托附近作戰時，一名黨衛軍傳令兵被美軍砲彈碎片擊中腹部，肚破腸流。同袍把他抬上擔架，有人試圖摘下他的鋼盔，但他乞求讓他繼續戴著。到了連總部，一名中尉想替他摘下鋼盔，但這名大兵尖叫抗議。等到他們抵達急救站，他已經意識不清。一名醫護兵「扶起這人的頭，解開下巴上的帽帶，脫下鋼盔，頭殼頂端連著腦漿掉了下來。這人必定知道自己的頭部被另一塊彈片沿鋼盔下方劃過，切斷了他的頭蓋骨。他一直活到脫下鋼盔才斷氣」。[17]

哈斯布魯克明白，要是德軍從南面夾攻，並占領聖維特以西十多公里的維爾薩姆和薩爾姆沙托（Salmchâteau），他的部隊就會被完全包圍。但西南方二十公里外的黨衛軍第九裝甲師和第一一六師，都朝聖維特的默茲河兩側防坡堤前進。他知道他只需要堅守陣地，擋住第十八及第十六國民擲彈兵師；這兩支德軍部隊已經解決被圍困在西尼艾菲爾山區的兩個美軍團，如今可以集中力量攻打聖維特。

* *

套用布萊德雷參謀官的話，凡爾登是一座「醜陋的專業要塞城鎮」，當地居民對美軍並不友善。第十二集團軍後方總部「圍在層層疊疊的棘刺鐵絲網內，哨兵不時來回巡邏」。[18]

艾森豪與空軍元帥泰德上將，搭乘加了裝甲的最高司令凱迪拉克專車抵達；巴頓則乘坐他那

---

* 原註：見第一五八頁地圖：第一〇六師的覆亡。

輛「有塑膠玻璃門，並架設三〇口徑機關槍的高性能吉普車」出現。[19]他們連同美軍的兩位集團軍司令——布萊德雷和德弗斯——匆匆踏上這座灰石堡壘的台階，後面跟著一群參謀官。長型房間的唯一熱源是一個大鍋爐，所以沒有幾個人脫下外套。

艾森豪有意為會議的氣氛定調，劈頭就說：「我們應該把目前的局勢看成機會，而不是一場災難。這張會議桌上只能有開朗的臉孔。」

「咳，我們應該放大膽讓那群狗娘養的一路打進巴黎，」巴頓從會議桌尾端吆喝，「然後切斷他們的後路，把他們生吞活剝。」這句話引來幾聲緊張的笑聲。巴頓攻擊敵人突出部底部的直覺想法，沒得到幾個人贊同。艾森豪不覺得好笑。「喬治，那很好，」他說，「但是敵人絕不得越默茲河一步。」[20]

多虧最近攔截的「終極」情報，對於德軍秋霧行動的野心，SHAEF如今有了更透徹的理解。艾森豪決心扛起戰區指揮官的重責大任，而不是有名無實地在遠方指揮作戰。他的這個想法，或許因為過去幾個月被人質疑不夠強勢而更加堅定。

參謀官站在牆上的大幅阿登地圖前，對著一屋子將領報告戰爭情勢。艾森豪接著列出被帶到法國的幾個師。如有必要，指揮官可以放棄陣地，但絕不可以退到默茲河後方。德弗斯將軍的第六集團軍將從亞爾薩斯往北延伸，接防巴頓第三軍團的部分前線。這是為了釋出巴頓的兵力，以便從南方發動反擊。

「你什麼時候可以開始行動？」艾森豪轉身問巴頓。

「這邊的事情辦完就可以了。」

艾森豪請他說得更明確些。巴頓無法抗拒這個出風頭的機會。「十二月二十一日上午出動三個師，」他回答。*「第四裝甲師，還有第二十六和第八十步兵師。」[21]巴頓沒說第四裝甲師的戰鬥指揮部及一個軍總部業已動身，其餘部隊當天早上也準備出發。大軍在三天內九十度轉彎、朝不同方向進攻的想法，讓在場人士感到又驚又疑。

「別做傻事，喬治，」艾森豪說，「如果那麼早出動，你的三個師不會完全準備好，到時你就得零星行動。你在二十二日出發，我希望你一出手就是強力的一擊！」艾森豪的顧慮是對的，過於倉促的攻擊會削弱想要的效果。但不容懷疑的是，第三軍團的幹勁與參謀的籌畫，完成了戰爭史上最快速的一次軍事調度。

整場會議下來，巴頓的長官布萊德雷將軍幾乎沒說幾句話。他原本就因為壓力與蕁痲疹而不舒服，現在鼻竇也開始作怪。他的防備心很重，因為阿登地區之所以防禦薄弱，完全是他的決策所致。他覺得自己受到排擠，因為艾森豪獨自做了所有決定，並且越過他，直接向巴頓下達命

---

* 原註：在有關這次會議的大多數描述中，巴頓顯然說了十二月二十一日上午，但他卻在自己的日記裡記錄了十二月二十二日。無法判斷他是否認為當時自己是這麼說的，還是他後來看出艾森豪是對的，因而改變了說辭。[22]

令。布萊德雷也因為拒絕遷移盧森堡總部而孤立了自己；他的理由是不想嚇到當地居民，但自尊心無疑也在這項決策中扮演一大角色。無論如何，結果就是由於德軍進攻，他跟列日附近的霍奇斯第一軍團總部切斷了聯繫。自從德軍發動攻勢以來，他跟他的參謀官就沒拜訪過任何一個美軍總部。讓布萊德雷心情更糟的是，當他會後邀請艾森豪共進午餐，他顯然覺得受到冷落。最高司令回絕邀請，說他會在返回凡爾賽的車上，隨便拿個三明治果腹。

正當艾森豪準備坐上指揮車，他再度轉身看著巴頓。「我每次得到一顆新的星星，就會遭到攻擊，」他開玩笑地說，指的也包括他上一次晉升後不久，隆美爾就在突尼西亞的凱賽林（Kasserine）發動奇襲。[23]

「而你每次遭到攻擊，我就替你解圍，」巴頓巧言答覆，顯然感覺志得意滿。他接著打電話給自己位於南錫的總部，用預先設定的暗語核實師隊的行動命令。然後巴頓抽著雪茄，走回去跟布萊德雷說話。照韓森侍從官所說，後者當時「氣得發狂」。

「除非萬不得已，我不想動用你的傢伙（也就是部隊），」布萊德雷告訴巴頓，「我想保留他們，等到反攻時再一擊中的，把那些王八蛋打得一敗塗地。」[24]這顯示對於艾森豪叫巴頓快速發動反攻，布萊德雷仍然心存不滿。布萊德雷與隨扈開車返回盧森堡途中，遇見已經上路的巴頓第三軍團。第三軍團的參謀沒有浪費一分一秒時間。

艾森豪駁回巴頓切斷德軍後路的直覺提議，是一次正確決策。儘管美軍在阿登地區的兵力已增加一倍，達到將近十九萬人，但對於如此野心勃勃的行動，這樣的兵力還遠遠不足。第三軍團將負責據守南肩與盧森堡市，但它的當務之急是北上巴斯通，增援即將被包圍的第一〇一空降師及一部分的第十裝甲師。

整個戰區一片混亂。第七坦克殲擊大隊的赫曼上校（Herman）負責防禦巴斯通西南方的利布拉蒙（Libramont）。那裡沒有人知道發生了什麼事，所以他攔下穿越小鎮的所有失散士兵，甚至一整個砲兵縱隊。「你們要去哪裡？」他質問。[25]

「長官，我們正在撤退，」對方回答。

「才怪，」赫曼說，「這兒就是你們轉身作戰的地方。」十二月十九日午夜前，赫曼集合了大約兩千人的隊伍，隔天早晨又添了一營群龍無首的砲兵。

在維爾茨，儘管往西到巴斯通的道路已被德軍斥候切斷，城裡的第二十八師殘部因而無法得到糧食和彈藥補給，但美軍仍持續抗戰。十四點三十分，第五空降獵兵師在四十輛坦克和自走突擊砲支援下，對這座城鎮展開多面夾擊。當夜幕降臨，守軍已被逼退到城中心幾棟燃燒的建築物之間。科塔將軍向他們的指揮官傳了訊息：「給他們好看！」那天夜裡，倖存士兵奉命分成小隊，朝巴斯通前進。一個有三十輛車的車隊試圖離開，但遭遇猛烈砲火，士兵只能放棄車輛。最後一支工兵隊炸毀橋梁之後，直到翌日上午十一點才離開維爾茨。[26]

滿載空降部隊前往巴斯通的卡車與拖車，奉命轉往西邊六公里外的曼德聖阿蒂安（Mande-

Saint-Etienne），以免阻礙城市交通。巴斯通的聯外道路擠滿了試圖逃命的慌張駕駛。就連軍官也無視軍紀，只能靠手槍脅迫他們把車子開到路旁，好讓第一〇一空降師通行。漫漫旅途中被凍壞的空降部隊，全身僵硬地跳下車。由於德軍的兩個裝甲師和一個步兵師已逼近巴斯通，每個人都明白速度的重要性。[27]負責扛迫擊砲的士兵因為重負而步履蹣跚，用第三二七機降步兵團的路易斯·辛普遜的說法，宛如「馱著煤斗的埃及奴隸」。[28]

第一〇一空降師的傘兵不明白被痛擊的第二十八師扮演的重要角色，嫌惡地看著這群往西逃進城裡、又髒又臭的游兵散勇。他們從這群人及其他棄置車輛奪取彈藥、手榴彈、挖掘壕溝的工具甚至武器，補足他們欠缺的裝備。相對來看，比利時老百姓則從家裡端出熱湯和咖啡招待這些士兵，並且在他們一飲而盡的時候陪著他們繼續行走。

朱利安·尤爾上校（Julian Ewell）的第五〇一傘降步兵團首先抵達。他們在黎明前的黑暗中往東行軍，準備到隆維爾支援第十裝甲師的切瑞分遣隊。弟兄們透過潮濕寒冷的霧氣，隱隱約約聽到前方的砲火聲。他們沒多久就遇到前一天遭重挫的R戰鬥指揮部的殘餘士兵；這些精神受創的倖存者告訴他們：「我們被殲滅了。」[29]

切瑞上校在十二月十八日到十九日之間的夜裡抵達內佛南緣的一座城堡，但是一到黎明，在這裡設置指揮所的希望便完全破滅。據守內佛交通要道的第三坦克營偵察排和一部分的第一五八工兵戰鬥營，受到裝甲教導師的前進分遣隊攻擊。一個火箭砲小組擊毀一輛馬克四號戰車，但承受猛烈機關槍及大砲砲火的偵察排，被迫沿著通往巴斯通的山谷道路撤退。

兩個人設法向城堡裡的切瑞通報情況。有人看見另外四輛坦克（包括一輛馬克六號虎式），以及一輛裝甲車和一百名裝甲擲彈兵正從東面過來。切瑞和他的幾名總部人員準備防禦這個有一座高塔的方形堅固城堡。他們卸下車上的機關槍，架設到窗戶上。對切瑞來說，這是很糟糕的一刻。他的主力部隊駐守在瑪格瑞和隆維利之間，如今孤立無援，而且被堵在第九裝甲師R戰鬥指揮部的殘部造成的交通堵塞中。切瑞只能眼睜睜看著德軍布置圈套。

下午一點左右，戰鬥聲響變得清晰可聞。第二十六國民擲彈兵師的第七十七擲彈兵團對堵塞的車隊展開緊急攻擊，德軍的大砲和突擊砲隨即加入，裝甲教導師的一連坦克也不落人後。「奇襲成功，」有學者氣質的科科特少將說。[30]美軍受到重重包圍，隨即陷入一片混亂，車輛徒勞無益地試圖逃跑，彼此衝撞。戰事在一個半鐘頭後結束。只有少數車輛成功逃向北方。許多軍官和一百名士兵被俘。

在尤爾上校的第五〇一傘降步兵團第一營逐漸靠近內佛時，士兵在濃霧和細雨中聽到清楚的射擊聲。尤爾把弟兄分散到道路兩邊，並下令挖掘。他們挖散兵坑的時候，可以聽到坦克的隆隆聲，以及隨之而來的火箭砲呼嘯聲。

在此同時，第二營行進到內佛北方兩公里，防守拜儒利（Bizôry）。這支部隊也會陷入一場激烈、甚至「悽慘」的戰爭。德軍最近兩度跟美軍裝甲部隊交戰而大獲勝利，士氣格外振奮，但他們即將嚐到椎心刺骨的失望。當天傍晚，第二十六國民擲彈兵師偵察營和第七十八擲彈兵團，發現自己在瑪格瑞和拜儒利附近雙雙捲入激戰；拜儒利的攻勢造成了「痛苦的損失」。[31]裝甲教導師的部分兵力也在內佛鑾戰。美軍靠著增援部隊，贏了這場趕赴巴斯通的競賽。

尤爾上校在巴斯通市集以西不到三公里的高地建立防線。「敵人很會利用時間！」第二十六國民擲彈兵師師長懊悔地承認。[32]裝甲教導師亟欲取得燃油，竟淪落到從繳獲的坦克或故障車輛抽取汽油的地步。[33]

這個「意外的一天」讓拜爾萊因看清現實，高層想在進攻的路上順道奪下巴斯通的想法，如今根本不可能實現。[34]但第四十七裝甲軍軍長呂特維茨將軍，把未能奪下巴斯通的罪責歸咎於他。拜爾萊因反過頭來責怪第二十六國民擲彈兵師以及呂特維茨本人；後者派裝甲教導師投入克萊夫河東面的戰事，違背了原定計劃，因而拖慢了他的進度。拜爾萊因還說，呂特維茨的領導風格「沒有足夠的連貫性，也不夠有活力」。[35]呂特維茨沒有將三個師的兵力集中起來展開全面攻擊，反而讓他們「分散開來」。

那天夜裡，疲憊不堪的德軍部隊在雨中掘地紮營。「有人提起彈藥和口糧的問題，」第二十六國民擲彈兵師師長記錄，「偶爾爆出驚心的機槍聲或轟隆隆的迫擊砲聲，持續一兩分鐘，然後槍砲一陣齊發之後，再度陷入寂靜。」[36]

巴斯通以北八公里處，二十六歲的德索布里少校指揮的第二十裝甲步兵營，在諾維爾度過了焦急的一夜。[37]個子很高又擅長運動的德索布里跟他的四百名弟兄等著遭遇突襲。他後來發現，他們面臨的是德軍第二裝甲師的主力。凌晨四點左右，德索布里的部下發現已經沒有脫隊士兵從他們那裡經過。不久後，他們聽到第一陣槍聲。戍守在往布爾西（Bourcy）的道路沿線的前哨部隊開火之後，奉命撤回鎮上。嘴巴中槍的中士困難地報告，德軍乘著半履帶車出現。

德索布里可以聽到北面傳來德軍裝甲車輛的獨特聲響。儘管他知道「夜裡的聲音會響亮得多，也似乎靠近得多」，但從履帶的鏗鏘聲聽來，這顯然是一支龐大的坦克隊伍。「天哪！」德索布里自言自語，「那兒的兵力真不是蓋的。」

東北方清楚傳來自動武器和坦克大砲猛烈攻擊的聲音。這是倒楣的第九裝甲師R戰鬥指揮部的第三支小隊被殲滅的聲音；很不幸地，他們直接撤退到德軍第二裝甲師的行進路線。正如前一天夜裡在隆維爾，一旦第一批車輛著了火，德軍豹式戰車便可以輕易瞄準目標。美軍指揮官布斯中校（Booth）設法調遣被圍困的縱隊時，一條腿被他自己麾下的一輛半履帶車輾碎了。倖存者拋棄他們的裝甲車輛，越過田野逃往巴斯通。美軍折損了大約兩百名士兵，以及全數的謝爾曼和半履帶車。

德索布里有一支警戒部隊負責戍守通往烏法利茲（Houffalize）的北面路線。指揮這支隊伍的中士之前看到美軍坦克在撤退時經過他們的陣地，因此覺得應該先問清楚再開火。他在黑暗中提出盤查，儘管對方以英語回答，但他明白自己犯了大錯。德軍坦克開火，擊毀了一輛謝爾曼。美軍的剩餘車輛迅速撤回諾維爾，德索布里也立即召回西北方的第三支小隊。由於濃重的地面霧氣，黎明並未讓情勢稍加明朗，但很快地，他們可以聽到德軍坦克正從北面的烏法利茲沿路南下。美國守軍在諾維爾鎮外的墓園架起五七毫米反坦克砲，火箭筒小組也隨時待命。一俟敵軍車輛從濃霧中現身，他們立刻瞄準豹式戰車和裝甲擲彈兵，火力全開。

兩輛豹式戰車被打得無法動彈，形成很好的路障。但為了確保德軍的戰車搶救小組沒辦法偷偷溜上去修理，德索布里派一小組人馬炸毀它們的履帶和主砲。地面到處是積水，德軍的裝甲車很難繞過擋路的故障豹式戰車。從巴斯通來的五輛M－18地獄貓式坦克殲擊車抵達，讓德索布里的小型部隊兵力大增。他把這些坦克殲擊車保留下來，作為預備裝備。

上午稍晚，霧氣逐漸散去。美軍驚駭地看見，德軍的裝甲車和半履帶車密布在他們的北面及東北面山脊上。戰鬥如火如荼展開。許多裝甲車進逼到美軍周邊防線的一百公尺內，其中一輛甚至闖進鎮上，最後才被擊中停下。激烈交火兩小時後，德軍撤回了山脊後方，然後試圖從不同方向展開試探性攻擊。這些攻擊並不難阻擋，但德軍的迫擊砲和大砲開始造成了傷亡。

德索布里忽略巴斯通方面要他派遣一支巡邏隊進烏法利茲的命令，因為「那得穿越一整群該死的德國大軍才能抵達」。[38] 由於半面的諾維爾被山嶺環繞，他向位於巴斯通的戰鬥指揮所建議：若將他的兵力退到諾維爾與佛依之間的山脊進行防守，會是更明智的選擇。羅伯茲上校告訴他，這件事他可以自己作主，不過，第一〇一空降師的一個營正從巴斯通往北行軍，準備跟他會合。中午前不久，德索布里派一輛吉普車迎接該營營長詹姆斯・拉普拉德中校（James LaPrade）。拉普拉德完全同意德索布里的評估，若要守住諾維爾，他們必須占領前方的山脊線。

和一〇一空降師的每一個營一樣，拉普拉德的部隊也欠缺武器和彈藥。於是第十裝甲師的勤務連裝滿他們的卡車，前來為空降兵補充一切所需：步槍和機槍的子彈帶、手榴彈、迫擊砲和火箭砲，甚至備用武器。傘兵營一抵達諾維爾，德索布里便指示支援的砲兵營對山脊線開火。傘兵四散開來，在德索布里的謝爾曼火力支援下，立刻對山脊展開攻擊。「他們在田野間散開，」他寫道，「那些傢伙一進攻便全速衝刺。他們會跑五十公尺，然後倒臥在地，接著再爬起來繼續跑。」但結果是，德軍正好計劃在同一時間展開另一波攻擊，於是雙方出現「正面交鋒」。一連士兵成功抵達山脊線，卻只落得遭遇德軍坦克及擲彈裝甲兵從山脊後反擊。每一個連都損失慘重，以致拉普拉德和德索布里同意將所有人撤回村裡。重傷人數太多，村里的小小急救站不勝負荷。[39]

當天晚上，德索布里和拉普拉德在設立於諾維爾學校的指揮所商議如何守住這個村落。人在巴斯通的麥克奧利菲准將詢問米德頓將軍（後者已下令將他的第八軍總部退到納沙托），可否撤回駐守諾維爾的部隊，但米德頓否決了。正當德索布里和拉普拉德在樓上研究地圖，負責修復車輛的第十裝甲師維修軍官開車過來，就停在學校外頭。這違反了一切標準作業程序，因為這無疑洩漏了指揮所的所在地。德軍集中一切火力射擊這棟建築。拉普拉德和其他十幾位官兵喪生，灰頭灰臉的德索布里頭部受傷，一顆眼珠幾乎掉出來。

一輛吉普車載著德索布里撤離。返回巴斯通的路上，他們在佛依被德軍第二十六國民擲彈兵師的一支巡邏隊攔下來。這群國民擲彈兵師看到他身負重傷，慷慨地放吉普車通行。儘管疼痛難當，德索布里仍因為發現他在諾維爾的部隊被德軍切斷了後路而深受震撼。就在佛依南方不遠處，美軍第五〇六團E連在挖掘戰壕時，聽到濃霧中傳來引擎聲。一名士兵告訴傑克・佛利（Jack Foley）中尉，「那聲音聽起來像汽車。」「汽車？」另一名士兵大吼，「見鬼了，那是坦克！」他們因為什麼也看不見而加深了恐懼。「一切只能靠聽覺。」[40]

儘管德索布里一時幸運被放行，卻再度蒙受戰爭的蹂躪。在巴斯通保衛戰中，一個較嚴重的錯誤是把第三二六空降醫務連留在巴斯通西北方十幾公里外的十字路口，鄰近斯普里蒙（Sprinmont）。當難民持續湧入，他們已架起帳篷，開始處理被送來的第一批傷患。該連毫無掩蔽，以致一名軍醫跑到巴斯通，請求麥克奧利菲將軍准許他們進入鎮上。「回去吧，上尉，」麥克奧利菲說，「你不會有事的。」[41]

那天夜裡，正當他們替一名嚴重燒傷的男人和其他受害者治療，德軍第二裝甲師的一個戰鬥團對他們發動攻擊。機關槍射穿了帳篷，導致許多躺在擔架上的人喪命或受傷。由於沒有部隊的保護，一名資深美軍軍官別無選擇，只能立刻投降。德軍給他們四十五分鐘把所有傷患、裝備和補給品通通搬上卡車。[42]

他們被德軍押送到烏法利茲。德索布里在旅程的一次暫停中恢復意識，他聽到有人在講德語，以為美軍必定抓到了許多戰俘。他的美國司機對他極其粗魯，德索布里試圖說服司機開快一點，但司機不打算冒險。他頓時洞悉苦澀的真相：他自己成了戰俘。*[43]

對第二裝甲師的德軍而言，擄獲那麼多裝備和醫療補給品（尤其是嗎啡），不啻為一大勝利。然而對第一〇一空降師來說，這無疑是個災難。由於醫療單位人手不足又欠缺嗎啡和其他藥品，傷員如今只能在巴斯通的腐臭地窖和營房車庫中受苦。條件很落後；最主要的車庫病房不但沒有公廁，甚至連一顆燈泡都沒有。傷員「成排躺在用毛毯蓋住的木屑上」。存活機會最低的人躺在最靠近牆邊。「他們一斷氣，就會被抬到充當停屍間的另一棟建築」。[44]

在比利時松荷芬郊區的戰術指揮部裡，蒙哥馬利因為欠缺有關南方激烈戰情的情報而深感不安。十二月十九日上午，他派遣兩名年輕的聯絡官（他把他們當成老式的「傳令兵」）去探聽戰

---

* 原註：德索布里被俘期間，遭遇好幾次矛盾的經歷。例如英軍轟炸明斯特時，他正好在附近的德軍醫療列車上，聆聽平．克勞斯貝的〈白色聖誕〉專輯。他後來跟在阿納姆被俘的英國傘兵一起關在霍納（Hohne）的國民擲彈兵訓練所，緊鄰貝爾森（Belsen）集中營。

爭情勢。兩名聯絡官由湯姆．比格姆中校（Tom Bigland）陪同（後者是蒙哥馬利與布萊德雷之間的聯絡窗口），開著吉普車穿越冰冷的霧氣，前往霍奇斯將軍位於斯帕的前進總部。

「我們抵達位於飯店內的第一軍團總部，」卡洛．馬瑟（Carol Mather）上尉當時記錄，「發現這個地方被遺棄了。人們顯然倉促撤離，飯廳餐桌上還擺著耶誕大餐，辦公室裡空無一人。」整個地方有如瑪麗賽勒斯特號（Marie Celeste）*。「真相逐漸清晰。德軍的攻勢必定比我們想像的更猛烈；總部的撤離動作在在透露驚惶失措的跡象。」他們拿走某些被隨意亂丟的機密文件，以便向日後不相信他們的人證明自己曾到過那裡。[45]

蒙哥馬利沒有等候SHAEF的指示；他的參謀官開始對空中特勤隊（SAS）和幽靈偵察團下達詳細命令。何洛克斯中將的第三十軍奉命前去防守默茲河。英軍第二十九裝甲旅旅長羅斯科．哈維准將（Roscoe Harvey）被召回，他當時正在休假打鳥。他說他的旅沒有「任何一輛該死的戰車——全都上繳了」。[46]這是實話。他們正在等新的彗星戰車（Comet）；這是開戰五年來，英國生產的第一批足以媲美虎式和豹式的戰車。哈維被指示拿回還能跑的老舊謝爾曼，然後盡速前往迪南，扼守曾在一九四〇年被隆美爾少將占領的幾個渡口。

在此同時，蒙哥馬利的傳令兵開車穿越「荒涼得詭異的鄉間」，抵達霍奇斯在列日東南方的紹德方丹後方指揮部，找到了霍奇斯將軍。「他受到驚嚇，」馬瑟報告，「無法針對事情始末提供前後連貫的說詞。他也沒有跟布萊德雷將軍的第十二集團軍聯繫。通訊似乎完全瓦解。」[47]比

1. 一九四四年十月，美國步兵行軍穿越炸開的齊格菲防線（或稱西牆）突破口。

2. 許特根森林裡的空降獵兵師迫擊砲員。迫擊砲是造成雙方陣營傷亡的最大因素。

3. 許特根森林裡的美軍第一步兵師。

4. 醫護兵照料傷員。

5. 孚日山區的法國部隊。法國第一軍團轄下的北非士兵，在攻打史特拉斯堡西南方的科爾馬隘口時備受酷寒所苦。

6. 一九四四年十二月七日，布萊德雷、泰德、艾森豪、蒙哥馬利與辛普森（左到右）在馬斯垂克會面。

7. 十二月初在許特根森林靠近迪倫一帶被擒的德國戰俘。

8. 德國B集團軍總司令莫德爾元帥。

9. 蒙哥馬利元帥似乎又一次對越來越不耐煩的艾森豪說教。

10. 德軍第五裝甲軍團指揮官曼陶菲爾中將。

11. 黨衛軍第六裝甲軍團的迪特里希上將，戴著他的橡葉騎士十字勳章。

12. 巴斯通戰役中，頗能洞悉局勢的德軍第二十六國民擲彈兵師師長、從上校晉升為少將的海因茨・科科特。

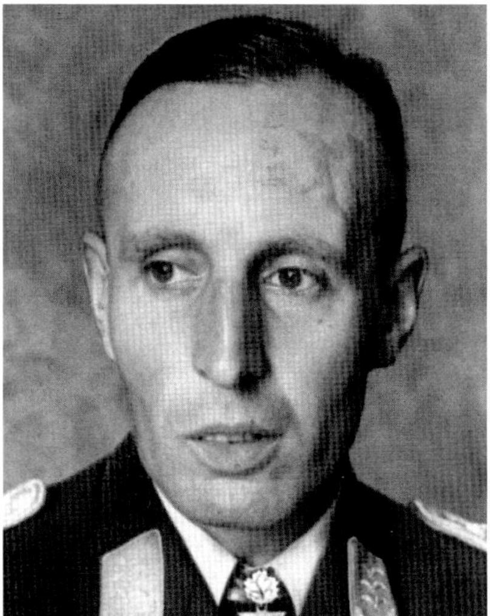

13. 由法學教授轉任傘兵指揮官的斐特烈・馮・德・海特中校。

14. 一九四四年十二月十六日，德軍即將發動阿登攻勢之際，裝甲軍指揮官在紛飛的大雪中下達任務指令。

15. 兩名黨衛軍裝甲擲彈兵享用繳獲的美國香菸。

16. 十二月十六日，進攻的第一天，德軍第六裝甲軍團的一輛虎王戰車載著第三空降獵兵師的士兵前進。

17. 德國國民擲彈兵師的步兵，攜帶機槍彈帶和鐵拳反坦克榴彈發射器等全副武裝前進。

18. 派佩爾戰鬥團的黨衛軍裝甲擲彈兵，首先在宏斯費德殘殺美國戰俘。他們接著洗劫屍體。左側受害者的靴子已被剝下。

19. 在波托附近，韓森戰鬥團的黨衛軍裝甲擲彈兵行經一列燃燒的美軍車隊。

20. 被黨衛軍第一「阿道夫・希特勒警衛旗隊」裝甲師俘虜的美軍。

21. 十二月十七日，美軍（第一步兵師轄下）第二十六步兵團的部分成員及時趕來捍衛艾森柏恩山麓的比辰巴赫。

22. 德軍迫近之際，上述的同一團弟兄設法推動陷於泥濘的反坦克砲。

23. 比利時難民在德軍第五裝甲軍團抵達之前，設法離開維爾薩姆西南方的蘭里爾。難民多半希望越過默茲河以逃離戰火，並躲避德軍對當年稍早的反抗行動展開報復。

24. 美軍一〇六步兵師圍城之後，德軍趕赴聖維特鎮，松貝格的居民跑到洞穴裡躲避戰火。

25. 美軍醫護兵將滑雪板拼湊成雪橇，把擔架上的傷員拖到可以抬上吉普車的地方。

26. 照片前景已有一名弟兄倒地身亡，美軍匆忙在森林前緣挖掘壕溝，躲避樹木裂片的殺傷效果。

27. 隨著德軍逼近巴斯通，一〇一空降師的第一批隊員趕來防衛，鎮民開始坐上農用馬車逃離戰區。

28. 在韋爾博蒙附近，一排M-36坦克殲擊車從迷霧中現身，前來支援搭著浩浩蕩蕩的卡車車隊趕來的第八十二空降師。

29. 德軍國民擲彈兵在羅赫拉特和克林凱爾特一帶的戰事中生擒俘虜。

30. 第七裝甲師和聖維特防衛戰的指揮官哈斯布魯克准將，獲第一軍團的霍奇斯中將授予銀星勳章。

31. 由於斯科爾茲尼的偽裝突擊隊潛入美軍戰線後方的消息引發了恐慌，美國憲兵在馬爾什昂法梅訥附近檢查比利時難民的身分。

32. 迪南。比利時難民急忙橫越默茲河抵達安全地帶，以躲避戰火與德軍的報復。

33. 科塔第二十八步兵師的一支火箭筒小隊在維爾茨作戰三天後撤離。他們的行動拖慢了德軍腳步，讓一〇一空降師剛好足夠時間在巴斯通一帶建立周邊防線。

34. 一名年輕的黨衛軍在馬爾梅迪附近被俘。繼德軍在鄰近的包格涅大肆屠殺之後，他很幸運沒有被當場格殺。

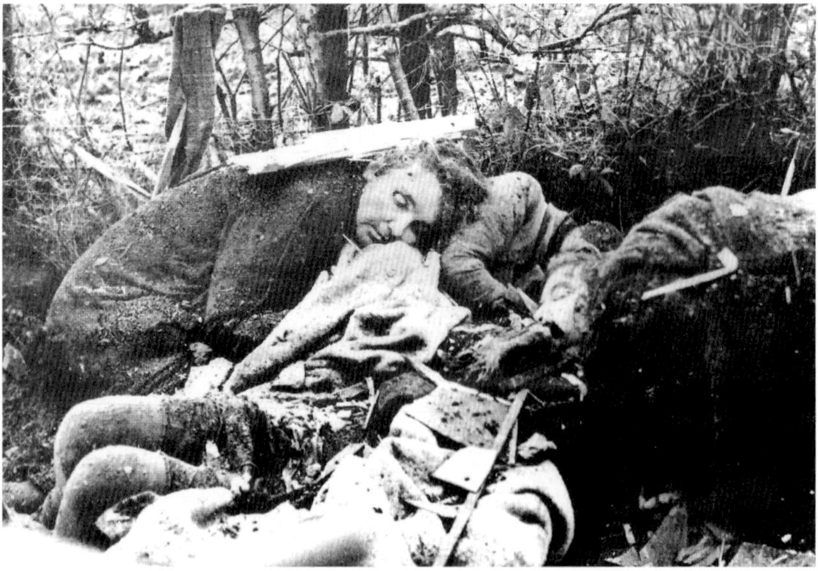

35. 斯塔沃洛的平民慘遭派佩爾戰鬥團殺害。

36. 巴斯通上空的水蒸氣凝結尾。十二月二十三日，讓盟軍如釋重負而德軍大為焦慮的是，天空突然放晴了。這讓盟軍得以施展其空中武力的壓倒性力量。

37. 美國空軍終於因為天氣改變而得以出動C-47達科塔運輸機前往巴斯通周邊防線空投物資。

38. 美軍無法撤出巴斯通的傷員，只能把他們留在城裡的地窖。傷員躺在乾草上，等候醫療小組搭滑翔機空降抵達。

39. 德軍對周邊防線發動全面攻擊的幾小時前，一〇一空降師的傘兵在耶誕夜唱著耶誕聖歌。

40. 德軍朝默茲河挺進的尾聲。在佛依諾特丹某個農家院落的第二裝甲師波姆戰鬥團殘部。

41. 巴頓將軍（右）十二月三十日抵達巴斯通，為麥克奧利菲准將（左）及第五〇二傘降步兵團指揮官史提夫．查普斯（Steve Chappuis）中校（中）授予傑出服役十字勳章。

42. 美軍增援部隊行進在地勢陡峭且樹林濃密的阿登山區。

43. 英國第三十軍的一支巡邏隊在阿登穿著由村民的床單縫製的雪衣。

44. 盟軍在一九四五年一月展開反攻。第一步兵師第二十六團的士兵，終於從他們自十二月十七日便開始防守的比辰巴赫往前挺進。

45. 拉羅什昂阿登一片瘡痍，連隔年春天回來築巢的燕子都迷失了方向。

46. 調查員著手工作，設法辨識在馬爾梅迪附近的巴格涅遭屠殺的美國士兵身分。

47. 美軍在馬爾梅迪附近遭屠殺之後，他們的袍澤在資深將領鼓勵下，射殺了絕大多數的武裝黨衛軍降兵。然而，其中許多人是被迫穿上黨衛軍制服，或者年輕得可憐，如同這名男孩。

48. 約亨・派佩爾接受戰犯審判，其罪行包括在馬爾梅迪附近的大屠殺。儘管死刑獲得減免，他後來仍遭法國反抗軍成員刺殺身亡。

格姆接著繞道前往布萊德雷的盧森堡總部，兩名上尉則等到冰凍的道路得以通行，立刻快馬加鞭回到松荷芬。

當兩名軍官陳述他們的所見所聞，蒙哥馬利「顯然憂心忡忡」。他吩咐馬瑟直接開車回第一軍團總部，「告訴霍奇斯，他必須堵住默茲河橋梁！」馬瑟詢問，有鑑於霍奇斯不屬於第二十一集團軍轄下，他要如何傳達這樣的命令。

「你就告訴他，」蒙哥馬利說，「列日的渡河口尤其需要不計一切代價堅守到底。他必須用盡一切辦法堵住橋梁。打電話給通信部隊。運用他能找到的任何障礙物，包括農用拖車！他明天一整天必須守住橋梁，並且確保有軍官監督每一項行動。你可以告訴他是我說的！」馬瑟也需要通知霍奇斯，幽靈團和空中特勤隊將開著吉普車，直接去戍守橋梁。英軍第三十軍也將全速前往默茲河北岸，阻擋通往安特衛普的道路。蒙哥馬利堅持隔天一早跟霍奇斯碰面。「可能的話，今天晚上把他帶回來這裡！」同樣堅持守住默茲河渡河通道的艾森豪，已經向李將軍的兵站區總部下達命令，要求它派遣所有可動用的工兵隊去大橋埋地雷，並且把各式各樣的後勤部隊送往前線。法軍也提供了七個營級兵力，但他們武器不足且訓練不良。[48]

蒙哥馬利有充分理由認為，位於盧森堡的布萊德雷沒有能力指揮在德國北部的凸角——即將

---

* 譯註：史上著名的鬼船，一八七二年在葡萄牙海域被人發現，船上精密儀器及人員全體失蹤。

被稱為「突出部」——孤立無援的第一軍團。他吩咐駐SHAEF的英軍資深作戰官懷特利少將轉告艾森豪，他應該被授予盟軍在德國突出部以北的所有指揮權。對這位陸軍元帥及其權力欲望並無好感的懷特利，這回覺得蒙哥馬利說的不無道理。他跟艾森豪的情報長、同為英國人的史壯少將討論局勢，那天晚上，他們兩人前去會見SHAEF參謀長——比戴爾．史密斯將軍。

在睡夢中被吵醒的史密斯，把整件事情視為英國人的陰謀，暴跳如雷。他罵他們「渾蛋英國佬」，並說他們兩個都應該被解職。[49]不過仔細想想之後，他改變了主意。對於霍奇斯第一軍團總部，以及它跟布萊德雷第十二集團軍之間的關係，史密斯並不滿意，但他真正擔心的，是布萊德雷跟現實情況脫節。他打電話給艾森豪，建議將北部戰線的指揮權交給蒙哥馬利，並表示這麼做也可以迫使第二十一集團軍投入更多英軍加入戰鬥。

艾森豪同意這項計劃，一部分是因為布萊德雷對於加強默茲河沿線防禦的命令毫無作為。他開始研究地圖，思索應該在什麼地方畫界線。他決定界線起自默茲河畔的濟韋（Givet）、越過巴斯通北部，直到德軍戰線後方的普呂姆（Prüm）。界線以北的盟軍全數交由蒙哥馬利指揮，這讓布萊德雷僅剩下巴頓的第三軍團，及巴頓轄下的米德頓第八軍。

史密斯打電話到盧森堡找布萊德雷，預先通知他艾森豪打算將第九及第一軍團的指揮權轉交給蒙哥馬利。按照史密斯的說詞，布萊德雷承認他跟霍奇斯的第一軍團已經失聯兩三天。「當然，如果蒙弟是一位美軍司令，」布萊德雷赤裸裸地承認，「我會完全同意；這會是一項合理的決策。」[50]

翌日早晨，艾森豪致電布萊德雷，確認了這項決策。此刻，布萊德雷已蓄積了強烈怒氣。「老天爺啊，艾克，你要是這麼做，我沒辦法向美國人民交代。我辭職不幹。」[51]

「布萊德，是我——而不是你——必須向美國人民交代，」艾森豪回答，「因此你的辭職毫無意義。」他接著得應付更多抱怨，因而試著結束這段對話，說：「欸，布萊德，那就是我的命令。」

當時人在第十二集團軍總部的一位英國皇家空軍高階軍官描述，掛完電話後，布萊德雷「大發雷霆，走來走去咒罵蒙弟」。[52]史密斯後來覺得很諷刺，因為「蒙哥馬利一直以為布萊德雷很喜歡他；不知道布萊德雷根本受不了他」。[53]事實上簡直深惡痛絕。布萊德雷認為蒙哥馬利是「他所有麻煩的泉源」，一名美軍參謀官說，「從那之後，他厭惡每一個頭戴貝雷帽、說起話來疾言厲色的小個子男人」。[54]布萊德雷失了臉面，越來越鑽牛角尖，認為艾森豪的決策，「是對我的一次羞辱。」[55]

13. 十二月二十日星期三

到了午夜，馬瑟上尉再度離開蒙哥馬利總部，為了要向霍奇斯將軍傳達「極端微妙」的訊息而惶恐不安。[1]由於路面結冰，加上必須經過負責檢查斯科爾茲尼部隊的重重崗哨，這一段路花了兩個多鐘頭。V－1飛彈偶爾劃破頭頂上的夜空，朝列日飛去。一抵達位於紹德方丹的第一軍團總部，一名憲兵立刻帶他到霍奇斯的參謀長比爾．基恩少將（Bill Kean）的房間。基恩個性專制，許多人認為他才是真正的軍團司令。他穿著睡衣、肩上披著毛毯，正在講電話。

馬瑟呈上蒙哥馬利的親筆信函。基恩沉吟半晌，然後用手蓋住話筒，問候蒙哥馬利的參謀長甘岡少將。他們接著走到隔壁房間，叫醒霍奇斯。馬瑟描述第一軍團司令是如何坐在床上閱讀蒙哥馬利的信，肩上同樣披著毛毯。馬瑟覺得霍奇斯跟一連串事件「徹底脫節」；他把每一個問題都丟給基恩。[2]「有關默茲河渡河路線的重要問題，」馬瑟記錄，「霍奇斯將軍完全答不上來。他暗示這個問題無關緊要；問題已經解決了，或者即將被解決。」[3]

被剝奪了睡眠的馬瑟，天還沒亮就回營向蒙哥馬利覆命。陸軍元帥一邊聽馬瑟報告，一邊坐在床上喝茶。他打算當天稍後跟霍奇斯碰面，但首先希望精確掌握有關德軍突破的訊息。五名聯絡官——包括他總部轄下的兩名美軍軍官——立刻搭吉普車出發。他們穿著剛發的淺棕色帆布夾克抵禦冰冷的氣溫，卻讓緊張兮兮的美國哨兵大為起疑。

十二月二十日上午，蒙哥馬利接到艾森豪打來的電話。根據當時在蒙哥馬利身邊的英軍第二軍團司令邁爾斯．登普西將軍（Miles Dempsey）所言，這段短得非比尋常的對話是這樣的：

「蒙弟，我們的處境有點麻煩。」

「我也是這麼想。」陸軍元帥回答。

「接掌北方如何？」

「知道了。」[4]

蒙哥馬利驅車前往紹德方丹，打算弄清楚情況。馬瑟的報告讓他相信，霍奇斯已經瀕臨崩潰邊緣。在他的幕僚一段令人難忘的描述中，陸軍元帥「彷彿耶穌前來清掃聖殿般」抵達第一軍團總部，儘管主耶穌不會乘坐插了旗子、還有摩托車護衛的墨綠色勞斯萊斯現身。[5]

雖然馬瑟是最忠心的侍從之一，但他也覺得蒙哥馬利剛抵達時不理會美軍將領，反而立即召見帶著戰情報告而來的聯絡官，是對美軍的一次不必要的唐突。「情勢怎樣？」蒙哥馬利一提問，一群聯絡官馬上拿著地圖簇擁到吉普車旁。霍奇斯將軍和第九軍團司令辛普森將軍只能尷尬地在一邊旁觀。「那是那天稍嫌多餘的輕蔑。」馬瑟寫道。[6]

如今，蒙哥馬利正式接掌從默茲河畔的濟韋到普呂姆以北的所有盟軍部隊。他也對霍奇斯的狀態深感憂心。回營之後，他致電史密斯將軍，表示身為英軍將領，他不願意解除美軍將領的職位，但艾森豪應好好考慮這件事。*史密斯要求將決策時間延展到二十四小時後。蒙哥馬利隔天發出訊息，表示即便霍奇斯不會是他屬意的人選，但事情可以維持原狀。史密斯深有同感，他也認為霍奇斯「是我們陣中最弱的指揮官」。[7]

布萊德雷後來宣稱，蒙哥馬利和SHAEF為求達到自己的目的、剝奪他對第一軍團的指揮權，因而過分誇大了危險。但情況確實極其險惡。霍奇斯瀕臨崩潰，而基恩接下了重任。就連基恩隔天都說，不到星期五，他們不會知道「能否守住，或者必須撤到另一條防線，例如默茲河」。[8]

布萊德雷顯然後悔選了盧森堡市設立他的老鷹戰術指揮部，如今進退兩難。正如他告訴韓森的，選擇這裡不光是為了威望，也因為如果他撤離，會讓盧森堡人覺得自己受到遺棄，只能任由德軍報復。而且，儘管布萊德雷試圖對敵人的進攻威脅輕描淡寫，他自己的參謀官卻把事情看得十分嚴重。「我們在最機密的文件當中夾藏燒夷手榴彈，」其中一人寫道，「以便一看到灰色制

---

* 原註：有許多報告描述霍奇斯那段期間的崩潰。一份是來自他的侍從官三天後寫的日記：「將軍此刻在一座民宅安頓下來。由於再度睡得好、吃得好，他顯然覺得健旺多了，更能夠應付工作與勞累造成的持續壓力。」[9]

服越過山丘，就能一舉摧毀文件。」[10]不過他們不知道的是，約德爾上將已經說服希特勒，不要把盧森堡市納入秋霧行動的攻擊目標。

無論如何，盧森堡的首都受到駐守突破點南肩的第四步兵師嚴密防衛。該師師長巴爾頓少將在戰爭中堅決表明（儘管不怎麼有創意）：「應付這些德國佬的最好辦法，就是跟他們作戰到底。」[11]巴爾頓拒絕撤回他的砲兵營。他們的任務是持續對紹爾河的幾座大橋開火，並且確保砲兵營得到步兵的充分保護。這讓德軍無法向前線補給重型武器，尤其是反坦克砲，因而無法有效擊退前來支援第四師的第十裝甲師。

如同第二十八師科塔將軍的作法，巴爾頓也派增援部隊駐守關鍵村落，因而嚴堵了交通樞紐。拉基德上校的特遣部隊連同其左翼的第九裝甲師雖然退到了史瓦茲安茨峽谷，卻堅強地守住穆勒塔爾村（Müllerthal），阻撓德軍攻進該師後方。

由第十裝甲師的兩百五十人加上第四步兵師的兩個連組成的小型武力，扼守峽谷東面中央的貝爾多夫長達三天。一次激烈交戰讓他們幾乎彈盡援絕，並有許多傷員亟待撤離。他們擊退了德軍在噴煙者火箭砲和大砲支援下的三波攻勢。然而，正當這一小支兵力擔心自己無法繼續抵擋另一波攻勢，兩輛謝爾曼及三輛半履帶車帶著彈藥和補給突然掩至，並且帶走重傷士兵。後來，貝爾多夫的坦克指揮官，第十一坦克營的史帝夫・朗恩上尉（Steve Lang）接到撤離命令。每一輛坦克搭載十五名步兵，「四名坐在車內，十一名在車外拚死命地攀住車身」。[12]他們以綿密的砲火網掩護坦克的行進聲音；這一小支部隊得以在德軍察覺不對勁之前逃離前線。

十二月二十日，德軍在這塊戰區前沿的攻勢逐漸轉弱，而巴頓第三軍的更多小隊陸續抵達，意味著德軍第三一二及二七六國民擲彈兵師，再也無法向南方挺進。唯有濃霧能阻止美軍反攻。南肩的堅強防守讓德軍沒有迴旋空間，第三軍團因而得以集中力量對抗巴斯通的包圍圈。

決心不錯過激戰的海明威，儘管得了流感，仍設法抵達藍漢姆上校在羅登堡（Rodenbourg）附近的指揮所。那棟房子原屬於一位有通德嫌疑的神父所有。海明威自得其樂地享用聖餐的葡萄酒庫存，然後用自己的尿重新裝滿酒瓶。他宣稱他重新為酒瓶貼上「海明威酒堡一九四四」的標籤，後來不小心誤喝了一瓶。[13]

德軍已經發現他們的突出部太狹窄，也發現巴斯通控制了交通網。裝甲教導師的拜爾萊因及第二十六國民擲彈兵師的科科特雙雙主張，既然閃電奪下巴斯通的計劃已告失敗，那麼必得動員一整個軍的武力碾壓巴斯通的守軍。但是第四十七裝甲軍軍長呂特維茨將軍，被嚴令指示派遣他的兩個裝甲師越過巴斯通，直抵默茲河畔。

德軍第一一六裝甲師奉命轉向西北方前進；這對德軍朝默茲河挺進的計劃也沒有什麼幫助。師長瓦登博格少將寫道，這「導致嚴重浪費時間」，並在過度擁擠的道路上引發混亂。他堅稱這項命令是「我師的催命符」。[14]

在巴斯通北方的諾維爾，由傘兵及第十裝甲師組成的混合部隊，一次又一次遭受從濃霧中現身的德國裝甲車和裝甲擲彈兵突襲。他們知道自己已被另一支德軍部隊切斷了後路，但不知道第五〇六空降步兵團的一個營已一路退到佛依以南。這會讓他們更難撤離。上午，霧氣散去，德軍第二裝甲師的坦克瞄準高地開火。當美軍終於跟被圍困於諾維爾的部隊恢復無線電聯繫，麥克奧利菲將軍囑咐他們準備突圍。在他看來，儘管米德頓將軍下令不准撤回這些部隊，但他若不救出他們，就會失去他們。他指示辛克（Sink）上校動員第五〇六團的傘兵，重新發動對佛依的攻擊、打通道路。德國坦克對佛依南方的樹林開火，設法以樹爆阻礙傘兵降落。第五〇六團E連沒有反坦克武器，幸而德軍從未對他們展開致命的裝甲攻擊。[15]

僥倖的是，正當諾維爾的守軍準備撤退，霧氣再度湧現。步兵徒步離開，傷員及拉普拉德中校的遺體則上了半履帶車；謝爾曼戰車也盡可能載運士兵，地獄貓式坦克殲擊車則負責斷後。埋在教堂的爆破彈，讓道路對面的塔樓依照計劃轟然倒下。然而，當他們抵達佛依，帶頭的半履帶車的裝甲遮陽板掉了下來，擋住駕駛員的視線。他緊急煞車，導致後方的半履帶車撞成一團：這讓側翼的三輛德軍裝甲車，有了靜止不動的目標可以射擊。[16]帶頭的車輛起火。縱隊後方的一名大兵看見「前方的濃霧變成耀眼的橘色」。組員紛紛爬出車外，同一名大兵躲在水溝裡注視德軍對美軍縱隊猛烈開火。「路上和水溝裡到處躺滿了屍體。有些人掛在車上；還沒來得及爬到車外尋找掩護就已喪命。我們的軍車和半履帶車若非起火燃燒，就是被輾成碎片。」[17]

當幾名傘兵操作謝爾曼的大砲擊毀一輛德軍坦克，並致使另外兩輛火速撤退以後，混亂的局面終於平息。德索布里與拉普拉德的諾維爾駐軍，兩天內痛失了兩百一十二名官兵，十五輛謝爾曼也折損了十一輛。

米德頓將軍亟欲拉長周邊防線的決心，結果證實代價不斐。但美軍突然撤離諾維爾，似乎誘使呂特維茨相信奪下巴斯通是一件輕鬆愉快的事。科科特少將聲稱，呂特維茨當天早上視察位於瓦爾丹的第二十六國民擲彈兵師總部時說：「第二裝甲師攻下了諾維爾，敵軍飛也似地往南撤退。第二裝甲師正穩定前進，隨時會拿下佛依——如果我軍還沒拿下那個地方的話。占領佛依以後，第二裝甲師將依照命令轉向西行，殺進開闊的鄉間。」[18]呂特維茨是一位身材魁梧的裝甲部隊將軍，他有一張肥胖而刮得乾乾淨淨的臉，帶著一副單片眼鏡。他也相信裝甲教導師已經奪下了巴斯通東南隅的馬維（Marvie）。呂特維茨後來強烈聲明他曾力勸第五裝甲軍團先占領巴斯通，拜爾萊因也相信他的說詞。*

---

* 原註：拜爾萊因聲稱，十二月十九日，在第一波攻勢失敗之後，他曾說服呂特維茨投入整個軍團集中對付巴斯通，因為他們負擔不起任由敵軍占據如此重要的後方交通樞紐。據說呂特維茨曾將這項提議往上呈報，但被嚴詞駁回了。他告訴拜爾萊因，他們「認為拿下巴斯通是輕而易舉的小孩子玩意兒」。[19]

科科特認為，調遣第二裝甲師的決策，是造成德軍無法奪取巴斯通的關鍵錯誤。他責怪第五裝甲軍團及第四十七軍等上級單位思慮不周。「我們要攻占巴斯通嗎？還是純粹包圍巴斯通，而朝馬斯河前進？」[20]唯有靠第二裝甲師從北面及西面進攻，裝甲教導師和第二十六師主力從西南面合擊，才能清除掉這粒「膿瘡」。但事實上，就連曼陶菲爾本人對這件事也無從置喙；元首總部無法容忍計劃出現任何變更。

隔天的命令非常明確。第二裝甲師與裝甲教導師的主力部隊繼續往西挺進，留下第二十六國民擲彈兵師和裝甲教導師的一個擲彈兵團獨力包圍並奪取巴斯通。「我師忠實地表達疑慮，」科科特寫下，但呂特維茨駁斥這些意見，顯然是因為美軍在巴斯通的兵力不可能太強，只有「一個空降師的部分成員」，以及「在烏爾河嚴重受創的敵軍殘部，和竄逃到巴斯通的失散士兵」。軍指揮部顯然也相信，「基於戰俘所述，巴斯通守軍的作戰素質不高。」[21]

請求砲兵支援攻打巴斯通的第二十六國民擲彈兵師，在第五空降獵兵師的大部分兵力被牽制在維爾茨山谷之際，最起碼得到時間調動原本負責守衛南翼的第三十九團。呂特維茨的樂觀讓科科特大惑不解。科科特的兩個團在佛依—拜儒利戰區與美軍交戰，完全看不出美軍有任何衰敗跡象。他的其餘部隊接著奉命繞到巴斯通以南的盧特布瓦（Lutrebois）和埃森諾（Assenois），由南面發動攻擊。但在濃霧乍散的空檔，他看見美軍車輛從內佛往南疾馳到馬維。在北方，「瓦爾登以西的樹林地帶傳出低沉的砲火聲，另外還有迫擊砲的撞擊力道，以及快速的德國機關槍和慢速的美國機關槍發射的聲音，在在清晰可聞」。[22] 道路和森林小徑因為布滿彈坑而難以通行，大兵必須卸下車上的重型武器，親自背在身上。

下午一點左右，美軍的砲兵觀測員發現大批車輛集結在瓦爾登的第二十六國民擲彈兵師總部附近。美軍砲兵營連續砲轟村落，「在此集結的官兵與裝備嚴重受創，」科科特報告。[23] 當天下午，他聽說他的偵察營在越過通往阿爾隆的南面道路時，跟敵軍狹路相逢。雪上加霜的是，由於裝甲教導師、第二十六國民擲彈兵師，以及如今第五空降獵兵師前進部隊的車輛全都急於西行，車隊無可救藥地糾纏在一起，巴斯通南面道路及小徑的交通狀況一片混亂。第五空降獵兵師的小伙子還得在車輛故障時，設法自己拉走車子。

科科特的一個國民擲彈兵營成功沿著東北面的鐵軌突破防線；由於這條鐵軌正好位於美軍第五〇六與五〇一空降步兵團的戰區交界，只有一小支巡邏隊負責防守。巡邏隊的抵抗減緩了國民擲彈兵的前進速度。駐守佛依南方的辛克上校和尤爾上校雙雙迅速反應，兩人各派了一個連前來防堵德軍滲透。他們很快發現敵軍的武力比他們想像的龐大，因此必須緊急調派更多部隊。他們自己都不敢相信的是，連當天剛逃離諾維爾的部隊都加入了作戰。雙方持續鏖戰，直到隔天。

當天傍晚，裝甲教導師對內佛戰區的另一波攻擊，被迅速反應的綿密砲火網遏止。麥克奧利菲此刻握有十一個砲兵營，其中許多營隸屬於一〇一空降師，但也有幾個營來自撤退經過巴斯通的其他師級部隊，包括兩個非裔美軍砲兵營。這讓他總共握有一百三十門大砲，但是彈藥短缺很快成了問題。第七〇五坦克殲擊營的地獄貓式砲車透過機槍發射曳光彈，再加上尤爾第一營的每一把自動武器，致命的火光讓兩個裝甲擲彈兵營在黑暗的曠野中無所遁形。德軍當天晚上的進攻被牛欄的棘刺鐵絲網絆住。屠殺的慘狀令人作嘔。隔天天亮以後，掛在鐵絲網上的屍體，猶如被一場反覆無常的暴風雨打得七零八落的稻草人，怵目驚心。

米德頓將軍在他位於納沙托（巴斯通西南方三十多公里外）的總部，急切地等著巴頓展開南面反攻。第四裝甲師的B戰鬥指揮部已經抵達兩鎮中間的沃萊羅西耶爾（Vaux-les-Rosières）。讓第三軍軍長惱怒的是，米德頓總部命他立刻派一支突擊隊北上。這麼一支薄弱的兵力是否有能力占領道路還有待商榷，但某些歷史學家相信，此舉原本能讓揮軍北上的軍隊少損失一點人命與坦克。無論如何，當天傍晚，在麥克奧利菲將軍開車回來跟米德頓開會不久後，巴斯通的南面遭到德軍封鎖。這座城鎮並未被徹底包圍，但大多數人都誤以為如此。

對一〇一師的傘兵而言，被敵軍包圍實屬家常便飯。詩人兼連通訊員路易斯．辛普遜，奉命回到營指揮部傳訊。他在途中遇見一輛謝爾曼戰車，來自第十裝甲師的一名中士「漫不經心地坐在砲塔上，彷彿騎在馬背上」。五十公尺外的道路上，一輛德軍裝甲車起火燃燒。他問中士發生了什麼事。「他們想從這兒經過，」中士百無聊賴地回答，然後轉身離開。辛普遜沉思，這起事件是發生在他自己的部隊戰線後方。要不是這位「吊兒郎當」的中士先開火，他們會被切斷後路。「我看見托爾斯泰筆下的博羅金諾戰役（Borodino）的中士，他一邊叼著菸斗，一邊指揮部下開火。這樣的人正是戰役的轉捩點。他們不認為自己扮演什麼戲劇性的角色。他們會完成偉大的任務、被責罵沒有照規矩行事，然後如若無事地接受一切。」

在營指揮部，他聽說他們現在被包圍在巴斯通的周邊防線內。當他回到雪地上的散兵坑，他的鄰居嚷嚷著說：「歡迎回家！有什麼新鮮事？」

「我們被包圍了。」

「噢，那麼有什麼新鮮事？」[24]

關於聖維特一帶的情勢，第一軍團和蒙哥馬利總部欠缺明確的資訊。蒙哥馬利的直覺想法是在哈斯布魯克的部隊被殲滅之前撤回他們，但美國陸軍向來以不輕言放棄陣地而自豪。第一軍團打算派第八十二空降師為守軍增援。十二月二十日中午，正當他們討論這個問題之際，哈斯布魯克從聖維特送來一封信給基恩少將，羅列他們的備戰狀態。他的馬蹄形防線從聖維特西北方的波托，往南繞過古維（Gouvy）車站，一直延伸到西南方。在德軍第一一六裝甲師挺進烏法利茲之後，他的南翼與後方已徹底暴露。

蒙哥馬利認為聖維特的防禦已達到原定目的。由於德軍的三個裝甲師正在朝默茲河挺進，現在的威脅出現在更西方的戰場。然而，他同意第八十二空降師應該繼續前往薩爾姆河，但只是為了幫助哈斯布魯克的部隊從維爾薩姆和薩爾姆沙托之間的縫隙撤退。

下午，該師的第五〇四空降步兵團動身前往切諾；那裡已被黨衛軍警衛旗隊的輕高射砲營和一個裝甲擲彈兵營占領。團長魯本・塔克上校（Reuben H. Tucker）派出兩個連級部隊在迷霧中進攻。他們遭遇機槍和二〇毫米高射砲的猛烈攻擊，紛紛匍匐下來，傷亡慘重。天黑以後，他們撤回後方的樹林。一聽到消息，塔克命令他們再度出擊。他們在黑暗中成功往前一步，但被野地上的棘刺鐵絲網圍欄擋下來。暴露在更密集的火力下，負責剪開圍欄的士兵被四面八方而來的砲火擊斃。這次攻擊差一點陷於停頓，幸好喬治・瓦爾許上士（George Walsh）此時高聲吶喊，「讓我們打死這群狗娘養的！」只有幾個人成功抵達村子邊緣的哨口，一名大兵朝一輛半履帶高射砲車扔手榴彈，另一名士兵劃開另一輛高射砲車砲手的喉嚨。但這兩個連折損了兩百三十二人，其中二十三人陣亡。他們的行動很英勇，但塔克的狂熱決策導致驚人的無謂犧牲。翌日，塔克派另一個營級部隊繞到側翼；這是他一開始就應該採取的行動。在相對較少的損失下，第三營以十四輛高射砲車、另外六輛半履帶車和一組自走砲的武力，奪下了這個村子。[25]

十二月二十日，當莫德爾和曼陶菲爾孤注一擲地試圖以一次火力全開的攻擊奪下聖維特，這一帶的激戰達到了頂點。德軍將他們的噴煙者火箭筒瞄準美軍的迫擊砲掩體；美軍的迫擊砲已對國民擲彈兵營的官兵造成嚴重傷亡。在猛烈砲火下，許多美國大兵擠在散兵坑底部的致命位置，不斷念誦《聖經》第二十三篇〈詩篇〉，讓他們在「死蔭的幽谷中」得到撫慰。

能見度「依舊很低」，哈斯布魯克報告，「敵軍從北面、東面及南面發動了二十一波攻擊。德軍坦克在步兵偕同下，從四面八方而來」。光那一天，五個美軍野戰砲兵營就發射了將近七千枚砲彈。「維持彈藥補給的唯一辦法，就是到前線尋找被棄置的裝備……據報，第四三四野戰砲兵營甚至發射了一些（用來發送傳單的）老舊文宣砲彈，只為了持續在德軍耳邊響起砲彈的呼嘯聲。」[26]

在「阿道夫．希特勒警衛旗隊」的黨衛軍裝甲擲彈兵率領之下，德軍派一輛繳獲的美軍半履帶車走在進攻縱隊的前頭，希望藉此混淆守軍視聽。但謝爾曼及火箭筒小組成功對付他們。「我們向每一個人強調，」第三十八裝甲步兵營的波以爾少校寫道，「不可浪費任何一發子彈——每一次射擊，都必須有一具屍體倒地，」而且，在城鎮外圍的樹林作戰時，「應該等到德軍進入二十五碼的距離以內再開火。」[27]這項命令也能阻止士兵太早開火、以致洩露了陣地的所在位置。

瑞馬上校的元首護衛旅終於遵照指令行事，開始從比林根的南下道路展開對聖維特的試探性攻擊。但瑞馬認為美軍的抵抗「太過猛烈」，因此將他的旅往北移動，進入柏恩下方的濃密森林。他決定攻下通往維爾薩姆的西面主要道路，但後來被上級嚴厲要求回到南邊。他聲稱沒有足夠燃油供他的坦克車使用，但他奉命前往的目的地——下埃梅爾（Nieder-Emmels）和上埃梅爾（Ober-Emmels）村——只在五公里出頭以外。[28]

那天晚上，當戰火漸漸平息，哈斯布魯克的弟兄可以聽到坦克行進的聲音。他們知道，德軍十之八九在準備翌日拂曉的另一波更猛烈攻擊。

當他的戰鬥團受到來自四面八方的夾擊，派佩爾召回了駐紮在斯圖蒙以西的外圍部隊。後來，他們放棄這個城鎮，退回來反擊美軍第三十師的第一一七步兵團。對於自己的師部不給予支援，派佩爾心懷不滿。他後來宣稱，他被告知，除非他呈報燃油的庫存狀況，否則不會再得到補給。前一天晚上，一名警衛旗隊的軍官設法使用一台更新、更強力的發報機，才終於恢復了無線電通訊。派佩爾得知，師部派黨衛軍第三裝甲擲彈兵團打通道路。這些部隊擁有搭橋裝備，黎明之前，他們在機槍和坦克的砲火掩護之下，涉過「水深及頸」、湍急、冰冷的安布萊維河。然而，透過上空的照明彈火光，在俯瞰河流的房屋窗邊埋伏的美國大兵，開始一一擊斃黨衛軍的先頭部隊和裝甲擲彈兵。「那些渾蛋被打得彈了起來，」其中一人後來說道。美軍「迫於坦克的直接火力」，三度被驅離位於河畔房屋的陣地，「步兵又三度回過頭來趕跑黨衛軍。」[29]

派佩爾的裝甲擲彈兵持續隨意殘殺平民百姓。他們「毫無來由地在附近街上」槍殺兩名婦女及一名男性，後來又命令九個男人站在牆邊，一一射殺。一名黨衛軍衝鋒隊員坐在裝甲車上，「對準一棟房子清空他的機關槍」，殺害了一名十四歲男孩。殺戮持續進行，但有些屍體直到好幾天後才被人發現。比利時平民在進入特魯瓦蓬小鎮的路上被殺：五人頭部中彈，還有一名女性死在床上。十二月十九日晚上，二十位鎮民（主要是婦女及兒童）在槍口下被迫走出地下室，在樹籬旁遭槍殺。斯塔沃洛一帶，總共有超過一百三十名百姓（主要是婦女及兒童）遭到屠殺。[30]年輕男子已逃到默茲河後方，以免因九月的反抗軍攻擊而遭德軍報復，同時躲避淪為德軍強徵民伕的命運。黨衛軍聲稱，這些殺戮是為了報復游擊隊的攻擊，但這個說法毫無事實根據。[31]

十一點十五分，派佩爾再度派裝甲擲彈兵游泳或涉水渡河，設法在河對岸建立橋頭堡。快速的步槍和機槍火力，讓許多德軍死在水中，屍體被沖到下游。只有少數幾人成功爬上北岸，但他們很快也被美軍處理掉。德軍同時從西面發動攻擊，迫使第一一七步兵團第一營退到大約一百公尺外；他們在那裡堅守陣地，直到下午四點左右天色昏暗，雙方的火力才漸漸停歇。

派佩爾在另一個方向的處境越來越艱難。那天早晨，美軍第三裝甲師B戰鬥指揮部從斯帕出發，穿越森林地帶抵達安布萊維河河谷。由威廉·拉夫雷迪中校（William B. Lovelady）率領的特遣部隊，從拉格萊茲和特魯瓦蓬之間的樹林現身，猝然擊毀一列由突擊砲和步兵護送的德軍運油卡車。

派佩爾戰鬥團之所以陷入險境，並非光基於美軍第三十步兵師、坦克營和工兵部隊的英勇抵抗。美軍在東面艾森柏恩山脈的堅強防守，阻礙了黨衛軍第一裝甲師和第十二「希特勒青年團」前來為派佩爾增援。黨衛軍第二裝甲師連同轄下的第九「霍亨斯陶芬」裝甲師，開始跟黨衛軍第一裝甲師平行前進。黨衛軍第二「帝國」（Das Reich）裝甲師原本應該緊跟在後，但狹隘的道路被車輛擠得水洩不通，它得往更南邊尋找另一條路徑。

德軍第六裝甲軍團將失敗歸咎於唯一的道路「由於泥沼而幾乎無法通行」。[32]許多地方的淤泥深及車軸，但事實上，是美軍第一師在比林根的堅強防禦，阻擋了黨衛軍第一裝甲師使用路況好得多的北面道路。正因如此，黨衛軍第十二裝甲師和第十二國民擲彈兵師只能不斷猛攻艾森柏恩山脈的南翼，而第三裝甲擲彈兵師和第二七七國民擲彈兵師，則攻擊在羅赫拉特—克林凱爾特和維爾茨費爾德上方的山脈東端。美軍第二步兵師一再發現，「在敵軍幾乎持續不間斷的猛烈砲火下，電線差不多一鋪設好或修理好就被打斷，通信基本上只能靠無線電。」[33]

艾森柏恩營是個典型的軍事基地，軍官寢室在大門附近，周圍環繞著單層樓的營房、車庫和軍械庫。它矗立在崎嶇不平、寸草不生且風勢強勁的靶場中央。營房裡擠滿了疲憊不堪、全身髒兮兮、滿面于思的散兵；他們填飽肚子並短暫休息後，將會再度被送回前線。由於位於韋姆的第四十七野戰醫院及時調換地點，軍醫和醫護員為傷患提供急救之後，就能把他們進一步疏散到後方。大兵找到他們原以為已經陣亡的弟兄，並且向彼此詢問失蹤同袍的下落。有關黨衛軍射殺傷患、處決戰俘的故事流傳開來，再加上包格涅大屠殺的消息，更激起大夥兒不計一切代價抵抗到底的決心。難民湧入艾森柏恩村，但美軍對他們抱持高度懷疑，把他們視為潛在的德軍支持者。然而，直到耶誕節當天撤離以前，他們在德軍砲火下的命運，說不定還不如留在山下的農場與房子裡。

美軍第二步兵師和第九十九師的殘部發現，在艾森柏恩山脈東面的頁岩地質上掘地，是一件非常困難的事。於是他們在原本裝彈藥的木頭箱子裡填土，並且拆下兵營區的房門，充當散兵坑的頂蓋。由於缺少擔架，他們擅自到艾森柏恩營拿了幾副，不過這些擔架因沾了血漬仍黏呼呼的，天氣一暖就發出陣陣臭味。在毫無掩蔽的山坡上，他們穿著被泥巴和雪濡濕的制服，冷得發抖。於是他們想辦法為自己的散兵坑製造暖氣；他們若非點燃錫罐裡沾了汽油的泥土，就是燃燒汽油桶裡的木屑，並且在桶子底下開一個充當爐門的大洞。這些發明躲過了敵軍的觀測，但散兵坑裡一張張沒刮鬍子的臉，很快沾上一層又黑又油的污漬。許多人為了保留暖氣，設法用防水布蓋住散兵坑和他們的爐子，導致一些人在過程中窒息。他們後方的野戰砲兵發射出綿密的砲火網，幾乎每個人都被頭頂上飛過的砲彈震得頭痛欲裂。這些砲彈出自我軍的事實，並無法阻止過去幾天遭受敵軍猛烈攻擊的士兵在戰火聲中瑟縮成一團。[34]

他們再度遭遇總人數不超過一個大型戰鬥團的第三裝甲擲彈兵師，以及被先前的戰鬥削弱了兵力的第二七七國民擲彈兵師。這兩支部隊對羅赫拉特—克林凱爾特以北的一個十字路口展開攻擊；這個路口由於堆了幾輛被打得砲筒下垂的故障謝爾曼，因此被德國人稱為「謝爾曼角落」。然而，他們在狹小的施瓦姆（Schwalm）山谷集結時，被美軍的密集砲火擊潰。「敵軍從艾森柏恩山區發射的砲火極其猛烈，」這群裝甲擲彈兵的指揮官寫道，「覆蓋了前方的每一條道路和每一塊集結地，完全壓制我方的攻擊。」[35]

艾森柏恩山區為美軍的十六個野戰砲兵營（配備一五五毫米長腳湯姆和一〇五毫米榴彈砲）和七個軍砲兵營（配備四點五英吋和八英吋大砲），提供了完美的發射陣地。較遠程的大砲有能力射擊十六公里外、深入德軍後方的村莊和十字路口。倒楣的比利時百姓被困在那裡，只能在他們的房子因轟炸而搖搖晃晃時，躲在地窖裡啜泣祈禱。「農夫學會利用早晨的短暫停火照顧牛隻；這樣的停火很快被戲稱為美國人的咖啡時間。」[36]人們不可能在戰火肆虐的時候埋葬死人；屍體多半用毯子裹著，排列在當地教堂裡。當耶誕節的兩天前氣溫驟降，更沒有人可以在冰凍的地面上挖掘墓地。

十二月二十日到二十一日之間的夜裡，德軍在南翼發動最大規模的攻勢，對付比辰巴赫教堂村一帶的美軍第一師第二十六步兵團。在超過三十輛坦克和突擊砲的支援下，黨衛軍希特勒青年團的兩個營展開作戰。一名比利時農民親眼目睹，二十位筋疲力盡的德國年輕人，從十五歲到十七歲不等，哭哭啼啼地被一群士官拖出地窖，被迫投入戰爭。

在第一師的防禦陣地四周，美軍總計投入了十二個砲兵營和一個四點二吋迫擊砲營，構成一個「鋼鐵環線」。[37]然而，希特勒青年團的一隊裝甲車突破了第二十六步兵團的右翼，開始「輾壓」前進防線上的散兵坑，並朝散兵坑射擊。亞瑟．考區當時在營指揮部附近操作一具六〇毫米迫擊砲。「沒多久，我發現坦克砲彈從我頭頂上空擦過，還有曳光彈機槍的子彈。那是個霧濛濛的黑夜，所以我一開始看不見德軍坦克。但當天際破曉，我可以看見一大群德軍坦克就在我的前方兩百碼外行動。我很快用光了迫擊砲彈藥，於是我以無線電請求設立在我左方大約四百碼外一棟豪宅內的營指揮部進行補給。讓我又驚又喜的是，兩名弟兄從營部推了滿滿一車的新彈藥跑過來。德軍坦克似乎知道我們有一個迫擊砲陣地，但在濃霧中什麼都看不到。另一通電話說我的一枚迫擊砲炸毀了一輛德國坦克。又過了幾分鐘，我可以看見一輛德軍坦克沿著我們的前線行進，對準散兵坑開火。我不斷射擊，因為我很擔心如果我不阻止敵人，他們的步兵部隊很快就能前進兩百碼，抵達我的陣地。我從電話上得知，德軍的坦克已到了營指揮部。」[38]

反坦克砲和謝爾曼擊毀了許多輛德軍裝甲車，但直到一個配備了九〇毫米高速砲的坦克殲擊排抵達，美軍才終於粉碎敵軍的攻勢。希特勒青年團死傷慘重。墳墓登記隊清點出七百八十二具德軍屍體；第二十六步兵團則有兩百五十人傷亡。[39]

德軍對這座山脈發動更多次攻擊，但倫德施泰特和莫德爾心裡明白，希特勒鍾愛的第六裝甲軍團有辱使命，不論在北方的蒙紹一帶（這裡如今得到美軍第九步兵師增援），以及最重要的在艾森柏恩前線，第六裝甲軍團連連吃了敗仗。軍團司令迪特里希又氣又恨，覺得自己不應該背負讓元首失望的罪名。

阿登攻擊爆發之後，第二十一集團軍的多位英國軍官被他們的比利時朋友奚落；後者說他們的反抗組織已經做好藏身準備。當英軍回答無此必要，因為一切情勢都在掌控之中，比利時人回答：「你們一九四〇年就是這麼說的，但隔天就棄我們於不顧。」蒙哥馬利無意讓類似的歷史重演。[40]

十二月十九日十七點三十分，蒙哥馬利在艾森豪授予他北方總指揮權的前一天，下令何洛克斯中將的第三十軍占領默茲河的各個渡口。[41]駐紮布魯日（Burges）的第六十一偵察團「裝上炸彈、填滿油箱、帶上裝備，披星戴月地趕赴目的地」。[42]一支中隊在反坦克部隊支援下，也朝迪南的大橋出發。除了嚴防「偽裝成美國佬的德國人」，他們也必須防備敵軍的蛙人。河上的任何漂浮物都遭布倫機槍掃射。當時也在迪南的第三皇家坦克團跟美軍憲兵合作，在準備爆破橋梁之際攔查車輛，以及「人數不多但卻源源不絕而來的美軍脫隊士兵」。[43]

空中特勤隊和幽靈偵察團已經就定位。奉戴高樂之命，他們後面跟著安德烈．道迪（André Dody）少將轄下七個裝備不良的營級部隊，以及李將軍兵站區的幾支後勤小隊。第三十軍的投入讓史密斯將軍深感寬慰。他後來說：「我覺得如果〔德軍〕攻打北方，那麼事情就妥當了。因為如果他們轉朝列日—那慕爾（Namur）前進，我們有何洛克斯飽經沙場的四個師。我們了解何洛克斯，也知道他手下有傑出的官兵。」[44]

由於美軍坦克嚴重折損，他們也要求英國第二十一集團軍幫忙替補裝備。英軍總共派出三百五十輛謝爾曼，其中，近衛軍裝甲師親自往南運送第一批的八十六輛坦克，並且拆掉車上的無線電裝備，因為美軍使用不同規格的器材。

鞏固默茲河防線之際，SHAEF堅持封鎖有關阿登攻勢的消息，引來了嚴重抨擊。這是徒勞地試圖掩飾美軍受到敵軍突襲、猝不及防的事實。不久後，《時代》雜誌宣稱SHAEF和第十二集團軍「施展嚴格的新聞審查，其綿密程度，比屏蔽了德軍大反攻的那片豌豆泥般的霧氣還要濃」。當他們終於發布消息，「公報內容比情勢發展遲了四十八小時」，而且刻意含糊其辭。[45] SHAEF的某些高階將領純粹認為新聞記者是不必要之惡。史密斯將軍在電話上告訴第三軍團總部：「我個人很樂意槍斃他們一大票人。」[46]

不只通訊記者對此不滿。駐SHAEF的資深英軍將領認為這項政策「會嚴重打擊比利時、法國、甚至整個西線盟軍的士氣……它傷害了我們的公信力、鼓勵民眾聆聽德國廣播以查明真相，並且導致流言四起……SHAEF的當前政策，純粹引導民眾相信有關大災難的真相被掩蓋住了」。[47]

在巴黎，許多人相信德軍的攻勢即將直撲法國首都而來。瘋狂的謠言開始四處流傳。共產黨甚至宣稱，美國人對戴高樂將軍一個月前在莫斯科簽訂的法蘇協議氣憤不已，因此故意放德國人通行，只為了給法國人一次教訓。

在鷹巢，儘管攻勢遠遠落後進度，希特勒依然意氣風發。有關大反攻的消息已在德國發布。「完全出乎意料之外的阿登地區冬季攻勢，」上萊因集團軍（Army Group Upper Rhine）的一位參謀官寫道，「是給人民最棒的耶誕禮物。所以，我們還辦得到！……我們原以為這場戰爭的第六個耶誕節會是一片愁雲慘霧。」[48]對納粹而言很不幸的是，亟欲相信正面消息的心情，把人們的期望拉抬得太高。許多人說服自己相信，他們將再度征服法國、結束戰爭。

許多婦女因為前線將士的家書而受到這樣的幻想鼓舞。「你無法想像我們此刻過的每個鐘頭、每一天有多麼精彩，」一名中尉寫信給他的妻子，「看來，美軍抵擋不住我們的重大推進。我們今天突襲一支抱頭鼠竄的縱隊，解決掉他們……那是一場光榮的屠殺，是對我們的國土遭人蹂躪的報復。我們的士兵還跟往日一樣精神十足，不斷前進、持續粉碎一切。雪地必須讓美軍的鮮血染紅。勝利從未像此刻一般靠近。事情很快就會塵埃落定。我們會把那群從新世界來的、自負的大嘴巴猩猩丟進海裡。他們絕對無法進入我們的德國。我們將保護妻小不被敵人統治。若要保留生命中的一切嬌柔與美好，值此戰爭關鍵時刻，我們再怎麼殘暴都不為過。」[49]

戈培爾記錄道，在宣布了大攻勢的消息後，柏林人喝掉了耶誕節配給的所有杜松子酒。然而另一方面，多疑的柏林人沒那麼好騙。他們用典型的黑色幽默，打趣著說如何慶祝一個非常不歡樂的耶誕節：「實際一點，送一副棺材。」[50]他們比較擔心來自東面的威脅，許多人私心祈禱美軍盡快突破，趕在紅軍之前抵達首都。

在被俘於英國的德軍將領當中，進攻的消息激起了非常不同的反應。一段祕密錄音的對話顯示，在布洛涅被俘的費迪南德．海姆中將（Ferdinand Heim）、主持布雷斯特（Brest）防禦的資深傘兵拉姆克大將（Ramcke），以及黨衛軍第十二希特勒青年團裝甲師指揮官寇特·梅耶上校（Kurt Meyer），全都大感振奮。海姆把這次進攻稱為「長夜之役」。「請在夜裡轟隆隆前進，」他大喊，「繼續向前！」[51]

「裝甲梅耶」附議。「坦克戰的老原則是：『前進、前進、前進！』……這是德國領袖——尤其是在戰場上衝鋒陷陣的年輕德國指揮官——高人一等的地方。」[52]然而，身為裝甲部隊領袖，他不由得擔心替補的坦克砲手經驗不足。他也懷疑這次進攻是否野心過大，以至於適得其反。但拉姆克毫不憂慮。「這次進攻很了不起！」他堅決認為，「德國人不會被擊垮，你會看見我們追著盟軍穿越法國，把他們扔進比斯開灣（Bay of Biscay）！」[53]

另一方面，其他人說話尖酸刻薄。裝甲軍中將埃伯巴赫說起希特勒，「那傢伙永遠無法停止幻想。就算站在絞刑架底下，他仍會抱著自己絕不會被吊死的錯覺。」[54]在法萊茲隘口被俘的奧圖·艾爾菲茲中將（Otto Elfeldt）提醒他的聽者，「今天是星期三，假如他們五天內只前進了四十公里，我只能說那算不上什麼進攻。緩慢的攻勢根本毫無用處，因為那只會讓敵人飛快地動員他們的預備部隊。」[55]

14. 十二月二十一日星期四

十二月二十一日上午，派佩爾戰鬥團的處境危急，正如戰鬥團領袖說的，「陷入重圍，幾乎彈盡援絕。」[1] 黨衛軍第一裝甲師傳來訊息，表示他們打算穿過特魯瓦蓬，前來馳援。然而失了力量的派佩爾戰鬥團，甚至守不住斯圖蒙和切諾，而救援部隊也無法突破敵軍陣線。發狂的部隊洗劫安布萊維河南岸的杜蒂耶城堡（Château de Detilleux），摧毀所有帶不走的東西。其他士兵在萬納（Wanne）殺害五名男女，聲稱村民必定曾向美國砲兵通風報信。另外九名黨衛軍後來在瑞法特（Refat）的一間民宅搶食物，吃飽肚子後還強姦當地的三名婦女。[2]

斯塔沃洛的十二月二十一日早晨，另外一百名德國大兵試圖游泳渡河，到北岸占領據點。其中八十人在水中被吹噓其「射鴨子」本事的第一一七步兵團弟兄打死，其他人則掉頭回去。[3] 當美軍的戰鬥工兵在斯圖蒙到拉格萊茲的路上炸倒大樹並沿途埋設地雷、成功封鎖道路之後，派佩爾的處境變得更加嚴峻。他別無選擇，只能將剩餘部隊撤回拉格萊茲；美軍第三十師的砲兵已開始砲轟這座村莊。

戰鬥團面對的戰事越來越慘烈。「看見斯塔沃洛的被害民眾之後，弟兄們變了，」一名美國大兵記錄，「他們想要粉碎河對岸的一切。那不是不帶個人色彩的憤怒，而是仇恨。」[4] 沒有幾名黨衛軍士兵被生擒。黨衛軍軍官顯然以有利於自己的方式散播馬爾梅迪大屠殺的消息，希望恐嚇德國士兵作戰到底。軍官告訴他們，如果被俘，他們恐怕會被凌虐致死。

「擄獲的戰俘因此很少，」第一軍團總部的一名軍官記錄，「我們的弟兄知道敵人的暴行，也知道現在是攸關生死的時刻，不是你死，就是我亡。」[5] 許多高階將領表明他們批准弟兄展開仇殺。不久後，當布萊德雷將軍聽說隸屬於黨衛軍第十二希特勒青年團的戰俘談起傷亡的慘重，他狐疑地揚起眉毛。「來自黨衛軍第十二師的戰俘？」

「是的，長官，」軍官回答，「我們需要一些樣本。我們只擄了那幾個，長官。」

布萊德雷露出微笑，「嗯，那很好，」他說。[6]

巴頓的部隊大舉北上、進攻曼陶菲爾南翼的景象，讓布萊德雷雀躍不已。十二月二十一日，他和幾名參謀站在盧森堡市的阿爾發大飯店外，望著第五步兵師「沾滿污泥」的車隊一整天從這裡經過。「大兵看起來很冷，」韓森在日記中寫著，「成群窩在一起，抵禦迎面而來的刺骨寒風。當卡車載著他們穿越城鎮，他們面無表情地坐在行囊堆上，眼神空洞地回望熱切注視他們的民眾。」[7]

蒙哥馬利非常清楚，德軍下定決心靠裝甲師強渡默茲河。他認為第一軍團應該往西延伸防線，遠遠超過第三十師阻擊派佩爾戰鬥團的地方。李奇威少將——一名高大威武的傘兵，兩邊肩帶永遠綁著兩顆手榴彈——已經到任，接掌薩爾姆河以西的第十八空降軍。從薩爾姆河延伸到默茲河的地帶，蒙哥馬利堅持由年輕的科林斯少將負責統領第七軍。蒙哥馬利認為他是最傑出的美軍軍長，霍奇斯對他的評價也很高。第一軍團的史官記錄，「科林斯將軍渾身充滿愛爾蘭人的旺盛活力。」[8]科林斯將擁有第三裝甲師、第八十四步兵師，以及巴頓的老部隊——被稱為「移動地獄」（Hell on Wheels）的第二裝甲師。

李奇威有了第一軍團參謀長基恩以及如今的科林斯做後盾，主張他們應該在守軍繼續死守的情況下，朝聖維特推進。「蒙弟每隔一天就會前來我的指揮部，」科林斯記錄，「他會同時叫上李奇威，我們一起討論當下的局勢……我跟蒙弟慢慢變得熟稔，不知道為什麼，我們似乎一拍即合。我可以對他暢所欲言，就算駁斥他的意見，他也不會生氣。」蒙哥馬利反對大軍進攻聖維特，一部分是因為只有一條道路，不足以支援大軍通行。「喬，你不能靠單一道路支援整支大軍，」他說，無疑想起了通往阿納姆的路線。

「欸，蒙弟，或許你不行，但我們可以。」科林斯回嘴。[9]

不過，第七裝甲師師長哈斯布魯克與B戰鬥指揮部的布魯斯・克拉克，強烈反對援救聖維特的計劃。他們事後覺得蒙哥馬利原本打算撤出守軍的想法，會是正確的決策。他們也認為李奇威太過衝動，而且由於出身空降部隊，他並不懂得如何運用裝甲部隊。[10]

聖維特的守軍在十二月二十日到二十一日之間的夜裡聽到坦克行進的聲響，預料拂曉時會遭遇一波攻擊，但德軍直到接近中午才發動攻勢。德軍的國民擲彈兵開始以手榴彈和「恐怖的鐵拳」摧毀美軍的機關槍陣地。他們靠得如此之近，美軍的機關槍手只能朝四面八方掃射。哈斯布魯克的砲兵營儘管彈藥緊俏，仍在二到四分鐘內回應砲擊支援的請求，「消滅距離我軍五十碼以內的火力。」[11]

十五點十五分，戰火漸漸平息，但波以爾少校懷疑「這只不過是暴風雨前的寧靜」。[12] 他已經完全沒有預備兵力了。半小時後，德軍的噴煙者砲組再度猛然開火。樹林受到摧折。「散兵坑上的樹幹被劃出巨大傷口，如雨般落下的鋼鐵彈無情地掃過森林，我們可以聽到四周的樹梢、甚至整棵樹木粉碎、折斷的聲音。我們一次又一次聽到在某個地方的某個人被砲彈擊中，發出撕心裂肺的尖叫。然而，我們所能做的就是縮在散兵坑裡，背抵著面向前方的牆壁，但願我們不會被直接命中。當呼嘯的鋼鐵彈在我們四周爆裂，我們的神經彷彿都被連根拔起。」

德軍在砲火網的掩護下進攻穿越森林。當轟炸解除，波以爾大喊：「留心！」他的步兵在德軍試圖衝過伐木道路時開火。一名美軍以火箭砲擊毀一門自走突擊砲。而且，「我們的一名大兵帶著火箭砲爬出散兵坑往前衝，將火箭筒抵住履帶裙板，然後扣扳機，摧毀了一輛豹式戰車。開火之後，他也倒在地上，跟戰車同歸於盡。」

兩輛豹式戰車開始有條不紊地以直接火力砲轟一個又一個散兵坑。波以爾的一名軍官透過無線電，「語中帶淚地」詢問對付豹式的坦克殲擊車跑哪兒去了。「天殺的，他們有兩輛重型坦克在山脊這邊，一個坑接一個坑地轟炸我的弟兄。」但他們的戰區裡沒有謝爾曼或坦克殲擊車。天黑後不久，波以爾報告說他認為他們可以支撐到當天夜裡，但才剛過七點，德軍再度突擊，以噴槍者和豹式一一剷平散兵坑。

德軍從北面、東面和東南面三個方向的主要道路打進城裡。守軍很快就招架不住。波以爾營上的每一挺機關槍都配置了多組人員。「當一組人馬倒下，另一組立刻補上。」到了二十二點，「德軍坦克炸穿防線，進入了聖維特」。接連五天不眠不休地戰鬥、食物很少，而且許多人得了凍瘡之後，東南面的美軍第三十八裝甲步兵營被徹底孤立了。波以爾營上的六百七十名弟兄只剩下一百八十五人還能站著。其他人不是陣亡，就是身受重傷。天空開始下起大雪。[13]

B戰鬥指揮部的克拉克准將下達命令。「重新整隊。保全所有能保全的車輛。穿過聖維特往西進攻。我們正在城鎮的西面建立新的防線。」[14] 波以爾認為這項命令完全不可行，於是告訴弟兄分散行動，四到五人一組，只帶貼身武器。他派傳令兵前往迫擊砲排，指示他們摧毀車輛，但留下他們的迫擊砲和支架。一名醫護兵自願留下來照顧傷患。筋疲力盡的弟兄在大雪中舉步維艱地穿越森林。一名斥候拿著羅盤走在前頭，每一名士兵都奉命抓好前一人身上的裝備。

聖維特的街道堆滿了瓦礫與碎玻璃，屠宰場起火，受到驚嚇的牛群在街上亂竄。前一天的大轟炸期間，許多居民打包了個人物品，到聖約瑟夫修道院（St Josef Kloster）堅固的挑高地窖尋求庇護。隨著砲火越來越猛烈，戈法特神父決定下樓加入難民的行列。「他帶著聖餐杯和聖餅，在一間地下儲藏室搭了一座小小的祭壇。」等到德軍火力全開，這地方人滿為患，再也擠不進任何人了。其中許多人是硬拖著身體前來、強迫百姓為他們騰出空間的美國傷兵。[15]

撤退穿越鎮上的士兵，包括來自倒楣的第一〇六師的第四二三步兵團情報偵察排。「在黑暗裡，除了雪中的剪影，什麼也看不見，」他們其中一人寫道，「除非照明彈和槍口炸震讓四周變得似乎比白天更明亮。」最後三輛謝爾曼隨著情報偵察排撤出聖維特，「謹慎地沿著羅特街——通往西北方的另一條街——而行，到了城鎮邊緣，幾名士兵爬上坦克，盡可能躺平，想辦法趁其他弟兄在坦克兩邊徒步前進時抓住車身好好休息。當道路兩側冒出殺氣騰騰的交叉火網，坦克立即加速；這個火網特別用機關槍發射紅色曳光彈，把我們嚇得半死。僥倖的是，德軍射得太高了，曳光彈安全地在我們頭頂上方幾英尺交錯而過。我們在城外以西一英里左右的小山頂停下來。坦克在一小片樹林邊建立陣地，情報偵察排的弟兄走下前方幾碼外的山坡，盡可能地分散開來挖坑。」在暴風雪中，氣溫驟降了好幾度。[16]

飢寒交迫的德軍第十八與六十二國民擲彈兵師衝進城裡，急著尋找遮風避雨的地方，並且到民宅和廢棄的美軍商店搶奪找得到的食物。哈斯布魯克的部隊已撤退到聖維特以西的一條新防線，如今，輪到美軍的野戰砲兵營對這座命途多舛的城鎮進行轟炸。

在西北方，德軍瓦登博格少將的第一一六裝甲師奉命沿著烏爾特河（River Ourthe）東面挺進，直抵奧通（Hotton）。前一天，瓦登博格的裝甲部隊進攻桑姆瑞（Samrée）和鐸尚姆（Dochamps）兩座小鎮，在此同時，其右側的第五六〇國民擲彈兵師則打了一場比較辛苦的硬仗。在這場戰役中，豹式戰車成功毀損十多輛美軍坦克，但他們極度缺乏燃油，以致第一五六國民擲彈兵團的砲兵與偵察營不得不停下前進的腳步。情況在他們占領桑姆瑞、找到貯藏兩萬五千加侖燃油的油庫才得到舒緩；瓦登博格把這個發現形容成「天賜的禮物」。美國戰俘告訴他們，這些油被人摻了糖進行破壞，但他表示「這對德國引擎恰好適用」。[17]

他抱怨道，「讓人苦等的黨衛軍第二裝甲師完全不見人影」，但事實上，黨衛軍第二「帝國」裝甲師並沒有落後太多。他們受阻於聖維特附近持續不斷的紊亂交通，後來從南邊繞路而行，此刻正準備再度往北攻擊美軍第八十二空降師的防線。[18]但同樣地，他們必須先等待油料補給。耽擱讓帝國師焦躁得怒火中燒。「大家都知道，第二裝甲師一路向西挺進，沒有遭遇敵軍頑抗，而且已經快到迪南了。空中也平靜無事——往默茲河的路線洞開——但整個師被卡了二十四小時無法行動，只因為欠缺油料！」[19]蒙哥馬利決定將北肩往西延伸以應付威脅，並且否決李奇威和第一軍團朝聖維特挺進的想法，可說非常明智。

當天稍後，德軍第一一六裝甲師轄下的第一五六裝甲擲彈兵團在坦克支援下，對奧通展開攻擊，但他們被八十二空降師第三二五機降步兵團的一個營、一個坦克殲擊排，以及幾小時前剛抵達的莫里斯·羅斯少將（Maurice Rose）第三裝甲師的幾輛坦克聯手擊退。德軍第一一六裝甲師師長承認美軍這一仗打得漂亮。他的戰鬥團折損了好幾輛坦克，他的弟兄也都耗盡力氣。「部隊逐漸明白，那項決定性的計劃八成失敗了，我軍不可能贏得勝利。士氣與效率因此受損。」[20]

在此同時，德軍第二裝甲師抵達了奧通以南直線距離約十八公里的尚普隆（Champlon）。他們被美軍第三二七機降步兵團僅僅一個連，牽制於泰納維爾（Tenneville）東南方的十字路口。[21]呂特維茨後來打算以怯戰的罪名處置該師師長曼拉德·馮·勞赫特上校（Meinrad von Lauchert）。跟諾維爾的戰役如出一轍，這個師也被油料補給的遲到耽誤了行程。它轄下的幾支部隊才剛剛通過巴斯通以北。

戰火平息後，布爾西和諾維爾的居民走出地窖，觸目所見盡是一片瘡痍，空氣中瀰漫著潮濕的煙味，還有石頭碳化、鐵器焚毀，以及在轟炸中喪命的牲畜屍體燒焦的氣味。但是就連砲火停歇所帶來的小小寬慰都轉瞬即逝。居民發現自己被黨衛隊保安處的一支治安小隊圍捕。為了揪出比利時反抗人士以及九月間對美國人表示歡迎的百姓，殘忍的審訊開始了。保安處官員拿到報導了歡迎活動的報紙照片。布爾西的一名男子在接受嚴刑拷打後，被帶到外頭用鐵鎚打死；保安處在他的地窖裡搜出一面自製的美國國旗。這一行人移師到諾維爾，在那裡殺害七名男性，包括一位名叫德瓦沃的神父，以及村裡的校長。

巴頓如此迅速地重新調度他的第三軍團，已經締造了奇蹟。但對於必須集中火力為巴斯通解圍，他並不怎麼起勁。相反地，他寧可殺向聖維特，切斷德軍的後路。他也不樂意依照艾森豪的命令按兵不動，直到擁有更強大的兵力。「艾克和〔SHAEF的G－3作戰參謀〕布爾〔少將〕神經兮兮地擔心我攻擊得太早、力量太薄弱，」他在當天的日記中寫道，「我已掌握我所能得到的一切。如果等下去，我會失去奇襲的效果。」巴頓從不是個謙遜的人，他那天也寫信給妻子：「我們應能深入敵營的五臟六腑，切斷他們的補給線。當事態危急，命運要求我快馬加鞭。或許上帝留我一命，就是為了這次任務。」[22] 然而接下來幾天，當事實證明巴斯通比他想像的更難突破，巴頓的狂妄自大將讓他自己顏面盡失。

羅夫．庫克爾少校（Rolf Kunkel）指揮的德軍偵察營，連同科科特第二十六國民擲彈兵師轄下的第三十九燧發槍團，已占領了巴斯通南邊沿線的村落。裝甲教導師的先頭部隊緊跟著他們而來。在巴斯通西南方將近七公里處的錫布雷設立指揮部的科塔將軍第二十八師，設法靠失散士兵湊出一支防禦部隊。然而，他們一遭受攻擊便潰不成軍，科塔必須盡速撤離。前來視察戰區的科科特看見美軍第二十八師的脫隊士兵，以為他們來自巴斯通的駐地。錫布雷的一名比利時人跟他保證巴斯通的守軍正瀕臨崩潰。他突然信心大增，不禁認為呂特維茨的樂觀畢竟有他的道理。

庫克爾的部隊繼續往北挺進，在麥克奧利菲的總部引發了一陣恐慌，因為基地在席儂尚姆（Senonchamps）附近的第八軍砲兵力量薄弱。一個野戰砲兵營的士兵驚慌脫逃，但很快湊成的另一支部隊在裝載了四聯式點五〇機關槍的反坦克半履帶車支援下及時抵達。「絞肉機」發揮令人毛骨悚然的作用，庫克爾的攻勢分崩瓦解。

飢腸轆轆的德軍部隊占領了農舍與村落，由於氣溫驟降，他們很高興找到遮風避雨的地方。他們宰豬殺牛，搶奪百姓的食物，一找到美軍留下的裝備和口糧就大喜過望。他們對村民抱持懷疑，如同許多美國大兵對包圍圈內的比利時人存有戒心。

在更南方，第五空降獵兵師抵達了從巴斯通通往阿爾隆的道路，準備防堵巴頓的前進。對於他們是否有能力阻擋美軍的重大反攻，其他德國部隊沒什麼信心。[23]

在拜儒利與佛依之間，阻擋德軍沿著鐵道入侵巴斯通的戰役在霧中持續進行。好幾排傘兵小心翼翼穿越濃密的松林；這些松樹種得整整齊齊，下方沒有雜亂的樹叢。「就像一堵巨大的牆壁，許多根棕色柱子撐著一片綠色屋頂，」前一天逃出諾維爾的五〇六團第一營營長羅伯・哈維克少校（Robert Harwick）寫道。他們穿越每一條防火巷和伐木小徑時，必先停下來仔細查看狀況。命令則以耳語或手勢下達。德軍的砲彈偶爾會在樹梢炸裂。[24]

德軍的陣地藏得很好，這群傘兵完全不知道砲彈是從什麼地方發射。一旦發現敵軍的散兵坑，採散兵線隊形的士兵開始衝刺，其他人則以典型的「火力機動」戰術進行掩護。當受到兩面夾攻，許多國民擲彈兵不知所措。有些人直接逃到哈維克的弟兄手中，棄械投降。「兩名戰俘回來，」哈維克寫道，「他們嚇得半死，當子彈呼嘯而過，他們不斷抱頭啜泣。最後，一聲近距離的爆炸刺激他們跳進坑裡。衛兵為求保險，朝他們扔了一顆手榴彈。他走到坑前，拿卡賓槍開了四槍，然後回到前線繼續作戰……戰鬥的時間不長，但打得很辛苦——很慘烈，正如所有的近距離作戰。一名傷兵躺在我剛剛行動的附近。我爬過去。他急需幫助。他身邊有一名急救兵；急救兵的手上還拿著繃帶，但頭部中彈。」[25]

等戰鬥真正結束，弟兄們帶回來更多戰俘。「有一個人受到驚嚇，連站都站不穩，喃喃地用德語說著傻話，眼神飄來飄去。他不斷用英語說：『別殺我！』他最後倒在地上哭泣，在我們扶他起來的時候放聲尖叫。其他人的態度，則落在這名士兵和另一位冷漠傲然的中尉之間；這名中尉如此超然冷淡，以至於臉上莫名其妙挨了一拳。」戰俘被迫抬著美國傷兵回到最近的急救站。[26]

巴斯通本身有相對充裕的食物與麵粉補給，但是前線專用的口糧明顯不足。前三天的K口糧很快就吃光了，所以大兵主要靠煎餅和鬆餅果腹。

麥克奧利菲的最大顧慮是砲彈短缺，尤其是供一〇一空降師野戰砲兵使用的一〇五毫米短管榴彈砲。燃油存量也是一大問題。坦克殲擊車和謝爾曼的耗油量很大，而它們對防守至關緊要。然而，自從失去野戰醫院，越來越多的傷兵以及醫生的短缺在每個人心上籠罩一層陰影。低矮的雲層遮蔽了天空，意味著不可能進行空投補給。正如巴頓和盧森堡的布萊德雷──事實上，正如阿登地區的每一名指揮官和美國大兵──醫務人員祈禱趕快出現允許飛行的好天氣。

當天，德軍開始集中轟炸巴斯通本身，其砲火的精準度，讓憲兵不由得懷疑難民和百姓當中有第五縱隊隊員（fifth columnist）＊在幫忙指揮德軍的砲火。這座城鎮是個顯著的攻擊目標，躲在聖母學院（Institut de Notre-Dame）地窖裡的人可以感受地面的震動。一枚砲彈擊中一個小型彈藥庫，引發了一場大爆炸。麥克奧利菲不得不將指揮所搬進地窖。羅伯茲上校獨力指揮第十裝甲師戰鬥指揮部行動之後，如今歸到麥克奧利菲麾下，此刻也前來會合。兩人合作愉快，而麥克奧利菲出身砲兵培養出來的專才，在如此仰賴火砲的防守戰中非常有用。

由於第二十六國民擲彈兵師奉命在僅有裝甲教導師一個戰鬥團支援的情況下進攻巴斯通，軍長呂特維茨命令拜爾萊因將軍派一名談判員要求守軍投降，以避免全軍覆沒。呂特維茨接到元首總部的嚴格命令，不得挪用更多部隊來攻占巴斯通，所以準備在隔天發出的招降要求，純粹是虛張聲勢。[27]

巴斯通一帶的周邊防線可說漏洞百出，從德軍沿鐵路的滲透即可見一斑。漫長的黑夜與白天的低能見度，讓德軍得以輕易溜過防線，切斷前進陣地後方的道路，設法刺激美軍撤退。一旦發生這種事情，美軍便出動預備排來應付狀況，所以潮濕的森林中經常出現「捕鼠行動」，也就是巡邏員在搜索倖存者。繚繞地面的霧氣導致返回的巡邏員遭同營弟兄射殺，也導致雙方士兵誤闖敵軍陣營。在佛依附近的第五〇六團第二營執行官理查德・溫特斯上尉（Richard Winters），甚至看見一名德國大兵脫下褲子，在他們的指揮所後方解手。「他上完以後，我想辦法用最標準的德語喊他，『過來這裡！』他順從地走過來。那可憐傢伙的口袋裡只有幾張照片、幾個小裝飾品，以及一條黑麵包尾端硬得半死的麵包皮。」[28]

唯一留在巴斯通應急的，是由大約六百名兵力湊成的一支「烏龍部隊」（Team SNAFU）。第二十八步兵師的掉隊士兵、在巴斯通以東被殲滅的第九裝甲師戰鬥指揮部的倖存者，以及瀕臨罹患戰鬥衰竭症的大兵，全都受到徵召。受到包圍的好處之一，就是守軍可以利用內部道路迅速增援受到威脅的巴斯通外圍戰區。在此同時，烏龍部隊也負責站哨以封鎖進城的路線，並且為前線部隊的傷亡人員進行替補。

當天夜裡又開始下雪，大地即將出現霜凍。這是禍福參半的事，不論對據守聖維特以西的哈斯布魯克，或對巴斯通的第一〇一空降師都是如此。

---

* 譯註：指在內部進行破壞、與敵方裡應外合的人。

15. 十二月二十二日星期五

在聖維特西面，風雪讓哈斯布魯克即將枯竭的兵力有機會脫離戰鬥，但他們遲遲收不到撤離的許可。李奇威將軍仍然希望他們在聖維特和薩爾姆河的中間地帶死守到底。

凌晨時分，瑞馬的元首護衛旅對聖維特以西約四公里處的羅德（Rodt）小鎮展開攻擊。羅德是由美軍的勤務部隊——駕駛兵、炊事兵和信號兵——負責防守，到了上午稍晚，裝備精良的瑞馬大軍便掃平了這塊地方。

哈斯布魯克的部分弟兄仍然跟聖維特東北方斷了聯繫，因此沒收到大撤退的消息。清晨四點，一個裝甲步兵連接到第二七五野戰砲兵團傳來的無線電訊息。「你們的命令是：往西、往西、往西。」連長下令麾下各排從前哨站回營，一次一排，呈一路縱隊前進，「每個人緊緊抓住前面一個人的皮帶或背包帶。」[1]「茫茫大雪中，能見度幾乎為零，只能靠羅盤指引他們往西前進。途中，這群在雪中艱難跋涉的大兵散開了，絕大多數人被殺或被俘。少數逃出樹林、小峽谷和陡坡的人，終於抵達構成第七裝甲師後防部隊的輕坦克與裝甲車防線。

隨同三輛謝爾曼逃出聖維特、筋疲力盡的第一〇六師情報偵察排，天亮以前被引擎發動的聲音吵醒。坦克小隊接到撤離命令，但忘了通知一直護衛著他們的情報偵察排。「我們疲憊地爬出臨時散兵坑，在樹林邊緣集合。有些人必須靠人撐著才站得起來，有些人走路走得很痛苦。經過一夜，我們的雙腿又僵又硬，由於我們一直蜷伏在我們的防禦陣地，接近冰凍的雙腳變得更腫了。」

當他們踏上通往維爾薩姆的道路，坦克引來了德軍的砲火；這顯示敵軍已經走在他們前頭。「於是，在冰冷的風雪當中，我們再度謹慎地穿越樹林，開始往西南方前進。」他們可以聽到元首護衛旅攻擊羅德的激戰聲音。「靠著灌木叢和始終不散的大霧，我們穿越鄉間小徑、更往西南方向前進，直到抵達一個叫做諾恩多夫（Neundorf）的小村子。在進村的小橋邊，我們看到村子邊緣的一排農舍。」[2]

「越過小橋後，」該排的另一位弟兄接著說，「我們受到一大群比利時百姓——男人、女人和小孩——的歡迎。我說明我們是誰，以及聖維特發生了什麼事。我此生永遠忘不了這群人的行動。他們在那裡，夾在即將到來的德國大軍和潰逃的美軍之間。然而他們做了什麼？他們很快把我們分成幾個小組，分別帶入他們的家中。我這一組人進了一位很棒的比利時女士的家。我不知道她究竟是怎麼辦到的，但她似乎短短幾分鐘內，就在一張長桌子上擺滿了食物。桌上有一大鍋燉肉、兩大壺牛奶、水煮馬鈴薯和幾條熱麵包。你可以想像接下來的畫面。我們盡情地狼吞虎嚥。壁爐裡燒著爐火，沒多久，愛爾蘭佬（一等兵約翰．希恩）就在火爐前的搖椅上睡著了。我們一吃完飯，就聽到後方不遠處傳來德軍的機關槍聲。匆忙離開之際，我們掏出身上找得到的每一分錢，放在桌上。對這群善良美好的人，我們無以為報。」[3]

元首護衛旅的進攻將哈斯布魯克的兵力一分為二，所以他必須進一步撤離，以免被徹底包圍。對於指示他在薩爾姆河東面採「鵝蛋」型守勢的李奇威和他的第十八空降軍總部，哈斯布魯克大為惱火。哈斯布魯克極度擔心他的南翼，因為他在夜裡聽說，他右側的特遣隊已被黨衛軍第二「帝國」裝甲師的一名軍官俘虜。假使帝國師真的如同戰俘所說的朝古維前進，那麼那一帶的薄弱軍隊毫無生存機會。十二月二十二日上午稍晚，在波托北面的萊希特附近的一支德國生力軍，已被證實是黨衛軍第九「霍亨斯陶芬」裝甲師的成員。它看起來似乎打算往薩爾姆河的方向前進，假使真的如此，將有可能切斷第七裝甲師A戰鬥指揮部的撤退路線。指揮官羅森鮑姆上校（Rosebaum）當機立斷。他撤回正在和元首護衛旅交戰的坦克部隊，將兵力集中在波托一帶，阻擋黨衛軍霍亨斯陶芬師前進。

當天早上，蒙哥馬利的一名英軍聯絡官出現在哈斯布魯克位於康曼斯特（Commanster）的指揮哨。聯絡官問哈斯布魯克，對於接下來應該怎麼做，他有什麼想法。哈斯布魯克回答，要是上級相信有必要維持全面防守，那麼他會盡全力堅持，但他認為撤退才是上策，因為樹林地形和道路的缺乏，讓這一帶幾乎無法防守。這些話被傳回給蒙哥馬利。

哈斯布魯克接著詳細評估他面臨的局勢，將消息傳給李奇威。德軍砲火很快就能從四面八方轟炸他的弟兄，而取道維爾薩姆的補給線，則因黨衛軍帝國師的前進而受到威脅。他認為他的剩餘兵力用於增援第八十二空降師，會比用於抵抗帝國師更有效。尤其因為步兵嚴重折損，他懷疑他們還能承受另一波火力全開的攻擊。他附帶說了一句：「我把我的最後籌碼投入於阻擋（德軍）……在我看來，如果我們入夜前沒離開這裡、北上和第八十二師會合，第七裝甲師將不復存在。」[4]

李奇威駁回撤退的提議，但蒙哥馬利當天下午視察第一軍團總部時，推翻了這項決策。他傳信給哈斯布魯克：「你已完成你的任務，做得很好。現在是撤退的時候了。」[5]確實做得很好。成分非常混亂的哈斯布魯克部隊，成功讓德軍第五裝甲軍團的前進耽擱了將近一整個星期。

對美軍而言，幸運的是，德軍蜂擁衝進聖維特，導致了一場交通大堵塞。其中許多車輛是在西尼艾菲爾被擄獲的美軍吉普車和卡車，而它們的新主人拒絕拋棄這些車子。野戰憲兵隊失去了控制，憤怒的莫德爾元帥不得不下車，徒步走進他的部隊花了那麼長時間才攻下的城鎮廢墟。重要十字路口一帶的混亂交通，意味著德國指揮官必須花一點時間重新部署部隊。這樣的喘息空間，讓克拉克准將有機會將他的B戰鬥指揮部撤到新的防線。接著發生了一樁更偉大的奇蹟。那天早晨，就在哈斯布魯克的砲兵即將彈盡援絕之際，一支由九十輛卡車組成的車隊穿越迂迴的鄉間小路不期而至，為一〇五毫米榴彈砲帶來五千枚砲彈。

情報偵察排和第四二四步兵團——第一〇六師有待撤離的最後一團——會合，組成哈斯布魯克軍隊的右翼。他們首次聽說馬爾梅迪附近的大屠殺事件。「前線部隊發誓他們的戰區不留活口，」其中一人寫道，「兩個排在聯繫連部的途中，經過一個步槍排的前線散兵坑。在樹林內的五十碼外出現了一面白旗，有鑑於此，一名中士站起來，示意德軍向前。大約二十個人從樹林中現身。當對方越來越靠近前線，中士下令開火，沒有接受任何戰俘。」[6]

唯有包圍聖維特的德軍部隊才有辦法繼續前進。當天晚上，德國裝甲車和步兵沿著鐵道進攻克隆巴赫（Crombach）。克隆巴赫的戰情非常激烈。一個連在二十分鐘內擊發了六百枚八一毫米迫擊砲，「折斷焊接在半履帶車底板上的砲身底座。」[7]德軍裝甲車組員使出慣用伎倆，他們以照明彈的強光讓美軍砲手一時眼花，因此得以搶先發射砲彈，造成毀滅性的效果。

正如哈斯布魯克的預期，如今，幾乎一整個師都遭受猛烈的砲轟。撤離的命令已經下達，砲兵午夜開始撤退。到處一片天寒地凍。克拉克准將不敢相信的好消息是，地面終於變得夠硬，美軍不僅可以越野行動，也能穿越淤泥很深的林間小徑。如果要將成分複雜的大軍從維爾薩姆和薩爾姆沙托之間的三公里縫隙以及跨河的兩座橋梁撤出，這一點非常重要。但德軍當晚的攻擊，阻礙了兩個戰鬥指揮部在夜色中撤離。精心策畫的撤退行動被打亂腳步，但儘管遭遇許多場小型的後防戰，絕大部分的撤退部隊在十二月二十三日成功渡過了薩爾姆河。[8]

一名步兵連倖存者跟著第十七坦克營成功逃出。他追述他們如何經過好幾場追退戰鬥，終於抵達第八十二空降師的防線。一名正在挖散兵坑的空降兵放下鏟子說：「你們這些傢伙見鬼的跑什麼啊？我們在這裡兩天了，連一個德國佬都沒找著。」這名累壞了的步兵回嘴：「站在原地別動，兄弟，再過一會兒，你就不必費力氣找了。」[9]

在艾森柏恩山脈的南面山坡，黨衛軍第十二希特勒青年團裝甲師再度試圖以坦克突破比辰巴赫。美國守軍將百姓集合到修道院的地窖，並為他們提供食物。在城鎮外圍及邊緣，婦女及兒童瑟縮地躲在房子的地窖裡，等待兩軍在他們頭頂上交戰，時而占領或收復他們的房子。火箭筒小隊在德軍裝甲車企圖打進城裡的時候伏擊。美軍的戰鬥轟炸機接著砲轟村莊。一次爆炸把一頭牛炸飛到農舍屋頂上。等到戰鬥結束，二十一位平民的遺體被裹在毯子裡，等待機會入土為安。他們大多是老人和安養院裡的殘障住戶。[10]

這是對艾森柏恩山脈的美軍防線展開的最後一次大型攻擊。黨衛軍第十二希特勒青年團師接到命令撤離並重整，然後加入更南方的第五裝甲軍團。傑羅的第五軍成功壓制了德軍第六裝甲軍團的突破行動。

十二月二十二日凌晨，德軍的容克五二運輸機群為派佩爾戰鬥團空投燃油、口糧和彈藥，但在限定的空投區內，僅找回了大約十分之一的補給品。德國空軍不理會第六裝甲軍團的請求，拒絕再次出勤。黨衛軍第一裝甲師試圖突破防線，以便支援派佩爾並提供補給，然而他們的行動，遭到負責防守薩爾姆河與安布萊維河交會處以南的第八十二空降師的一個團阻撓。李奇威知道，他必須盡快將派佩爾戰鬥團消滅在拉格萊茲和斯圖蒙口袋中，以便重新調遣第三十師和第三裝甲師。基於德軍第一一六裝甲師對奧通的進攻，德軍第二裝甲師也在其左側，更遠處的西方正面臨越來越嚴重的威脅。

繼前一天夜裡的霜凍之後，李奇威希望當天出現晴朗的天氣，但他很快聽說他們得不到任何空中支援。起碼第三十師的步兵在謝爾曼支援下，終於掃平了斯圖蒙。德軍撤離，拋下黨衛軍第二裝甲擲彈兵團全部三個營的傷兵。但在斯塔沃洛以西，一個裝甲擲彈兵連偷偷溜進來阻斷道路，占領美軍的一個急救站。不過隔天，美軍的戰鬥工兵和坦克便奪回了這個急救站。[11]

派佩爾深知自己的處境「非常嚴峻」。雙方在拉格萊茲進行街頭巷戰，許多建築因美軍發射的白磷彈而起火燃燒。派佩爾聲稱，美軍坦克與大砲瞄準了「有顯著紅十字標記」的拉格萊茲教堂。[12]他的部下絕大多數都還是青少年，此刻已筋疲力盡，而且處於半飢餓狀態。他們多半穿著死人或戰俘身上扒下來的制服，因為他們自己的制服已襤褸不堪。既然救援部隊的突破行動一再失敗，派佩爾當晚決定，他的戰鬥團必須自己想辦法打出去。

當派佩爾的意志逐漸下沉，在巴斯通南面的科科特少將卻開始覺得樂觀多了。他的第二十六國民擲彈兵師指揮哨剛剛接到報告，德軍的幾支裝甲師正朝默茲河快速挺進。他也開始認為，呂特維茨的軍部說不定掌握了有關巴斯通美國守軍的精確情報，否則不會下令只留下「單單一個步兵師」來包圍並占領這座城鎮。[13]前一天夜裡，裝甲軍中將布蘭登貝爾格前來視察，向呂特維茨保證第五空降獵兵師會守住南翼，防堵從阿爾隆北上的巴頓大軍。

在大雪紛飛、地面結凍的酷寒天氣裡，科科特展開一場同軸心的聯合攻擊。他的第三十九團進攻西面的曼德聖阿蒂安，在此同時，他的偵察營——庫克爾戰鬥團——則攻打巴斯通西南方的席儂尚姆和維勒魯（Villeroux）一帶。「在〔今天的〕進程中，」科科特記錄，「軍部傳來消息，大意是負責防守巴斯通的指揮官以異常簡短的答覆拒絕投降。」[14]

當美軍第三二七機降步兵團看見四名德國人揮舞著白旗朝他們走過來，他們以為這一行人打算投降。一名德國軍官以英語宣布，根據日內瓦及海牙公約，他們有權下達最後通牒。他們戴上自己帶來的眼罩，被引領到美軍的連指揮哨。他們的信後來被送到師總部。熬了一整夜沒睡的麥克奧利菲准將，當時正在地窖裡補眠。代理參謀長搖醒他，告訴他德軍派出使者要求巴斯通守軍投降，否則守軍就要面臨被砲火殲滅的命運。半夢半醒之間的麥克奧利菲喃喃說了一聲，「扯淡！」他不知道如何回覆，於是第一〇一師的一名參謀建議麥克奧利菲，不妨將他回答參謀長的話，原封不動地回敬德軍。於是，美軍短短兩個字的回答，就這樣傳給了一位身分不明的「德軍指揮官」，而此人其實正是呂特維茨。當曼陶菲爾聽說了這個最後通牒，對呂特維茨大為震怒。他認為這是一次愚蠢的恐嚇，因為德軍根本沒有足夠火力履行夷平巴斯通的威脅。然而在另一方面，麥克奧利菲並不確定德軍是否只是虛張聲勢。

天氣的改變，意味著制服在雪地的映襯下變得極其顯眼。在巴斯通和周邊村落，美國軍官詢問市長能否提供床單，供他們進行偽裝。在漢姆勒（Hemroulle），村長直接跑到當地教堂敲鐘。村民奔跑著集合。他籲請村民捐出床單，因為美國大兵需要它們。村民提供了兩百多條。傘兵開始剪開床單，設法包住頭盔、步槍和機關槍槍筒。然而，穿著床單斗篷外出巡邏的士兵很快發現，他們一下子就變得又濕又冷，而且任何動作都會發出吱吱沙沙聲。其他士兵則在巴斯通和周圍村落搜尋白色塗料，為他們的車輛和坦克進行偽裝。

在巴斯通周邊防線的散兵坑，裝備不良的第一〇一師傘兵因氣候嚴寒而飽受折磨，尤其是浸在濕靴子裡的腳。幾名士兵發現巴斯通的一家商店有一兩千個麻布袋。這些和其他的麻布袋很快發放給士兵，供他們纏住雙腳。然而，戰壕腳和凍瘡造成的非戰鬥傷亡人數仍然迅速激增，情況告急。

儘管狀況惡劣，但美國傘兵當天仍以令德軍吃驚的氣勢展開反攻。天剛亮的時候，德軍就開始進攻曼德聖阿蒂安。作戰期間，一家難民跟其他人一起躲進這個村落的最後一間房子。擁有這座農場的兩兄弟擠了牛奶，將牛奶桶提到跟房子相連的牛棚供客人飲用。突然間，大門被踢開了，兩名德軍拿著「施邁瑟」（Schmeisser）MP-40衝鋒槍闖進來。難民害怕地蜷縮在牆邊，因為這兩個人看似喝醉了。其中一人拿槍指著百姓，另一人則走到牛奶桶邊，脫下褲子，對著幾個牛奶桶一一灑尿。他們兩人覺得這樣很好玩。[15]

第二十六國民擲彈兵師當天僅以四百名士兵進行攻擊，因而敗下陣來。它必須從師勤務營和砲兵團調派人員替補步兵，彌補人數上的不足。基於美軍的反攻，科科特少將甚至以為守軍有意突破包圍。他的部下聽逃離巴斯通的難民百姓說，城裡的氣氛緊張，車輛都裝滿了裝備。當天夜裡，德軍砲火擊中了第一〇一師指揮哨，打死了好幾名在睡袋中沉睡的軍官。

由於能見度太低，計劃當天進行的空投行動只得取消。第一〇一師的彈藥非常吃緊，而且有待醫治的傷患人數快速累積。不過美軍士氣高昂，尤其當上層一口回絕投降的消息流傳開來。SHAEF的幾名高階將領——特別是英裔的情報長史壯少將——擔心第一〇一空降師守不住巴斯通。「我從來不擔心那次行動，」史密斯將軍後來說，「但史壯很擔心。有一天，他三度問我是否認為我們守得住巴斯通。我覺得可以。他說，『你怎麼曉得？』我說，『因為那裡的指揮官認為他們守得住』。巴斯通有我們最精銳的部隊，當指揮官說他們沒問題，我就相信他們辦得到。」[16]

「閃電喬」科林斯少將毫不浪費時間，他把他的第七軍組織起來，阻擋德軍裝甲師朝默茲河前進。他目前的兵力只有第八十四步兵師，但第二裝甲師正兼程趕來，第七十五步兵師也是一樣。他搭乘一輛裝甲車抵達馬爾什昂法梅訥。「霧氣在樹冠上空徘徊，」他後來記錄。[17]他找到第八十四步兵師師長艾歷克斯・博林准將（Alex Bolling），後者已派出偵察部隊辨認敵軍的前進路線。博林的「高度鎮定」讓他很放心，但他們的對話讓他相信，布萊德雷決定把整個第七軍留下來反攻，是一個錯誤。第七軍即將「投入一場生死之戰」。[18]科林斯決定把軍總部設立在緬恩（Méan）的一座小城堡，距離馬爾什正北方十五公里。

十二月二十二日一大清早，德軍第二裝甲師的先頭部隊動身前往馬爾什。[19]他們一路暢行無阻，直到在馬爾什南邊兩公里的一個十字路口、在綿延起伏的原野與樹林之間，遭遇了博林第三三五步兵團的一支分遣隊。儘管德軍的一支裝甲擲彈兵部隊留下來繼續戰鬥，但第二裝甲師的主力轉向西行，朝迪南而去。根據英軍第二十三輕騎兵團——在濟韋駐守默茲河渡口的先鋒部隊——一則未經證實的報告指出，有人在東南方十幾公里處的凡內許（Vonêche），看見了德國裝甲車的蹤跡。[20]

那時候，德軍第二裝甲師的主力距離迪南的默茲河大橋只有二十五公里，但博林部隊持續攻擊，迫使第二裝甲師分出兵力保護側翼。美軍步兵上午從馬爾什展開的攻擊失敗了，但到了下午，以坦克車為後盾的另一波更強大的攻擊，收復了城鎮西南方的高地。[21]德軍第二裝甲師的高射砲營攻擊暴露於曠野的謝爾曼，使得情勢免於更大逆轉，但它在過程中損失慘重。當天夜裡，裝甲擲彈兵設法奪回了高地的一小塊地方，以及通往西邊的道路。

這塊地區的美軍勤務部隊和其他分遣隊，很快被危險驚醒。其中一組人駐屯在馬爾什和羅什福爾中間一座古老的哈吉蒙城堡（Château d'Hargimont）裡。他們穿著制服和靴子、手上拿著手榴彈入睡，以防夜裡遭到德軍奇襲。一聽到砲火聲，他們迅速撤出，回到迪南。絕大多數比利時年輕人也同樣騎腳踏車或徒步奔向迪南。他們合情合理地害怕德軍對九月的反抗軍攻擊展開報復，也知道如果留下，就必須冒著被德國人強徵為民伕的風險。

在地窖裡躲避砲火的比利時人，對戰爭的情勢一無所知。然而從街上的動靜，他們可以分辨出有塑膠墊的美軍軍靴和打了鞋釘的德軍長統靴的不同腳步聲。德軍進城時，他們就躲起來，不僅因為害怕殘暴，也因為他們知道德國大兵渾身長滿蝨子。在那一波進攻中，德軍有意搜捕躲起來的美軍和反抗組織成員。傻到偷藏一兩顆子彈的比利時年輕人，一旦被搜出來，都有可能被德軍以「恐怖分子」罪名射殺。而當德國大兵決定放鬆休息，他們會將步槍和鐵拳堆在某個角落，讓百姓不由自主緊張兮兮地盯著瞧。當地居民以瓦隆語交談，心知德軍聽不懂，除非其中有人恰好是從東部省分被徵召入伍。

在以防風燈或蠟燭照明的地窖裡，阿登居民偶爾趁戰火停得較久時唱唱民謠。但是當砲火再度轟然落下，人們便開始喋喋地吟誦玫瑰經。衛生狀況在長期轟炸中迅速惡化，爆發了痢疾。唯有戰火停息時，才能將便盆拿出去倒在牛糞堆上。農民和他們的兒子也會趁機衝到畜欄擠牛奶、餵豬。他們會為躲在地下的人們帶回幾桶牛奶，改善以馬鈴薯為主的飲食。如果有時間，他們會快速宰割被砲火打死的牲口。幸運的人會帶來一支阿登火腿，大家一同享用。許多人用桶子和瓶子裝滿雪，融化以後充當飲用水，因為到唧筒取水太危險。房子被砲彈擊中時逃到樹林裡的人，除了擠在一起取暖之外無計可施。他們只能靠吸吮冰柱解渴。

整個阿登地區，居民齊心協力照顧老弱婦孺；事實上，自私自利的案例非常罕見。擁有石造地窖的人，會讓地窖上方只有木板的鄰居躲到他們家裡。而地窖很深的當地城堡屋主，會邀請村民到城堡裡躲避戰火；但這類的顯著建築往往會吸引砲兵觀測員注意，不論盟軍或德軍。

德軍第一一六裝甲師師長瓦登博格少將當天早上情緒惡劣。清晨四點，他接到軍長的命令，指示他停止從烏爾特河東面攻打奧通；美軍工兵營和勤務部隊正奮勇守衛這塊地方。曼陶菲爾誤以為美軍的防守太過堅強，恐怕會牽制住瓦登博格的部隊。他下令第五六〇國民擲彈兵師接手攻占奧通，而第一一六裝甲師則穿越桑姆瑞及拉羅什昂阿登往後退，然後從烏爾特河的另一面再度轉向西北方，突破奧通和馬爾什的中間地帶。瓦登博格相信，如果他們早一點這麼做，早就可以攻破馬爾什了。這次轉向，無疑給了科林斯將軍更多時間組織更西邊的防線。[22]

在盧森堡，布萊德雷將軍的參謀注意到他現在很少離開房間或辦公室了。但是那天早晨，韓森進入布萊德雷的辦公室，看見他跪在地上的一張地圖上，透過雙光眼鏡凝視德軍使用的道路網，並以咖啡色蠟筆標出路線。這一天正是巴頓將軍的第三軍——包括第四裝甲師以及其右側的第二十六和第八十步兵師——開始從南邊進攻巴斯通的日子。第十二軍緊跟在南肩的第四步兵師後頭啟程，也將派出第五師和一部分的第十裝甲師北上支援。

前一天夜裡下了一場大雪，韓森形容從飯店望出去，「許多小房子被白雪覆蓋，是不折不扣的明信片風景」。[23]霧氣散去，氣溫又降了幾度，但低矮的雲層仍然阻礙盟軍充分運用其空中力量。由於盧森堡人民依舊充滿焦慮，第十二集團軍的民政官決定開車載夏洛特女大公（Grand Duchess Charlotte）的兒子若望王子（Prince Jean）在城市裡兜圈，向人民保證他依然與大家同在。布萊德雷的參謀很生氣，因為擁有全歐洲最強發送機的盧森堡電台停播了；電台員工倉皇撤離，帶走絕大多數技術設備。

斯科爾茲尼突擊隊造成的恐慌還沒有完全平息；反情報部隊人員「為將軍們的安危深感憂心」，韓森在當天的日記中寫道，「據說身穿美軍制服的德國情報員，以他們的粉紅色或藍色領巾、〔手指〕敲打頭盔兩下，以及外套或夾克最上面的扣子不扣等方法辨識身分。當〔《時代》雜誌的〕查理·維特貝克（Charlie Wertenbaker）傍晚抵達，我們指著他的酒紅色領巾，警告他避開粉紅色系列，他立刻摘下領巾。」[24]

同樣被凡爾賽的安全警戒憋得透不過氣的艾森豪，對全體部隊發了一道當日訓令：「敵軍正用盡力氣，企圖打破你們今年夏天和秋天的輝煌勝利迫使他們陷入的絕境。為了奪回你們贏得的一切，敵人正瘋狂進攻，並且使出各種卑鄙的詭計來欺騙並殺害你。敵人拚上所有賭注，但在這場戰爭中，你們無與倫比的勇氣已經打亂了對方的計劃。面對你們的英勇與剛毅，敵人將一敗塗地。」[25]

前一天，為了捍衛布萊德雷，不讓人懷疑他在阿登戰役中被打得措手不及，艾森豪提議將他晉升為四星上將。他寫信給馬歇爾將軍，表示第十二集團軍司令「臨危不亂……有條不紊且幹勁十足地面對當前處境。布萊德雷沒有任何可非議之處」。[26]

根據史密斯將軍所說，布萊德雷受到參謀慫恿，深信蒙哥馬利已亂了手腳。不說別的，光是這個完全失真的看法，便顯示他在盧森堡的老鷹戰術指揮部跟戰場上的現實徹底脫節。「我們聽說全體英軍都在撤退，」他的一名參謀官寫道，「前線只留下骨幹部隊。身為一個謹小慎微且行動極其敏捷的人，蒙哥馬利將英國第二軍團及加拿大第一軍團的主力退到荷蘭，在安特衛普一帶形成半圓形防守圈，準備負隅投入他顯然認為自己非打不可的一場仗。」[27]布萊德雷的參謀顯然不知道何洛克斯的第三十軍正在默茲河布防，其中第二十九裝甲旅已經抵達東岸，準備跟右翼的科林斯第七軍會師。

16.十二月二十三日星期六

十二月二十三日早晨，整個阿登地區的美軍指揮官，莫不驚異地望著無雲的藍天和炫目的冬陽。氣溫持續下降，因為帶來晴朗天氣的「俄羅斯高氣壓」已從東面翩然而至。空中管制員高興地宣布「能見度無限」，並且急忙動員P－47雷霆式戰鬥轟炸機進行獵捕坦克的行動。[1]興高采烈的巴頓將軍對他的副參謀長驚呼：「他媽的！歐尼爾的禱詞確實有效。召他過來，我要給他一枚勳章。」[2]翌日，歐尼爾牧師匆匆從南錫趕到盧森堡，接受巴頓授予的青銅星章。

和盧森堡許多居民一樣，布萊德雷的參謀也跑到街上瞇著眼睛，凝望盟軍的重型轟炸機在攻擊特里爾（Trier）及其火車調度場的途中，在碧藍天空留下一道道水蒸氣凝結尾。當士兵注視轟炸機和戰鬥轟炸機再度從他們頭頂上川流而過，像一群銀魚般閃閃發亮，散兵坑裡士氣高漲。

盟軍的空中支援帶來一項額外好處。當附近出現戰鬥轟炸機，德國砲兵便收斂火力，以免暴露砲組的位置。「敵軍的空中武力一出現，砲兵的威力便縮減百分之五十到六十。」莫德爾的砲兵指揮官報告。[3]

然而當天上午稍晚，第十二集團軍總部震驚地聽說，德軍第二裝甲師的部分兵力正在朝羅什福爾以東的熱梅勒前進。那裡是集團軍無線電中繼站的所在地，防守的力量不超過一排步兵和幾輛坦克殲擊車。布萊德雷立刻打電話詢問第一軍團總部能否調兵增援，但是「話才說到一半就斷線了」。守衛中繼站的士兵剛剛拆掉所有管線，準備在德軍進逼時撤離。不過他們仍抱著很快收復這個地方的希望，因此沒有摧毀器材。[4]

至少，空中偵察任務如今可以釐清德軍裝甲師以默茲河為目標，往西北方向前進的行動。然而，第一軍團總部仍然深信德軍打算朝列日突破。參謀官不知道希特勒堅持往西邊挺進。

羅斯將軍把指揮哨設在嚴陣以待的奧通鎮。他被迫將他的第三裝甲師分散於各個方向。一個戰鬥指揮部仍在拉格萊茲附近鏖戰派佩爾戰鬥團，另一個正從歐本趕來會合。第三師的其餘兵力分割為三個特遣部隊。其中兩支部隊準備在通往列日的道路上，阻擋黨衛軍第二「帝國」裝甲師從烏法利茲挺進到馬奈（Manhay）。不過，霍根小隊在奧通東南方十公里的馬庫雷（Marcouray）被包圍，並且耗盡油料。當天曾嘗試空投補給，但是傘降包裹落在六公里外的地方，隔天的落點更在將近十公里以外。[5]

烏法利茲—列日公路上的巴拉克弗萊杜爾（Baraque-de-Fraiture），是由十字路口旁的三間農

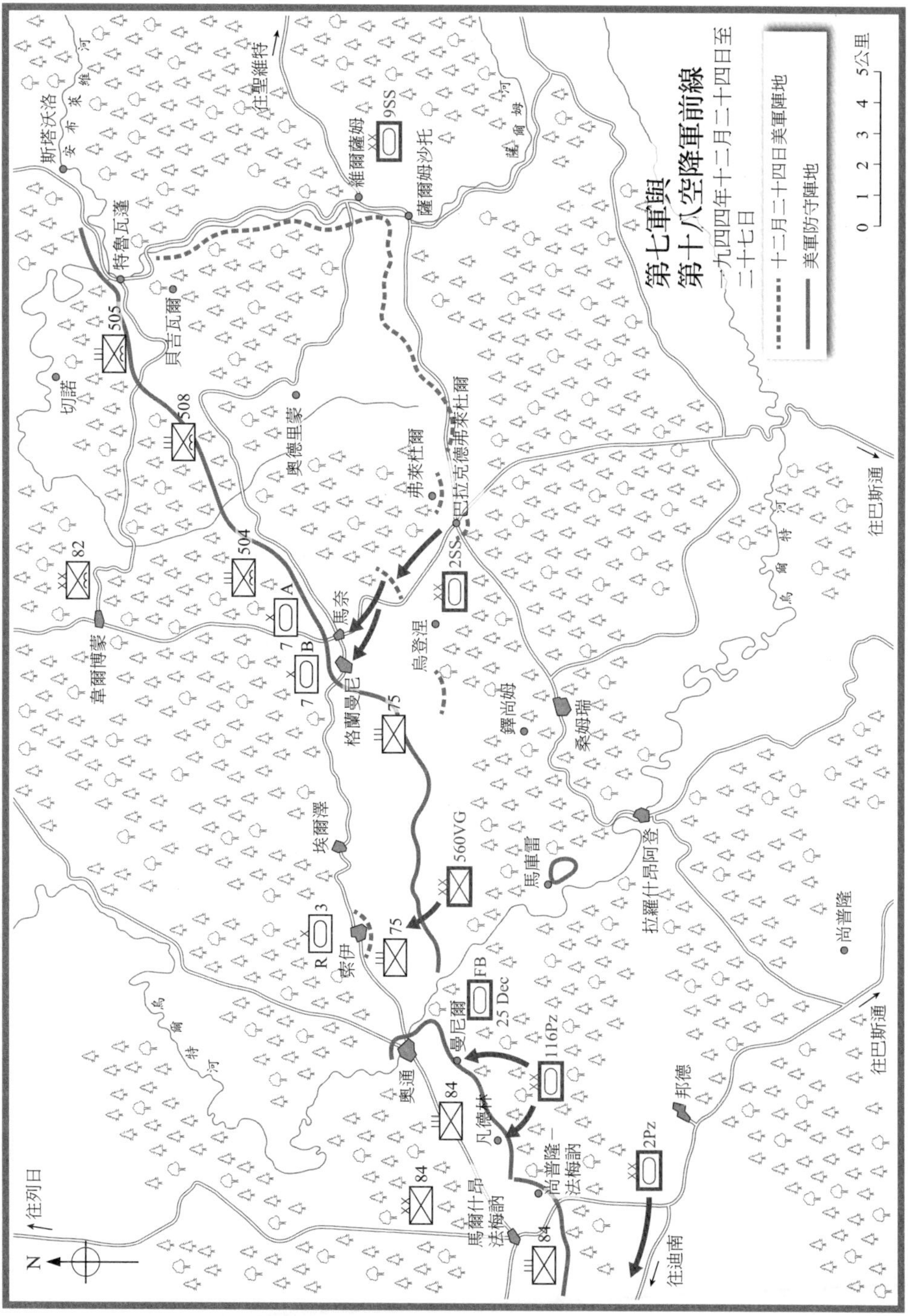
第七軍與第十八空降軍前線
一九四四年十二月二十四日至二十七日
十二月二十四日美軍陣地
美軍防守陣地
0 1 2 3 4 5公里
斯塔沃洛
安布萊維河
往聖維特
維爾薩姆
薩爾姆沙托
薩爾姆河
9SS
特魯瓦蓬
貝古瓦爾
切諾
505
508
奧德里蒙
弗萊杜爾
巴拉克德弗萊杜爾
往巴斯通
烏爾特河
504
82
2SS
馬奈
7 A
7 B
韋爾博蒙
格蘭曼尼
75
桑姆瑞
埃爾澤
拉羅什昂阿登
馬庫雷
560VG
R 3
索伊
75
尚普隆
FB
25 Dec
曼尼爾
116Pz
奧通
84
凡德林
往巴斯通
邦德
尚普隆－法梅訥
2Pz
84
馬爾什昂法梅訥
84
往列日
往迪南
N

舍構成的小聚落，鄰近一個叫做弗萊杜爾（Fraiture）的村子。它坐落在美軍第八十二空降師和第三裝甲師的防區邊界上，因而受到忽略。不過亞瑟・帕克三世少校（Arthur C. Parker III）——第一〇六師在西尼艾菲爾慘遭殲滅時的倖存者——察覺這個地點的重要性。他著手組織麾下的砲手以及撤退經過此地的小隊投入防守，其中包括四輛配備了四聯式點五〇機關槍的反坦克半履帶車——也就是赫赫有名的「絞肉機」。

「帕克路口」（大家很快這麼稱呼巴拉克弗萊杜爾）的小型部隊，十二月二十一日天亮以前便遭受德軍第五六〇國民擲彈兵師的一支大型戰鬥巡邏隊攻擊。「絞肉機」把他們切成碎片。傷者之中，確認了一名黨衛軍「帝國」師軍官的身分。在北面防守馬奈的肯恩小隊派出了一個偵察排。而蓋文將軍一察覺危險，立刻派第八十二師的一個營前往弗萊杜爾保護帕克的左翼，第三二五機降步兵團的一個連也同時抵達。

十二月二十二日相對平靜無事，因為「帝國」師在等待燃油補給以及瑞馬元首護衛旅的抵達。不過十二月二十三日黎明，黨衛軍第四裝甲擲彈兵團同時進攻十字路口和駐紮弗萊杜爾的傘兵；後者正在吃早餐，大吃了一驚。對帕克路口的真正攻擊，由整個黨衛軍第四裝甲擲彈兵團和兩個坦克連在接近傍晚時分展開。大雪並未替守軍提供掩護，反而洩漏了他們的位置；他們的謝爾曼也沒有空間迴轉。德軍砲手擊毀美軍裝甲車，並一一砲轟散兵坑。蓋文將軍下令守軍不計代價堅持到底，但是入夜之後，帕克的部隊就完全招架不住。三輛謝爾曼逃出來，一些人趁牛群驚慌奔逃之際從樹林中溜走。

蓋文和羅斯擔心「帝國」師會衝破馬奈、進逼他們的後方，急忙從手上可得的資源湊出一支部隊。李奇威將軍因這次意外威脅而大發脾氣，下令剛剛從薩爾姆河對岸逃回來、筋疲力盡的第七裝甲師倖存者鎮守馬奈。自從哈斯布魯克和克拉克反對他攻打聖維特以西的計劃、並得到蒙哥馬利支持，他就因為記仇而處於冷血的情緒。

十二月二十三日凌晨，黨衛軍第一裝甲軍總部接到派佩爾戰鬥團的無線電訊息。「情勢極度惡劣。步兵彈藥所剩無幾。夜裡被迫讓出斯圖蒙與切諾。這是最後的突破機會。」[6]美軍砲兵和坦克持續轟炸拉格萊茲。這支曾讓人聞風喪膽的戰鬥團，如今因缺乏燃油和彈藥而無力應戰。

派佩爾俘虜了超過一百五十名美軍，包括海爾．麥考恩少校（Hal McCown）。他已對麥考恩進行審訊，並且企圖宣揚他的納粹信仰以及打這場仗的理由。那天早晨，麥考恩跟其他四名美國軍官被移到一座較小的地窖。下午，美軍的一枚一〇五毫米砲擊中牆壁，炸出一個大洞，並把德軍的衛兵炸飛到房間的另一邊。另一枚砲彈落在牆外，炸彈碎片和石頭在地窖裡四射，導致一名美軍中尉喪命、三名德軍負傷。

後來，麥考恩再度被帶到派佩爾面前，後者表示他準備徒步突圍，但不知道如何處理美國戰俘。派佩爾剛剛接到返回德軍戰線的許可。他提出一個條件：他會留下所有戰俘以及他自己的傷兵，只帶走麥考恩當人質。一旦美軍司令釋放德國傷兵，麥考恩就會重獲自由。麥考恩答覆說，他顯然無權協議如何安置戰俘，只能簽署一份文件，表示自己聽到了派佩爾的提議。當天晚上，派佩爾的部下開始摧毀還能用的車輛。他們必須在黑暗中涉水穿越安布萊維河，溜進南面的樹林。

對於他麾下的第三十師冷酷無情地回擊派佩爾戰鬥團，第九軍團司令辛普森將軍深感自豪。「美軍部隊如今已不再接受任何黨衛軍戰俘，」他的侍從官寫下，「而且很可能擴及所有德國大兵。儘管我們不能下達這樣的命令，但司令本人私心裡希望每一個美國大兵都能聽到這些故事，奉為他們的作戰原則，一如第三十師的作為。」辛普森很高興地聽說德軍如今把這個師稱為「羅斯福的劊子手」。他也接到在馬爾梅迪一帶擄獲的戰俘提出的報告，表示他們的指揮官「承諾在這場新的戰鬥中，他們不必對抗第三十師。他們就是這麼畏懼它」。[7]

在艾森柏恩山脈，即便主要攻勢已漸漸平息，美國砲兵仍以白磷彈和高爆彈持續轟炸山下的村莊與城鎮。在山脈南面，被德軍第三空降獵兵師的一支分隊占領的費蒙維爾小鎮，日復一日受到美軍砲火鎖定。當地牧師乞求德國軍官商議停火，好讓非戰鬥人員有機會撤離。然而十二月二十三日早晨，德軍只是命令受困於費蒙維爾的六百名平民，動身前往位於德軍戰線更後方的修本（Schoppen）村。一名軍官告訴他們，如果有人試圖走向美軍陣地，一律格殺勿論。牧師力勸他們三思，但德軍回答，要是居民拒絕離開，他們會開始射殺牧師的教民，一次槍斃五個人。

上午十一點，驚恐的鎮民踏上曠野。遺憾的是，美軍觀測機飛行員看見在積雪中艱難跋涉的縱隊，以為是正在集結的敵人。艾森柏恩山脈上的美國砲兵開火。當砲彈開始在四周爆裂，老弱婦孺驚慌地朝四面八方抱頭鼠竄。牧師跑回費蒙維爾，請求德軍以無線電通知美軍停火，但他們拒絕行動。大約八個人當場或後來喪命，許多人受傷，一行人最後終於抵達相對安全的修本。[8]

圍攻巴斯通的德軍仍然相信美軍試圖逃出重圍。十二月二十三日，德軍設法增強他們在城鎮西面的態勢，於是持續攻擊席儂尚姆和曼德聖阿蒂安一帶，意圖縮小包圍圈，遏阻任何「突圍的努力」。希特勒拒絕相信「曼陶菲爾報告中說的，他無法以現有兵力攻下巴斯通」，因而在十二月二十三日派一名軍官前來了解狀況。不過，這名軍官支持曼陶菲爾的評估。[9]

守軍確實非常缺糧，但他們看起來，仍比科科特的國民擲彈兵吃得更好；後者的補給情況糟糕透頂，「高達十個人得分食半條麵包。」[10]而且，儘管美國傘兵因為欠缺冬季制服而飽受酷寒折磨，但周邊防線上起碼有村莊可以供他們取暖。敵對的國民擲彈兵境況更慘，這就是他們從美國大兵的屍體扒下衣物和靴子的原因。而在斯科爾茲尼突擊隊導致的持續緊張中，此舉致使某些穿戴美軍行頭的德國大兵在投降時遭到槍殺。除了武器之外，美國大兵唯一有意掠奪的德軍裝備，就是簡單得高明的「刀叉勺」三件組。德軍發放了雪地迷彩裝，證明比美軍更有遠見；美軍只能就地取材進行偽裝。

「敵軍的第一批戰鬥轟炸機，」科科特少將記錄，「在接近上午九點出現。它們對準聯外道路和村莊俯衝，導致車輛和農場起火。」遺憾的是，駐守西南周邊防線的傘兵沒有得到多少空中支援。夜間氣溫驟降，冰凍了許多支援坦克與坦克殲擊車的砲口旋轉機制。就連反坦克砲都被凍結在地面，無法動彈。由於半公尺深的積雪上有一層硬殼，步兵的越野行動也很困難。

德軍當天打破包圍圈的主要攻勢，中午在西北方的弗拉米耶日（Flamierge）地區展開，裝甲教導師轄下的第九〇一裝甲擲彈兵團，隨後也在東南方的馬維發動攻擊。然而接近中午時分，南面出現了意想不到的威脅。德軍第五裝甲軍團沒料到巴頓將軍能如此迅速調派軍隊北上。

「接近中午時，」科科特寫道，「荷姆布雷（Hompré）的師指揮所附近，出現了一個個而後一群群的第五空降獵兵師弟兄。他們從前線退下來，往東移動，陣中幾乎看不見任何軍官。一問之下，有人大喊：『敵軍衝破戰線了！他們派坦克往北進攻，已經攻下了肖蒙（Chaumont）！』」[11]肖蒙位於科科特總部以南不到三公里外的地方。

空降獵兵師的車輛和馬車緊跟著散兵的腳步而來。沒多久，美軍戰鬥轟炸機發現荷姆布雷的壅塞交通，於是轉向攻擊。每一個有武器的德軍都開始朝進攻的飛機「瘋狂射擊」。「房屋起火，車輛燃燒，受傷的人倒臥街上，中彈的馬匹在地上滾來滾去。」[12]

這場混亂恰巧跟巴斯通一帶的大型空投行動同時發生。德國士兵一見到北方出現大量白色與彩色降落傘，立刻警覺地假設這是一次大型的空降任務。他們齊聲高喊：「敵人的傘兵在我們的後方降落！」就連科科特都被這種想像不到的情節嚇到了。不過，當國民擲彈兵攔下潰逃的第五空降獵兵師的年輕士兵，秩序終於慢慢恢復。荷姆布雷附近的一個高射砲連接到「向後轉」的命令；砲手從瞄準空中目標，轉而準備從事地面任務。

科科特接著就地整編戰鬥小組；他接管恰好位於附近的四輛坦克、一個砲兵分隊和幾名工兵，並且重新組織已經從「起初的震驚」恢復過來的竄逃傘兵。他命令他們往南行動，占據攔阻道路的位置。狀況似乎很快恢復正常。出現在肖蒙的美軍裝甲車，不過是巴頓第三軍團先頭部隊的一次試探性偵察，已經由於兵力不足而撤離了。

中午過後不久，德軍首度接到美軍對第一〇一空降師及其轄下部隊進行空投補給的通報。第二十六國民擲彈兵師收到信號：「危險！強大的敵軍編隊從西面飛來！」[13]德軍看見戰鬥機和戰鬥轟炸機伴隨大型飛機低空飛過，預料會出現一場大規模的地毯式轟炸，於是以他們的三七毫米高射砲快速射擊。

他們似乎沒注意到，上午九點五十五分，頭兩架C－47運輸機空降了兩批導航人員。導航人員著陸後，立刻前往巴斯通的麥克奧利菲指揮部報到，確認最佳的空投區域。由於擔心敵軍已席捲巴斯通，第九空運司令部認為導航人員的任務至關緊要。導航人員把歸向信號標誌設在城外不遠處，等待逐漸迫近的飛機引擎聲從低鳴變成轟隆作響。[14]

「當逐漸接近巴斯通，眼前最先見到的，」第一波C－47運輸機的無線電通信士記錄，「是完全被積雪覆蓋的一大塊平原，打破一片白茫茫的，唯有樹木、幾條道路以及遠方的城鎮本身。接著，你的目光被坦克在雪地留下的軌跡吸引。我們越飛越低，最後終於達到空投高度——離地面五百英呎。」[15]當降落傘如花朵般舒展，士兵從散兵坑和裝甲車中湧出，「瘋狂歡呼，活似超級盃足球賽或棒球世界大賽，」有一個人這麼形容。[16]當士兵衝出來把空投包拖到安全地帶，飛行人員看見空曠、雪白的地景瞬間活了過來。「補給和彈藥包的空降，是值得注視的奇景，」另一名士兵追述，「收到包裹後，我們首先割開袋子裹住雙腳，然後妥善歸置補給品。」絲質的降落傘被拿來當睡袋用。[17]

第九空運司令部總共出動兩百四十一個航次，一波接一波地投遞三百三十四噸彈藥、燃油、口糧和醫療補給品，包括血液，「但瓶子在著陸時摔碎，或者被打中儲藏室的德軍砲彈毀掉了。」[18]九架飛機錯過空投區或被迫返航，七架被高射砲擊落。有些飛行人員被俘，有些逃進森林，在後續幾天被捕，少數幾人成功抵達美軍陣地。「天空中看不見任何一架德國軍機！」科科特抱怨。[19]德軍戰鬥機確實曾嘗試攻擊美軍的空投行動，但因為數量遠遜於美軍的護航機而被趕跑，許多架甚至被擊落。

運輸機離開之後，護航的八十二架雷霆式將注意力轉向地面目標。他們順著坦克的軌跡找到德軍試圖掩藏裝甲車的地方，攻擊德軍的火砲。儘管空中管制員盡了最大努力，但雷霆式仍數度攻擊美軍陣地。有一次，一架P－47開始掃射並砲轟一個美軍砲兵連，一名機關槍手回擊，沒多久，許多架飛機湊過來聯手進攻。直到一名軍官跑出來揮舞識別嵌板，飛行員才發現錯誤，揚長而去。

戰鬥轟炸機離開之後，德軍第九〇一裝甲擲彈兵團在黃昏時分發動對馬維的攻勢。砲火越來越白熱化，噴煙者發射他們的多管火箭砲，發出令人毛骨悚然的呼嘯聲。四到五輛裝甲車分為一組，德國步兵尾隨一個個裝甲車組前進。美軍第三二七機降步兵團和三二六空降工兵營對空發射照明彈。火光照出已漆成白色的豹式坦克，以及穿著雪裝的裝甲擲彈兵。守軍立刻以步槍和機關槍開火。火箭筒小組成功讓幾輛坦克失去行動力，通常是打中履帶或鏈輪；這能讓坦克停止前進，但無法阻止它們發射砲彈或機關槍。

在通往巴斯通的道路上，由於麥克奧利菲投入最後的預備兵力，並且不顧彈藥即將告罄，仍下令砲兵持續射擊，德軍的突破終於被阻擋了下來。事實上，守軍的反攻極其有效，對德軍造成了慘重傷亡。科科特最終放棄這次行動。他隨後接到曼陶菲爾總部傳來的命令，指示他在耶誕節當天發動對巴斯通的主攻。第十五裝甲擲彈兵師會及時抵達，接受他的調度。科科特或許曾對自己的致勝機會存疑，但守軍的日子也同樣難捱，尤其在西面。

美軍在周邊防線上的兵力薄弱，而且極度欠缺預備部隊來應付德軍的突破。由於前線的散兵坑非常分散，傘兵於是求助於他們自製的詭雷。他們將殺傷手榴彈或六〇毫米迫擊砲綁在樹上，並且將引爆線往不同方向延伸。固定在樹上的炸藥，可以靠拉回個別陣地的引線觸發。

在佛依南方，第五〇六空降步兵團在樹林外圍堅守下去。他們的指揮哨設在一棟民宅，屋外有一具凍僵的、伸出一條手臂的德軍屍體。「從那時起，」一名中士回憶，「跟他握手成了我們進出房子的儀式。我們認為，假如可以握他的手，那麼我們的處境可比他好太多了。」[20]儘管有空投的麻袋和布袋，但是幾乎沒有人能倖免於凍瘡和戰壕腳。正如第三二七機降步兵團的路易斯・辛普遜所說的，「在酷寒中，傷兵的生命很可能如火柴一般，倏忽熄滅。」[21]

面對弗拉米耶日一帶的攻擊，辛普森寫道：「我凝望坡下，想辦法看清前方，同時維持低頭。子彈嗚嗚地飛來飛去。我右側的步槍開火了。他們看到的想必比我更多。雪塊似乎甦醒過來，開始移動，脫離山腳下的樹木。活動越來越熱絡，現在成了一列的人，多半蓋著白布──白色的斗篷和披風。間或有幾名穿著灰綠色德軍大衣的人格外顯眼。他們行走、奔跑、撲倒在雪地上，然後再度起身，朝我們而來。」[22]

＊　＊

可想而知，巴斯通是美軍空中支援的優先地帶；在北翼受到敵軍壓迫的第八十二空降師和三十師也是一樣。然而當天出動盟軍半數戰鬥轟炸機隊的當務之急，是要阻撓德軍裝甲師抵達默茲河。[23]

從天氣好轉、盟軍大舉出動空中武力的那一刻起，砲火誤傷自己人——不論來自空中或地面——的案例便急遽增加。高射砲手和幾乎每一個握有機關槍的人，似乎都無法按捺朝任何一架飛機開火的衝動。「射擊規則」以及「陸空辨識」的指令全被拋到腦後。[24]上級必須提醒士兵不要回擊誤朝他們開火的盟軍飛機。他們所能做的，就是不斷投擲黃色或橘色煙霧彈讓飛機停火，或者發射琥珀星（Amber Star）降落傘照明彈。第三十師的自制力受到最大極限的挑戰。這群士兵在諾曼第就曾遭友機攻擊，如今在阿登地區受創更重。

博林的第八十四步兵師及部分第三裝甲師，極其艱難地持續扼守奧通─馬爾什道路南面的防線，抵擋德軍第一一六裝甲師和黨衛軍第二帝國師。美軍第三裝甲師的A戰鬥指揮部挺進到更西邊，掩護科林斯的第七軍集結。原在巴頓轄下、被稱為「移動地獄」的第二裝甲師已高度機密地強行軍抵達，準備在十二月二十四日發動反攻。德軍第二裝甲師的挺進比預期的更快。但是當科林斯聽到蒙哥馬利「跟平常一樣開朗而自信」地表示，那慕爾、迪南和濟韋等地的默茲河大橋如今已得到英國第二十九裝甲旅的嚴密布防，科林斯大大鬆了一口氣。[25]就是那天晚上，第八步槍旅擊斃了兩名坐在吉普車上的斯科爾茲尼突擊隊員。橋上的最大問題，是為了逃到默茲河對岸而

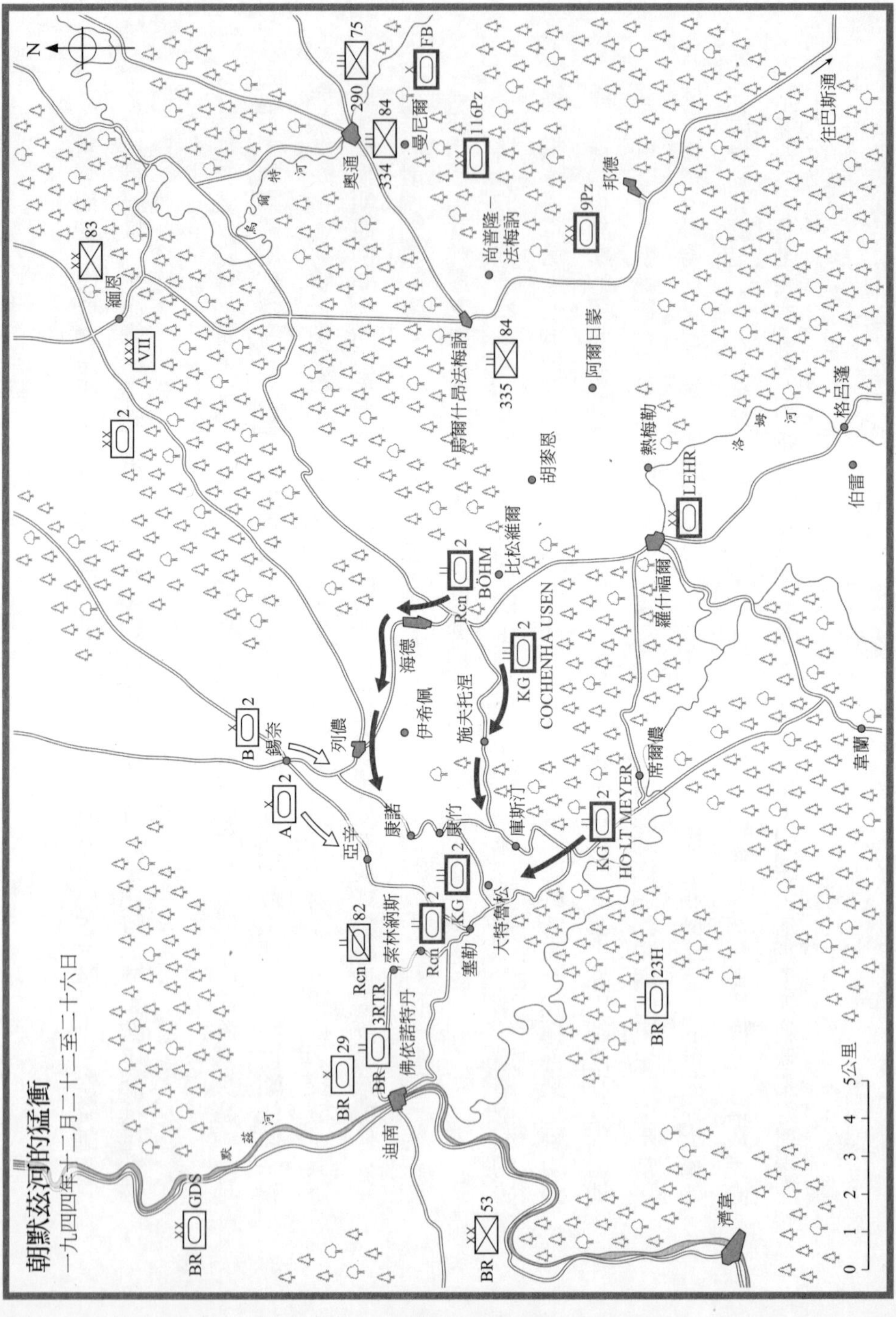
朝默茲河的猛衝
一九四四年十二月二十二至二十六日
N
奧通
曼尼爾
烏爾特河
290
75
334
84
FB
116Pz
緬恩
83
VII
尚普隆—法梅訥
9Pz
邦德
往巴斯通
馬爾什昂法梅訥
335
84
阿爾日蒙
熱梅勒
格呂蓬
洛姆河
伯雷
胡麥恩
LEHR
比松維爾
羅什福爾
BÖHM
Rcn
KG
COCHENHAUSEN
海德
伊希佩
施夫托涅
列儂
錫奈
亞辛
康諾
康竹
庫斯汀
席爾農
韋蘭
HOLTMEYER
大特魯松
塞勒
索林納斯
佛依諾特丹
3RTR
29
82
23H
BR
迪南
默茲河
GDS
53
濟韋
0 1 2 3 4 5公里

大量湧入的難民。「德軍的挺進讓全體居民人心惶惶，」負責民政事務的軍官寫道，「而他們似乎害怕最糟的狀況。難民已經不絕於途，我們得出來阻止他們造成交通紊亂。」[26]比利時人在橋上被擋下來，只好訴諸船舶來橫渡默茲河。

蒙哥馬利也跟科林斯保證，英軍裝甲旅會繼續挺進，隔天——十二月二十三日——和科林斯的右翼會合。不過，瓦茨（Watts）少校指揮的第三皇家坦克團A連已經抵達迪南以東六公里的索林納斯（Sorinnes）。瓦茨對美軍或德軍的行蹤一無所知，所以將他的十八輛坦克分散開來，掩護進入迪南的每一條道路，扮演更接近裝甲偵察團的角色。對於旅上的三個裝甲團來說，最大的挫折莫過於以他們「打累了的謝爾曼」作戰，而不是投入最新的彗星戰車。[27]

英軍也開始得到當地百姓的珍貴協助。雅克．德．維勒范男爵（Jacques de Villenfagne）住在佛依諾特丹（Foy-Notre-Dame，不要跟巴斯通附近的佛依搞混）的一座城堡，他是比利時阿登獵兵營（Chasseur Ardennais）的退役上尉，也是地方上的反抗組織領袖。他騎著摩托車為瓦茨的裝甲連擔任斥候，發現德軍第二裝甲師正朝他們的方向前進。

一觸即發的戰事讓當地農民明白一件事：德軍也許會長期圍城，他們必須準備充足的糧食，躲進地窖。在塞勒（Celles）南方的桑辛（Sanzinnes），凱米爾．杜波瓦聽到德軍節節逼近的聲音，決定宰殺他獲獎的大豬——一頭重三百公斤的牲畜。由於豬隻的身軀太龐大，他覺得無法靠一己之力宰殺，於是打電話給正準備逃到默茲河對岸的屠夫。後者只答應幫忙宰殺，但是一見到這頭牲畜，他立刻高喊：「那不是豬，那畜生是頭牛！」他不準備用刀，反而用斧頭砍下了豬頭。他們把豬掛起來放血，然後屠夫急忙離開。不過等到德軍第二裝甲師的一支戰鬥團抵達，豬的屍身消失無蹤，無疑是跑進德軍的野戰廚房了。[28]

德軍第二裝甲師師長曼拉德·馮·勞赫特上校，派他的部隊在比松維爾北面分頭行動，尋找前往默茲河的最快路線。馮·波姆少校（von Böhm）指揮的裝甲偵察營率先朝海德（Haid）和列儂（Leignon）出發，因為它最早獲得燃油補給。領軍的兩輛裝甲車看見一輛美軍裝甲車，立刻開火射擊；美軍裝甲車被擊中了，但車上組員趁機逃跑。指揮官艾佛特·瓊斯中尉（Everett C. Jones）將消息傳給美軍第二裝甲師師長厄尼斯特·哈蒙少將（Ernest Harmon）。好鬥的哈蒙恨不得盡快發動攻勢，於是下令約翰·柯利耶准將（John H. Collier）指揮的A戰鬥指揮部立刻前進。

那天晚上，由恩尼斯·馮·柯勳豪森少校（Ernst von Cochenhausen）指揮的德軍主力裝甲縱隊，抵達羅什福爾西北方十幾公里的施夫托涅（Chevetogne）村。截至目前為止，除了從頭頂上飛過、朝安特衛普而去的V－1飛彈之外，村民沒受到太多威脅。戰爭似乎忘記了他們的存在。自從九月解放以後，他們就沒見過美軍，而且從沒想過德軍還會重返。

午夜過後不久，村民被坦克車轟隆隆駛過大街的震動驚醒，莫不溜到窗邊看看來者是美軍還是德軍。不過車輛沒有開燈，黑暗中無法分辨。縱隊走了一小段上坡路後停下，村民驚愕地聽見有人以明明白白的德語下達命令。派佩爾戰鬥團在東部屠殺百姓的消息迅速蔓延開來。裝甲軍的黑色制服和骷髏頭領章，讓許多人誤以為這些部隊也隸屬於黨衛軍。不過第二裝甲師不同，他們對待百姓的行為整體而言還算得宜。進入沙普瓦（Chapois）的一座農場廚房後，一名軍官提醒大吃一驚的主婦藏好她的火腿。他的士兵餓得發昏，絕對會毫不猶豫地吃掉火腿。[29]

十二月二十四日凌晨，柯勳豪森戰鬥團抵達塞勒。這是一座古老的小鎮，就在佛依諾特丹南方幾公里外。柯勳豪森少校打算強行穿越小鎮，筆直朝迪南前進，但帶頭的豹式戰車壓到美軍工兵前一天埋下的地雷。根據當地的傳說，兩名德國軍官衝進街角一家叫做阿登閣的餐館，老闆娘瑪爾特．蒙里克女士剛剛被爆炸聲驚醒，穿著睡袍下樓迎接他們。他們想知道到迪南還有幾公里。沉著冷靜的老闆娘回答只有十幾公里，「但是路上有地雷！美軍埋了好幾百枚。」[30]德軍罵罵咧咧地決定撤到附近的一座樹林，以免天亮以後在曠野中被盟軍的飛機逮到。

柯勳豪森把他的指揮哨設在樹林裡一個被稱為瑪麗亞洞窟（Trou Mairia）的洞穴。他的部隊包括第三〇四裝甲擲彈兵團、第三裝甲團的一個營、一個裝甲砲兵團，以及師高射砲營的主力。指向師部野戰醫院的路標，畫了第二裝甲師的三叉戟符號。為了避免資訊傳回盟軍，裝甲擲彈兵奉命鋸掉電線桿並割斷電話線。第二裝甲師的另一支分遣隊就在康竹（Conjoux）以東。當地村民不由得想起九月時，德軍指揮官在撤離之前發誓他們會再回來的情景。

離開列儂後，波姆戰鬥團在夜裡轉向西行，往迪南前進。就在抵達佛依諾特丹之前，在麥漢納（Mahenne）農場附近，英軍第三皇家坦克團的一輛謝爾曼螢火蟲戰車正埋伏以待。螢火蟲配備了更長程、更強力的十七磅（也就是七十六點二毫米）高速火砲。指揮官普羅伯特中士（Probert）聽到確鑿無誤的履帶車靠近的聲音，叫醒了他的組員。第一發砲彈沒打中帶頭的車輛，但是擊中一輛軍火卡車，引發想必震撼了整個德軍縱隊的大爆炸。快速重新充填後，普羅伯特的組員發射另一枚砲彈，擊毀一輛馬克四號裝甲車。然後他們遵照皇家裝甲軍「打了就跑」的口號，在豹式戰車瞄準他們的陣地之前迅速轉身離去。他們向索林納斯的瓦茨少校報告情況。德軍的波姆少校遭到埋伏之後，由於不確定盟軍在這塊地區有多強的兵力，而且他的車輛幾乎沒油了，因而決定停在佛依諾特丹這個小村落。他的組員將車輛藏進農場，然後擠進房子裡取暖並覓食。

十二月二十三日到二十四日之間的夜裡，氣溫降到了攝氏零下十七度，月光照在被白雪冰封的大地。德．維勒范男爵跟他的朋友菲利浦．勒哈蒂．德博尤（Philippe le Hardy de Beaulieu）雙雙穿上白色衣服，聯手找出德軍的幾個主要陣地。在桑辛，他們找到一批藏在樹林中的水陸兩用車；這些車輛隨後被美軍的砲兵擊毀。兩人於清晨四點回到索林納斯城堡，叫醒瓦茨少校。英國第三皇家坦克團團長艾倫．布朗中校（Alan Brown）緊接著抵達。他們向英軍報告德軍的部署，以及柯勳豪森的指揮哨地點。最重要的目標是麥漢納農場，因為如果壓制住那個地方，波姆戰鬥團就會跟柯勳豪森的部隊分開。男爵接著前往會見第二十九旅的砲兵指揮官，乞求他饒過佛依諾特丹的大教堂；砲手後來砲轟被波姆戰鬥團占領的村莊時，成功達成男爵的請求。

當聽說德軍第二裝甲師的先頭部隊如今距離迪南僅十七公里，希特勒高興極了。他對呂特維茨及該師師長勞赫特表達最熱情的祝賀。然而，由於獲得補給的機會渺茫，這兩人知道自己的處境岌岌可危，心裡必定萌生了退意。八月在阿夫朗什（Avranches）指揮第二裝甲師反攻卻慘遭失敗的呂特維茨向曼陶菲爾提出建議，表示他們應該開始將第二裝甲師撤出整個德軍突出部的最前端。但他知道希特勒絕不會考慮這樣的行動。

在第二裝甲師左翼，拜爾萊因的裝甲教導師從聖于貝爾（Saint-Hubert）往北挺進到羅什福爾，曼陶菲爾將軍也隨軍前往。下午，他們的砲兵砲轟這座城鎮。一支巡邏隊進入羅什福爾的邊緣，回報說城裡空了，但他們看得不夠仔細。美軍第八十四步兵師的一個營和一排的坦克殲擊車正躲在城裡埋伏。進入羅什福爾的道路，是在巨石嶙峋的峽谷中沿著洛姆河（L'Homme river）而行；德軍的攻擊冒著極大的風險。夜幕低垂，拜爾萊因下達了他獨具特色的命令：「好了，走吧！閉上你們的眼睛投入戰場！」[31]

約希阿姆．瑞特．馮．波申格爾中校（Joachim Ritter von Poschinger）指揮的第九〇二裝甲擲彈兵團帶頭往前衝，但他們在羅什福爾的一個大型路障前遭到大規模砲轟，驟然停下腳步。雙方激烈駁火，持續到深夜。裝甲擲彈兵團折損很多人，德軍的一輛坦克殲擊車也在中央廣場附近被擊毀。但寡不敵眾的美國守軍終究被迫撤離。倖存者隔天逃到北邊，與美軍第二裝甲師會合。

大部分鎮民躲到羅什福爾周邊懸崖底下的洞穴。由於羅什福爾如今成了美軍的砲轟目標，他們將在那裡躲避一段時間。在砲火最猛烈的時候，珍妮．烏麗和妹妹問她們的母親：「媽咪，我們會死嗎？」她回答：「禱告吧，我的孩子。」然後身旁的每一個人開始一起吟誦玫瑰經。一個男人發現朋友死在冰凍的街道上，臉朝下，一隻貓沉著地坐在他的背上，享受遺體的最後餘溫。聖雷米（Saint-Remy）修道院的苦修派僧侶承擔起搬運遺體的任務。[32]

那天晚上，羅斯福總統從華府寫信給約瑟夫．史達林。「我希望指示艾森豪將軍派他麾下的幹練將領前往莫斯科，跟您商討艾森豪在西線的情況，以及與東線之間的相關態勢，以期所有人都能充分掌握至關緊要的訊息，有助於彼此協調行動……比利時的局勢不算糟，但現在是時候討論我們的下一步計劃了。有鑑於情況緊急，懇請盡速回覆。」[33]史達林兩天後給予正面回答。最後一句話提到的「情況緊急」，必定讓他認為盟軍已經退無可退。泰德空軍上將和布爾將軍（Bull）受命與史達林會談。他們預備從法國飛到開羅，然後轉往莫斯科，但由於嚴重耽誤，他們直到一月十五日、危機早已解除之後，才終於見到史達林。

17. 十二月二十四日星期天

十二月二十四日星期日，又是一個晴空萬里的豔陽天。駐盧森堡的第十二集團軍氣象員馬杰特（Mudgett）上尉「由於接連成功預測天氣，高興得幾乎歇斯底里。他驕傲地凝望那片綿延到德國境內、籠罩著石頭堡壘和教堂尖塔的藍色天空」。[1]

布萊德雷的老鷹戰術指揮部如今不再憂慮巴斯通的防禦；第一〇一空降師的弟兄「頑強地堅守陣地，堪比西部拓荒時代的馬車隊」。[2]但參謀官深知城裡的傷兵處境艱難。麥克奧利菲曾要求傘降四組外科人馬。總部做了安排，不過他們打算以滑翔機把醫療小組送進去。

巴頓的第三軍連同第四裝甲師遭遇超出預期的抵抗，掙扎著從南面打進巴斯通。儘管如此，一份古怪報告讓韓森不覺莞爾。「今天，一名軍需部士兵路經阿爾隆，詢問前往盧森堡的方向。他走錯路了，反而開上通往巴斯通的道路。當有人朝他開火，他不由得更加驚恐，因而猛踩油門，終於衝進了一〇一師的戰區——這是在全然意外的情況下，聯繫上一〇一師的第一人。」[3]

從攔截到的信號，可以確認周邊防線的南面戰情激烈。德軍第五空降獵兵師急切要求更多鐵拳和反坦克砲，幫助他們對抗美軍第四裝甲師。美軍第三軍團司令似乎對結局胸有成竹。「巴頓將軍今日數度現身，」韓森記錄，「他興高采烈地吆來喝去，投入戰鬥讓他心情大好。」[4] 但事實上，巴頓是在掩飾自己的尷尬；第四裝甲師面臨敵軍頑抗，部隊的挺進速度遠遠不如他的預期。該師也發現，撤退到巴斯通的第八軍工兵「看到什麼就炸什麼」，因此他們的進度「並非被敵軍阻撓，而是受制於我軍工兵的破壞與炸橋。」[5]

盧森堡人民深具信心。源源不絕穿越這座城市的第三軍團部隊讓他們吃了定心丸，相信德軍絕對無法重返。奇怪的是，第十二集團軍的情報部突然將他們對德軍坦克及突擊砲武力的預測，從三百四十五輛提高到九百零五輛，比他們原先估計德軍在西線的總裝甲車數量還多。

儘管酷寒的天氣讓散兵坑裡的士兵不由自主打顫，巴斯通周邊防線內的士氣依然居高不下。傘兵及第十裝甲師雖然期待巴頓部隊馳援，卻不認為自己需要被拯救。由於又是一個適宜飛行的好天氣，他們望著滿天的盟軍飛機。他們聆聽炸彈爆炸，以及戰鬥機掃射德軍縱隊時發出的嗒嗒聲。在盟軍與幾架福克—沃爾夫（Focke-Wulf）和梅塞施密特的空戰中，致命的殊死戰會引來激烈歡呼，要是盟軍運輸機空投的補給品被地面砲火擊落，便會引來痛苦的呼號。

在此期間，盟軍的戰鬥轟炸機極其有效地在德軍集結之際，打破德軍的攻勢。他們是由駐巴斯通的空中管制員指揮攻擊目標。在團指揮部以及一架砲兵聯絡機的策應下，「威脅預警」意味著「通常在短短幾分鐘之內，飛機就會對敵軍部隊展開攻擊」。[6]

由於空投的重點在於砲彈補給，部隊的糧食情況幾乎沒有改善。許多人仰賴比利時居民慷慨分享僅有的食物。不論在巴斯通或北肩，「一旦動物撞到絆索、觸發地雷，經常有牛肉、鹿肉和兔肉可以搭配口糧」。[7]狙擊手射殺野兔甚至野豬，然而有人看見野豬大嚼陣亡者的腸子之後，士兵便大大失去吃野豬肉的胃口。

嚴寒和積雪不僅令人不適，也大幅影響戰鬥表現。沒有在鋼盔襯墊裡塞一雙備用乾襪子，並且經常更換襪子的人，最先罹患戰壕腳或凍瘡。在默茲河畔，甫上戰場的第十一裝甲師提供毛氈條給士兵充當腳綁帶，無意間學了俄國軍隊避免凍瘡的老方法。在這樣的天氣狀況下，接連幾小時站在鋼板上的坦克車組員，由於雙腳活動不夠，特別容易患病。但裝甲車裡的人員和卡車駕駛員，至少可以利用引擎排氣裝置烘乾他們的鞋子。

反坦克砲的瞄準器以及無線電和電話的話筒都套上保險套，因為士兵呼出來的水氣很快就會讓它們結冰。坦克和坦克殲擊車上的砲塔旋轉機制需要解凍；雪花會飄進武器和彈藥夾裡凝結成冰。機關槍最有可能卡彈；若要射擊藏在樹林或其他地方的敵軍狙擊手，這些重型的點五〇機關槍不可或缺。美軍很快發現，德國狙擊手會等到大砲或高射砲開火後才扣扳機，藉此掩蓋他們的射擊聲音。[8]

透過「戰鬥觀察員」的報告，一個戰區的心得可以很快傳授給其他編隊。德軍斥候會在夜裡剪斷電話線，並將斷掉的線頭拉到某個埋伏地點，藉此俘虜被派出來搶修的巡線員。德國士兵偶爾會事先開槍在自己的頭盔上射穿一個洞，一旦被擊潰，他們就可以詐死，然後從背後射擊攻擊者。他們經常在撤離之前，在自己的戰壕埋設地雷或詭雷。[9]

美軍斥候得到忠告，要是夜裡遭遇敵軍，「首先任意開槍，接著立刻找掩護，然後瘋狂大吼大叫，彷彿準備進攻，如此一來，他們會開始射擊」，因而暴露自己的位置。防守時，他們應將假人放在散兵坑前方一段距離之外，促使德軍過早開火。他們應該替前方的敵軍提供掩護物，但在底下埋地雷，並且在據點之間設立假的防禦工事。展開進攻的前一刻，發出掘地的聲音有助於誤導敵軍。如果在屋子裡，切勿靠在窗口邊射擊，而是應該打開窗子，從房屋深處開火。

救護兵是連上最受敬重的重要成員。他們被託付保管穀物酒的責任，好讓提供給傷患喝的水壺裡的水不至於結冰。「酒精的刺激效果也沒有壞處，」報告上補充說明。隨軍牧師也奉命帶酒前往救護站，為湧進的傷兵調製香甜熱酒。有多得數不清的人後來承認，他們之所以能活下來，多虧了救護兵的奉獻、勇氣，以及不時發揮的創造力。第一〇一師的一等兵弗洛依德．馬夸特（Floyd Maquart）救了一名臉部與頸部嚴重受創的士兵；他以降落傘刀割開傷兵的喉嚨，並將鋼筆的中空部分插進他的氣管。[10]

由於德軍攻占野戰醫院，美軍只剩下一名外科醫生；在巴斯通馬術學校以及神學院教堂的七百多名傷患，情況持續惡化。第十裝甲師的軍醫得到兩名訓練有素的比利時護士協助：奧古斯塔．奇韋（Augusta Chiwy）是一位無所畏懼的年輕女士，來自剛果；蕾妮．勒邁爾（Renée Lemaire）的未婚夫是猶太人，前一年在布魯塞爾被蓋世太保抓走。頭部或腹部重傷的人存活機會最低；冰凍的死屍越來越多，像柴堆般堆在戶外，以防水油布蓋著。一群病人染上會發出惡臭的氣性壞疽，而用來清洗這類傷口的雙氧水幾乎快用光了。越來越少的血漿凍結了，血袋必須先放在某個人的胳肢窩底下解凍。在有些手術中，必須以一口干邑白蘭地取代麻藥。面對越來越多的戰鬥衰竭症病患（他們會坐起來，偶爾突然放聲尖叫），鎮定劑的供應也非常吃緊。曾在諾曼第與荷蘭展現無比勇氣的士兵，終於抵擋不住壓力與疲乏；寒冷與欠缺適當飲食同樣加速了整個過程。

除了科科特少將被迫展開的幾次精心布局的攻勢之外，德軍還發動更多次的夜襲，兵力通常是四輛坦克加上一百名步兵。在雪地上，德軍的雪衣是很好的偽裝，但當他們站在樹林或建築物的深色背景前，就會特別顯眼。明白了這一點，他們會脫下夾克，但白色的雙腿仍然暴露了他們的形跡。

「擊潰坦克是一項結合團隊默契、互信與勇氣的任務，」第八軍的報告指出，「步兵留在散兵坑裡應付敵軍步兵，坦克殲擊車則負責料理坦克。」[11]只要步兵與坦克殲擊車各司其職，往往就能擊退德軍。然而，以火箭筒伏擊德軍裝甲車，顯然讓某些傘兵得到很大的快感。第一〇一師宣稱，在十二月十九日到三十日之間，他們總共擊毀了一百五十一輛配備突擊砲的坦克，以及二十五輛半履帶車。這些數字八成誇大了事實，灌水的程度跟戰鬥機飛行員宣稱的戰績不分軒輊。被擊毀的車輛當中，許多也同樣被第十裝甲師的謝爾曼坦克，以及坦普頓上校（Templeton）的第七〇五坦克殲擊營的地獄貓式鎖定。

在馬維一帶與德軍第九〇一裝甲擲彈兵團的持續鏖戰，到了凌晨時分變得越來越混亂。一名美軍機關槍手擊斃出現在山嶺上的兩名機降步兵。美軍被迫退出村莊，但設法守住了西面的山丘。位於巴斯通的麥克奧利菲總部重新檢驗他們的防務。德軍從馬維朝巴斯通的挺進才剛剛被攔下來，但美軍在周邊防線西面的防禦也很薄弱。他們決定從弗拉米耶日和曼德聖阿蒂安的凸角往後撤，並且撤離席儂尚姆。縮小前線的整體範圍能強化防禦，但他們也重整兵力，將坦克與坦克殲擊車正式歸附給各個兵團。

在此同時，科科特少將受到軍長呂特維茨和曼陶菲爾的明確指示，隔天必須搶在美軍第四裝甲師從南面突破之前攻破巴斯通，不得有誤。科科特等候德軍第十五裝甲擲彈兵師在西北戰區部署之際，越來越擔心第五空降獵兵的南面防線。為求謹慎，他認為有必要從他自己的勤務人員調派一個「應急排」，並配備幾門反坦克砲，在南面設立一個防禦屏障。荷姆布雷附近的高射砲營也奉命隨時轉為地面作戰，對付美軍的坦克。科科特得知通往阿爾隆的南向幹道至少有裝甲教導師的第九〇一裝甲擲彈兵團布防，稍感寬慰。

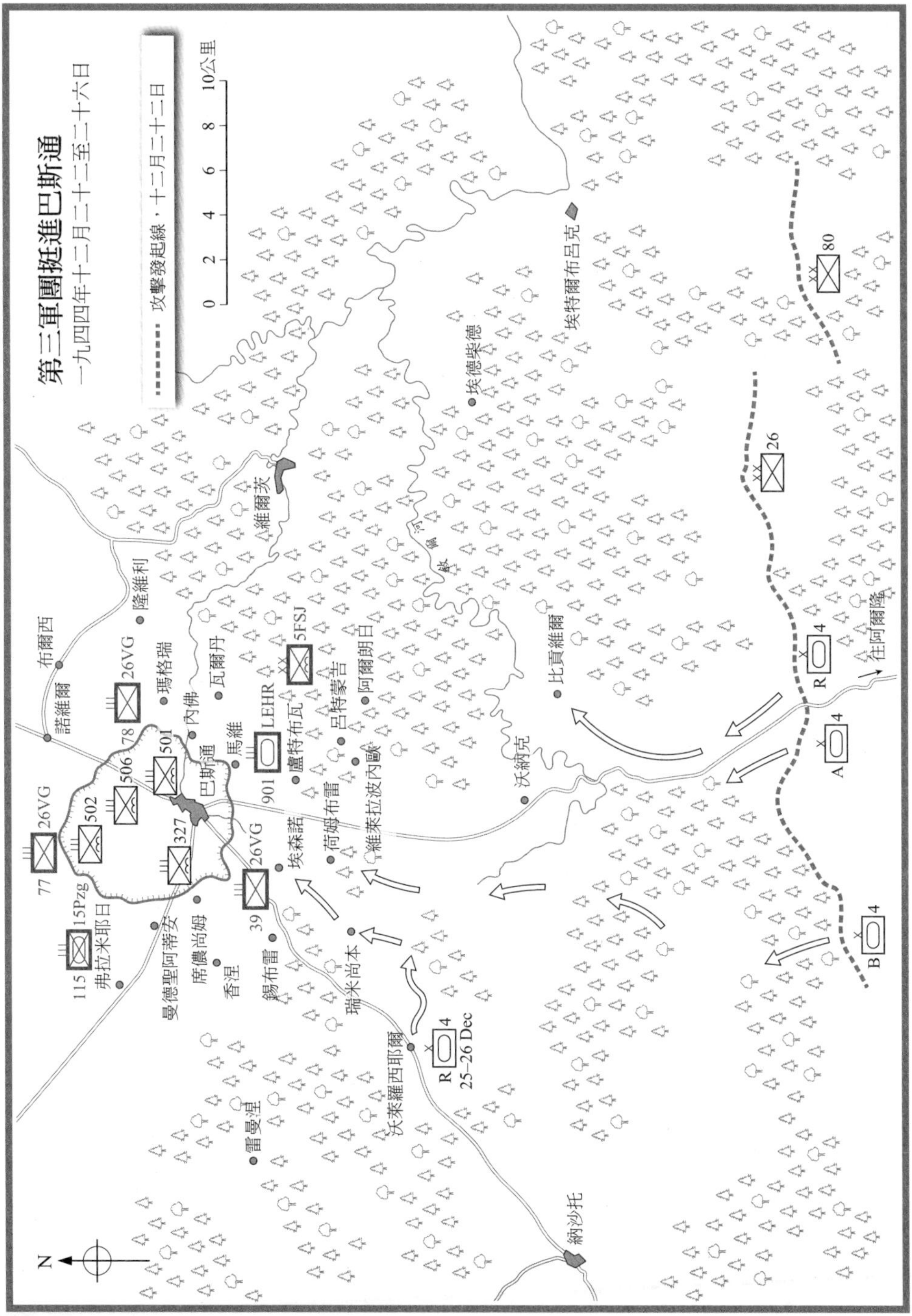
第三軍團挺進巴斯通
一九四四年十二月二十二至二十六日
攻擊發起線，十二月二十二日
0 2 4 6 8 10公里
N
諾維爾
布爾西
隆維利
26VG
瑪格瑞
瓦爾丹
內佛
78
501
506
502
26VG
77
327
15Pzg
115
弗拉米耶日
曼德聖阿蒂安
席儂尚姆
香涅
26VG
39
錫布雷
巴斯通
馬維
LEHR
901
盧特布瓦
5FSJ
呂特蒙吉
阿爾朗日
荷姆布雷
維萊拉波內歐
埃森諾
瑞米尚本
R 4
25–26 Dec
沃萊羅西耶爾
雷曼涅
納沙托
維爾茨
埃德柴德
埃特爾布呂克
比貢維爾
沃納克
80
26
R 4
A 4
B 4
往阿爾隆

德軍第五空降獵兵師負責保護第五裝甲軍團的南翼，但他們的裝備確實不足以應付這項任務。不得人心的師長路德維希·海爾曼少將（Ludwig Heilmann）鄙視他麾下的空軍人員，聲稱他在接掌指揮權之際，發現了「貪腐和斂財」的行徑。「截至目前為止，這些人只在法國與荷蘭出過任務，」他後來說，「他們靠掠奪的戰利品發財，所有人都是共犯。」[12]他宣稱年紀較大的士官曾露骨地說，「如今戰爭即將結束，他們絕不會傻到拿生命冒險。」另一方面，年輕的大兵（幾乎都不到二十歲，有些人甚至只有十六歲）雖然訓練不足，卻「留給人較好的印象」。海爾曼不斷被上級盤問他轄下兵團的確切位置，但他收到的報告很少且不精確，以致他決定親自前往前線，就算只為了躲避軍部「煩人的詰問」也好。

然而，儘管第五空降獵兵師有明顯缺陷，但以少年兵為主的兵力仍展現強大韌性，讓美軍第四裝甲師付出很高代價。那天黎明，美軍第五十三裝甲步兵營和第三十七坦克營，進攻科科特指揮哨南面二十多公里外的比貢維爾村（Bigonville）。他們在克雷頓·艾布蘭中校（Creighton W. Abrams；後來在越戰期間出任美軍司令）率領下，不到三小時就攻下村子和後面的高地。不過接著，「敵軍設法滲透回到城裡，必須持續作戰以完成肅清。」[13]雪上加霜的是，美軍隨後遭P-47雷霆式的轟炸與掃射，直到發射有色煙霧彈，並將識別嵌板上的積雪抹去之後，飛機才轉身離開。美軍又花了三小時才二度占領比貢維爾，但犧牲慘重。把頭伸出砲塔的坦克指揮官吸引了德軍狙擊手的砲火，「奪走第三十七坦克營九名坦克指揮官的性命，包括C連連長在內」。

美軍第四裝甲師也飽受極端惡劣的氣候所苦。「我們的連長因為得了肺炎而被撤走，」第五十一裝甲步兵營的一位士兵寫道，「我們也失去了排長，因為他的腳凍壞了。」[14] 翌日，連上只剩下一名軍官。巴頓預計在耶誕節前替巴斯通解圍的希望，正快速淪為泡影。

和德軍在阿登地區的大多數編隊一樣，科科特部隊的彈藥也很吃緊，尤其是迫擊砲。盟軍對火車調度場和前方補給線的空襲，已經產生了效果。當天下午，美軍發現德軍的槍砲完全熄火。守軍猜測，他們是要保存彈藥，留待耶誕節當天發動主攻。

北方大約十五公里外，位於拉格萊茲的派佩爾戰鬥團殘部準備摧毀他們的車輛，徒步越過安布萊維河突圍。十二月二十四日凌晨三點，大約八百人的主力涉過河流，然後艱難地穿越南面的濃密森林，抵達了山脊線。派佩爾帶著麥考恩少校，緊跟在先遣隊後面。兩小時後，他們聽見後方傳來爆炸聲。山谷中，飽受蹂躪的村落被車輛燃燒的火光照得一片通明。

不確定德軍陣線在什麼位置的派佩爾，帶領大夥兒沿著薩爾姆河南下。麥考恩後來追述，他們除了四個乾掉的麵包和兩大口干邑白蘭地之外，沒有其他東西可以吃。天黑一小時後，他們撞進美軍的一個前哨站，哨兵開火了。這群裝甲擲彈兵已經筋疲力竭，尤其是那二十幾個還能行走的傷兵。他們步履蹣跚地走在黑暗中，溯溪而行，避開道路和村莊。耶誕節當天凌晨，他們在貝吉瓦爾（Bergeval）以北闖進另一個美軍前哨站，引發美軍以迫擊砲強力回應，並以機關槍發射曳光彈。麥考恩趁亂脫逃。他重回美軍戰線，表明自己是第八十二空降師的空降兵。他被帶到蓋文將軍的指揮哨。

派佩爾和他的弟兄退到薩爾姆河河谷，游泳穿越冰凍的河流。耶誕節早晨稍晚，黨衛軍第一裝甲軍傳出他回營的消息，而且明顯受了傷。大約同一時間，美軍第三十步兵師殲滅被困在斯塔沃洛附近的另一組派佩爾人馬。這群人瘋狂抵抗，大概是因為相信他們的對手不會生擒俘虜。「在孤注一擲的攻擊中，他們名符其實地踏著自己人的屍首，一波接一波衝上前，」行動檢討報告如此描述。師屬砲兵部隊指揮官估計，地面上一度堆了超過一千具德軍屍體，斯塔沃洛和拉格萊茲一帶屍橫遍野。美軍估計，該戰鬥團共有兩千五百人陣亡，九十二輛坦克及突擊砲被毀。[15]

如今，第六裝甲軍團的唯一突破被徹底擊潰，希特勒和國防軍最高統帥部的目光，牢牢鎖定西面的曼陶菲爾裝甲師。北肩承受的壓力似乎越來越大。黨衛軍第二「帝國」裝甲師擊潰巴拉克弗萊杜爾的美軍之後，又得到第九裝甲師的前鋒增援。元首護衛旅正在進攻奧通的路上，而第十八及六十二國民擲彈兵師則在黨衛軍第九「霍亨斯陶芬」裝甲師支援下，進攻駐守維爾薩姆戰區的美軍第八十二空降師；在這裡，李奇威將軍堅持採取直角楔形的陣式防守。

布萊德雷將軍聽說蒙哥馬利派科林斯的第七軍在北肩沿線布防，而不是留下來預備大規模反攻，一時大為震怒（事實上，是科林斯本人將他的師投入防線，因為他別無選擇）。這再度證明布萊德雷對實際發生的狀況一無所知。在德軍四個裝甲師攻擊北面與西北面的情況下，美軍首先必須守住防線，而後才有可能反攻。正在考慮從第七軍前線大舉撤退的第一軍團總部，當天晚上甚至記錄：「儘管空軍今日戰績赫赫，但真要說的話，今晚的局勢甚至比以往更兇險。」[16]由於擔心德軍裝甲師從西面突破，第一軍團甚至考慮把第五軍的所有重型裝備往後撤，以備突然撤軍。

當蒙哥馬利再度駁回他的意見，李奇威氣得臉色鐵青。這一次，蒙哥馬利下令蓋文的第八十二空降師撤出維爾薩姆，退到與特魯瓦蓬和馬奈構成的三角形底部。第八十二空降師承受了黨衛軍第九「霍亨斯陶芬」裝甲師、黨衛軍第一裝甲師剩餘兵力，以及第十八與六十二國民擲彈兵師的強大壓力。然而李奇威認為，美國軍隊被下令如此放棄陣地，是一次奇恥大辱。他將這次行動歸因於蒙哥馬利對「清理戰場」的執著，因此對霍奇斯將軍發出激烈抗議，「但顯然沒得到共鳴」，韓森後來如此承認。[17]布萊德雷對蒙哥馬利的決策開始抱持成見，接下來一段時間一直耿耿於懷。

然而，蓋文明白這項調遣的用意，而蒙哥馬利幾乎可以肯定是對的。即便在德軍的下一波編隊抵達之前，第八十二師就已經太過分散。前線從二十七公里縮短為十六公里，意味著防線會更為堅強。撤退於當天夜裡展開，「第八十二師的士氣沒有實質上的影響。」[18]蓋文的空降部隊很快擁有足夠多凍僵的德軍屍體充作新陣地的沙包使用，而他們不允許墳墓登記處的人員挪走死屍。[19]

肯恩特遣隊以及剛抵達的第十七空降師的一個團已在馬奈的各個路口備戰，阻擋第一軍團總部仍然相信是要奪取美軍列日補給基地的一次行動。未經考驗的第七十五步兵師正在路上，準備支援羅斯的第三裝甲師，救出被困在馬庫雷的霍根特遣隊。

馬奈的守軍等待著「帝國」師的震撼攻擊，但後者卻小心翼翼穿越公路兩旁的森林，占領了烏登涅（Odeigne）。這麼做的原因，一部分是因為燃油補給問題遲遲未解決，但主要是為了避免在另一個晴朗的日子進入曠野。白天，天空中的戰鬥轟炸機在皚皚的雪地上搜尋目標，一支裝甲縱隊會是它們的明顯獵物。

黨衛軍中將海因茲·拉馬丁（Heinz Lammerding）——需要為「帝國」師六月份北上諾曼第途中，在蒂勒（Tulle）與格拉訥河畔奧拉杜爾（Oradour-sur-Glane）屠殺百姓的行為負責的指揮官——是個傲慢的高個子，長了一張痲臉。他與麾下的許多軍官一樣，素以冷酷無情著稱。他們甚至覺得「帝國」師殺錯奧拉杜爾村的村民，是一件很好笑的事。「一名黨衛軍領袖笑著告訴我，」海特在後來的祕密錄音中說，「『他們弄錯了村子。『算他們倒楣，』（他說）。事實證明，那個村子裡根本沒有游擊隊員。」[20]

一等到天黑，雷霆式和閃電式戰鬥轟炸機離開之後，黨衛軍「帝國」師的坦克和半履帶車便從樹林裡現身，朝馬奈北上。德軍使出慣用伎倆，把擄獲的謝爾曼置於縱隊最前方。美軍停止射擊，唯恐來者是美軍第三裝甲師的一支分遣隊。接著，黨衛軍發射照明彈，把美軍的坦克砲手照得頭昏眼花。二十一點，兩個裝甲擲彈兵團並肩攻擊。他們在午夜奪下馬奈。美軍第七裝甲師的戰鬥指揮部在夜間戰役中折損了十九輛坦克，疲憊的坦克人員只能徒步脫逃。「帝國」師裝甲團的坦克則毫無損失。

受命繞到烏爾特河以西的瓦登博格第一一六裝甲師，接到命令突破馬爾什昂法梅訥和奧通之間，然後轉西前往錫奈（Ciney），保護第二裝甲師的右翼。但博林的美軍第八十四步兵師，在馬爾什到奧通的幹道南面建立了堅強防線。德軍第一一六師在凡德林村（Verdenne）附近成功突破，但勝利沒有維持太久。這只是瓦登博格所謂的「瞬息萬變的慘烈戰事」的開端。房屋和陣地數度易手。[21]

馬爾什本身也面臨危險。美軍第八十四師情報部人員，二十一歲的亨利・季辛吉（Henry Kissinger）不顧身為猶太人的額外風險，自願喬裝留下來。但博林的人馬堅守陣地，其砲兵部隊最終讓瓦登博格的部下傷亡慘重。野戰砲兵營在高海拔地區使用新型的近炸引信，必要時甚至會在小徑上掘地，以便完成在德軍陣地上空爆破。美國步兵望著爆炸效果，高興得又跳又叫，傳回「死了很多人」的報告。[22]

盟軍的戰鬥轟炸機也來回穿梭，進行轟炸與掃射的任務。「德國空軍完全不見蹤影，無聲無息，」瓦登博格憤怒地評論。[23]他的裝甲擲彈兵最靠近馬爾什的時候，是在尚普隆—法梅訥西北方的森林線外俯瞰這座城鎮；在那裡，他們持續遭美軍砲兵轟炸。直到今天，由於許多金屬碎片還埋在廣袤的針葉林裡，當地地主仍然無法販賣森林裡的木材。

在德軍突出部的最遠端，跟英國第三皇家坦克團的交火，已讓德軍第二裝甲師折損了三輛坦克。布朗中校擔心德軍如今已十分靠近迪南的大橋，因而加強路徑的防守，以免裝甲擲彈兵偷偷徒步穿越。他得知德軍的燃油存量即將山窮水盡。英軍砲兵開始轟炸塞勒一帶的第二裝甲師陣地，並計劃隔天從索林納斯進攻，粉碎駐紮在佛依諾特丹的波姆偵察營。布朗還不知道，英軍第五十三師正開始橫越默茲河；他即將得到堅強的支援。[24]

以厚實的胸膛、軍人鬍鬚和沙啞的聲音讓人一眼就能認出來的哈蒙少將，面對敵人，幾乎快沉不住氣。科林斯將軍命令他暫且按兵不動，等待時機成熟再一舉反攻，但他一直聯繫不上科林斯，因為科林斯正忙於應付東面的危險情勢。蒙哥馬利甚至曾經下達指令：基於德軍第二裝甲師與裝甲教導師在西面的威脅，「假使迫不得已」，科林斯的部隊可以退回奧通與阿登之間的防線，大約在馬爾什以北直線距離三十公里外。[25]這將構成一次重大撤退，然而和蓋文第八十二空降師的撤退不同，這會是一大錯誤。不過幸好，蒙哥馬利允許科林斯自己決定。

哈蒙懷疑德軍在塞勒一帶集結了大量裝甲兵力，但苦於無法確認，直到兩架P－51野馬式戰鬥機指出附近出現高射砲的砲火。（他還沒聯繫上索林納斯的英軍。）科林斯失聯期間，第一軍團總部和第七軍之間的溝通一片混亂，哈蒙拒絕繼續等下去。他命令他的B戰鬥指揮部跟駐錫奈的A戰鬥指揮部會合，並調遣了兩個自走砲營。當天晚上，科林斯終於透過電話和哈蒙交談，並准許他翌日早晨發動攻擊，哈蒙顯然吆喝著說：「那些渾蛋已是甕中之鱉！」[26]蒙哥馬利支持科林斯抽調第二裝甲師的決策，儘管這意味著他保留第七軍進行反攻的計劃，如今已然告吹。

柯勳豪森戰鬥團在塞勒和切諾之間的兩個袋型陣地採取環形防禦，等待德軍第九裝甲師承諾的增援部隊抵達。不過第九裝甲師因為等候燃油補給而耽擱了行程。德軍第二裝甲師的先頭部隊也叫囂著要求增加彈藥與燃油，但漫長的補給線極不穩固。情況更由於美軍在馬爾什西南方高地重新展開的攻勢，以及頭頂上的盟軍戰鬥轟炸機而更形惡化。在馬爾什南方，德軍第二裝甲師總部的參謀深感挫敗：這樣的窘境，竟發生在他們如此靠近目標的緊要關頭。莫德爾元帥的指令傳到了佛依諾特丹：「如有必要，偵察營成員得以徒步攻占迪南大橋，出奇制勝。」這和布朗上校的料想正巧不謀而合。[27]但由於遭英軍砲火瞄準，波姆戰鬥團是受到最大壓制的一支德軍部隊。

第二裝甲師總部的挫敗很快轉變成驚慌，「因為兩個袋型陣地都表示，彈藥與燃油的存量即將無法支撐他們繼續戰鬥，」呂迪格．魏茨中校（Rüdiger Weiz）記錄，「而且由於前線的油量不足以供大軍撤退，因而萌生一個幾乎無解的問題：如何為前線作戰的部隊馳援。」[28]

勞赫特決定撤出負責掩護馬爾什、由弗里德里希．霍爾邁耶少校（Friedrich Holtmeyer）指揮的戰鬥團。他命令該戰鬥團往西穿越羅什福爾，朝切諾挺進，解救被圍困在那裡的部隊。基於美軍的空中優勢，這次行動只能在夜間進行。呂特維茨同意這項計劃，但首先必須取得第五裝甲軍團總部的許可。勞赫特當天下午獲得批准，但偵察營已不再回應無線電訊息。霍爾邁耶戰鬥團當天夜裡出發，但美軍在他們撤離時展開攻擊，使得這次在黑暗中的艱難行動更加受阻。

馬爾什東南方十公里處，邦德村坐落在馬爾什到巴斯通的N4公路旁的山丘上。之前提過，黨衛軍部隊九月份撤出這塊地區時，為了報復比利時反抗組織的攻擊，曾在這個村子附近燒掉沿N4公路的三十五棟民宅。十二月二十二日，德軍第二裝甲師的先頭部隊率先通過這裡，隔天，一部分的部隊成員在村裡宿營。他們循規蹈矩，表現良好。耶誕節前夕，另一支截然不同的隊伍，大約三十多人，穿著灰色的黨衛軍制服出現。他們的左邊衣袖上別著保安處的臂章——一個寫著SD的菱形徽章。這支第八特種突擊隊（Sondereinheitkommando 8）的主要成員不是德國人，而是由一名瑞士人率領的法國、比利時與荷蘭法西斯分子，隸屬於蓋世太保。[29]

他們占據幹道旁的幾棟木造建築，不跟裝甲擲彈兵住在一起。耶誕節前夕正巧是星期日，全村的人幾乎都去望彌撒。當活動結束、教堂門打開、會眾魚貫而出，每個兵齡男子都遭到抓捕，據說是要檢查身分證件。總計約七十人被集合在一起，其中將近半數——年齡介於十七歲到三十一歲之間的人——被押送到幹道旁的一間磨坊關起來。許多人是從別的地方來的難民，但他們也被嚴刑拷問有關三個半月以前，這個地區對撤退德軍展開的攻擊事件。他們一個接著一個被帶到屋外處決。

只有一個人——萊昂．佩雷——倖存下來。他是一個身強力壯、身手矯捷的二十一歲年輕人。他曾試著說服其他人一起襲擊他們的看守者，但沒有人願意發難。當輪到他的時候——當時天色黑得很快——他突然朝衛兵臉上重擊一拳，然後拔腿就跑，跳過一堵低矮的石牆，全速衝進小溪。德軍朝他的方向開了幾槍，但被他逃走了。[30]

當英軍第六空降師的傘兵部隊終於在一月解放這個村子，慕斯迪神父和萊昂．佩雷帶他們到這三十四具如今已凍僵的屍體被草草掩埋的地點。「完事之後，」英軍的報告陳述，「德軍以泥土和木板稍微蓋住屍體，並在一間房子的牆上寫：『為遭比利時人殺害的德軍英雄報仇雪恨』……〔被害者〕被人從後腦勺槍斃之前，有受到毆打凌虐的跡象。」[31]

村民似乎無法理解這次屠殺，震驚之下，傳出了佩雷之所以逃過一死，全靠背叛了同志的不實流言。幾年下來，這樣的想法在村民心裡根深柢固。佩雷決定今生永遠不回這塊地方。

東線參謀長古德里安上將從柏林南面的措森（Zossen）開車到鷹巢謁見希特勒。他很清楚，阿登攻勢並未達成預期目標，不值得繼續進行。最大的危險，來自於紅軍準備發動大規模冬季攻勢的東方。他的公事包裡有一份精確得非比尋常的評估報告，出自東線戰場軍事情報局——東線外軍處（Fremde Heere Ost）——首長萊因哈德．蓋倫少將（Reinhard Gehlen）之手。蓋倫的部門評估，相較於德軍，紅軍擁有十一倍的步兵優勢、七倍的坦克優勢，以及二十倍的砲兵優勢。蘇聯空軍也幾乎享有完全制空權，迫使德軍無法從事照相偵察行動。

在會議室裡，古德里安發現自己同時面對了黨衛軍全國領袖希姆萊、凱特爾元帥和約德爾上將。正當他闡述情報處的評估，希特勒打斷了他的話。後者表示對蘇軍力量的這類評估，實屬荒謬可笑。紅軍的坦克軍幾乎連一輛坦克都付之闕如，而他們的每個步槍師都只有七千多人的兵力。「這是繼成吉思汗之後的最大騙局，」他嚷嚷著，「這個荒唐的評估是誰提出來的？」[32]古德里安試圖為蓋倫的數據辯護，但在場人士對他的努力嗤之以鼻，而且讓他震驚的是，約德爾主張西線的攻擊應持續進行。晚餐席間，希姆萊——剛剛升任上萊因集團軍司令的軍事門外漢——很有把握地告訴古德里安，蘇軍的屯兵無非虛張聲勢。古德里安別無選擇，只能失望地回到措森。

在巴頓的兩個兵團最右側，第五步兵師開始從第四步兵師後方往西北方向挺進。從感冒和誤喝自己的尿液中復原的海明威，在山頂上跟收留他的師團弟兄說說笑笑，望著以床單做偽裝並隨意朝前方開火的士兵，呈漫長的縱隊從山下經過。似乎沒有任何德軍開槍回擊。在耶誕夜，海明威前往位於羅登堡的第二十二步兵團總部，全然不知新上任的團長拉格爾斯上校（Ruggles）也邀請了已跟他反目的妻子。拉格爾斯派了一輛吉普車到盧森堡接瑪莎．蓋爾霍恩，想替他們夫妻倆製造一次驚喜。這對形同陌路的夫妻得共用一間臥房。[33]

耶誕夜對雙方士兵都具有特殊意義。在巴斯通，一名傷勢較輕的士兵拿到配給的白蘭地，用搶救出來的民用收音機反覆聆聽〈白色聖誕〉歌曲。在佛依鎮的東北方，德國士兵擠在房子和農場裡取暖。一名年輕的德國大兵輕聲對他借宿的比利時家庭說，他打算活著回家：他的三個哥哥都已戰死沙場。在周邊防線的另一些地方，美軍聆聽他們的敵人唱出德語的〈平安夜〉。他們只能聊聊家鄉的耶誕節情景，想像家人圍坐火爐前的畫面。比較幸運的後防官兵得以參加子夜彌撒，例如在擠滿難民和屋主一家人的羅萊城堡（Château de Rolley）教堂舉辦的彌撒。大多數時候，他們也會唱英語的〈平安夜〉，思念自己的家人。在巴斯通，大約一百名士兵聚集在臨時搭建的簡易祭壇前望彌撒，用空的罐頭放蠟燭。[34]牧師在證道時提供一個簡單的建議：「不要做計劃，因為上帝的計劃必將奏效。」[35]

在塞勒和佛依諾特丹之間的波以賽（Boisseilles），德國大兵也跟躲在城堡裡的百姓一起過節。第二裝甲師的一名裝甲擲彈兵發著酒瘋宣布：「我們明天將渡過默茲河！」[36]另一位士兵的心境比較實際，他感嘆道：「多麼可悲的聖誕節！」

德軍第二裝甲師的前進部隊食不果腹，餓得發昏。在塞勒，一名亞爾薩斯裔的士兵在一間民宅敲門，當那一家人謹慎地開門，他跪下來乞求對方施捨一點點食物。許多人的境況堪憐，當地居民基於基督徒的善心，覺得不能不給他們的占領者一些東西吃。值得稱許的是，少有第二裝甲師的士兵持槍搶劫食物，不過有些人也許會命令農婦替他們煮湯，或用她貯存的醃漬水果烤水果派，作為耶誕賀禮。其他人則強迫當地婦女替他們洗襪子或內衣。

德國士兵儘管飢腸轆轆，卻更渴望喝酒來澆熄他們的聖誕夜哀愁。在羅什福爾，一位名叫莉莉安·德洛姆的十四歲少女，看見一名步兵一拳打碎格瑞高爾小吃店的玻璃門找酒喝，嚴重割傷自己的手。[37]思鄉病在耶誕節變得更嚴重。許多士兵凝望家人的照片，默默垂淚。

那天夜裡，雙方步兵都待在自己的散兵坑裡。美軍只有冰凍的C口糧可以過節，但好歹比大多數德軍好多了。一名空降兵描述他把冰凍的肉末馬鈴薯泥切成一塊一塊，分別放進嘴巴裡解凍，然後才有辦法吃下它們。[38]在最北肩的赫芬，第九十九步兵師的一名士兵在日記中寫道：「防線上的弟兄高聲吆喝，祝福彼此聖誕快樂。這是個非常美麗的夜晚，白雪覆蓋了大地。」[39]一位軍官帶著一瓶酒，拜訪了幾名幸運的人。

指揮所和更高層總部擺出聖誕樹，通常拿干擾雷達用的鋁箔紙條來裝飾。指揮部的層級越高，越有機會好好過節。還未受到戰爭侵擾的盧森堡市，此刻一片祥和。在雪花輕輕飄落的耶誕夜裡，美軍隨軍牧師菲德烈克·麥當諾（Frederick A. McDonald）準備在燭火通明的教堂裡舉行禮拜。有人警告他，巴頓將軍會參加那天晚上的聖餐式。教堂裡擠得水泄不通，但麥當諾毫無困難地認出「一名表情嚴峻的將軍」挺直了腰桿，獨自站著。牧師上前歡迎他，並說在一次世界大戰期間，德皇威廉二世曾來這座教堂參加禮拜。麥當諾無疑深知這位將軍有意以歷史搭配聖餐，因此問：「長官，您想坐在德皇的座位嗎？」巴頓嶄露笑顏，說：「替我帶位。」[40]

18. 耶誕節

飛越巴斯通上空投擲鎂照明彈的德國空軍轟炸機，以及繼之而來的一波波容克八八，打破了巴斯通在耶誕夜的短暫平靜。美方原本把德國空軍視為過氣的軍種，但此番空襲的威力，甚至比最猛烈的砲轟都更具摧枯拉朽之效。擠在地窖裡的難民和巴斯通居民受到更大的震撼，因為地面上的大樓倒塌，把他們掩埋在底下。

麥克奧利菲的指揮所被擊中。牆壁晃個不停，彷彿遭遇地震，每個人都擔心被掉落的石塊壓扁。聖母學院的地窖人滿為患，人們在遮天的塵土掉落下來時，莫不驚惶地禱告或尖叫。好幾個人徹底瘋掉。

第十裝甲師醫護站的軍醫普萊爾上尉，當時正跟一群同事舉杯共飲聖誕香檳，其中包括剛果來的護士，奧古斯塔．奇韋。他們被爆炸威力震倒，普萊爾立刻擔心醫護站本身被擊中了。他們滿身塵埃，奮力地爬到街上。那棟三層樓建築坍塌了，壓住底下的傷患，殘樓陷入一片火海。奇韋的護士同事蕾妮．勒邁爾，跟另外二十五位嚴重受傷、躺在床上被燒死的病患同時喪生。士兵趕來搬開瓦礫製造逃生出口，但他們以水桶滅火的舉動無異於杯水車薪，很快就放棄了。幾名陷入火海的傷患，乞求人們開槍幫助他們解脫。低空飛行的轟炸機以機槍掃射街道，激起傘兵以步槍回擊。巴斯通沒有任何防空武力，因為四聯式點五〇半履帶車，全都被派去支援周邊防線。

這波在幾小時後重新展開的空襲，顯然是德軍發動耶誕節攻勢的初期猛撲。德軍第五裝甲軍團的砲兵司令已奉曼陶菲爾之命，前來監督射擊控制。科科特將他的指揮所搬到西北翼正對面的吉弗里（Givry）。這塊地區比較欠缺美軍以往極其有效地作為據點的樹林和村落，空曠的地勢中，只有幾條被雪覆蓋的小溝壑能作為屏障。即便如此，絕大多數國民擲彈兵仍因為即將到來的戰爭膽戰心驚，而且不相信長官所訓勉和承諾的：他們這次具備了壓倒性的兵力。[1]

德軍從西北與東南方展開的兩面夾擊，意在以不到五小時的時間攻破巴斯通，但科科特沮喪地發現，第十五裝甲擲彈兵師的兵力遠比他預期的更薄弱，其組成不外乎由沃夫岡．茂克中尉（Wolfgang Maucke）指揮的一個戰鬥團，包括三個裝甲擲彈兵營、二十輛坦克與突擊砲，以及兩個自走砲營。該師的一支小規模部隊還在路上，一日後才會抵達。

這個戰區的第一波突擊，瞄準了香普（Champs）村的正前方。科科特的第七十七擲彈兵團沒有進行預備性轟炸，悄悄地直接摸上了美軍的散兵坑。這時，德軍的砲火才開始轟炸美軍的砲兵陣地。照科科特所述，香普村在激烈駁火中被「占領、失守，又重新奪回」[2]。美軍的一連空降兵和兩輛坦克殲擊車導致他的部下傷亡慘重；他們「摸黑在砲火下拆卸並修理武器」的密集訓練，顯然得到了回報。[3]機關槍的卡彈故障一下子就解除了，可以重新開火。負責在香普西面操作機關槍的威利斯・富勒下士（Willis Fowler），成功在山脊線上的四輛德軍裝甲車面前，殲滅一整連的擲彈兵。美軍的火砲也有效地瓦解德軍攻勢，上午九點，當美軍的戰鬥轟炸機俯衝來襲，德軍的行列中傳出「轟炸機來了！」的驚呼聲。

在此同時，茂克戰鬥團以銳不可擋之勢輾平美軍第四〇一機降工兵團在香普西南方的陣地，抵達不到三公里外的漢姆勒小村莊。一小群人轉而北上攻擊香普，在第五〇二傘降工兵團的指揮所和急救站附近展開激戰。美軍以羅萊城堡為基地；這是一棟雄偉的十八世紀建築，緊鄰從原始的中世紀城堡遺留下來的大型圓柱體水塔。通往羅萊的橋梁已埋好地雷，然而德軍裝甲車輛通過時，引爆機制卻因嚴寒的冰霜而失靈。那天早晨氣溫驟降，寒風拍打著大雪，讓雪片凍結如浪花。空降兵只得用尿液來解凍機關槍的射擊機制。

城堡裡的通信兵、駕駛兵和炊事兵紛紛拿起步槍或火箭筒，組織成一支防守隊伍。軍醫甚至必須拿步槍給擔架上的一名傷兵，因為手無寸鐵遭敵軍俘虜的念頭讓他焦躁難安。人們吼著叫軍醫燒掉記錄陣亡官兵狗牌號碼的本子，以免讓敵軍得知他們殺了多少名傘兵。

這支臨時防守隊伍中的一名成員——「天空」傑克森中士——成功擊毀好幾輛坦克。另一名火箭筒人員被激情沖昏了頭，竟然忘記充填彈藥，以致空彈擊中坦克時，只發出一聲響亮的匡噹。一輛地獄貓式坦克殲擊車毀壞了另一輛豹式。「德國大兵從坦克中湧出，被掃射倒下，」一名士兵記錄，「雪地上滿是鮮血。」[4]一輛裝甲車裡傳出陣陣尖叫聲。

第五〇二傘降步兵團發現了大約一百五十名德軍步兵和四輛馬克四號戰車，後者朝他們開火。傘兵中尉把弟兄撤到一排樹木後面。他下令機關槍手壓制步兵，並以持續砲火「緊扣」對方坦克，讓他和另一支火箭筒小組有機會繞過敵軍側翼進行突擊。他們以火箭砲擊毀三輛坦克，鄰近的連隊摧毀了第四輛。[5]這群傘兵當天幾乎斷糧，大多數人只喝了不超過半杯的「海軍」豆（又稱白豆）湯來維持體力。

在這場毫無保留的戰役中，庫克爾戰鬥團再度從西南方的席儂尚姆一帶往北攻打漢姆勒。十點整，在周邊防線遠端，隨著德軍第九〇一裝甲擲彈兵從東南方向一路進擊，「成功似乎近在咫尺。」[6]一支突擊隊抵達進入巴斯通的三叉路口，德軍的突破幾乎看似無可避免。在麥克奧利菲的臨時總部，參謀官拿起他們的武器，補給人員則蒐羅所有備用的火箭筒，準備背水一戰。

「德軍以坦克攻擊我們的陣地，」第五〇二傘降步兵團的傑克森中士記錄，「我回到指揮所。我們聽到前方需要更多火箭筒和彈藥。我拿起一門火箭筒和我能負荷的所有彈藥。當我走到前線，我看見田野上有一輛坦克正在撤退，還有一輛乘坐了九人的馬克四號。當坦克在大約四十碼的距離外經過，並且側身面對我，我跳出來開火，擊中坦克的側面，就在履帶上方不遠處。火箭砲殺死或震倒了坦克上方的四個人，坦克立刻停下，開始燃燒。」坦克組員及其餘步兵在試圖逃脫的時候被擊斃。[7]

就連傘兵野戰砲兵營的短筒榴彈砲，都透過瞄準器擊毀德軍裝甲車。破壞力最強大的，要屬凝固汽油「燒夷彈」，或以點五〇機關槍進行掃射的P－47雷霆式戰鬥轟炸機。在美軍將領預備抵抗到底的殊死戰中，當地的農場和居民未能倖免於難。

在香普、羅萊和漢勒姆一帶的戰事，謝爾曼、地獄貓式坦克殲擊車和火箭筒造成了嚴重死傷。到了下午，德軍第十五裝甲擲彈兵師報告，他們已經連一輛可以作戰的坦克都不剩。入夜之後，德軍在偵察營僅剩的幾輛坦克殲擊車支援下，展開另一波亡命攻擊。美軍第五〇二傘降步兵的火箭筒小隊埋伏待命，近距離擊毀了半數的坦克殲擊車，包括指揮官的座車。

在東南方，來自裝甲教導師第九〇一裝甲擲彈兵團的一支突擊隊，被「切斷外援並殲滅」。[8]這個團已沒有預備兵力可以增援或解救他們。幾乎所有人都已投入戰場。科科特取消了進一步的攻擊行動。第十五裝甲擲彈兵師基本上已全軍覆沒，科科特自己的師也有超過八百人死傷。如今，絕大多數連隊只剩下不到二十人，第七十八擲彈兵團的一整個營更只剩下四十人。經驗豐富的軍官和士官是死傷最慘重的一群。「我們離巴斯通邊界九百公尺，」第二十六國民擲彈兵師的一名軍官悻悻然抱怨，「卻打不進城裡。」[9]

科科特向軍部報告，他的兵力如今已大幅削弱，繼續進攻巴斯通將是「不負責任且不切實際」之舉。呂特維茨同意，圍城的兵力應該只負責扼守目前的陣地，靜待瑞馬的元首護衛旅於四十八小時後抵達。但科科特也聽說，第五空降獵兵師快要守不住巴頓部隊持續加劇的南面攻擊。他的國民擲彈兵所能做的，無非設置雷區，並在敵軍的前進路線上建立更多反坦克陣地。科科特斷定，阿登攻勢已然失敗。在他筆下，這次大行動已經變成一場「血流成河、毫無把握且代價高昂的掙扎，追根究柢，只為了一座無足輕重的村莊」。元首總部顯然還沒準備好接受這樣的現實。[10]

儘管巴斯通北面及東南面戰況激烈，一架輕型觀測機的飛行員無懼於高射砲威脅，將一名外科醫生及盤尼西林補給品送進城裡。一架P－38閃電式也幫忙空投仍然短缺的地圖，以及這整個地區的空中偵察相片。那就是守軍當天收到的所有物資，因為英國的能見度很低，阻礙了進一步的大型空投行動。更糟的是，巴頓以突破巴斯通作為耶誕禮物的承諾並未兌現。[11]麥克奧利菲透過電話，明明白白對第八軍軍長米德頓將軍表達自己的感受。「我們大失所望。」他說。[12]

巴頓的第三軍已在不遠處。在巴斯通鎮中心以南僅僅六公里的盧特布瓦一帶，第三十五師的第一三四步兵團得到砲兵及坦克殲擊車的密切支援。前方的樹林露出德軍坦克的蹤跡，於是野戰砲兵開火。幾輛謝爾曼被砲火聲吸引，也前來會合。火箭筒砲手必須「躺下來等待或躡手躡腳行動，就像在追蹤麋鹿」。[13]他們奉命瞄準豹式戰車的履帶，因為砲彈只會從裝甲車身上彈開。最後，二十七輛德軍坦克只有三輛得以脫逃。

在巴斯通南面通往阿爾隆及納沙托的道路之間，美軍第四裝甲師對第五空降獵兵師的幾支分隊進行猛攻。埃森諾村在無止境的砲彈爆炸聲中天搖地動，百姓只能盼望和禱告，其餘無計可施。「我們感覺命運操在上帝手中，」一名婦人寫道，「我們把自己交給祂。」[14]瓦隆區居民多半信奉天主教，而且非常虔誠。當他們對命運無能為力，把自己託付給全能的上帝無疑是一種慰藉。大家齊聲吟誦玫瑰經，有助於緩和個人的痛苦、撫慰緊張的精神。

漢姆勒戰役期間，莫德爾和曼陶菲爾視察呂特維茨位於羅蒙特（Roumont）城堡的軍總部，就在通往馬爾什的公路附近。呂特維茨越來越擔心被圍困在塞勒一帶的舊部，再度懇求准許第二裝甲師盡速撤離，以保全官兵性命。莫德爾和曼陶菲爾「表示理解」，但他們「顯然無權決定撤出第二裝甲師」。[15]這樣的命令只能由希特勒下達，但他無疑還沒準備好承認失敗。

對於波姆及柯勳豪森戰鬥團，呂特維茨的最深恐懼在他們談話之際成真了。盟軍已在天亮前展開反攻。第二十九裝甲旅開始砲轟位於佛依諾特丹的波姆偵察營，並且一如承諾地避開建於十七世紀的大教堂。美軍砲兵連在海德及施夫托涅兩村附近的田野搶占陣地。他們前一天晚上抵達海德時，當地居民和他們一起慶祝，還帶來烘餅以及用自家生產的牛奶和融化的好時（Hershey）巧克力棒調製的熱可可。之後，美國大兵陪同他們的新朋友前往教堂參加子夜彌撒。僅僅幾天前，之前被德國國防軍強行抓兵的一名十六歲亞爾薩斯少年，才在這裡淚流滿面地對農婦述說他們嚐過的恐怖經歷。[16]

在施夫托涅，一名軍官挨家挨戶警告人們打開窗戶，以免玻璃被砲彈的衝擊波震碎。村民望著被他們暱稱為「小朱爾斯」（Petit Jules）的砲兵觀測機在德軍陣地上空盤旋。一會兒之後，雙尾的P-38閃電式戰鬥轟炸機群便浩浩蕩蕩出現天際。

哈蒙的第二裝甲師A戰鬥指揮部往南朝比松維爾挺進，抵達柯勳豪森戰鬥團東面十幾公里處，在這裡遭遇從羅什福爾趕來的裝甲教導師的一支部隊。他們順著德軍縱隊的足跡，追蹤到拉阿佩（La Happe）的一座農場，在此展開戰鬥。當地居民大多立刻躲進地窖，但少數人爬到閣樓，觀看坦克交戰呈現出的致命煙火。大約二十名德軍被殺，許多人受重傷。後者被抬進一座穀倉，躺在乾草上。

在此同時，從錫奈趕來的B戰鬥指揮部兵分二路，一支特遣隊前往康竹，另一支趕赴塞勒，包圍散布在這兩村之間的柯勳豪森戰鬥團主力。塞勒一帶的德軍成了活靶：他們甚至沒有足夠燃料供野戰醫院的救護車使用。在塞勒本身，居民多半跟修女、神父一起躲進教堂的地下墓室。九月戰爭期間鋪的稻草至今猶在。幾名農場工人趁雙方火力暫歇，為兒童帶了一桶牛奶，並且烹煮被炸死的雞。其他人在滿天砲彈飛舞之際蜷縮地窖裡。美軍使用的是白磷彈，當地居民自然會替他們的農場擔心。

第三皇家坦克團的謝爾曼在美軍第八十二偵察營和頭頂上的P-38閃電式戰鬥機支援下，從索林納斯挺進到佛依諾特丹。他們當天下午收復這個村落，並俘虜波姆少校和他的一百四十八名弟兄。只有少數幾人穿越很深的積雪逃走。村子被解放以後，許多居民仍然躲著，因為他們還聽得到砲火聲，但這是因為一輛半履帶車在一座農場陷入大火，車上的彈藥持續爆炸很長時間。大多數人的當務之急，是切出方形的厚紙板來緊急修補被震碎的窗戶。「湯米」和「山米」（Sammy）*與「灰衫軍」（即德軍）之間的戰爭終於結束，居民如釋重負。

在疏散到索林納斯的平民隊伍當中，有一名小女孩弄丟了她的鞋子，於是第八十二偵察營的美國大兵持槍強迫德國戰俘脫下靴子，拿給小女孩。鞋子實在太大了，但她勉強可以行走，而那名德軍則得面對被凍壞的雙腳。[17]

在佛依諾特丹和塞勒之間，美軍和英軍的砲火猛烈攻擊麥漢納農場附近的德軍陣地。事後，當地傳言一名黨衛軍軍官縱火燒了這個地方；然而黨衛軍並沒有到那個地區，一切破壞純屬砲彈所致。黑色軍裝和裝甲兵手臂上的骷髏頭徽章，再度讓人誤以為他們隸屬於武裝黨衛隊。

美軍第二裝甲師的B戰鬥指揮部也在當天下午進駐塞勒。又餓又累的德軍裝甲部隊既缺少彈藥又用光了燃油，抵擋不了太久。肅清行動持續兩天。大約兩千五百名德軍被殺或受傷，另外一千兩百人被俘。除此之外，美軍繳獲八十二輛裝甲戰鬥車和八十二組火砲，以及不計其數的車

---

* 譯註：美國大兵的暱稱。

輛，其中許多是德軍之前從美軍部隊獲取的戰利品。絕大多數車輛的燃油和彈藥都用光了。[18]

分頭行動之後，柯勳豪森少校和他的六百多名部下成功地越野徒步脫逃。許多人寧可放棄。在塞勒一帶，躲藏的德軍乞求居民找到美軍，轉達他們的投降意願。他們擔心如果自己突然現身，即便高舉雙手，仍有可能被當場格斃。由於他們穿戴了好幾層的美軍制服與配件，許多人也擔心會被誤認是斯科爾茲尼戰鬥團的成員。幾樁案例中，為了傳達善意，他們將手槍交給比利時百姓，再由百姓轉交給美國大兵。當地居民後來才想起他們可以賣掉這些手槍來大賺一筆，可惜已經太遲。「美軍不想被這些東西弄髒了手。」一名農夫說。許多百姓也害怕保留德軍的裝備，以免敵軍再度回頭，在他們家中搜出這些物品。[19]

除了仍然在馬奈和格蘭曼尼（Grandménil）周圍持續作戰、讓第一軍團大傷腦筋的黨衛軍第二「帝國」師之外，德軍其餘裝甲師在突出部西北翼的處境極其險惡。德軍第一一六裝甲師依然奉命突破馬爾什以東，但正如瓦登博格少將的紀錄，「投入這場戰爭的師屬部隊幾乎全被掃平」，而第六十裝甲擲彈兵師的拜爾（Beyer）戰鬥團遭到封鎖，孤立無援。只有幾個人及車輛幸運逃生。[20]

當天晚上，倫德施泰特元帥向希特勒稟告攻擊失敗的消息。他建議在B集團軍被包圍以前，將大軍撤出突出部。希特勒憤怒地拒絕他的建議，並堅持繼續攻擊巴斯通，絲毫不知更多的盟軍增援部隊即將抵達。美軍第十七空降師準備就位，不過第八軍的參謀官認為這群傘兵「還有很多功課要學」。[21]甫上戰場的第十一裝甲師也同樣欠缺經驗，尤其是謝爾曼的駕駛兵。「坦克所經之處，樹木被連根拔起、電話線被拉扯斷裂。」一份報告如此評論。[22]

「清朗而寒冷的耶誕節，」巴頓那天在日記中寫道，「殺德國佬的好天氣。有鑑於今天是『某人』的生日，這麼說似乎有點不對頭。」[23]巴頓已將總部挪到盧森堡的工業技術學校。他驕傲地炫耀以繳獲的德軍頭盔做燈罩的一排吊燈。

但是節日並沒有為阿登地區的比利時居民帶來多少歡樂。在靠近艾森柏恩的一個村子，龔斯費德一家決定走出地窖慶祝耶誕節。當父親、母親和小女兒埃爾芙莉坐在廚房餐桌旁，雪地上映照的陽光刺得他們睜不開眼睛。驀然間，一顆德國砲彈在附近爆炸，彈片飛進窗裡，「深深插進埃爾芙莉．龔斯費德的喉嚨。美軍醫護兵趕來急救，卻回天乏術。小女孩在十二月二十九日埋葬，年僅五歲。『你如何安慰這名母親？』村裡一個婦人在日記中悲嘆，『她哀傷哭泣，無法理解命運的安排。』」[24]

駐守艾森柏恩山脈的一名美國大兵在當天寫給妻子的家書中說：「轟炸機在天際劃下一道道優美而輕軟的白色水蒸氣尾，戰鬥機則匆匆塗上波浪般的紋路，彷彿試圖謀害彼此。」[25]他們必須密切留意派珀輕型砲兵偵察機（Piper Cub）；這些飛機通常同時出動六架以上。當飛機突然豎起機尾、往地面俯衝，「我們就知道得趕緊找掩護了。」他在另一封家書上寫，「我們每天遭到自己人的飛機掃射一到兩次」。

美軍戰鬥轟炸機再度受益於晴朗的天空，也在聖維特的上空漫遊，「有如一群黃蜂。」「我們寧可走路，也不願意開車上主要公路，」一名德國軍官在日記中寫道，「美軍轟炸機持續攻擊在路面上移動的一切……我們翻過一道又一道的灌木籬牆，越野而行。」但沒過多久，天空傳來更深沉的飛機引擎轟隆聲。排成陣列的七十六架B－26轟炸機翩然降臨，夷平了聖維特殘存的建築。這項戰術被戲稱為「把城市鋪在路上」，也就是以瓦礫填滿道路，好讓德軍的補給車隊無法穿越這個交通樞紐。[26]

由於麾下的第十二集團軍主力被撥給蒙哥馬利而覺得顏面盡失，因而把自己封閉起來的布萊德雷將軍，對巴頓兩個軍的挺進幾乎完全置身事外。但在耶誕節當天，基於蒙哥馬利的邀請，他在一架戰鬥機護航下飛到了聖特雷登（St Trond），離第二十一集團軍位於松荷芬的總部不遠。他決心向蒙哥馬利施壓，逼他立即發動反攻。「蒙弟老是期望每個人上門找他，」後來，布萊德雷抱怨著為自己辯白，「艾克堅持要我北上去見他，我不知道憑什麼得這麼做。」儘管蒙哥馬利總部的牆上貼滿聖誕卡，看起來「很喜慶」，但布萊德雷宣稱他那天午餐只吃了蘋果。[27]

對於這次會晤，布萊德雷的說詞充斥濃烈的不滿情緒，很難讓人照單全收。當然，你可以想像蒙哥馬利照例表現得魯鈍而驕矜，甚至不給布萊德雷留任何臉面。他再度喋喋不休地表示應該由他出任地面部隊的單一統帥，並且再三重複他那句惱人的老話：當初要是採用他的策略，盟軍此刻的種種挫敗都可以避免。但布萊德雷指控「蒙弟平白浪費了第七軍」，因為他把他們放入前線，而不是留下來準備反攻；這樣的指控再度證明布萊德雷對西北方的情勢一無所知。返回盧森堡後，他甚至對巴頓聲稱，蒙哥馬利說「第一軍團未來三個月無法進攻」。[28]這實在很難令人置信。

另一方面，顯示德軍有意再度增兵殺向默茲河的情報，無疑影響了蒙哥馬利。正因如此，他打算按兵不動，直到對方消耗了自己的力量。不過，他前一天指示霍奇斯總部，科林斯的第七軍應該準備撤出西面，最北遠至默茲河畔的昂代訥（Andenne）；這個指令會是個驚人的錯誤，幸好科林斯極為明智地置之不理。也就是說，布萊德雷低估了迪南和馬爾什之間的德軍威脅，但蒙哥馬利則過分誇大。不同於美軍指揮官，他並未察覺德軍預計在耶誕節全力猛撲。

布萊德雷堅信，這位陸軍元帥正巧妙利用情勢來達到自己的目的，並且刻意以他的報告嚇唬SHAEF。他後來告訴韓森：「我相信巴黎反映出蒙哥馬利的驚惶。不論我們明白與否，巴黎簡直歇斯底里。」*他後來補充說：「我很確定美國媒體的消息與恐慌全來自凡爾賽。」[29]他覺得

---

* 原註：SHAEF並未被蒙哥馬利唬弄。史密斯將軍後來承認，在回傳華府的電報上，那個大驚小怪的語調是一種蓄意的手段。「你知道的，我們盡可能利用阿登危機」來爭取原本要發給太平洋戰區的資源與替補兵力。「我們兵員不足，所以我們大呼小叫，要求我們所能得到的一切。」[30]

他們應該在第十二集團軍總部召開記者會來導正錯誤印象。英國報紙似乎沉湎於災難故事，刊出類似「戰爭還得持續經月？」這類的標題。[31] 回營後的翌日早晨，布萊德雷致電SHAEF，要求將第一及第九軍團重新歸入他的轄下，並且提議把他的前進總部搬到那慕爾，以便更貼近北翼的戰事。盟軍陣營的內鬥即將達到頂點，而蒙哥馬利對於自己即將全盤皆輸，仍然一無所覺。

19. 十二月二十六日星期二

十二月二十六日星期二，巴頓在布萊德雷面前誇下海口：「德國佬已經把頭塞進絞肉機，而我掌握了把手。」[1] 然而，他是用自吹自擂來掩飾揮之不去的尷尬，因為巴斯通的挺進，並未如他當初宣稱的那樣順利。他敏銳地感受到艾森豪的失望與挫折。

繼十二月十九日到二十二日之間高超地重新調度部隊之後，巴頓知道他在後續行動中的指揮，並未達到最佳表現。他低估了天候、地形，以及德軍第七軍團防守突出部南翼的頑強決心。美國情報處未能查明另一支從大德意志師分出來的部隊——元首擲彈兵旅（Führer Grenadier Brigade）——的存在。而且，以之前在奧瑪哈海灘傷亡慘重的部隊為基礎重新整編的德軍第三五二國民擲彈兵師，已到達第五空降獵兵師的隔鄰待命。在此同時，巴頓高估了自己軍隊（其中許多人是替補人員）的實力，尤其是負責中路、被削弱的第二十六步兵師。他最鍾愛的部隊——第四裝甲師——也因為坦克久戰疲憊而左支右絀。道路結冰，金屬履帶的謝爾曼在路面上打滑，撞到彼此。而以樹林及陡峭的小峽谷為主的地形，並不適合坦克作戰。

巴頓的急躁讓情況雪上加霜；他下令正面攻擊，導致許多人傷亡。十二月二十四日，他在日記中承認：「這個耶誕夜糟糕透頂，整條前線遭遇激烈反攻，其中一場戰事把第四裝甲師逼退好幾英里，損失了十輛坦克。這或許是我的錯，因為我堅持日以繼夜進攻。」[2]他的部下因缺乏休息而顯得疲弱。十二月二十六日的情況未見起色。「儘管我們付出努力，今天的戰況依舊艱難，」他寫道，「我們聯繫不上巴斯通的守軍。」[3]

守軍可以聽到南面幾公里外的戰事，但由於之前已經失望過一次，他們並不指望巴頓的部隊突破德軍戰線。反正他們的全副心思都被其他事情盤據。德軍在西北戰區的另一波攻擊打到了漢姆勒；他們被筋疲力盡的空降兵以及支援的野戰砲兵營擊退，但美軍的砲彈如今真的只剩下最後幾發了。起碼接近冰點的天氣持續清朗，戰鬥轟炸機可以充當飛行的砲隊。城裡仍因為轟炸而大火肆虐。聖母學院起火燃燒。美軍工兵企圖炸出一條防火線，難民、士兵和修女組成人龍接力傳遞水桶，試圖控制火勢。[4]

清朗的天空也讓守軍亟需的醫療支援得以抵達。一架C－47運輸機由四架P－47雷霆式護航，拖曳著載運五名外科醫生、四名外科助理和六百磅儀器、工具與衣物的韋科（Waco）滑翔機出現。滑翔機「在離地三百英呎時脫離運輸機」，彷彿在執行一次完美的降落，但它超越目標，滑行在冰凍的雪地上，直到接近德軍戰線才終於煞住。[5]「醫護人員衝出飛機，往回跑向美軍戰線，在此同時，美國大兵往前衝刺，拯救裝載醫療補給品的滑翔機。」[6]後續的十架滑翔機帶來了迫切需要的燃油，然後更多波的C－47運輸機投擲降落傘包裹，送來三百二十噸的彈藥、口糧甚至香菸。

外科醫生絲毫不浪費時間。他們直接走進營區的克難醫院，開始為七百多名病患中傷勢最嚴重的一百五十人開刀。他們徹夜手術，直到十二月二十七日中午；某些病患已經在沒有外科照料的情況下撐了八天。正因如此，他們不得不進行「許多截肢手術」。這樣的環境見證了他們的醫術，因為只有三名病患術後死亡。[7]

在南面的砲戰期間，支援美軍第四裝甲師的砲火強度，讓科科特少將越來越憂慮。他聽到有關戰況的驚人傳言，但無法從第五空降獵兵師那兒得知詳情。他知道雙方在瑞米尚本（Remichampagne）一帶激烈交火，然後到了下午，他聽說美軍的一支分遣隊攻占了荷姆布雷。埃森諾如今面臨威脅，科科特必須開始命令他的部隊往南移動。

下午兩點，巴頓接到第三軍軍長來電，後者提出一個大膽的冒險計劃。與其攻擊錫布雷以加寬突出部，他建議直接強行穿過埃森諾，北上巴斯通。巴頓立刻給予這項計劃祝福。坐在一輛暱稱「雷霆」的謝爾曼上頭指揮第三十七坦克營的克雷頓．艾布蘭中校，接到一路往前衝的命令。[8]艾布蘭指示威廉．德懷特（William A. Dwight）上尉率領五輛謝爾曼及一輛載運步兵的半履帶車直接上路。在呈密集隊形的謝爾曼縱隊衝進村裡、全力開火的前一刻，軍屬砲兵營砲轟埃森諾，戰鬥轟炸機也投擲了燒夷彈。被衝散到馬路兩邊的德軍如果開火回擊，就得冒著打中自己人的風險。[9]過了埃森諾村外，幾名國民擲彈兵急忙在路上埋設泰勒地雷（Teller mines）。其中一枚炸翻了美軍的半履帶車，但德懷特跳下坦克，扔開其他地雷，清出一條通道。

當科科特聽到麾下第三十九團團長報告美軍坦克已進入埃森諾，他立刻明白「一切都結束了」。[10]他下令封鎖道路，但正如他擔心的，如今已然太遲。當帶頭的謝爾曼往前方開火，而其他坦克往四周射擊，德懷特的小規模縱隊摧毀了道路兩旁樹林裡的任何抗軍。下午四點四十五分，天色剛剛變黑，艾布蘭坦克營的謝爾曼先鋒部隊，便跟駐守這塊戰區的第三二六空降工兵營完成會合。第四裝甲師的其餘部隊和坦克急忙趕來鞏固這條狹窄通道、保護在夜裡風馳電掣載著糧食而來的卡車車隊。人在美國本土的第一〇一空降師師長麥斯威爾·泰勒少將隨後立即趕來，從麥克奧利菲准將手上接回指揮權。巴斯通的圍城結束了，但許多人擔心大戰才剛要開打。

德軍第五空降獵兵師慘遭痛擊。隸屬於第十三空降獵兵團的營長法蘭克少校，當天被俘並接受審訊；他深深為麾下小伙子的作戰精神感到驕傲。其中有些人只有十五歲。「但鬥志何其昂揚！」他後來在戰俘營中激昂地說，「被俘以後，當我獨自一人受到毆打、被帶出去時，他們之中有兩個人站在那裡，頭部貼著牆壁，只穿著襪子：『希特勒萬歲，少校先生！』（他們這麼說。）這讓你的心脹得滿滿的。」[11]

呂特維茨聽說元首護衛旅即將趕來協助切斷通道，但他和部屬都不相信援軍能及時抵達，參與預定隔天早晨發動的攻勢。他接著又聽說他們沒油了。呂特維茨尖酸地評述：「瑞馬上校指揮的元首護衛旅老是遇到石油問題。」[12]

第四裝甲師突破德軍戰線的消息迅速蔓延開來，美軍的各個指揮部一片歡天喜地。通訊記者瑪莎・蓋爾霍恩和利蘭・史托威（Leland Stowe）當天晚上造訪布萊德雷總部，設法挖掘更多訊息，因為他們打算報導巴斯通的解圍。[13]歐陸上的每一名記者幾乎都是如此；這條新聞差不多占據了西半球每一份報紙的頭版。第一〇一空降師突然名震天下，但媒體忽略了第十裝甲師B戰鬥指揮部、第七〇五坦克殲擊營和所有砲兵營扮演的關鍵角色。

塞勒和切諾一帶的肅清行動持續整天，偶爾出現激烈駁火。但由於豹式和馬克四號的燃油和穿甲彈都已用罄，兩方交手無疑呈現一面倒的局面。第三皇家坦克團的前進空管員召來一列可以發射火箭彈的颱風式（Typhoons）轟炸機。他們以紅色煙霧彈標示目標，但德軍很快朝塞勒以東的美軍陣地投擲顏色相近的煙霧彈。「幸好英國皇家空軍沒被蒙騙，」布朗上校記錄，「他們攻擊了正確目標。」[14]仍然留在這個戰區的美軍第二十九裝甲旅，得知他們即將得到第六空降師增援。

霍爾邁耶戰鬥團正從羅什福爾趕來，妄想援救塞勒和切諾一帶的同袍。他們在大特魯松

（Grande Trussogne）被擋下來，離目的地只有幾公里遠。它接起從前一天夜裡在佛依諾特丹被擊潰的偵察營逃出來的幾名疲憊士兵。在大特魯松，這些部隊遭美軍第二裝甲師的一個步兵營與謝爾曼戰車聯手攻擊。美軍的一架派珀輕型偵察機接著召來英軍的颱風式轟炸機，後者的火箭砲無情地粉碎這支縱隊，殺死了霍爾邁耶少校。

曼陶菲爾指示戰鬥團退到羅什福爾，抵達由裝甲教導師據守的橋頭堡。[15]呂特維茨總部立刻以無線電傳達訊息。替補霍爾邁耶的指揮官下令炸掉剩下的車輛。隔天，他跟大多數部下在大雪掩護下，徒步回到羅什福爾。「幸運的是，」呂迪格・魏茨中校寫道，「敵軍的追蹤行動很慢，而且沒有對撤退路線展開任何有意義的攻擊。」[16]然而，美軍砲兵確實追上他們，並且砲轟羅什福爾的洛姆河橋梁，導致許多傷亡。那天夜裡和翌日，大約六百人分成好幾小組，成功重歸德軍師隊。

在塞勒和切諾之間，許多德軍穿著美軍制服被俘。他們並非斯科爾茲尼戰鬥團的成員，但也同樣被就地槍決。這些被嚴寒所苦並處於飢餓邊緣的倒楣士兵，是從美軍陣亡將士身上掠奪衣物。為了在絕境中求生，他們跟俘虜者求情，試著拿出他們的結婚戒指和家鄉照片，絕望地敘說他們的妻子與兒女。隸屬於德軍第二裝甲師的絕大多數亞爾薩斯人和盧森堡人迫不及待地投降，就連某些奧地利人都失去了戰鬥的熱情。他們其中一人喃喃地對羅什福爾的居民說：「我，不是德國人，是奧地利人！」（Moi, pas Allemand! Autrichien.）他甚至高舉雙手以示投降之意。[17]

在塞勒，美國大兵相信德軍藏在緊鄰教堂的勒庫農場（Ferme de la Cour），因此以火焰噴射器攻擊。農場裡沒有德軍，只有被活活燒死的牲口。這是這座農場在戰爭期間第二度付之一炬。第一次發生在德軍上一次朝默茲河衝鋒的一九四〇年。

在塞勒和馬爾什之間的比松維爾，美軍醫護人員在教堂設立他們的急救站。當地的修士和美軍隨軍神父一邊攜手工作，一邊以拉丁語交談。同一個村子也出現較不符合基督教精神的行徑；乘坐半履帶車的美軍步兵帶著兩名德國戰俘進入樹林，射殺他們。他們對目睹現場的比利時人解釋，他們這麼做，是為了替在馬爾梅迪附近死去的美國戰俘報仇。[18]

對德軍第二裝甲師的勝利，讓某些美軍軍官激動不已。「在這四天的期間之前，預估對方兵力大約八千人和一百輛坦克，」第七軍的一位高階軍官說，「其中一千零五十人被俘，估計有兩千到兩千五百人喪生。繳獲或摧毀的裝備包括五十五輛坦克、十八具大砲、八門高射砲、五挺迫擊砲和一百九十輛車……美軍第二裝甲師與德軍第二裝甲師的會戰，是盟軍與德軍軍力的一次體質比較。」[19]然而這樣的必勝信念，忽略了德軍第二裝甲師欠缺燃油、彈藥不足，而且士兵處於半飢餓狀態的事實。

照德．維勒范男爵所說，戰役結束之後，塞勒周邊的鄉間成了「被毀或被棄車輛以及半埋在雪中的裝備的廣大墳場」。[20]著迷於戰爭的青少年探索焚毀的德軍裝甲車，並仔細觀察車內的焦黑屍體。許多人縱情於危險的戰爭遊戲。幾個小孩撿拾手榴彈，然後投出去炸掉廢棄的半履帶車。佛依諾特丹有一名男孩在玩鐵拳時，不慎因鐵拳爆炸而身亡。

在迪南之前受挫，似乎只讓德軍的積怨更深。熱梅勒的一名婦人鼓起勇氣問德軍軍官，他的部下為什麼對他們的村落極盡破壞之能事。對方反擊道：「亞琛所受的苦，我們在比利時奉還。」[21]

在奧通以西，德軍第一一六裝甲師為了解救被圍困的戰鬥團所做的努力，多半被美軍的砲火粉碎。不過最後，他們靠一次佯攻轉移美軍注意，讓倖存者緊貼裝甲車車身突出重圍，並且在衝過美軍戰線時投擲手榴彈。[22]

這場戰役期間，元首護衛旅接到脫離戰鬥、前往巴斯通協助科科特封鎖盟軍通道的命令。瑞馬上校兩度抗議此舉會造成弟兄傷亡，但每次都被駁回。瑞馬也抱怨，「汽油如此匱乏，幾乎半數車輛都必須用拖的。」所以很難說呂特維茨的懷疑是否真的有道理。[23]

在奧通東面，羅斯的第三裝甲師面臨第五六〇國民擲彈兵師的攻擊，後者的兵力主要由「四到五輛坦克及一個步兵連，或者大約二十輛坦克及一個步兵營」構成。[24]德軍在自走突擊砲和大砲的支援下攻擊。不過，美軍第七十五步兵師前來增援羅斯的特遣隊，為這個戰區帶來更堅強的防守，儘管這些生嫩部隊在為了占領索伊（Soy）—奧通道路而展開的反攻中吃盡苦頭。對謝爾曼的坦克組員來說，結冰的路況是特別困難的挑戰，因為金屬履帶極為狹窄，毫無抓地力。他們緊急加寬履帶，並安裝突起的釘子來解決這個問題。

「帝國」師師長拉馬丁仍試圖將他的部隊從馬奈和格蘭曼尼轉向西行，設法打開通往奧通的道路，並且從背後攻擊美軍第三裝甲師；但黨衛軍第九「霍亨斯陶芬」裝甲師還沒前來保護他的右翼。由於美軍在北面十公里長的前沿陣地部署了十三個野戰砲兵營，這樣的行動加倍危險，而且帝國師的彈藥和燃油存量正急速下降。當地農民在槍口逼迫下，不得不把他們的馬匹和馬車帶到後方，幫忙從德軍的堆置場接運坦克和砲彈。

十二月二十六日上午，帝國師轄下的黨衛軍第三「德意志」裝甲擲彈兵團，再度從格蘭曼尼朝西面進攻。[25]不過美軍的近炸引信砲彈導致大批德軍喪命，接著，來自美軍第三裝甲師的一支增援部隊對這個村莊展開攻擊。德軍的一名營長陣亡，另一名重傷。第二營被困在格蘭曼尼，這個團的其餘兵力被迫朝馬奈的方向撤離，但美軍的坦克及砲火打得他們一路退回原地。

仍然錯誤地擔心德軍會揮軍北上進攻列日的霍奇斯將軍與李奇威少將，對馬奈的失守大為震怒。他們把殘破疲憊的第七裝甲師留給哈斯布魯克准將，嚴令他不計一切代價收復馬奈。該師在耶誕節的突襲備受嚴重傷亡所苦，主要是因為他們之前在撤退路線上炸斷了許多樹木。但在第五一七傘降步兵團一個新進營隊帶頭下，哈斯布魯克的部隊當天夜裡打進了馬奈。

黨衛軍第三裝甲擲彈兵團第二營的五名傷兵無法逃出格蘭曼尼。德軍宣稱，當他們派遣明顯塗上紅十字標記的救護車入村，美軍的坦克組員依舊擊毀車輛。該團接著派出舉著白旗求和的軍官與翻譯員，以及一名帶著旗子和臂章的醫生，看看他們能否救出格蘭曼尼的德軍傷兵。但根據德軍紀錄，「敵人對使者開火，所以只好放棄這次行動。」[26]德軍似乎並不明白，在馬爾梅迪的屠殺之後，黨衛軍不可能得到盟軍對英勇戰敗者的任何特殊禮遇。於是，留下一名醫護兵照料傷員後，該營的殘部悄悄回到「元首」團在烏登涅附近、一整天遭美軍砲火轟炸的防線。

德軍在艾森柏恩山脈周圍的活動幾乎都停止了，所以美軍第九十九步兵師的斥候放手摧毀由於陷入泥濘而被德軍第三裝甲擲彈兵團棄置的十輛坦克。他們先下手為強，因為德軍的搶修隊會不屈不撓，且往往以別出心裁的方法取回並修理裝甲車輛。

美軍則派出整修部隊蒐集在之前的戰役中被丟棄的武器和彈藥；整修部隊的成員，往往是露出戰鬥衰竭症跡象、因而被派來喘一口氣的士兵。弟兄們動不動就丟掉裝備、期望軍方像聚寶盆般隨時替他們補充的心態，讓美軍指揮官又驚又愕。「當下用不上的東西，士兵就把它丟掉，」一份報告指出。「火箭筒砲手不得擁有步槍。相反地，應給予他們手槍以供防身。否則，他會丟掉火箭筒及砲彈，因為這些裝備過於笨重。」[27]另一方面，冬裝則被人小心翼翼地守衛著。在大多數營級部隊，急救站的人員被指示取下傷兵身上的鋪棉「極地防寒」外套，否則這些重要衣物會被他們的部隊拿走。

聖維特在耶誕節當天飽受摧殘。躲在地窖裡的百姓以為最糟的情況已經過去，但到了十二月二十六日下午，英國皇家空軍轟炸機指揮部的「重型」裝備飛抵城市上空。將近三百架蘭開斯特（Lancaster）和哈利法克斯（Halifax）投擲了一千一百四十噸的高爆彈和燃燒彈。

好幾公里外的村莊都能感受爆炸產生的震波。嚇壞了的鎮民躲在地下，任憑建築物在他們頭頂上倒塌。根據一份記載，「民眾在令人窒息的煙塵中掙扎，直到另一枚炸彈在地窖牆上炸穿一個洞，讓他們終於能再度呼吸。然而沒過多久，燃燒的白磷滲入地窖，有害物質釋放出毒氣，並導致大房間裡的床墊起火。驚慌失措的百姓在德軍協助下爬出洞口，回到滿目瘡痍的街道。」[28]

聖約瑟夫修道院的教堂坍塌，大石塊和橫梁鑿穿地板，壓垮躲在底下的民眾。燃燒彈讓幾乎不可燃的物品都起火燃燒，也讓修道院本身陷入熊熊大火，吞噬被困在樓上的老人和行動不便者。「他們多半被活活燒死。嘶嘶作響的白磷如岩漿一般灌入還沒倒塌的地窖。嚴重灼傷、骨折和嚇呆的人，被人從少數幾個暢通的通風井拖出來。最後離開這座煉獄的，是頭上和肩上緊緊裹著毯子的修女。」[29]

「聖維特的火勢未平，」城外的一名德國軍官記錄，「地毯式空襲差一點炸到我們的村莊。我這輩子從沒見過那樣的景象。整個鄉間籠罩在一大片濃煙和火光之中。」他當天晚上回到聖維特，「所有街道都在燃燒……牛群哀嚎，彈藥爆炸，輪胎爆裂。空氣中散發燒橡膠的強烈氣味。」定時炸彈也持續地不時引爆。[30]

純粹就軍事觀點，這次空襲頗具成效。聖維特淪為「一個巨大的瓦礫堆」。[31]所有道路交通被切斷至少三天，甚至長達一星期以上，德軍工兵不得不在城鎮外圍另外開闢道路。然而百姓犧牲的性命與痛苦不可估量。沒有人知道究竟有多少人在聖維特避難，但估計大約兩百五十人遇害。倖存者逃到鄰近村莊，受人照顧並飽餐一頓。

當天及隔天夜裡，美國第九航空隊的中型轟炸機對拉羅什昂阿登展開攻擊。[32]由於拉羅什坐落在狹窄隘口的河邊，因而成了一個簡單的攻擊目標，只需一百五十噸炸彈就能切斷它的聯外交通。

「今天一整天，戰況持續出現起色，」第一軍團的日誌記錄員在蒙哥馬利與霍奇斯開會後記載。戰俘的說詞顯示德軍正面臨真真切切的補給問題。「儘管現在還不到樂觀的時候，但自從德軍展開反攻，今晚的局勢無疑前所未有地光明。」[33]然而，布萊德雷仍為了他認為過早調遣科林斯第七軍的事情耿耿於懷。他寫信給霍奇斯，抱怨「蒙弟停滯不前的保守戰術，揮霍了他的預備兵力」。[34]深受布萊德雷對陸軍元帥的觀點影響的巴頓，在日記中寫道：「蒙弟是個食古不化的蠢蛋。戰爭有賴放手一搏，而他不願意冒險。」[35]

接到曼陶菲爾的電話後，約德爾將軍鼓起勇氣告訴在齊根伯格的鷹巢一動不動的希特勒：「我的元首，我們必須正視事實，我們無法強行拿下默茲河。」帝國元帥戈林同一天晚上抵達齊根伯格，並且表示：「這場仗已經輸了！」他建議尋求停戰。希特勒氣得哆嗦，並警告戈林別想背著他去談判。「如果違背我的命令，我會斃了你！」[36]希特勒沒有再提起安特衛普；相反地，全部力量都必須投入占領巴斯通。正如他一九四二年九月集中全力攻打史達林格勒，卻始終無法在高加索拿下勝利；如今，收復巴斯通成了他對勝利的執念。

但儘管希特勒拒絕當眾面對現實，然而在某些罕見的時刻，他承認他們的處境已無可挽回。當天夜裡在齊根伯格的地堡中，他跟他的空軍副官貝洛上校，談起打算了結自己的生命。他仍將挫敗歸咎於德國空軍，以及陸軍內部的某些「叛徒」。「我知道這場仗輸了，」他告訴貝洛，「敵軍的優勢太過強大。我遭到背叛。七月二十日以後，我原本以為不可能發生的所有事情都發生了。對付我的那些圈子，正是從國家社會主義受惠最多的一群人。我寵愛他們、提攜他們，而這就是我得到的報答。我現在最好的一條路，就是拿槍射穿我的腦袋。我欠缺剛毅的戰士……我們不會認輸，永遠不會。我們也許會被打敗，但我們會把全世界一起拖下水。」[37]

20. 盟軍準備反攻

儘管美軍第四裝甲師已打進巴斯通，但預計於十二月二十七日進行的空投行動，依舊照計劃執行。然而這一次，德軍做了較充分的準備。麥克奧利菲試圖提醒飛機採取不同的飛行路線，無奈警訊一直傳不出去。德軍的高射砲與機關槍火網非常強大，但拖曳滑翔機的C－47運輸機仍照原路飛行。五十架滑翔機當中有十八架被擊落，還有許多架全身彈痕累累。一架滑翔機被高射砲直接擊中，引燃機上載運的彈藥，瞬間化成一團火球。汽油罐也被打中、開始漏油，但奇蹟似地，沒有一桶油起火。[1]

總共有大約九百個航次——包括運輸機與護航戰鬥機——參與這次行動，其中二十三架飛機被擊落。地面上的空降兵連忙跑出散兵坑拯救跳傘逃生的飛行人員，並給他們幾口白蘭地，舒緩灼傷和四肢扭曲的疼痛。一架嚴重受創的C－47運輸機成功在雪地以機腹著陸，不過它擦到路上的一輛卡車，導致卡車原地打轉，嚇壞了沒注意到飛機降落的駕駛。[2]

星夜運送物資前來的四十輛卡車，此刻載著傷勢較輕的官兵、幾名德軍戰俘和滑翔機飛行員再度南返。連同七十輛載運傷勢最重的人員的救護車，一條車龍在輕型坦克護衛下，緩緩穿越狹窄的走廊。在巴斯通南翼附近，當美軍試圖拉寬這道缺口，而德軍竭盡所能地設法封鎖道路時，雙方展開了激烈戰鬥。

十二月二十八日，布萊德雷將軍寫了一封短箋給艾森豪，敦請他對蒙哥馬利施壓。「由於敵軍在阿登地區的攻擊逐漸失去動能，」他寫道，「有必要趁其彈盡援絕、兵疲馬乏之際發動強力反攻，以免對方有時間妥善挖掘戰壕、鞏固戰果。反攻的目標是盡可能把絕大多數敵軍困在突出部，讓我軍搶占進一步進攻的有利地位……必須立刻發動反攻。據報，敵軍正沿著突出部兩肩挖掘戰壕。」[4]＊布萊德雷錯誤地認為「繼續耽擱會讓敵人得以派更多部隊進入突出部」。同一天，第一軍團指出「高級情報頻道〔『終極』的代名詞〕報告，德軍擔心蘇聯進軍匈牙利，恐導致對方將兵力從阿登調到巴爾幹前線」。[5]事實上，在紅軍即將展開大規模冬季攻勢之際，很快就要出現跟布萊德雷的憂慮恰恰相反的情況。

那天晚上，當想進入巴斯通而未果的利蘭．史托威和瑪莎．蓋爾霍恩前來盧森堡的阿爾發大飯店吃晚餐，布萊德雷至少可以稍微轉換心情。他似乎為「『瑪蒂』．蓋爾霍恩深深著迷」，韓森記載，「她是個金紅色頭髮、身材曼妙的女郎，個性活潑，帶著精心設計的機智，每一句話似乎都說得恰到好處，可惜少了令人動容的真性情。」韓森補充說，一同列席的巴頓「在瑪蒂面前，頻頻以他獨樹一格的方式賣弄風情」。[6]

儘管布萊德雷等得焦躁不安，艾森豪仍熱切期待跟陸軍元帥討論局勢。某種程度而言，他同意蒙哥馬利的看法，認為盟軍尚未組織足夠強大的兵力來輾平德軍的突出部。巴頓的南面攻勢進度遲緩，預示前景不妙，正如蒙哥馬利五天前的預測。但在此同時，艾森豪完全明白蒙哥馬利天性謹慎，在擁有壓倒性的兵力之前，他不會輕易進攻。擊潰德軍第二裝甲師讓他大為振奮。

蒙哥馬利認為「美軍承受了最沉重的打擊」，他過度受到這個印象影響，相對也低估了他們的攻擊者蒙受的傷害。[7]他拒絕相信第一軍團已恢復元氣，足以發動如此野心勃勃的行動。而且他完全不相信南面的巴頓有能力實現自己誇下的海口。蒙哥馬利也擔心德軍一旦被圍，將會更不顧死活地戰鬥，引來盟軍更嚴重的傷亡。他相信藉由龐大的空中武力與砲火，盟軍可以從防守位置造成更大的破壞，不必捲入消耗戰。

十二月二十六日，布萊德雷寫信給霍奇斯將軍，聲明德軍的處境惡劣，而他對局勢的看法，「不像蒙哥馬利元帥那樣悲觀」。[8]他促請霍奇斯考慮，「一旦情況許可」，立刻逼退敵軍。霍奇

---

* 原註：值得注意的是，德軍第一一六裝甲師的瓦登博格少將後來主張，盟軍「太早發動反攻」，而這拯救德軍免於「全軍覆沒」。[3]

斯顯然不像布萊德雷那樣認為時機即將成熟。事實上，一直到耶誕節下午，霍奇斯和他的參謀長仍在要求增援，以便守住防線。而「霍奇斯將軍，」正如其總部的日誌記錄員寫的，「已經受夠了過去兩星期以來兩側暴露。」[9]

相較之下，巴頓希望從盧森堡揮軍北上，實現他之前想從底部切斷德軍突出部的想法。第一軍團駁回這項計劃，因為艾森柏恩山脈東南面的道路網無法支撐必要的大規模裝甲行動。因此，「閃電喬」科林斯準備了三套攻擊計劃，並在十二月二十七日呈給第一軍團總部。他屬意的方案，是由他的第七軍從馬爾梅迪往東南方前進，到聖維特跟巴頓的第三軍團會合，在那裡封鎖德軍。然而，霍奇斯顯然偏愛「三個方案中最保守的一項」。[10]

蒙哥馬利也強烈主張比較淺的推進，只以烏法利茲為目標。科林斯以其率直的風格告訴蒙哥馬利：「你會把德軍推出口袋，如同之前在法萊茲。」[11]但在蒙哥馬利看來，這裡不是夏天的諾曼第。在這種地形、天候下，大規模的包圍太過冒進。他說得有道理。這種戰術對擁有嚴冬作戰裝備的紅軍可行，其T-34坦克的寬履帶可以應付冰凍的雪地，但謝爾曼已證實自己在這類環境下極其脆弱。

艾森豪與蒙哥馬利約定在布魯塞爾舉行的會議，必須延遲到十二月二十八日，因為他的列車在德軍空襲中被毀。即將出發之前，他聽說蒙哥馬利終於開始考慮全面進攻。「讚美上帝，萬福之源！」他歡呼說。[12]不過煩人的是，反情報部隊依舊執著於他的個人維安，並且由於濃霧與冰雪，會面地點必須改到靠近蒙哥馬利總部的哈瑟爾特（Hasselt）。「繼昨夜的大雪與冰風暴之後，所有道路結成一大片冰，」第九軍團的辛普森將軍那天記錄。[13]

就在和盟軍最高司令會面之前，蒙哥馬利於十二月二十八日上午九點四十五分，召集北面的諸位陸軍司令——霍奇斯、辛普森、登普西和加拿大第一軍團的哈里·克雷拉爾（Harry Crerar）將軍——前來松荷芬開會。蒙哥馬利重申他的計劃。[14]他自己的情報長、第一軍團的G－2以及SHAEF的史壯少將，無不指出德軍已重新展開攻勢。因此，他提議先讓德軍在攻打北部防線的過程中消耗自己的力氣與資源，同時由戰鬥轟炸機對付他們的後方。他也期許「在英軍或第九軍團的前線打幾場仗，作為示範」。事實上，希特勒已經取消了第十五軍團的北向攻擊計劃。*

蒙哥馬利派遣英國第三十軍接手奧通到迪南的防區，好讓科林斯的第七軍重新整備，以便率領大軍反攻到烏法利茲。在掃蕩德軍突出部的最後階段，他打算發動「真實行動」（Operation Veritable），由加拿大軍團南下進攻下萊茵河西岸。

當天下午兩點三十分，艾森豪與蒙哥馬利在哈瑟爾特車站碰頭。這是戰役開打以來，他們倆的第一次會面，而蒙哥馬利因為最高統帥沒有回覆他描述事件發展的每日信號而心裡不快。凡爾

---

* 原註：根據韓森的說法，就連布萊德雷的第十二集團軍總部似乎都相信，德軍正以「四到五個裝甲師」的兵力重新北上攻擊列日。[15]三天後，韓森做出一番令人意外的評論：「美軍的情報能力很差，我們幾乎得仰賴英軍提供所有消息。」[16]

登會議之後，艾森豪便未曾踏出重重警戒的凡爾賽宮。而在令人遺憾的耶誕節會議上，布萊德雷曾被迫承認自己對艾森豪的計劃一無所知。在蒙哥馬利眼中，艾森豪的完全無作為讓他很不齒。

艾森豪同意蒙哥馬利進攻烏法利茲的計劃，而不是布萊德雷屬意的聖維特。不過，蒙哥馬利再度按捺不住自己。他說布萊德雷把情況搞得一團糟，要是他，蒙哥馬利，沒有掌握莫澤河以北所有軍隊的指揮權，進攻萊茵河的行動勢必失敗。形式上，他提議在布萊德雷麾下效力，但從他對布萊德雷的評論，這個提議根本是違心之論。

蒙哥馬利認定他的強勢作風收效，致使艾森豪接受了他的所有提議。然而在倫敦，艾倫・布魯克元帥聽到蒙哥馬利對這次會議的描述之後心煩意亂。「在我看來，蒙弟不夠圓通的老毛病惹惱了艾克，導致他根本沒聽蒙弟的建議！太多句『我早說過了』。」[17]

艾森豪在SHAEF的參謀，包括英國人在內，聽聞這次會議之後都大為光火，但蒙哥馬利即將在火上澆油。他擔心艾森豪會對他以為雙方達成的共識反悔，於是在十二月二十九日寫下一封信，再度堅持單一地面指揮權，並再度聲明如果不照他的建議，盟軍將以失敗收場。他的參謀長、如今回到比利時的甘岡少將，隔天將信函遞交給艾森豪。對艾森豪而言，蒙哥馬利的信是最後一根稻草。陸軍元帥甚至魯莽地指示艾森豪在下達命令時該說些什麼，以便讓他在進攻魯爾地區時，對布萊德雷的第十二集團軍有「完整的作戰指揮、控制與協調權」。[18]

蒙哥馬利的信函，正巧跟馬歇爾將軍從華府發出的電報同時抵達。他看見英國媒體聲稱蒙哥馬利在阿登地區拯救了美軍、因而應該被授予地面總指揮權的報導。馬歇爾清清楚楚地對艾森豪表達他的想法。「不論任何情況，絕不可做出任何讓步。你不僅擁有我們的全部信心，而且這樣的動作將引發全國民心激憤。我不是假設你打算讓步，只是想讓你明白我們的態度。你表現得很好，繼續下去，給他們好看。」[19]

艾森豪以理性的語氣回覆蒙哥馬利，但話中帶著明明白白的最後通牒。「你的最後一封信讓我感到不快，因為你說除非鉅細靡遺地遵照你的意見、賦予你指揮布萊德雷的權力，否則你預測盟軍將以『失敗』收場。我向你保證，我不會繼續討論這個話題……在我這方面，我對我們之間不可跨越的意見鴻溝深感遺憾，因而必須將我們的歧異呈報給CC／S〔英美聯合參謀長委員會〕。」[20]攤牌之後，聯合參謀長委員會會支持誰，是再清楚不過的事。

甘岡聽說艾森豪要寫信給馬歇爾，懇請他等一等。儘管病得很重，他立刻飛回松荷芬，向蒙哥馬利解釋他的地位岌岌可危。蒙哥馬利起先拒絕相信情況會變得那麼糟。畢竟，有誰能取代他呢？答案就是陸軍元帥哈羅德．亞歷山大（Harold Alexander）爵士。當蒙哥馬利終於領會了真相，他震驚得六神無主。他之前曾自信地告訴艾森豪，「英國民眾不會接受改變。」[21]但從甘岡所說的來看，那句話已不再算數。現在無疑是美國人做主了。「我該怎麼辦，弗萊迪？」徹底洩氣的蒙哥馬利問。[22]

甘岡從軍服口袋裡掏出他草擬的回函。「親愛的艾克，」信上寫道，「我見到了弗萊迪，得知你為了這段艱難時期的許多事情深感憂心。我告訴你我最真實的想法，正因為我感受到了你的憂心……不論你作何決定，你可以百分之百信賴我為你貫徹執行，我知道布萊德也會如此。我的信讓你不舒服，對此，我非常難過。請你撕掉那封信。你非常忠誠的部下，蒙弟。」[23]他簽了名，然後信被譯成密碼，刻不容緩地以電報傳送過去。值得敬仰的弗萊迪·甘岡，再度替他那位自大到讓人受不了的長官解圍。他接著前往布魯塞爾的第二十一集團軍後方總部，向記者發表談話。他強調蒙哥馬利對兩個美軍軍團的指揮權是暫時的，而且為了盟軍團結，媒體必須停止呼籲由他出任地面總指揮官，也必須停止含沙射影地批評艾森豪。記者答應跟他們的編輯討論。甘岡隨後打電話到凡爾賽找史密斯將軍，向他保證陸軍元帥已經徹底讓步。

還有待安排的，只剩下發動北面攻勢的日期。艾森豪認定元旦。蒙哥馬利一開始偏好一月四日，不過現在提早二十四個鐘頭，改成一月三日。但是反對聲浪不絕於耳。日後，許多美軍將領對於艾森豪沒有把握機會除去陸軍元帥而深感後悔。他們希望在阿登取得戰略性勝利，徹底將德軍的武力粉碎在突出部。蒙哥馬利認為這樣的想法不切實際，覺得他們只是想一掃當初被打得措手不及的尷尬。他迫不及待地投入「真實行動」，以便在跨越魯爾北面的萊茵河之前掃平芮斯華森林。另一方面，布萊德雷和巴頓無意等到一月三日。他們計劃十二月三十一日從巴斯通展開反攻。

在巴斯通南面，之前在洛林會戰中被嚴重削弱力量的第三十五步兵師，前來填補第四裝甲師與第二十六步兵師之間的縫隙。第三十五師將負責攻擊東北方的馬維，以及隆維利到巴斯通的道路；第四裝甲師的其餘兵力則協助掃蕩阿爾隆道路以東的各個村落。這群步兵涉水而來，還穿著濕漉漉的靴子，除了許多人罹患戰鬥衰竭症，也有許多人得了凍瘡和戰壕腳。「天氣好冷……水壺即便掛在身上，裡頭的水還是結冰了，」第五十一裝甲步兵營的一名軍官在日記中寫道，「我們吃雪，或者融雪來喝，或煮咖啡。」[24]他的營原本六百多人，短短三星期就有四百六十一人因戰鬥或非戰鬥因素傷亡。

在西面，第九裝甲師的A戰鬥指揮部從納沙托的道路北上，通往美軍的重要目標，錫布雷。隨著巴斯通的戰情逐漸加溫，德軍的增援部隊也開始陸續抵達。十二月二十八日星期四，元首護衛旅攻占了西南面的錫布雷戰區。瑞馬上校宣稱，從北方前線南下的途中，他們的醫務連受到「長達三十五分鐘的戰鬥轟炸機攻擊，儘管所有車輛都塗成白色，並標註了紅十字記號」。[25]曼陶菲爾相信瑞馬的部隊能夠逆轉頹勢，其豹式和馬克四號戰車立刻投入戰場對抗美軍第九裝甲師，引燃敵軍的許多輛坦克。

當瑞馬得知自己如今被整編到兵力已大幅削弱的第三裝甲擲彈兵師轄下，他感到憤怒屈辱。儘管元首護衛旅的規模不到一個標準師級部隊的一半，但是當第五空降獵兵師的砲火支援告急、第二十六國民擲彈兵師的穿甲彈用罄之際，它仍有堅強的裝備。擁有一排一〇五毫米高射砲的瑞馬將裝備移轉到香涅（Chenogne），準備迎戰巴頓的坦克。他的八八毫米砲組部署在更北方五公里的弗拉米耶日附近；他們宣稱在那裡擊落「十架載運物資的滑翔機」。[26]但元首護衛旅來不及挽救錫布雷這個戰略要地。一陣猛烈砲轟之後，美軍當天夜裡把德軍逼出了村子。一名被擊落的滑翔機飛行員稍早在附近被德軍俘虜。他趁德軍撤退時躲進一個馬鈴薯桶，最後重獲自由。

錫布雷的失守讓曼陶菲爾和呂特維茨很氣餒，因為這麼一來，他們重新建立巴斯通包圍圈的機會便大幅降低。呂特維茨下令瑞馬翌日早晨在第三裝甲擲彈兵師的一個戰鬥團協助下，重新奪回錫布雷。「如果這次攻擊失敗，」呂特維茨寫道，「軍總部相信有必要立即撤出突出部前沿。」[27]但再度拒絕接受現實的希特勒，宣布成立所謂的「呂特維茨集團軍」來粉碎巴斯通。理論上，其陣容包括第二裝甲師、裝甲教導師、第九裝甲師、第三及第十五裝甲擲彈兵師、黨衛軍第一「阿道夫・希特勒警衛旗隊」裝甲師、第五空降獵兵師，以及元首護衛旅。然而，儘管擁有典型的希特勒式名號，但它編入的兵力絕大多數只是部隊的殘部。

十二月二十九日星期五凌晨，元首護衛旅在香涅附近的樹林南緣集結，準備反攻錫布雷。但美軍早已料到德軍的反撲，所以瑞馬部隊一走出樹林，立刻迎來野戰砲兵營的龐大密集火力。從東面的維勒魯而來的側面砲火（美軍在十二月二十八日的一場激戰後攻占了維勒魯），也造成許多死傷。香涅東南方的樹林數度易手。瑞馬的一門一〇五毫米高射砲在戰鬥中擊毀許多輛美軍坦克，但儘管砲手在近身作戰中像步兵般地守衛砲組，最後終究寡不敵眾。一輛謝爾曼將德軍大砲碾碎在履帶之下。那天夜裡，瑞馬呈報說元首護衛旅的兵力如今太過薄弱，無法嘗試再度進攻錫布雷。[28]

十二月二十九日星期五，大雪與濃霧正從北方的斯堪地那維亞襲來，德國轟炸機趁天氣轉壞之前空襲巴斯通。但至少走廊如今穩固了，數百輛卡車為巴斯通守軍以及一〇一空降師的四百名替補人員送來大量物資。泰勒將軍訪視周邊防線上的前線將士，向他們表達慶賀。有些人覺得他的態度很討厭。「他離開之前吩咐我們，」第五〇六團的溫特斯少校記錄，「『留意前方的樹林！』他見鬼的以為他在華府的時候，我們都在這裡幹些什麼？」[29]

空降兵沮喪地發現，儘管媒體把他們當成英雄般對待，卻沒有人來替補他們、讓他們回到大穆爾默隆休整。至少他們收到了家裡寄來的家書和耶誕包裹，並且跟別排的士兵或比利時百姓分享內容物。而且，靠著他們鍾愛的「十合一」口糧包，他們終於可以吃飽喝足；有些空降兵還成功「解放」了第八軍總部留下來的烈酒：這些存貨的暴露，是因為德國空軍的一枚炸彈轟倒了一棟建築物的牆壁。但是嚴寒的天氣、司空見慣的致命駁火和危險的夜間巡邏，仍然持續不斷。指揮官依舊需要有關對面的敵軍單位的情報，所以追緝隊必須出外搜捕「喉舌」來進行審訊。（德國軍官沒收了士兵的薪餉條，因為上頭透露太多部隊訊息。）但夜裡不可能無聲無息地行動，因為當踩破雪地上的硬殼層，每一個腳步都很大聲，而且只要一移動，凍僵的白色斗篷便會喀喀作響。以漂白的工作服作偽裝的實驗並不怎麼成功。空降兵羨慕德軍擁有可反穿的白色內襯夾克；那樣的衣物好多了。

兩軍交戰，經常會在防守陣地前方放置假人，誘使敵軍斥候過早開火；空降兵的作法是把冰凍的德軍屍體豎立在雪地上。其中一具屍體暱稱「奧斯卡」，依照陪同部隊一起跳傘的木偶吉祥物命名。[30]它也在奇襲行動中扮演射擊次序的方向指標。空降兵很驚訝地發現，在嚴寒中死亡的人，臉部不會出現尋常的灰色調，而是帶點酒紅色，彷彿血液在皮膚下的微血管中迅速凍結。

除了戰壕腳和凍瘡之外，許多原已又髒又臭、鬍鬚拉碴的空降兵也罹患了痢疾，主要是因為根本不可能妥善清理野戰餐具。攝氏零下二十度的低溫，有可能讓他們重型機關槍的水冷槍管爆裂。從很遠的距離外，人們就可以透過槍口火焰發現這些武器，相較之下，美軍則無法看見一百公尺外的德軍同級裝備。空降兵偏愛使用繳獲的德國MG—42機關槍；但是並非只有他們如此。新來的替補人員需要學習避免連續射擊太長時間，以免暴露了位置。

許多大兵喜歡辯論投擲手榴彈的最佳方法：應該像投棒球、丟鉛球，還是舉手過肩式的拋球？許多人否決棒球投擲法，因為那樣很容易扭傷手臂與肩膀。為了避免德軍接到手榴彈後扔回來，有經驗的老兵會拔掉插銷、數到二或三之後才丟出去。士兵攜帶手榴彈的方式，通常是將握把掛在鈕扣孔上。軍官深恐當士兵躺下，手榴彈便會鬆脫、遺失。還有一些無知的替補人員把手榴彈扣環掛在裝備上，這是炸死自己的不二法門。事實證明，多出來的水壺套通常是最好的載具。

十二月三十日，巴頓將軍戴著他著名的象牙把手左輪槍進入巴斯通。他以他那古怪的尖嗓音祝賀軍官與士兵、授予勳章、到許多地方拍下他的照片、檢驗燒成灰燼的德軍坦克，並且視察主要的戰鬥地點。他在其中的羅萊城堡睡了幾個小時，然後才繼續行程。山脊上的第三二七機降步兵團正遭遇德軍坦克的砲火攻擊，砲兵觀測官看到一行人大剌剌地從他背後走過來，登時勃然大怒。他大罵著要他們趴下來，這才發現來者竟是態度從容不迫的巴頓將軍。由於只以一門大砲瞄準目標，上尉下令他的野戰砲兵營「有效射擊」德軍裝甲車。一枚砲彈幸運地正中砲塔、引燃裡頭的火藥、將坦克炸成碎片。「哎呀，老天為證，真是一次漂亮的射擊！」洋洋得意的巴頓高呼。這顯然讓他心情大好。[31]

元首護衛旅和第三裝甲擲彈兵師從西面進攻之際，黨衛軍第一裝甲師、第十四空降獵兵團和剛剛自匈牙利抵達的第一六七國民擲彈兵師，聯手從東面的盧特布瓦附近夾擊。駐維萊拉波內歐（Villers-la-Bonne-Eau）的美軍第三十五步兵師在黎明前的迷霧中猝不及防，兩個連被殲滅。[32]不過，野戰砲兵再度扮演扭轉局勢的重要角色，師屬及軍屬大砲發射新的近炸引信砲彈——套用指揮官的話——把第一六七國民擲彈兵師「大卸八塊」。[33]

當美軍第四裝甲師的謝爾曼及坦克殲擊車被戰火聲吸引，前來加入這場混戰，步兵呈報他們在樹林裡見到德軍坦克的行蹤。第一三四步兵團宣稱已有二十七輛坦克被擊毀，加上其他小隊的估計，總數達五十輛以上；但這是誇大的數字。儘管如此，「阿道夫・希特勒警衛旗隊」裝甲師確實蒙受重大損失，而他們將失敗歸咎於第五空降獵兵師。[34]根據其師長海爾曼少將所說，「黨衛軍散播謠言，說〔我的〕傘兵在維萊拉波內歐一棟民宅的地窖跟美國人促膝言歡，並舉杯祝賀兄弟情誼。」警衛旗隊的師長威廉・蒙克少將打算以怯戰的罪名把第十四空降獵兵團的幾名軍官送交軍法審判，他顯然說了「國家社會主義督導軍官應該好好教訓空降獵兵師*」。[35]

武裝黨衛軍與國防軍部隊的相互厭惡達到了新高點。黨衛軍的裝甲部隊要求享有每一條路線的優先通行權，導致交通一團混亂。「黨衛軍部隊抵達巴斯通戰區時，道路的紊亂情況達到了頂點，」科科特少將寫道，「這些部隊過於自負與傲慢，照例毫無自我節制的能力。基於他們眾所周知的殘忍無情，再加上欠缺邏輯概念，這些部隊具有徹底的破壞效果，不論何時何地，都是系統化戰鬥的絆腳石。」[36]對黨衛軍的憎恨並非只存在於高階將領層級。科科特麾下的羅森納上士（Rösner）描述黨衛軍「闖進盧森堡的民宅，野蠻地惡意破壞一切」。[37]他們也摧毀德國艾菲爾山區的聖畫像，因為那個區域信奉天主教。

最令巴頓的第三軍振奮的是，第六裝甲師的先頭部隊已抵達，前來為筋疲力盡的第四裝甲師接防。這支部隊兵員充沛且經驗豐富，是當時難得一見的組合。他們的幾輛謝爾曼配備以英國的十七磅砲為基礎改裝的新型七六毫米砲，終於可以自信地迎戰馬克六號虎式戰車。儘管一個戰鬥指揮部由於必須跟第十一裝甲師共用道路而耽擱了行程，但另一個戰鬥指揮部已進駐內佛附近的東南防線，準備隔天進攻瓦爾丹。

並非所有誤攻美軍部隊的烏龍事件，全來自雷霆式與閃電式戰鬥轟炸機。十二月三十一日，第三軍團總部報告，「第八航空隊的轟炸機，很不幸地轟炸了第四裝甲師總部、維克（Wecker）

鎮，以及駐埃希特納赫的一部分第四步兵師。」[38]陸軍緊急與杜立德（Doolittle）和斯帕茨等空軍將領召開會議，討論「誤傷我軍」的空襲，以及「我們自己的高射砲反擊我方飛機」的事件。他們必須封鎖這些「意外轟炸」的消息，以免「動搖部隊的信心」。陸空雙方都有責任，但發生多起意外之後，美軍的許多部隊重提諾曼第戰役時的標語：「只要是天上飛的，就得打下來」。他們經常對朝他們而來的任何飛機開火，不論目標是否在射程之內。對於空軍吹噓他們擊毀的德軍裝甲車數量，陸軍也公開表示懷疑。「顯而易見，空軍的數字肯定灌了水，」第十二集團軍評論，「否則德軍的坦克早就一輛不剩，但我們的偵察顯示他們還有許多裝甲車。」[39]

德國空軍仍對巴斯通進行夜間空襲。一月一日，德軍戰俘在衛兵押送下，前往巴斯通中央廣場附近清理瓦礫堆。其中一人踩中前一天夜襲投擲的「蝴蝶」炸彈，爆炸力往上衝進他的鼠蹊，使他哀嚎著倒地不起。美軍第九裝甲師第五十二裝甲步兵團的士兵目睹了這起事件。其中一名軍官後來寫道：「你可以聽見卡車上的美國大兵從喉嚨裡湧出笑意。」[40]

在北面的第一軍團前線，蒙哥馬利已經調派第五十三威爾斯師及美軍第八十三步兵師，前來

＊ 原註：國家社會主義督導軍官（Nazionalsozialistischen Führungsoffizier）是奉希特勒之命仿效蘇聯紅軍的政治委員所成立的，負責監督德軍軍官的忠誠與奮戰決心。

接替西面的第二裝甲師和馬爾什附近的第八十四步兵師。第五十一高地師被編為第一軍團的預備部隊。隨著何洛克斯的第三十軍陸續抵達，科林斯第七軍的其餘部隊可以撤出前線、重新部署，為一月三日的反攻做準備。*進駐塞勒以東的英軍第六空降師試圖挖掘防禦陣地，但冰凍的地面非常堅硬，鏟子完全使不上力。他們轉而將空心的雷管搥進地面，然後裝滿炸藥來炸出坑洞。他們很快發現，操作埋在雪地下的泰勒地雷是一項危險的任務。[41]

在德軍最大攻勢的地區附近，飢寒交迫的脫隊士兵漸漸遭到圍捕。一個農民之子到伊希佩（Ychippe）附近照顧馬匹。他回家時，看到一名德國大兵一跛一跛地走到他們家敲門。對方指著自己的腳說：「壞了！」他一直睡在穀倉裡。這名大兵在他們的火爐旁坐下、放下手槍，然後脫下靴子。一名美軍斥候抵達，在德國戰俘還沒來得及拿手槍之前逮捕了他。其他的德國士兵藏在附近的房子和農場建築。他們被包圍時，其中一人拒絕走出穀倉。他穿著美軍制服，擔心被當場格斃。最後，當美軍威脅燒掉整座穀倉，他終於乖乖聽話走出來。他們強迫他脫掉美軍制服，然後帶上吉普車載走。村民對他後來的際遇一無所知。

在許多地方，例如康竹，村民哀傷地望著美軍坦克輾過他們的小果園和灌木籬牆；至於看見美軍步兵在道路兩側呈一列縱隊而來，他們就比較沒那麼焦慮。當地農民的節儉生活方式，意味著沒有物資會被白白浪費。他們從廢棄的德軍車輛拿走所有可以拿的東西，因為這是他們唯一有希望取得的補償，彌補他們的田地、農場和房子受到的損害，以及被德軍強徵的飼料、馬匹和馬車；鏈軌式摩托車被視為一項大獎。他們抽出棄置車輛裡的汽油，並拿走工具箱、罐頭口糧、輪胎和輪圈，以及差不多所有拆得下來的零件。有幾個人還拿了手榴彈，希望夏天靠它們捕到很多魚。

許多農民企圖卸下大砲的車輪，打算做成馬車；但他們發現這些車輪太重，馬兒拉不動。在一個成功許多的改裝行動中，一名深諳機械的農夫設法拼裝出一輛獨有的拖拉機，材料完全取自德軍各型裝甲車的零件；引擎來自一輛半履帶車。一個家庭甚至拆下一輛水桶車（**Kübelwagen**，德國國防軍的吉普車同級車款）的前座，放在他們的客廳中使用將近三十年。[42]在伊希佩，一名死亡德國軍官坐在另一輛水桶車的前座長達好幾天。他死後鬍子還繼續生長的事實，讓十七歲的泰奧菲勒．索洛特深深著迷。[43]

女人亟欲得知兒子與丈夫的命運。那些成功逃到默茲河對岸的人確實很幸運，因為德軍抓走了留在當地的大量男人與男孩。他們被迫清除路上積雪並扛送補給品。許多人沒有抵禦冰雪的衣物。他們食不果腹（當然不夠身體勞動所需），而且裝備不良。沒有幾個人有手套甚至鏟子。他們被視作戰俘對待，夜裡被關進穀倉。有時候，衛兵在門上和窗上安裝手榴彈，讓他們無法逃脫。許多人一路走到德國幹苦役，直到終戰階段才獲得釋放。一大群人死於盟軍飛機，因為飛行

＊原註：事實上，蒙哥馬利剛剛利用強制病假，強迫他最鍾愛的軍長返鄉休息；他擔心身心疲憊已對後者的判斷力產生影響[44]。何洛克斯之前突然主張應該讓德軍越過默茲河，然後在布魯塞爾南方不遠處的滑鐵盧戰場擊潰他們。

員無法辨識德國大兵和比利時百姓。在雪地上，他們看起來無非都是小黑點。

十二月的最後幾天，英軍第三十軍延長了他們在默茲河和奧通之間的新陣地。一名英軍民政官帶著浪漫眼光欣賞周圍環境：「阿登地區有一股顯著的浪漫國（Ruritanian）氣氛，」他寫道，「就像《古堡藏龍》（*Prisoner of Zenda*）的故事會讓你想像的畫面。城堡增添了效果，連同一大片被白雪覆蓋的樺樹林。」[45]

一旦天氣轉壞就無法執行空中偵察。當第五十三威爾斯師接替馬爾什昂法梅訥的美軍時，盟軍需要知道裝甲教導師和第二裝甲師的殘部撤出羅什福爾後，做出了怎樣的重新部署。英軍第六空降師轄下的第六十一偵察團，連同比利時與法國的空中特勤隊，總共三百五十多人被派到羅什福爾及馬爾什以南的大片森林與沼澤地帶，試圖查明情況。

法軍中隊前往聖于貝爾，而在十二月三十一日，來自第五空中特勤團的比利時中隊，在羅什福爾以南十公里的伯雷（Bure）發現裝甲教導師一部分隊伍的蹤跡。他們乘坐吉普車，裝備只有幾挺雙管的維克斯（Vickers）機槍，只能略為騷擾這些裝甲擲彈兵。三名最優秀的士兵在德軍的八八毫米砲口下陣亡。德軍不顧一切地堅守這塊地區，因為第二及第九裝甲師的殘部和裝甲教導師，幾乎全都沿著這條路線撤出羅什福爾。在絕大多數當地居民躲進宗教學院的地窖之後，德軍搜刮了他們的全部床單來進行偽裝。而當地底下的村民只有馬鈴薯可吃，裝甲擲彈兵宰殺了他們的雞大快朵頤。

德軍如今開始砲轟羅什福爾，鎮民繼續躲在城鎮外圍的洞穴。只有幾個人趁火力暫歇時，冒險走出來覓食。所有人都對賈克修士（Frère Jacques）深懷感激，「他戴著貝雷帽和偌大的黑色橡膠手套」搜集遺體，給予他們高尚的葬禮。[46]

德軍也以V－1飛彈持續轟炸列日。跨年日當天，密德塞克斯團的華克代理中士，一名曾經征戰北非、西西里和諾曼第的老兵，前往沙勒蒙特（Sur-le-Mont）的教堂參加彌撒，就在列日南方不遠處。途中，一枚V－1飛彈從他頭上飛過，當他仰頭凝望，看見飛彈翻了一個身，開始急墜。「站在他幾碼外的一個比利時兒童對危險毫無所覺，」他的勳章嘉獎令上陳述，「華克代理中士飛撲過去，拉著他趴到地上，並以自己的肉身保護他。飛彈在幾碼外爆裂，重傷了華克代理中士。該名兒童毫髮無傷。」由於傷勢過於嚴重，英國皇家陸軍軍醫隊（Royal Army Medical Corps）放棄了華克，但他存活下來，因為美軍接手，為他執行先進的植皮手術，並將過程拍成影片，送到其他野戰外科醫院進行示範教學。[47]

美軍的各個總部都籌辦了自己的年夜派對。辛普森的第九軍團以蘇打威士忌和火雞慶祝新年，而在霍奇斯的第一軍團，晚餐照例非常正式。[48]「在他的食堂，每天晚上，」一名軍官記錄，「我們都得盛裝吃晚飯：夾克、領帶、軍靴。」[49]霍奇斯通常喝波本威士忌和帶點苦味的加冰杜本內（Dubonnet），但那天晚上，他命令部下打開科林斯攻占瑟堡後送他的一箱香檳，大夥兒為新年乾一杯。午夜，當士兵開始「胡亂開槍」，引發了一陣驚慌，「倉促調查後發現沒有攻擊情事，只不過是氣氛熱烈過了頭。」[50]

布萊德雷的第十二集團軍總部也開了派對。根據韓森的說法，瑪莎．蓋爾霍恩「大半個晚上激情地談論西班牙的戰爭……她是眼光獨到的女記者，在全世界的前線見過人類最醜惡的一面之後，仍相信人性的善良」。由於他們即將接受正式調查——因為他們的情報沒有預見德軍的攻勢——緊張的心情似乎稍微破壞了派對氣氛。創建了戰略情報局（Office of Strategic Services）的威廉．唐諾文將軍（William Donovan）剛剛從華府抵達，提到「有人談起國會調查，看看我們為什麼鬆懈下來」。布萊德雷針對自己冒著「盤算過的風險」、只留下四個師來防衛阿登地區這件事情，感到極為焦慮並高度防備。[51]

在柏林，曾捲進七月陰謀的日記作家烏蘇拉．馮．卡爾道夫（Ursula von Kardorff），在跨年夜招待幾位朋友。「到了午夜，四周靜謐無聲。我們站在那裡舉起杯子，根本不敢碰杯。遠方傳來象徵新年的一聲鐘響，然後我們聽到槍聲，以及厚重的靴子嘎喳嘎喳踩過（破碎的窗戶掉到街上的）碎玻璃的聲音。感覺很詭異，彷彿一道陰影飛越我們，並以其黑色羽翼撫過我們的身體。」[52]在阿登，德國人（以及比利時人）提心吊膽地準備迎接盟軍的反攻，以及即將到來的戰鬥。「我在跨年之際，」聖維特附近的一名年輕國民擲彈兵軍官寫道，「為元首以及我們得以勝利終結戰爭的力量而祝禱。」[53]幾小時後，德軍在空中及亞爾薩斯再度展開攻擊。

21. 雙重奇襲

跨年日午夜，美軍在阿登地區的所有砲火同時齊發，好讓德國國防軍知道，他們最終戰敗的一年已經開始。但德軍也有自己的一套新年賀詞。舊的一年結束的幾分鐘前，黨衛軍全國領袖海因里希．希姆萊指揮的上萊茵河集團軍，對德弗斯將軍的第六集團軍左翼發動了代號為「北風」行動（Operation Nordwind）的攻勢。

耶誕節過後的第一天，第七軍團的情報便顯示德軍有可能在元月頭幾天攻擊亞爾薩斯北部。德弗斯將軍當時已經飛到凡爾賽會見艾森豪將軍。自從艾森豪駁回他奪取萊茵河對岸橋頭堡的計劃，兩人之間的關係一直未見改善。而且由於阿登地區的激戰正達到頂點，SHAEF純粹希望南面的美軍及法軍繼續維持守勢。由於巴頓第三軍團的絕大部分兵力被調到突出部南面，為了增援阿登而變得極度精簡的德弗斯部隊，被迫將他們的正面前線延長到超過三百公里。

艾森豪希望退到孚日山區，或許順便讓出史特拉斯堡，藉此縮短亞爾薩斯的戰線。泰德強烈反對這樣的舉動。（說來諷刺，如今是英國人反對放棄陣地。）這也會導致美法激烈衝突，因為史特拉斯堡對法國人而言有重大意義。

另一波攻擊大出美軍意料之外。由於麾下空軍遭強力抨擊而心中不快的帝國元帥戈林，決定發動他自己的閃電式攻擊。他對盟國空軍的大規模突襲計劃，十一月六日首度浮上檯面。當時，克里斯蒂安（Christian）少將稟告希特勒：「帝國元帥下令，如今待命中的所有新編隊應於同一天——天候不會造成問題的一天——動員；全體兵力一起出動，同時攻擊。」[1]

希特勒半信半疑。「我只是擔心到了那一天，飛行大隊會協調不良、找不到敵人……以一次大規模部署一舉殲滅敵人的想法，並不實際。」他也十分懷疑德國空軍宣稱的戰機數量比例，同時因為飛行員擊落的盟軍飛機屈指可數而大為震怒。他吆喝著：「現在還有大量〔德國戰機〕在生產中；它們只不過是在損耗人力與物力。」

德國空軍面臨許多問題，但也製造了問題。軍中沒剩下幾名資深飛行員，因為制度上不允許他們在每次任務之間充分休息，導致人才耗損，也沒有要求他們把經驗傳承給後進。「現在的飛行員，全是一群沒有經驗的年輕小伙子，」一名梅塞施密特一〇九的飛行員表示，「有經驗的都陣亡了。」[2]「現在的新進人員哪裡受過訓練？」另一名飛行員說，「真可悲、可怕！」主要由於燃油短缺，他們只有幾小時的單飛經驗就得到作戰單位報到。難怪美軍的戰鬥機飛行員表示，他們寧可對抗四名飛行員新手，也不要面對一名沙場老將。

士氣非常低落。一名被俘軍官詳細描述飛行員為了逃避飛行或戰鬥而編織的各種藉口，包括「引擎故障」和「無法收回起落架」。[4]有一名飛行員起飛、繞一圈、對著虛空胡亂射擊，落地之後隨即遭到逮捕。資歷較深的軍官「以前經常飛行」，另一名資深飛行員說。「但那一切都結束了。他們現在什麼也不做，不再幻想像英雄般死去。那些日子已經逝去了。」[5]一個尖酸的嘲諷在德軍陣營廣為流傳。「在我們中隊，沒得性病的人會引人側目，」一名上士報告，「至少七成的人染上淋病。」[6]

最大的嘲諷專門保留給他們的總司令，帝國元帥。他「指揮德國空軍的手法，跟《愛麗絲夢遊仙境》裡的紅心皇后沒什麼兩樣，」德國空軍總司令部的一名資深軍官評論，「成果也大同小異……對他而言，德國空軍只是另一個玩具。」[7]參與元旦攻勢的少數資深軍官之一，回想起當時詢問長官：「呃，將軍大人，我們的帝國元帥此刻在做什麼？」將軍回答：「帝國元帥正忙著買賣鑽石，沒空搭理我們。」[8]另一方面，空軍參謀長卡爾·柯勒中將（Karl Koller）認為希特勒難辭其咎。「他完全不了解空軍的需求，終其一生停留在步兵的眼界。」[9]

無論如何，戈林覺得他已別無選擇，只能竭盡所能、全力攻擊。根據一名中校的說法，對於空軍的狀態，他「幾乎哭了出來」，並說「除非我們迅速掌握制空權，否則就輸掉了戰爭」。[10]戈林的最後一搏——希特勒的整個阿登攻勢的縮影——被定名為「底板行動」（Operation Baseplate）。差不多每一架可以飛的戰鬥機都得參與攻擊盟軍機場、擊毀地面上的飛機。

儘管德國空軍軍官好幾星期前就已得知計劃，但是跨年當天下午參加行前說明時，這項行動命令仍讓他們又驚又愕。飛行員當天晚上不得喝酒，也不許熬夜慶祝新年。許多人擔心翌日的形勢，以及猶如日本「萬歲」衝鋒式的自殺攻擊。起碼飛行人員可以分到「起飛」口糧，得到額外的奶油、雞蛋和白麵包。軍方還承諾等到返航，他們將另外分到一條巧克力、真正的咖啡，以及全套的「行動」大餐。[11]

天剛破曉，將近一千架德國飛機在三十八座機場發動引擎。負責率領第六戰鬥機聯隊轟炸荷蘭沃爾克爾（Volkel）機場的約翰．克格勒中校（Johann Kogler），坐在他的福克—沃爾夫一九〇座艙裡。克格勒不存有幻想。阿道夫．嘉蘭德空軍中將（Adolf Galland）「把他的麻煩推給我；事情相當難辦」。[12]克格勒的長官是無能的俾波．施密特空軍中將；他在一九四〇年擔任戈林的情報長時曾嚴重誤導戈林，以致弗朗茲．哈爾德上將（Franz Halder）批評戈林是「整個德國空軍陣營裡，消息最不靈通的將領」。[13]施密特擔心損失戰鬥機指揮官，因此試著把他們留在地面。克格勒原則上反對這麼做。「將軍大人，如果我們必須起飛來給敵軍找點樂子、讓他們有目標可以射擊，而且如果我們只是為了給自己找點事情做而飛行，那麼我請求每一次都〔跟我的飛行員〕同在。」[14]

第二十六戰鬥機聯隊轄下的福克—沃爾夫一九〇飛行中隊的指揮官，覺得他們選定的目標非常諷刺。「我們自己曾在這些機場駐紮；我得帶領我的中隊轟炸我以前的飛行基地。」[15]戈林的命令更令人沮喪。「沒有猛力攻擊機場或找不到機場的飛行員，〔返航後〕必須立刻重新起飛，再度攻擊。」[16]事實證明，這是糟糕透頂的點子。每一次出動都必須有一架Me 262伴隨，其飛行員的角色就是揪出欠缺攻擊決心的人。

至少，某些飛行員似乎很享受這項任務，沉湎於他們在戰爭初期的戰績。「一開始時，我們把他們打得落花流水！」一名負責攻擊根特（Ghent）機場的飛行員回憶，「每一個大隊出動六十架飛機。」基於「底板」行動造成的假象，即便到了這個階段，他仍然歡欣鼓舞，士氣高昂。「如今，我們在（一月）一號出動的架次——我的天啊！天上飛機密布，我自己都感到驚訝。我再也搞不清楚自己隸屬於哪個聯隊。他們飛向各個地方，無所不在。百姓目不轉睛地望著我們。後來，我們飛越前線，大兵們目瞪口呆地站著。我們全都低空飛行。」[17]

這個非常樂觀的印象忽略了這場混亂的另一面。戈林效法希特勒在阿登攻勢前的安全預防措施，拒絕事先對德軍的防空單位透露底板行動的消息。正因如此，高射砲連假設這些突然出現上空的大型編隊，必定是敵軍。他們開砲了。顯然有十六架飛機在前往目的地途中，淪為自家砲火的受害者。

他們於九點二十分展開的同步攻擊，目標鎖定英軍在比利時與荷蘭南部的十二座機場，以及美軍在法國的四個基地。然而主要基於導航錯誤，他們攻擊了十三個英軍基地，和僅僅三個美軍基地。德軍達到突襲效果，但並非無一例外。負責攻擊根特的聖德奈斯韋斯特勒姆（Sint-Denijs-Westrem）機場的聯隊，襲擊了正準備降落、油料即將耗盡的一支波蘭噴火式戰鬥機中隊。攻擊者摧毀了其中九架飛機，以及地面上的另外六架。但他們隨後遭一三一聯隊的兩支波蘭中隊包圍，十八架飛機被擊落，另外五架受損，而噴火式只折損了一架。在被俘的福克－沃爾夫飛行員當中，包括了那名曾因空中的德國軍機數量而歡欣鼓舞的飛行員。

美軍的運氣比英軍好些，因為一隊攻擊者完全迷路，找不到目標，而且P－47雷霆式的一支巡邏隊衝進準備攻擊梅茲的編隊；不過，德軍仍成功摧毀地面上四十架戰鬥轟炸機中的二十架。英軍最慘重的損失出現在恩荷芬；在那裡，德軍幸運地擊中正在起飛的第一支颱風式中隊。墜毀的飛機阻塞跑道，讓後面幾支中隊動彈不得。「一名颱風式戰機飛行員深感挫折。他站在煞車板上，並施加力量抬起機尾，以便從地面射擊低空飛行的攻擊者。」[18]

在埃韋勒（Evere），一支噴火式中隊也在跑道上滑行時遭德軍摧毀，但有一名飛行員成功起飛。他擊落其中一個「匪徒」，但自己也被打下來。美方如今相信，英國第二戰術航空隊（Tactical Air Force）是在「密集停放陣型」中被殲滅。[19]其實只有作為照相偵察基地的恩荷芬才是如此；在那裡，噴火式戰機整齊排列在德國空軍的舊跑道上，因為沒有其他地方可以停放。基地無疑過於擁擠，因為許多中隊必須在具有堅硬跑道的機場集結；這些跑道比較容易清除積雪。蒙哥馬利元帥的座機也在地面上被擊毀的消息，在美軍的小圈子裡製造出一股明顯的幸災樂禍氛圍。「英軍褲子還沒穿好就被打得屁滾尿流，」第一軍團的日誌記錄員隔天寫道，「蒙哥馬利將軍的G－2（情報長）送了一條吊褲帶給戰術航空隊的G－2，作為禮物。」[20]艾森豪非常慷慨，立刻把他自己的座機讓給蒙哥馬利。

第九軍團總部的參謀官走到外面觀看空中作戰。「上午十點前後，馬斯垂克地區出現許多場混戰，高射砲火瘋狂射擊被低垂的雲層遮掩的飛機。」[21] 盟軍總計有一百五十架戰機被毀、一百一十一架受損，另外損失了十七架非戰鬥飛機。幸而飛行員的死傷人數不多，但有超過一百名地面人員喪生。

許多德軍戰鬥機被高射砲擊落，克格勒中校也被俘虜。令人詫異的是，在布魯塞爾附近，一架低飛的德軍福克─沃爾夫由於鷓鴣鳥「把散熱器撞出一個大洞，導致冷媒流失、引擎停火」而墜落。[22] 但正如第九軍團總部指出的，「德國佬在這次奇襲中犯了一個大錯，付出昂貴的代價。他們停留太久，享受射擊地面的樂趣，所以我們的戰機有時間從後方基地起飛，在敵人返航時逮到他們，讓他們損失慘重。」[23]

那些依戈林的命令而被迫加油、補充彈藥、再度攻擊的飛行員，飛回來之後發現盟軍的飛行中隊以壓倒性的力量迎戰，決心讓他們從天空中消失。最糟的是，即便在攻擊之後，德軍防空部隊仍對此次行動一無所知。「德國空軍一月一日的偉大行動遭遇一場災難，」希特勒的副官貝洛上校指出，「返航途中，我們的飛機撞上我軍防空高射砲猛烈而精準的砲火，基於安全理由，後者從未接到有關這次行動的消息。我們的編隊蒙受無法彌補的重大損失。這是德國空軍最後一次的重大行動。」[24]

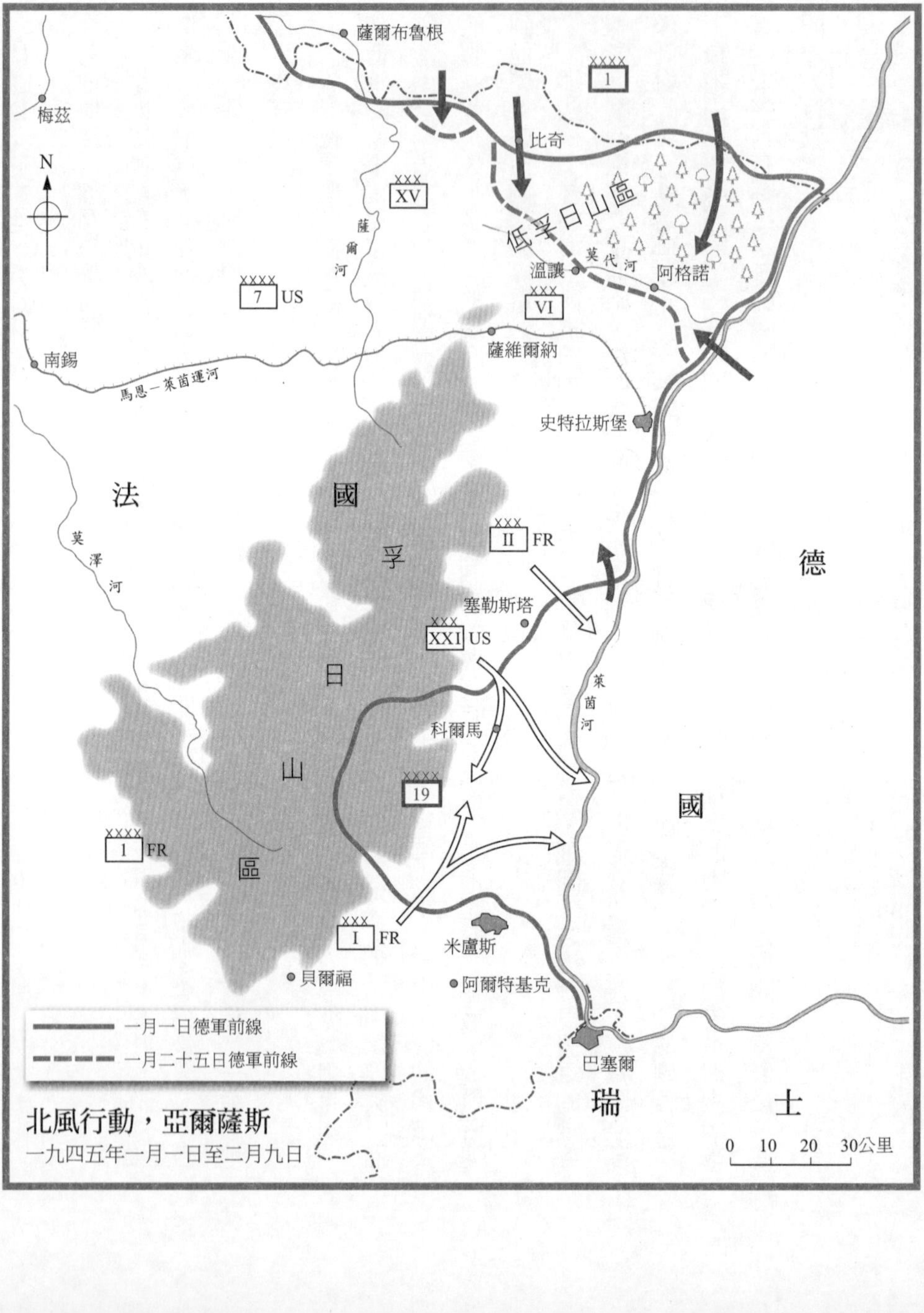

北風行動，亞爾薩斯

一九四五年一月一日至二月九日

甚至連局部勝利都稱不上。德國空軍有兩百七十一架戰鬥機被毀、六十五架受損。飛行人員死傷慘重。總計一百四十三名飛行員陣亡或失蹤、七十人被俘，另外二十一人負傷。傷亡人員當中包括三名聯隊長、五名大隊長，以及十四名中隊長。勢必很難找到人替補他們。

德國百姓無力改變自己的命運。盟軍空襲炸毀電車及火車鐵軌後，他們只能艱難地穿越廢墟，走路到通常沒有窗戶也沒有電力的辦公室或工廠。那天，希特勒的元旦談話對阿登攻勢諱莫如深。隨著他不斷東拉西扯，絕大多數聽眾逐漸明白他的談話了無新意。

希特勒也無意提起北風行動。他是在十二月二十一日想到北風這個點子，並在耶誕節當天為行動命名。儘管按照官方說法，這次行動是要跟駐守科爾馬口袋的第十九軍團會合，聯手粉碎亞爾薩斯北部的美國第六軍，但他真正的意圖，是要打亂巴頓往阿登挺進的計劃，並製造出他仍然掌握主動權的印象。十二月二十八日，希特勒召集各師師長前來鷹巢接受訓話，正如發動阿登攻勢之前的作法。

德弗斯十二月二十六日在凡爾賽和艾森豪會面之後，一回到自己的總部，立刻下令研究亞爾薩斯北部的撤退路線。德軍一月一日對比奇展開兩面夾擊後，艾森豪便責令德弗斯留下掩護部隊、將主力撤到孚日，並棄守史特拉斯堡。這項命令嚴重打擊第六集團軍的軍心。「士氣今日降到新低點。」一名上校寫道。[25]萊茵河對岸的德軍透過擴音器警告史特拉斯堡居民，他們即將重返。但美軍砲兵聽聲辨位，迅雷不及掩耳地打掉了擴音器。

可想而知，美軍可能撤退的消息傳開之後，城裡一片恐慌。當時有二十萬市民，許多人擔心德軍報復。一名美國通訊記者估計逃亡人數高達一萬人。「他們多半搭火車離開……女人推著嬰兒車，馬車上堆滿了家具。」接下來兩天，道路上的逃難人數，從兩千人（根據美國消息來源）到一萬五千人（根據法國消息來源）不等。[26]

在巴黎，法國臨時政府義憤填膺。戴高樂立刻對駐守城市南部的法國第一軍團指揮官塔西尼將軍下達命令：「不言可喻，法軍絕不可同意棄守史特拉斯堡。萬一盟軍從他們的現在位置撤到法國第一軍團北面，我命令你負責確保史特拉斯堡的防守。」[27]他接著對艾森豪表達立場，並呼籲邱吉爾及羅斯福阻止盟軍撤離。SHAEF得到警告，逃出這座城市的難民將高達十萬人，另有三十萬亞爾薩斯人必須面對德軍報復的風險。

翌日，阿爾方斯・朱安將軍奉戴高樂之命去找史密斯將軍，表示臨時政府領袖隔天會來凡爾賽跟艾森豪見面。朱安和史密斯以前就曾起衝突，但這次會面是鬧得最兇的一次。在塔西尼將軍抱怨法國第一軍團得不到裝備與補給，而美方質疑他對科爾馬口袋的攻擊效力之後，雙方的緊張關係便已逐漸攀升。法軍損失了很多年輕軍官，而替補他們的軍官沒辦法鞭策士兵奮勇向前。

朱安表示，假如美軍退到孚日山區，戴高樂將軍會將法國部隊脫離SHAEF指揮。照史密斯的說法，他對艾森豪處理戰爭的方法出言不遜。「朱安說了一些話，」史密斯會後告訴艾森豪，「假如他是美國人，我會一拳打碎他的下巴。」[28]

一月三日上午，在戴高樂來訪前，艾森豪跟他的參謀一起商討史特拉斯堡的撤退事宜。當天下午，戴高樂在朱安陪同下出現。已在法國的邱吉爾，接到戴高樂的訊息後也現身凡爾賽。艾森豪向兩位政府首長報告他們面臨的危險局面。接著，為了回應法國政府將部隊退出SHAEF指揮的最後通牒，艾森豪提醒戴高樂，「除非遵守我的命令，否則法軍得不到彈藥、補給或糧食，而〔我〕挑明了告訴他，假如法軍消滅了科爾馬口袋，就不會出現目前的情勢。」[29]戴高樂此時的怒氣接近沸騰。

「如果這是一場虛擬的戰爭遊戲，」戴高樂終究按捺住自己的脾氣，說，「我完全同意你的作法。但我不得不從另一個角度思考這件事。撤出亞爾薩斯，意味著將法國領土拱手讓給敵人。就戰略層面，這只是一次軍事調度。但對法國來說，那將是國家的災難，因為亞爾薩斯對我們而言很神聖。無論如何，德軍佯稱這塊土地屬於他們，而他們將把握一切機會報復當地居民展現的愛國情操。」[30]

在邱吉爾默默支持下，戴高樂成功讓艾森豪回心轉意。最高統帥同意打電話給德弗斯，基本上指示他停止撤退。「這項改變讓戴高樂非常滿意，」艾森豪寫道，「他滿心歡喜地離開。」他不再展露被觸怒的神情；邱吉爾曾形容這個表情「猶如洗澡時受驚嚇的母羊駝」。戴高樂離開後，邱吉爾喃喃對艾森豪說：「我想，我們做了一件明智且正當的事。」[31]

戴高樂洋洋得意，回去之後，便向內閣首席顧問加斯東．帕爾維斯基（Gaston Palewski）口述一份公告。發布之前，帕爾維斯基先將公告傳給英國大使達夫．庫柏過目。由於語氣過於自負，庫柏警告帕爾維斯基，這份公告恐怕於事無補。「文中表示，」庫柏的日記寫道，「戴高樂召開了一場軍事會議，首相及艾森豪獲准參加。」[32]無論如何，艾森豪對羅斯福總統解釋他改變心意的理由（後者對法國領袖的觀感仍未改善）。他表示如果臨時政府垮台，盟軍很可能得面臨後方的一團混亂。

當「退守孚日山區以東的命令遭到撤銷」，美國第六軍「士氣大振」，海夫納上校（Heffner）寫道。「那樣的撤退會嚴重打擊美軍威望；我們將永遠洗刷不掉恥辱。被敵軍逼退是一回事，不戰而退又是另一回事。」[33]

由於艾森豪的妥協，法國軍隊仍留在SHAEF轄下，但是跟法國當局打交道，持續叫人頭疼。艾森豪後來抱怨，「在這場戰爭中」，法國是「僅次於天氣……最讓我傷腦筋的單一因素。」[34]SHAEF決定停止傳送「信號情報給法國第一軍團」，理由是「不夠安全」。[35]一月七日，德弗斯警告駐亞爾薩斯的第七軍團司令帕奇將軍，該軍團的電話線可能遭人竊聽。「如果我們提及『終極』情報，不論以訊息或以某種特殊情報的偽裝，都將對『終極』的安全造成嚴重威脅。如果讓敵軍把幾個蛛絲馬跡兜在一起，恐怕會嚴重洩漏訊息，極其危險。」[36]

德國第一軍團的南面攻擊，基本上集中在比奇以西，由一〇一空降師在諾曼第卡倫坦

（Carentan）的對手——黨衛軍第十七「古茲．馮．伯利辛根」（Götz von Berlichingen）裝甲擲彈兵師——負責主攻。第十五軍有完善的陣地，並得到勒克萊爾第二裝甲師的支援；後者再度展現其堅毅性格。（根據第六集團軍的參謀所述，勒克萊爾「直率地拒絕接受塔西尼指揮」，因為塔西尼曾效力於貝當〔Pétain〕的休戰部隊〔Army of Armistice〕。[37]）但在比奇和萊茵河之間，德軍的兩個兵團得以在濃霧中，透過沒有砲擊的進攻方式，滲透穿越森林地帶的美軍陣地。德軍往南挺進薩維爾納隘口，把兵力過度分散於低孚日地區（Low Vosges）和萊茵河平原的美國第六軍打得節節敗退。

帕奇將軍的第七軍團以寡敵眾，打了幾場漂亮的仗，只除了因為後方的驚慌或前方的懈怠而造成的少數例外。各師師長憤怒地聽到部隊「在宿營或防守城鎮村落時，猝不及防地被俘或陷入重圍」。[38]這些挫敗，幾乎都是因為欠缺全面戒備或警覺。在班斯坦（Bannstein），「一支部隊毫無防備。士兵們在睡覺，德軍大搖大擺走進城裡，擄獲我們的部隊、武器以及大批車輛。」另外三個地方也發生類似事件，幸而絕大部分士兵在美軍救援下獲得釋放。

大雪及低孚日地區蜿蜒的冰封道路，讓戰鬥條件變得更糟。到了一月五日，從斯堪地那維亞南下的黨衛軍第六「山地」師，抵達了離薩維爾納二十公里的莫代河畔溫讓（Wingen-sur-Moder）。由於受到第四十五步兵師的強力抵抗，他們在西面的進攻，最遠只到了這裡。此刻，另外三個美軍步兵師駐守羅特巴赫河（River Rothbach）防線。但希姆萊已取得包括黨衛軍第十「弗倫斯堡」裝甲師在內的更多兵力，準備重新進攻。

艾森豪將軍或許把法國人列為僅次於天氣的最大問題，但他也曾向戴高樂將軍表示蒙哥馬利元帥不好對付。然而，他並未預見英美關係的最大危機即將引爆。一月五日，艾森豪聽說，儘管SHAEF不智地壓制蒙哥馬利接掌美軍第九及第一軍團的消息，但風聲還是在美國本土傳開了。空軍元帥泰德擔心英國媒體會做的事，全都一一實現。甘岡將軍對記者的請求無效：他們的報紙再度強烈要求，蒙哥馬利如今應該名正言順地成為西歐戰場的地面部隊總司令。可想而知，美國媒體並不喜歡由英國人——尤其是蒙哥馬利——指揮兩個完整的美軍兵團的想法。儘管如此，SHAEF仍被迫發表聲明，確認這項人事安排。記者，不分英美，莫不為凡爾賽軍事高層對待媒體時的無能與自滿而憤怒。

國會即將針對美軍對阿登攻勢毫無所覺的原因展開調查。已經為此心煩意亂的布萊德雷，也擔心家鄉父老對蒙哥馬利接掌他的兩個軍團的消息，會有怎樣的看法。而且他也痛恨在《時代》雜誌票選的年度風雲人物中，巴頓的得票率僅次於艾森豪，而他從未列入榜單。極度沮喪下，他立刻懷疑是蒙哥馬利洩漏了指揮權易手的消息，並且視之為刻意「破壞美軍聲譽之舉」。[39]他打電話跟艾森豪吐苦水，但艾森豪向他保證消息是在美國爆出來的，並非來自第二十一集團軍總部。

根據韓森的說法，布萊德雷相信「這項任命案吵得沸沸揚揚，顯然是官方點的火」。[40]他始終確信是邱吉爾在運籌帷幄，想讓蒙哥馬利升任地面部隊總司令。他顯然仍然相信這種可能性，因為他對艾森豪直陳，他「絕不接受蒙哥馬利指揮……巴頓將軍也同樣表明絕不在蒙哥馬利麾下效命。我打算跟蒙哥馬利說清楚」。[41]艾森豪表示會把他的顧慮轉達給邱吉爾，但不論邱吉爾或布魯克，兩人都未曾要求晉升蒙哥馬利。他們十分清楚美方觀點，而且私下對醞釀中的風暴深感憂心。邱吉爾寫信給羅斯福，強調英國對艾森豪的領導能力有信心，並盛讚美軍在戰爭中的英勇表現。

布萊德雷擔心這項消息會「抹除他擔任集團軍指揮官的功績、破壞部屬對他的信心，並最終〔影響〕部隊的士氣與信心。其次，這項消息也同樣可能破壞美國民眾對〔布萊德雷的〕指揮能力的信心，並讓人民以為我們需要緊急向英軍高層求援，請他們替我們『火中取栗』。」[42]

英國人呼籲讓蒙哥馬利出任整個西線的總司令，韓森寫道，暗示著「要是當初由蒙哥馬利指揮大局，德軍就不可能突破防線。如今的所有報導，全都影射德軍的攻擊之所以成功，是由於美軍指揮官——也就是布萊德雷——的疏忽……結果就是英國媒體瘋狂幸災樂禍，他們因為這項任命案而歡欣鼓舞，為了蒙哥馬利提高了指揮權而慶賀。」他繼續寫道：「部隊被囉哩囉嗦地稱為『蒙弟的部隊』，顯示英國媒體盲目的英雄崇拜……他是成功的象徵，是針對英軍在前線的表現，一種過高且往往扭曲的評價。」[43]

被周遭氛圍攪得焦躁不安的布萊德雷，覺得有必要為自己的生涯與名聲奮戰。他剛剛寫信給馬歇爾將軍，表達他對局勢的看法，並說明阿登前線在十二月十六日前兵力薄弱，是他「盤算過的風險」。「在此同時，」他補充說，「我不打算為已發生的事實道歉。」[44]

蒙哥馬利打電話給邱吉爾，表示他準備開記者會來強力呼籲盟軍團結，並表達對艾森豪的支持。邱吉爾回答，他認為這種作法「極其可貴」。[45]另一方面，布魯克元帥沒那麼有把握。他太清楚蒙哥馬利沒有能力控制自吹自擂的毛病。蒙哥馬利的幾名資深參謀官也有同感。

一月七日，剛被任命為傘兵團上校指揮官（colonel commandant）的蒙哥馬利，戴著有雙徽章的酒紅色傘兵貝雷帽現身記者會。他的情報長——傑出學者比爾．威廉斯准將（Bill Williams）——看了他的講稿，擔心這番演說會引來不良觀感，儘管講詞本身似乎不痛不癢。唯一帶有刺激性的地方，是當他說：「這場戰爭十分精彩——我想，這是我處理過最有趣、最複雜的戰事，其中牽涉許多重大議題。」講詞的其餘部分是在頌揚美國大兵、宣示對艾森豪忠誠，並要求媒體呼籲盟軍團結。

不過接著，即將讀完準備好的講稿時，蒙哥馬利開始脫稿演出。他簡短講解他的「軍事哲學」。「假如他〔敵人〕猛力出擊，我得做好準備。那在戰鬥中格外重要。我是在非洲學到這一點的。人總透過艱苦的經歷學到種種教訓。當倫德施泰特展開猛攻、把美軍一分為二，不用說，戰區肯定變得雜亂無章。所以，當我臨危受命，我做的第一件事情就是忙著清理戰區——恢復秩序。」[46]蒙哥馬利也過分誇大英軍對戰爭的貢獻，幾乎讓這整場戰爭聽起來像是英美聯合行動。

在倫敦，內閣辦公室後來評論：「雖然這份陳述整體看來是對美軍的高度致敬，但其語調及某種程度的驕矜，無疑深深冒犯了SHAEF及第十二集團軍的眾多美軍將領。」[47]

在場的許多記者若非火冒三丈，就是阿諛奉承，視他們的國籍而定。不過，不論英國或美國媒體，都將焦點放在說詞中的積極層面。然而翌日早晨，德國一個無線電台在ＢＢＣ（英國國家廣播電台）的波段發送假的廣播節目，影射蒙哥馬利已經替美軍第一軍團引發的災難收拾善後，刻意激怒美國人。「多虧了蒙哥馬利元帥，」節目總結道，「阿登戰役如今可以畫下句點。」[48]美國部隊及各通訊社對這段假的廣播信以為真。許久以後，即便事實證明這是納粹文宣部的詭計，許多忿忿不平的美國人仍相信英方試圖膨脹自己的角色，因為他們的國際地位正迅速下滑。

即便在納粹廣播之前，布萊德雷就已怒氣衝天地打電話給艾森豪抱怨蒙哥馬利的說詞，並表示他擔心第九軍團會納入英軍的指揮。他懇求艾森豪「把它還給我，為了美軍指揮系統的聲譽，就算只是二十四小時也好」。他向韓森解釋，「為了聲譽，我想把它討回來，因為英方做得太過分了。」布萊德雷那天仍喋喋不休地抱怨蒙哥馬利下令第八十二空降軍撤離的事情。[49]

布萊德雷在一月九日也召開了一場記者會，沒有事先告知艾森豪。他企圖說明十二月十六日阿登地區美軍兵力薄弱的原因，駁斥有關他被打得束手無策的指控。不僅如此，他也強調蒙哥馬利對美軍部隊的指揮，純粹是暫時性的權宜之計。這促使英國的《每日郵報》（*Daily Mail*）以最煽動的語言為蒙哥馬利敲鑼打鼓，再度要求他出任地面部隊總司令。大西洋兩岸的媒體論戰，再度以加倍的力道捲土重來。

邱吉爾大為震驚。「我擔心美軍將領深受冒犯，」他在一月十日寫信給他的國防大臣伊斯梅將軍（Ismay），「倒不是因為蒙哥馬利的演說，而是我們的某些報紙，似乎把挽救戰爭全部歸功於他。我個人認為他的演說糟糕透頂；他的語調透著優越感，而且完全忽略美國折損八萬將士，而我們只犧牲了兩千或三千人的事實……艾森豪告訴我，他的將領們怒不可遏，他簡直不敢命令他們任何人在蒙哥馬利麾下效命。」[50]艾森豪後來宣稱，這整起事件比戰爭中其他時刻更令他煩惱與憂心。

當艾森豪的密使——空軍上將泰德和布爾將軍——還在艱難地前往莫斯科的途中，邱吉爾已經跟史達林魚雁往返，談論紅軍的冬季大進攻計劃。一月六日，他去函蘇聯領袖，明白表示德軍的阿登攻勢已經止步，盟軍掌握了局勢。這並未阻止史達林（及後來的俄羅斯歷史學家）聲稱邱吉爾向蘇聯求援。若把羅斯福在十二月二十三日提及「緊急狀況」的談話視為求援，或許還比較有道理，但史達林樂得把握每次機會讓西方盟國對他感到愧疚或感激。他也將在二月的雅爾達會議打同一張牌。

史達林佯稱一月十二日由維斯瓦往西的大型攻勢，以及隔天北上東普魯士的進軍，原本訂在一月二十日展開，但他為了幫助阿登地區的盟軍而提前行動。真正的理由是，氣象報告顯示該月份稍後幾日會融雪，而紅軍需要堅硬的地面供坦克通行。事實證明，古德里安擔心德軍的「紙牌屋」會在波蘭與西里西亞（Silesia）坍塌是極有道理的。希特勒的阿登冒險，已使德軍的東線變得極其脆弱，不堪一擊。

22. 反攻

巴頓迫不及待從巴斯通一帶繼續往前挺進的心，很快被潑了冷水。瑞馬宣稱，元首護衛旅「十二月二十三日的行動是防守上的一大勝利，估計摧毀了三十輛美軍坦克」。德軍當晚完全沒受到侵擾，因而得以建立一條新的防線，「讓我們的東線戰士大為震撼。」然而瑞馬承認，經驗不足的美軍第八十七步兵師，仗打得很好。「他們是傑出的戰士，並且有一群會說德語的突擊隊員溜到我們的防線後方，用刀刺殺了許多衛兵。」不過，美軍的消息來源無法確認這種不尋常的戰術。由於瑞馬的坦克和突擊砲只剩下不到二十公里的燃油，他「向兵團〔總部〕發送無線電訊息，表示我們在打我們的最後一戰，他們應該派兵增援」。[1]

在東翼，美軍第六裝甲師一月一日早晨穿過巴斯通，攻打圍城初期已發生過許多戰事的拜儒利、內佛和瑪格瑞。同樣欠缺經驗的第十一裝甲師，跟駐巴斯通西南面、同屬於米德頓第八軍轄下的八十七步兵師聯手，本該往曼德聖阿蒂安挺進，卻在遭遇德軍第三裝甲擲彈兵師和元首護衛旅時敗下陣來。「第十一裝甲師很嫩，做出無謂的犧牲，」巴頓記錄。[2]戰爭的衝擊嚇壞了這個師。就連師長都因為壓力而看似瀕臨崩潰，而軍官似乎控制不住士兵。在一月一日收復香涅廢墟的苦戰之後，大約六十名德軍戰俘被槍斃。「發生了幾起射殺戰俘的不幸事件，」巴頓寫在日記裡，「但願我們可以掩蓋消息。」[3]在美方嚴厲抨擊馬爾梅迪─包格涅屠殺之後，這樣的事件確實令人難堪。

一月二日星期二是個「嚴寒的早晨」，天空清澈明朗，但氣象專家表示壞天氣即將到來。[4]曼陶菲爾籲請莫德爾接受德軍已不可能收復巴斯通的事實。他們必須撤退，但莫德爾知道希特勒絕不會同意。呂特維茨也有意撤出烏爾特河東面，因為他知道第二裝甲師殘部和裝甲教導師在聖于貝爾及羅什福爾以東嚴重暴露，形勢危險。在元首護衛旅，各營的兵力只剩不到一百五十人，而且所有營長都在傷亡名單中。瑞馬表示沒有足夠燃油來拖走損壞的坦克。鷹巢的答覆跳不出老套。希特勒堅持在一月四日發動另一波進攻，並承諾派黨衛軍第十二「希特勒青年團」，以及一個新的國民擲彈兵師支援。他現在為自己的頑固提出的辯解是，儘管他的軍隊無法抵達默茲河，但他們成功阻擋艾森豪進攻魯爾地區。

美國第一軍團和英國第三十軍依計劃在一月三日展開反攻。科林斯的第七軍在第二及第三裝甲師領軍下，攻打奧通與馬奈之間的地帶，李奇威的第十八空降軍則在其東翼。不過挺進的速度

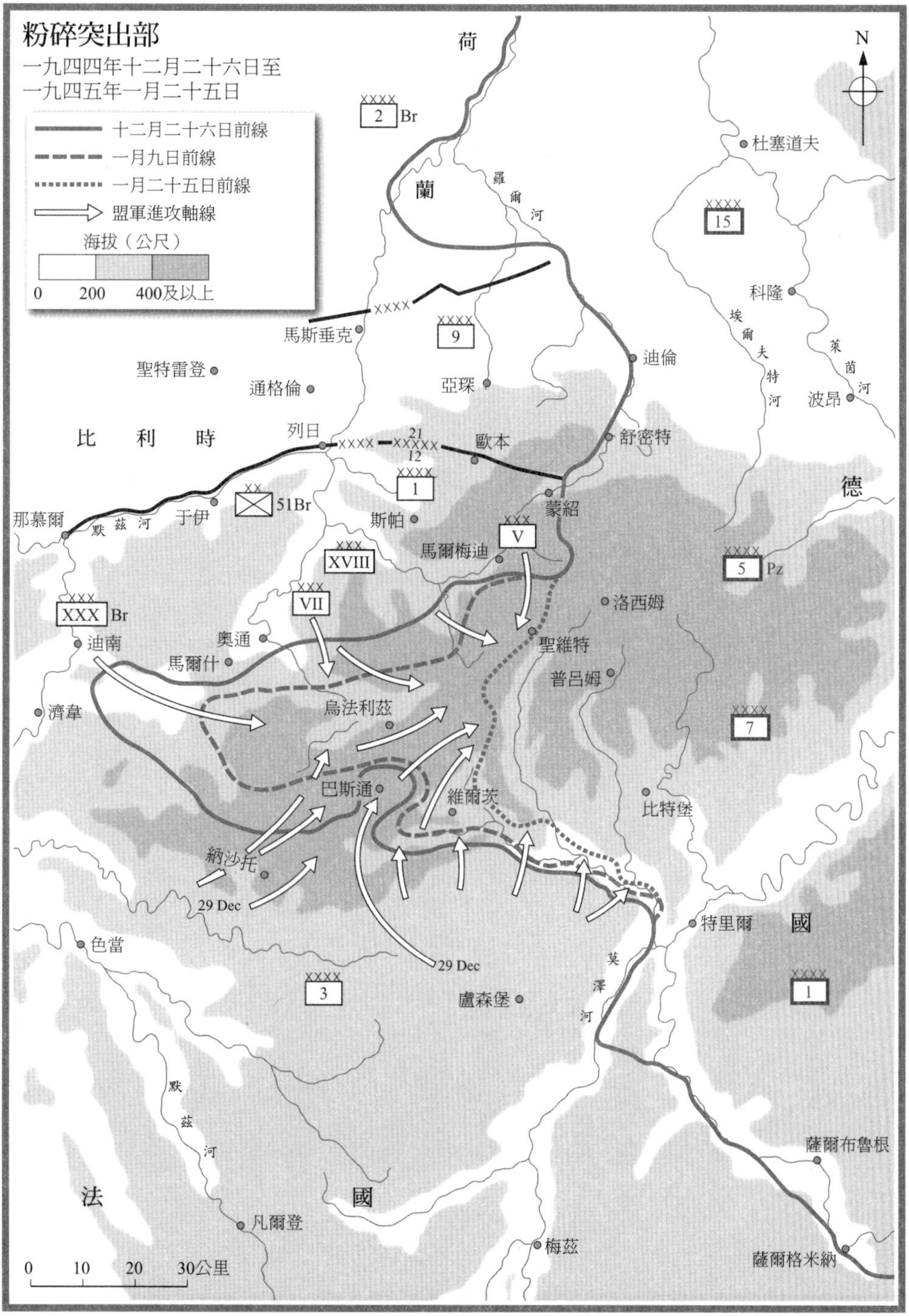

粉碎突出部
一九四四年十二月二十六日至
一九四五年一月二十五日
十二月二十六日前線
一月九日前線
一月二十五日前線
盟軍進攻軸線
海拔（公尺）
0
200
400及以上
荷
蘭
比利時
德
國
法
國
2 Br
9
1
51Br
XVIII
VII
V
XXX Br
15
5 Pz
7
3
1
21
12
羅爾河
埃爾夫特河
萊茵河
默茲河
莫澤河
杜塞道夫
科隆
波昂
迪倫
舒密特
蒙紹
馬斯垂克
聖特雷登
通格倫
亞琛
列日
歐本
斯帕
于伊
那慕爾
馬爾梅迪
洛西姆
聖維特
普呂姆
迪南
奧通
馬爾什
濟韋
烏法利茲
巴斯通
維爾茨
比特堡
納沙托
29 Dec
29 Dec
特里爾
色當
盧森堡
薩爾布魯根
凡爾登
梅茲
薩爾格米納
N
0
10
20
30公里

非常緩慢。天氣狀況越來越壞，除了冰雪，此刻也再度起霧。謝爾曼不斷在路面上打滑。由於能見度太低，沒有戰鬥轟炸機可以支援這次的進攻。而德軍的兵力雖然嚴重削弱，卻仍奮勇抵抗。

不過德軍第一一六裝甲師被打出了奧通。就算在撤退中，德軍砲兵「仍持續蹂躪」這座城鎮。[5]戲院、學校、教堂、鋸木廠、皇家禮樂咖啡館、大街上的小店舖、房子以及德拉帕斯飯店全遭毀滅。奧通唯一未受破壞的建築物，是烏爾特河中央小島上的演奏台，而它的屋頂也被彈片打得傷痕累累。

一月四日，曼陶菲爾依照命令重新攻擊巴斯通，但這一次，他的部隊從北面及東北面而來，由黨衛軍第九「霍亨斯陶芬」及黨衛軍「希特勒青年團」主攻，兩個國民擲彈兵師負責支援。在北邊的隆尚（Longchamps）附近，剛剛打了一場持久戰的美軍第五〇二傘降步兵團，得到突如其來的好運。黨衛軍「霍亨斯陶芬」的一名裝甲擲彈兵在白茫茫的雪地上迷了路。他看見傘兵坑裡站著一個背對著他的士兵，認定是德軍同袍，於是上前拍拍他的肩膀，想查明方向。那名傘兵驚嚇之餘，仍成功擊倒並制伏對方。透過審訊得知，這名德國戰俘原來是一名連通信兵，身上帶著有關翌日早晨攻勢的詳盡計劃。他甚至主動供出凌晨四點的確切集結地點。由於情報好得太不真實，團審訊員懷疑他是故意洩漏假情報來誘敵，但後來逐漸明白，情報很可能是真的。第一〇一空降師總部接獲報告，每一個可用的野戰砲兵營和迫擊砲排都嚴陣以待。

就連經驗豐富的第六裝甲師都有心得可學。在美軍這一方面，戰場上的許多混淆，無非源於各層級指揮官無法準確地報告他們的位置。「部隊報告自己的位置時，經常出現數千碼的誤差，」師總部的一名參謀官指出。而就更普遍的層面而言，他記載美軍師級部隊「太易受側翼影響……除非有人保護側翼，否則他們通常不輕易行動，而事實上，他們本身就具備保護自己的能力。」[6]「當進入一個村落，卻見不到村民人影，」第六裝甲師的另一名參謀勸告，「要非常、非常小心。那表示他們藏在地窖裡躲避即將來臨的戰事，因為他們知道德軍就在附近。」[7]

許多軍人以殺敵為第一優先，因而將比利時百姓的苦難置於腦後。然而那些無法置身事外的人，終身揮不去親眼目睹的恐怖景象。村莊——砲火鎖定的主要目標——徹底毀滅。農場及穀倉烈焰沖天。被德軍驅趕到雪地上的女人和小孩，有許多人因地雷或兩邊的砲火而傷殘或喪命，或者被誤認地面上的黑影是敵軍的戰鬥轟炸機炸死。大兵看見受傷的牲口痛苦地哀嚎；餓昏的狗甚至在牛馬死去之前，大嚼牠們模糊的血肉。水源被白磷污染。美軍竭盡所能將平民疏散到安全地點，但在戰鬥之中，他們往往心有餘而力不足。

在巴斯通以西，第十七空降師於一月三日接手第十一裝甲師的戰線。第十一裝甲師四天來僅前進十公里，代價是六百六十一人傷亡、五十四輛坦克被毀。[8]甫上戰場的空降兵在他們的第一次行動中，境況似乎沒有比較順遂。「今天早上出擊的第十七空降師嚴重受挫，」巴頓在一月四日的日記中寫著，「據報損失了四成的營級部隊。簡直荒謬。」[9]

在巴斯通周邊防線西側朝弗拉米耶日和弗拉米如勒（Flamizoulle）進攻的第十七空降師，面對的是沙場經驗比他們高出許多的元首護衛旅和第三裝甲擲彈兵師。「我們的替補人員聽到敵軍的第一聲砲火就撲倒在地，而且甚至不願意為了保護其他人前進而開槍，」一名軍官抱怨。[10]

美軍的忠告蜂擁而來。「德軍的進攻依循固定模式，首先是掩護砲火，接著是坦克，然後是步兵。不要跑，否則肯定沒命。守在自己的坑裡，等他們的掩護砲火結束、坦克通過之後，再衝出來掃平德軍步兵。」「不要走向白旗；讓對方走過來找你。掩護好那個德國佬。」軍官也發現有必要訓練士兵處理身上不同部位的槍傷，好讓他們懂得在醫護兵抵達前照顧自己。「醫護人員到達以前，每個人都得照顧自己；切勿停下戰鬥來幫助別人。」然而，如果沒有人幫忙，被留在雪地之中的重傷士兵恐怕很難撐過半個鐘頭。[11]

第十七空降師有一個坦克營的人員全是非裔美國大兵。「我們的人對他們極有信心，」一名上校報告，「我們運用坦克保護步兵前進。坦克載著麵糰男孩先行，班縱隊緊跟在後。最後一波是壓隊的精銳，負責痛擊穿著雪裝的德國佬。這些以雪衣偽裝的德國佬會等坦克及步兵主力通過，再跳出來從背後射殺我們的步兵，但我們的『壓隊人員』會了結他們。」[12]

占領陣地之後，他們通常發現地面凍得很硬，沒辦法深挖壕溝。該師決定用他們的一五五毫米砲在目標地點或地面炸出大洞，以便迅速構築散兵坑。[13]在還有好多事情得學的情況下面對身經百戰的敵手，難怪第十七空降師歷經了如此嚴厲的戰火洗禮。「第十七師受到重挫，」第十二集團軍記錄，「他們在第一次行動中，欠缺空降部隊應有的銳氣。」[14]不過也有幾個格外英勇的個案。從柏林的猶太家庭移民美國的伊西多爾．雅克曼中士（Isidore Jachman），一把抓起陣亡弟兄身上的火箭筒擊退兩輛坦克，挽救了他的連。他在過程中犧牲了，後來被追贈國會榮譽勳章。[15]

西面的第八十七步兵師迎戰裝甲教導師的一個戰鬥團，同樣沒有太大進展。經常有人抱怨士兵按捺不住開槍的衝動，浪費太多彈藥。第八十七師的一名中士描述他「看見步槍兵射殺一名德軍、清光他的彈匣，然後再放入另一個彈匣繼續射擊，雖然第一發子彈顯然就已完成任務。一門五七毫米砲對著一間疑似有德軍藏匿的房子發射了大約四十枚砲彈；差不多全是穿甲彈，而且朝上面的樓層射擊。德軍是藏在地下室和一樓，並留在那裡直到我們進攻」。[16]

儘管瑞馬盛讚美軍第八十七師的作戰能力，但該師還是犯了新進部隊常犯的種種錯誤。士兵在迫擊砲攻擊下呆若木雞，而不是往前跑以躲避爆炸。而當士兵受傷，許多人會衝過去幫助他，而不是把傷兵留給後頭的醫護人員照顧。第八十七師及第十七空降師不習慣冬季作戰，許多人得了凍瘡。士兵被告知要選大兩號的鞋子，並穿上至少兩層襪子，但當他們已投入作戰，這項忠告來得略嫌太遲。

這些生嫩部隊的表現讓米德頓完全洩氣。巴頓則大為震怒：事情關係著他的名聲。他更堅信這次反攻，應以沿著德國邊境、長八十公里的突出部底部為目標。他怪罪蒙哥馬利，但也責怪「把新來的師級部隊全數投入巴斯通作戰」的布萊德雷。他氣餒地寫下：「我們仍有可能輸掉這場戰爭……德軍比我們更冷更餓，但他們的仗打得比我們更好。我永遠無法忘掉我們的生嫩部隊幹的蠢事。」[17]巴頓拒絕承認突出部底部缺乏完善的道路網，再加上地形以及阻礙盟軍空中武力的惡劣冬季氣候，意味著他屬意的方案或許更沒有機會快速成功。

儘管德軍的主力部隊已調到巴斯通戰區，北面反攻的進展只稍微好一點點。該地區的積雪深達將近一公尺，氣溫降到了攝氏零下二十度。「路面結冰，儘管鋪了碎石，坦克仍不斷滑到路邊，毀壞了通訊設備，並阻礙交通。」為了增加抓地力而焊在履帶上的金屬鉚釘很快就磨損了。在凍霧中，砲兵偵察機一天只有一小段時間可以行動，而戰鬥轟炸機則被困在地面。美軍第二裝甲師發現自己跟德軍第二裝甲師的殘部陷入「極其激烈的戰鬥」。[18]「一枚八八毫米砲碰巧炸穿樹木，造成我軍五十到六十名裝甲步兵喪命。這是目前已知單一砲彈造成的最大傷亡。」[19]不過，「特魯瓦蓬和瑞哈蒙（Reharmont）業已肅清，夜幕降臨之際，部隊抵達了葉爾洛（Hierlot）—阿姆科蒙（Amcomont）—代爾蒙（Dairmont）—貝吉瓦爾戰線。」第一軍團記錄。第八十二空降師俘虜了五百名德軍。[20]

下午兩點訪視霍奇斯的蒙哥馬利元帥，「對進度十分滿意，不停地說『幹得好，幹得好』。」[21]他通知霍奇斯，隔天早上出現第一道曙光時，英軍第五十三師的兩個旅將在最西端展開進攻，以便跟美軍第二裝甲師的側翼維持聯繫。然而事實證明，反攻根本不像布萊德雷假設的那樣輕而易舉。就連「『鬥牛犬』厄尼．哈蒙的第二裝甲師都撞上同樣的抵擋，」韓森寫道，「在這艱難的鄉間遭遇如此頑抗，部隊很難取得前進的動能。」[22]

在羅什福爾以南，英軍第六空降師挺進到伯雷；比利時空中特勤隊四天前曾在這裡進行偵察。下午一點，傘兵團第十三（蘭開夏）營發動攻擊。[23]裝甲教導師的猛烈迫擊砲火造成許多傷亡，但A連無懼六具突擊砲及自動武器的火力，成功攻進村裡。裝甲擲彈兵在一輛馬克六號虎式戰車支援下反擊。法夫及福弗爾義勇騎兵團（Fife and Forfar Yeomanry）的謝爾曼趕來馳援，但這些坦克在結冰的路面上很難控制。德軍在天黑後被擊退，但是到了夜裡，他們一次又一次攻擊，曳光彈讓馬廄和農舍全部陷入火海。

翌日，傘兵迎著猛烈砲火，在另外五波攻擊中成功守住村子。形單影隻的虎式戰車留在村子中央，絲毫不受PIAT（步兵用反坦克發射器）——與美軍火箭筒同級但效力差很多的英軍武器——發射的反坦克砲所影響。這輛虎式結合德軍砲火，擊毀了法夫及福弗爾的十六輛謝爾曼。那怪獸的八八毫米主砲每次開火，房屋便搖晃不已，窗戶碎了一地。由於虎式以機關槍控制了幹道，傷兵無法撤離。砲火極其猛烈，救護站要將更多繃帶送給對街的傘兵，唯一辦法就是把繃帶綁在步槍彈匣上，從一間又一間房屋的破碎窗戶丟過去，傳遞到對街。牛津郡和白金漢郡輕步兵團（Oxfordshire and Buckinghamshire Light Infantry）第二營的一個連前來增援傷亡慘重的傘兵。但那天晚上，由兩輛虎式戰車支援的另一波攻擊，逼使牛津和白金漢輕步兵退出村落。

一月五日，在手榴彈和刺刀的街頭肉搏戰中，傘兵開始有條不紊地掃蕩這個大村子。躲在地窖裡的比利時人擔心手榴彈被扔到地下室，高喊他們是平民。許多村民跑到神學院避難；那裡的環境因為爆發痢疾而惡劣不堪，村民快被砲火逼瘋了。白天，裝甲教導師發動更多次反攻，這回是由四輛虎式支援。不過天黑後不久，德軍的最後陣地盡遭消滅。該營損失了七名軍官和一百八十二名士兵，奉命退為預備部隊。傘兵團的第五營接管他們的陣地，第二十三騎兵團則負責接替法夫和福弗爾。

當地面上戰火洶湧，居民只能留在闃黑的地窖裡避難。當時十四歲的伊凡娜．盧瓦記得她的母親吩咐兒女緊緊靠在一起，這樣就算喪命，他們也能一起死去。[24]三天後，食物只剩下蘋果，他們終於可以爬回地面。他們發現沙發沾滿了傷兵的血。村子本身有七成被毀或嚴重受損，但大多數牲畜都死了。電線桿斷裂，電話線和電線危險地纏繞在烏黑的雪地裡。被炸斷的肢體殘骸散落一地。戰爭過程中，兩名嬰兒在兩位村民喪命之際誕生，這樣的對稱不免令人心裡發毛。還有一些人後來因為踩中戰爭留下來的地雷而送命。

有一家人回到房子，乍見客廳天花板似乎掛著一具赤裸的屍體。仔細查看之後，他們發現那是他們飼養的豬的遺骸。德軍屠宰到一半，顯然被盟軍的抵達而打斷。這家人比絕大多數村民幸運。許多人的牲畜、火腿和醃漬存糧都被飢餓的德軍洗劫一空，挽馬和秣糧也被國防軍搶走。村裡食物寥寥無幾，村民必須宰殺一頭倖存的大公牛來填飽大家的肚子。每一個人，包括幼童，都前來圍觀。

＊＊

第十二集團軍總部似乎依舊遏制不住不耐煩的樂觀情緒，或許是因為布萊德雷將軍等不及看見第一軍團與第三軍團會師的那一刻。這將標示出第一軍團重返他旗下的一刻。但霍奇斯的日誌記錄員一月六日記載，「第十二集團軍的G－2席伯特將軍（Siebert）暗示，我們應該隨時注意『德軍即將瓦解』的徵兆，我們的總部認為這樣的想法很可笑。」[25]就連「閃電喬」科林斯都認為這個想法「相當荒謬」。隔天，布萊德雷致電巴頓，聲稱德軍正將所有裝甲車和部隊撤出巴斯通口袋。但根據巴頓的參謀，各師及各軍的參謀官「表示這樣的說法毫無根據，事實上，美軍第六裝甲師正捲入這場戰役以來最堅強的反攻*」。[26]

英軍的挺進，給了德軍撤離熱梅勒一帶的藉口。傘兵團的桑福德中士在緊鄰熱梅勒的昂村

* 原註：第十二集團軍的想法必定出於臆測，因為從「終極」攔截的訊息，直到一月八日晚才出現德軍撤退的第一個蛛絲馬跡；當時，德軍第九裝甲師表示它已撤出羅什福爾以東及馬爾什的戰線。而德軍撤離巴斯通口袋的第一個徵兆則出現在一月九日。

（On）被俘；兩名裝甲擲彈兵把他押進樹林槍斃。在佛里耶（Forrières），當投降的德軍把手放在頭上走出樹林，停在車站旁的兩輛英國裝甲車開火，把他們全數掃平。正如當地一名百姓所言：「伯雷的激戰，無疑是導致英軍出現這種行為的原因。」[27]比利時人期望英國士兵的舉止比其他國家的軍隊更合宜，因而對眼前的脫序行為感到震驚。一名婦人見到英國傘兵從德軍死屍的手腕摘下手錶後表示：「看來，他們確實不具備英國人著名的沉著風度。」[28]

一月八日星期一，熱梅勒的艾莉西亞·布魯耶修女在日記中寫著：「九點三十分，我們看見德軍離開。他們緊靠牆壁行動，背著背包，朝火車站旁的橋梁前進。壓隊的人穿著白褲（當時下著雪）、以床單充當斗篷，並且纏著頭巾。你會以為他們是道道地地的阿拉伯人。」[29]

難民開始推著裝滿剩餘家當的推車回來。有一家人走進位於羅什福爾的房子，聽到厚重的家具後面傳出聲響，以為老鼠趁他們不在家的時候築了窩。不過移開家具之後，他們看見一名德國大兵縮成一團，害怕得直打哆嗦。他哀求他們不要舉發他；他是奧地利裔的逃兵。他們向他保證部隊已經離開，他如今可以跟盟軍投降。

一月五日到六日之間的夜裡，英國皇家空軍轟炸機指揮部的九十架蘭開斯特夷平烏法利茲鎮，切斷德軍補給縱隊及撤退路線的關鍵路口，交通斷絕了三天。很不幸地喜歡寫詩自娛的巴頓將軍，揮就了以下幾句：

噢，烏法利茲小鎮，
我們見你矗立得多麼沉靜；
在飽受摧殘的街道上空，
飛機劃過天際。
然而閃爍在闃黑街道上的，
並非該死的燈光；
多年來的願望與恐懼，
昨夜被炸得精光。[30]

部分是基於烏法利茲大轟炸，德軍第一一六裝甲師發現在他們逐步撤退的過程中，道路變得越來越壅塞；而這場撤退一開始，每天的行進距離就不到兩公里。他們多半白天行動，但由於多雲的天氣持續到一月十日，盟軍很少出動戰鬥轟炸機攻擊。

「抵抗從未放鬆，」駐馬奈以東的第八十三步兵師的一名軍官寫道，「黨衛軍活生生向我們展示他們惡名昭彰的殘暴。曠野上，第三三一團第二營的一排步兵被困在吹積及腰的積雪中。由於被猛烈的砲火鎖定，他們只能鑽進更深的雪地。幾個人喪命，其他人負傷。當砲火終於停息，副排長抬起頭，看見兩名德軍走過來。他們踢踢倒臥的步兵，如果有人發出呻吟，就朝他頭上補一槍。搜刮被害者財物後，德軍離開了。當夜幕低垂，副排長跌跌撞撞回到安全地帶，整個人一半凍僵，一半嚇得魂飛魄散。在那一排二十七人當中，他是唯一的生還者。被踢的時候，他得裝死。」[31]

德軍持續奮戰，儘管其中許多人渴望被俘。「每個人都想：『那一天要是能早點到，該有多好』，」一個名叫弗里德爾的德國大兵回憶，「然後軍官來了，你只能服從命令。那正是整個情況的悲劇所在。」[32] 正如美軍審訊員透過戰俘得知的，德軍的士氣極其低落，因為餓得半死的大兵明知大攻勢已然失敗，卻仍得在冰凍的天候下費勁地推著車輛和大砲。納粹逼迫大兵繼續行動的方法，建立在黨衛軍部隊自諾曼第以來的一條標準軍令上：「無傷而被俘的人將失去榮譽，他的家眷也將失去支援。」[33]

武裝黨衛軍遭俘的人數少得突兀，有可能是因為他們決心抵死奮戰，或者被俘虜者當場格殺。然而，一名黨衛軍軍官試圖用荒謬邏輯為自己的存在辯解。他在第一軍團的戰俘營告訴審訊員：「別以為我是個懦夫，因為我是故意讓自己被俘。我很樂意英勇犧牲，但我認為在這裡感受同袍所受的苦，才是對他們公平的事。」[34]

美軍第三軍團的各師級部隊認為，應該視情況而給予戰俘不同的待遇。「當德軍在前線取得成功，」第六裝甲師評論，「戰俘往往趾高氣昂，覺得自己之所以被俘，只是因為運氣不好。這類戰俘在接受審訊之前，不應該給他們吃東西、抽菸或任何稱得上和藹的對待。另一方面，在德軍遭遇挫敗時被擒的戰俘往往心灰意冷，並且唾棄他們的戰線情況以及他們的長官。若給予安撫，並准許他們在審訊時坐下和抽菸，這些人往往會掏心掏肺，甚至主動供出沒被問到的情報。」[35]不論軍官或一般大兵都是如此。

在被俘的黨衛軍當中，情況完全取決於他們認定自己是雅利安超人，或者是被迫加入黨衛軍，一如許多波蘭人或亞爾薩斯人那樣。後者可以被視為一般戰俘對待。「真正的『超人』需要嚴厲對待；那是他給別人，也期望別人給他的待遇。他素來恐嚇施展肢體暴力，也的確落實他的威脅。正因如此，他似乎更容易受肢體暴力的威脅影響。沒有必要真的痛扁他，但假如他認為自己最好坦白交代——他會不打自招！直截了當地說，我們發現最好的辦法是：對於恭順怯懦的戰俘，給他『飽脹的胃和空的膀胱』；對於驕傲自負的戰俘，給他『飽脹的膀胱和空的胃』。」另一方面，第三十五步兵師匯報說，他們俘虜的黨衛軍第一裝甲師成員「〔比國民擲彈兵〕更卑躬屈膝，或許是因為預料會遭報復」，而且抱怨他們的「軍官在危急之際撤離，派他們留下來死守陣地」。[36]

第二十八師的士兵不贊成這樣的雙重標準；他們抗議後防部隊給德國戰俘糖果和香菸。他們自己的戰俘被徒步押解，不能坐卡車，而且在接受審訊之前，幾乎沒有水喝。「對戰俘太好會對我們的士兵造成負面影響。從我們處理他們的方式，我們的士兵可以清楚得知淪為戰俘不是什麼好事。」[37]另一個師的觀點甚至更嚴格。「善待戰俘向來沒有好處……我們是來這兒殺德國佬，不是來寵他們的。」[38]第三十師的幾名大兵抓到穿著從死人身上脫下的美軍戰鬥靴的德國戰俘時，展開了自己的報復。他們強迫德軍在槍口下脫掉靴子，然後赤腳走在結冰的路上。[39]

美國第一軍團指出「戰俘開始抱怨沒東西吃，而且由於欠缺交通工具，許多人談起被迫馱著重裝備長途行軍」。[40]在突出部的南北兩面，戰俘審訊確認了德軍非常害怕美軍砲彈最新的近炸引信造成的空中爆炸。[41]「這些新式炸彈對德軍的身心造成極大效力的影響。」第一軍團的戰俘審訊報告指出。[42]

在一月三日和四日的戰役之後，巴斯通口袋四周的戰況稍微平緩下來。德軍第五空降獵兵師如今被編入克魯格（Krüger）將軍的第五十八裝甲軍。但是當傘兵司令海爾曼少將表示，浪費更多生命在註定失敗的攻擊也無濟於事時，克魯格反唇相譏：「如果我們想打贏這場仗，第五空降獵兵師也得參與其中！」[43]

一月六日，海爾曼接到希姆萊下達的密令：「任何士兵若擅自離開部隊、有逃兵之嫌，因而削弱部隊的戰鬥力量，該士兵的一名家眷（妻子）將被槍斃。」[44]據說事情的起因，是來自警衛旗隊的蒙克少將寫給黨衛軍全國領袖的一份報告。海爾曼幾天後遭撤職。就連比較可靠的第二十六國民擲彈兵師，都有士兵開始叛逃。「連上殘餘的十到十二名士兵換上平民服裝，藏匿起來。」一名德軍上士被俘後承認。[45]

不論哪一支部隊，人們最憂懼的倒不是戰死沙場，而是被斷手斷腳。德軍野戰醫院簡直無異於截肢生產線。對於德軍經常不假思索地切斷士兵肢體，美軍軍醫十分震驚。來自美軍第四〇一機降步兵團的一名被俘傷兵被送進手術室時，整個人大驚失色。「我險些兒透不過氣，」他寫道，「一群醫生圍繞著半打手術台，白色橡膠圍裙沾滿四濺的血跡。每一張台子上都有德國傷兵或肢體凍壞的人。地上的桶子裝滿腳趾、手指和其他附肢。台上的人接受了局部麻醉，但醫生動手時，他們仍驚聲尖叫或連連呻吟。」[46]正如比利時人所說，當這些桶子沒人留意，或被拿到外面清乾淨時，野狗很快就來大快朵頤。死於手術刀下的遺體被堆到戶外，凍結成塊，有些人臉上覆蓋一層冰，彷彿躺在玻璃棺槨裡。就連那些幸運撤回德國的人，心裡對自己的目的地或命運也完全沒譜。「醫護列車恰好要去哪裡，傷員就會被送到哪裡，」一名德國軍醫說，「前線的人全然不知自己會去到什麼地方。」[47]

在美軍野戰醫院內，畫面恐怕也同樣觸目驚心。美軍第三軍團的資深護士描述一個被稱為「恐怖屋」的病房，由於「血污、汗水和人體排泄物」而臭氣熏天。她細述有一次上大夜班照顧兩名大兵；這兩人「昨天垂死一整天，現在垂死一整夜……其中那個二等步兵失去了兩條腿和一隻手；他的胸腔有很深的傷口，腹腔也被彈片劃破……另一人是穿著坦克服的下士。他的脊柱斷裂，腰部以下癱瘓。他的肚子破了，胸部也是一樣。」兩個男孩都陷入昏迷，呼吸沉重。「幸好他們的母親沒看到他們怎麼死去。」她說。[48]

非戰鬥傷亡人數也迅速攀升。十一月到十二月份，因感冒而折損的兵力高達兩萬三千人。他們幾乎全是作戰步兵。由於一個師通常有四千名步兵，這個人數至少等同於五個半的師級部隊。被稱為「戰鬥衰竭症」的精神病案例，提高到住院人數的近四分之一。拒絕承認這種疾病的德國軍隊，這類案例顯然少得多。[49]

戰鬥衰竭症的症狀很明顯：「噁心嘔吐、愛哭、精神緊繃、腸胃不適。」[50]有些指揮官覺得患病的軍官過早返回部隊，因為他們常常再度精神崩潰。其效果也具有感染力。「只要一個人垮掉，其他人很快會跟著崩潰。」[51]然而，孤立感是最大的問題。戰火停歇的時候，有必要讓士兵離開散兵坑，走出來跟其他人交流。「坦克疲勞」（tank fatigue）的主因，在於「曠日持久地持續戰鬥」。雖然有別於步兵的戰鬥衰竭症，但症狀很類似，包括「胃痛、噁心、下痢、四肢無力和哭泣，有時甚至哭得歇斯底里」。[52]第二裝甲師將病因歸咎於飲食不良、「長時間暴露」於酷寒，以及身體的疲勞。[53]「冰冷的C和K口糧無法大幅提升活力與耐力，有時還會導致胃痛。」以擄獲的德軍噴燈加熱食物罐頭的作法，也無法解決問題。當然，美軍軍醫當時還不知道德軍在史達林格勒戰役之後的發現。壓力、疲勞、寒冷和營養不良加在一起會打亂新陳代謝，大幅降低人體吸收熱量與維生素的能力。

「就算是精幹老練的部隊，士兵也只能撐過一段時間，」巴頓右翼第五步兵師的一名軍官說，「我見過我的一些弟兄完成了不起的功績，也見過他們一些人最終崩潰……疲憊的部隊幹不了大事。他們會聽命行動，但他們提不起勁。當你提不起勁，你就開始輸掉戰爭。」[54]

一月八日，德軍第二及第九裝甲師的殘部接到命令隔天撤退。[55]「我從沒見過那麼冷的天氣，」一名英軍民政官在日記中記載，「風就像刀似地刮臉……路上塞滿廢棄車輛，凍僵的駕駛人靠在車旁，等待任何可得的救援。」[56]然而，惡劣的交通狀況迫使駕駛人戰戰兢兢開車，因而大幅減少了交通事故與死亡率；這一點讓有些人略覺得諷刺。

一月十日，莫德爾元帥轉達希特勒從鷹巢發出的指示。「元首有令，第一及第二裝甲軍之黨衛軍第一、二、九、十二裝甲師立即前往B集團軍後方迅速重新整備，並交由西線總司令調度，以令他們不再投入戰鬥。」[57]國防軍再度忿忿不平，因為他們被要求扼守戰線，而武裝黨衛軍部隊卻可以撤到後方休整。

阿登挫敗的痛苦，讓被俘於英國的幾名德軍將領顏面無光。戰爭初期，他們曾為德軍擁有的重大優勢而耀武揚威，此刻，他們似乎為自己的優越叫屈。在亞爾薩斯遭法軍俘虜的漢斯．布魯恩少將（Hans Bruhn），被祕密錄到對同伴講了這段話：「我們的英雄氣概花朵，被一支沒有真正的軍人、也沒有真心投入作戰的軍隊用飛機和大量坦克輾平；這是史上最大的笑柄，同時也是最悲哀的一點。」[58]

一月十一日星期四，德軍露出確鑿無疑的撤退跡象。在烏法利茲—巴斯通地區，德軍的通行走廊只有十三公里寬，並遭到美軍猛烈砲轟。美軍第三十步兵師告訴第九軍團總部，能見度不良讓德軍有機可逃。「德軍的所有裝甲車及重裝備，正井然有序且從容不迫地完全撤出突出部。」[59]同一天，英國國家廣播電台發出聲明，表示蒙哥馬利的言論廣播乃德國文宣部的產物。然而，這條新聞並未軟化布萊德雷對他的眼中釘的厭惡之情。

翌日上午，第十二集團軍接獲授權貯存毒氣彈藥，以防德軍在情急之下或基於希特勒命令而訴諸化學武器。事情的起因，是SHAEF五天前傳給華府的馬歇爾將軍情報長的一份報告。史壯少將及其參謀因為「終極」解譯的密電中五次提到「毒氣」＊而深感不安。[60]

一月十二日星期五發生了其他許多重大事件。顯然已不再因底板行動的災難而遭人非議的戈林，奉召前往鷹巢謁見元首，接受希特勒給予的五十二歲生日祝福。這次會面毫無喜慶氣氛。這一天因為其他理由而遠遠重要得多。莫斯科時間清晨五點，在被德國裝甲擲彈兵軍官形容為「彷彿天堂掉到地球」的大規模砲轟之後，伊萬．科涅夫元帥（Ivan Konev）的烏克蘭第一方面軍從維斯瓦河西面的桑多梅日（Sandomierz）橋頭堡展開進攻。[61]蘇聯坦克部隊的砲塔上漆著標語：「打進法西斯巢穴！」和「殺光德國占領者以報仇雪恨！」[62]隔天，格奧爾基．朱可夫（Georgy Zhukov）的白俄羅斯第一方面軍從華沙以南進攻，同時間，另外兩支方面軍攻打了東普魯士。

古德里安將軍並未誇大其辭，但正如卡珊德拉的預言，他的警告沒有獲得重視。紅軍在整條東線出動了六百七十萬大軍。當他聽說正從阿登地區撤離的迪特里希第六裝甲軍團不會被調派到維斯瓦河或東普魯士，而是要到匈牙利挽救油田，古德里安簡直無言以對。

蘇聯大規模進攻的消息一傳到第十二集團軍，布萊德雷便迫不及待想散播一個印象，表示是他的部隊即將在阿登地區取得的勝利，「使俄國得以用原本不可能動員的龐大兵力和偉大成功展開進擊。」[63]他說得沒錯。毫無疑問，盟軍的投入以及隨後在阿登地區粉碎德軍武力（特別是裝甲師），嚴重削弱德國國防軍捍衛東線的實力。不過正如另一位被俘於英國的將軍所述：「對俄國人的恐懼，將鞭策德國人奮戰到底。」[64]

＊ 原註：「我們明白您對這項議題的看法，但我們希望再度強調，這次攻勢是敵人的全力一搏，希特勒會使出各種武器，無所不用其極。您向來深知德軍有可能發動毒氣戰求取決定性成果。戰爭情勢急轉直下，希特勒或許認為此刻已時機成熟。我們不該忽視V－1和V－2（飛彈）的毒氣彈頭會為西北歐百姓引來的混亂局面……可否請您依據這項深入情報而重新考慮，並緊急告知您的看法？」

23. 剷平突出部

正當阿登戰役進入最後階段，德軍繼續在北風行動投注更多師級部隊。一月五日，希姆萊的上萊茵集團軍在最初的攻擊未能達成目標之後，終於開始朝美軍第六軍的南翼推進，以支援其他部隊。黨衛軍第十四軍從史特拉斯堡以北的萊茵河對岸發動攻擊，兩天後，德軍第十九軍團也從科爾馬口袋出發，沿羅納—萊茵運河（Rhône–Rhine Canal）兩岸北上。巴頓將軍第六軍的生存面臨了威脅。

得不到艾森豪認同的德弗斯，把防禦史特拉斯堡的責任交給塔西尼的法國第一軍團；後者如今必須把戰線從史特拉斯堡延伸到貝爾福隘口，總長一百二十公里。不過，最危險的地方要屬岡布桑（Gambsheim）和埃爾利塞姆（Herrlisheim）一帶；在那裡，黨衛軍第十四軍已在阿格諾（Haguenau）東南方建立了橋頭堡。

一月七日，德軍第二十五裝甲擲彈兵師和第二十一裝甲師發動攻擊。他們抵達史特拉斯堡以北三十公里的阿格諾森林，但被德弗斯的最後預備兵力——美軍第十四裝甲師——攔阻下來。在低孚日地區以北，美軍第四十五步兵師成功牽制黨衛軍第六「山地」師。第四十五師的一個營被包圍，但持續作戰近一個星期。只有兩人生還。

希特勒仍然把腓特烈大帝的格言奉為圭臬：戰到最後一兵一卒的人，終將贏得勝利。一月十六日，他出動最後的預備兵力——第七空降獵兵師及黨衛軍第十「弗倫斯堡」裝甲師。他們沿著萊茵河進攻，試圖殺到岡布桑的橋頭堡；途中，他們在埃爾利塞姆痛擊經驗不足的美軍第十二裝甲師。這項戰情發展，成為艾森豪一月二十日晨會上的主要議題。「說真的，我搞不懂的是，」盟軍最高司令感嘆，「當他們的兩個師出手，我們只是呆呆坐著，嚇得手足無措。」英國空軍中將詹姆斯·羅布爵士（James Robb）在日記中寫道：「接下來的討論顯示，德軍的小規模攻勢立即見效，相較之下，我們的兵力——不論師級或軍級部隊——竟無法取得任何實質成果；對此，大夥兒深感驚訝。」[1]

面臨如此意料之外的挺進，德弗斯被迫撤到沿羅特巴赫河、莫代河及佐恩河（Zorn）的新防線。這次撤退執行得當，美軍守住了新的防禦陣地。一月二十五日前後，在美國第二十一軍的北面協助之下，塔西尼的法國第一軍團開始輾壓科爾瑪口袋（也就是德軍所謂的亞爾薩斯橋頭堡），之後，德軍的攻勢便慢慢消退。美軍第三步兵師獲得科塔第二十八師的支援；你會以為歷經許特根森林及巴斯通以東的潰敗，後者早已受夠了折磨。在大雪覆蓋的里耶德維（Riedwihr）

森林中作戰的第三步兵師，發現自己遭遇強力反攻；其中，奧迪．墨菲中尉（Audie Murphy）的英勇表現為他贏得一枚國會榮譽勳章，以及日後的好萊塢電影明星生涯。德軍再度無懼於盟軍的飛機與砲火優勢，一邊撤退一邊頑強作戰，成功將更多部隊從阿登地區撤到南邊。科爾瑪口袋直到二月九日才終於完全瓦解。

第一〇一空降師是被派來終結亞爾薩斯戰局的部隊之一，所以當部隊弟兄發現戰役已經打完，他們來不及參與，全都鬆了一口氣。十天前，溫特斯少校聽說一〇一師要移防亞爾薩斯時，心裡思忖：「老天爺啊，陣營裡難道沒有其他人可以填補這些缺口？」[2]這個師實在需要休息。在巴斯通口袋北端的最後幾天，第五〇六傘降步兵團轄下的E連一開始被派去攻占佛依。「排上的每一名替補人員都在那個鎮上陣亡，」該連的一名老兵說，「我不知道是什麼原因。」[3]那次攻擊出師不利，直到連長被迅速撤換。然後在一月十四日，當氣溫降到攝氏零下二十三度且積雪越來越深，第五〇六團橫越空曠的雪地，前往他們的許多同袍和德索布里小隊在戰役一開始時喪命的諾維爾小鎮。[4]

攻下諾維爾後，他們被賦予另一個目標——往烏法利茲路上東面的拉尚姆（Rachamps）村。厄爾．海爾中士（Earl Hale）和二等兵約瑟夫．列布格特（Joseph Liebgott）把六名黨衛軍軍官逼進一座穀倉。兩人讓德軍排成一行，並警告他們，如果有人膽敢輕舉妄動，格殺勿論。外頭有一枚砲彈爆裂，炸傷了門邊的海爾，一名黨衛軍軍官立刻抽出靴子裡的短刀，劃破海爾的喉嚨。列布格特射殺了他，並擊斃其他幾人。一名醫護兵縫補了海爾的喉嚨。他很幸運——食道被切斷了，但氣管無傷。海爾被一輛吉普車撤回巴斯通。*

羅伯特·瑞德中士（Robert Rader）發現，在拉尚姆被俘的一名德國大兵彷彿老是齜牙裂嘴地微笑。火冒三丈的瑞德舉起步槍，準備槍斃他，但另一名空降兵抓住槍管大吼：「中士，他沒有嘴唇和眼瞼！」這名德國大兵因為在東線罹患凍瘡而失去了這些部位。拉尚姆是E連在巴斯通戰役的最後一次行動。一月十七日，第十七空降師前來接防一〇一師。空降兵再度擠上無篷卡車，不過不是要趕搭飛機，而是要前往亞爾薩斯。

一月十四日，德軍第五裝甲軍團開始朝仍然遭受盟軍空襲的烏法利茲撤退之際，突出部的抵抗並未鬆懈下來。第二裝甲師與裝甲教導師以德軍慣用的戰術掩護撤退，以突擊砲、坦克及步兵掩護砲兵團撤離。每當美軍以榴彈砲發射白磷彈，便會引來「敵軍的猛烈火力回擊」。[5]

正如南面戰線的情況，砲火轟炸村莊，導致房屋及農場起火。砲火通常非常密集，以致德國大兵躲進地窖避難，強迫百姓為他們騰出空間。豬、馬、牛被困在燃燒的畜欄，逃生無門。一個村子裡，一枚砲彈擊中躲了二十個平民的馬廄，一次奪走十一條人命。有時候，再也受不了無止境砲轟的老人、婦女和小孩會逃到空曠的雪地上，許多人被誤認為軍人而遭射殺。受傷的人如果幸運，會被美軍救護車或卡車送到後方的醫院。然而，面對因為最後幾星期污穢、冰冷的環境而羅患痢疾、肺炎、白喉和其他各式各樣重大疾病的人，美軍也愛莫能助。

看到比利時人的悲慘命運，心生不忍的美軍拿出他們的口糧、香菸、糖果和巧克力。只有少數被戰爭逼出獸性的人，才會幹出打家劫舍、騷擾婦女的行徑。從外表根本無法分辨一個人的善惡。到了這個階段，三個國家的士兵看起來都像土匪：又髒又臭，頭髮亂蓬蓬，滿面于思。村民先前受惠於美軍的慷慨，此刻為英軍的相對窮困而大吃一驚；不過後者仍樂於分享他們僅有的一切。比利時人不怎麼喜歡罐頭牛肉的味道，也不喜歡英軍部隊發的香菸，但他們太客氣了，從沒有明說。

「視察了剛剛肅清德軍的村落，」英軍民政官記錄，「很高興看到人民的喜悅，以及他們如釋重負的表情。」[6]不過在某些地方，英國和美國部隊都因為打爛家具充當柴火，而讓主人驚駭莫名。第五十三威爾斯師的一名軍官指出，為了躲避酷寒，「部隊過分熱衷在老舊的石頭壁爐燃起熊熊大火，導致煙囪過熱，燒掉部分屋頂。」[7]盟軍大兵占據的房子，幾乎每一間都被搞得亂七八糟、受到嚴重破壞。英軍第六空降師似乎激起了最多民怨。

在科林斯第七軍南翼，英國第三十師從拉羅什昂阿登的方向追擊德軍。「在尼斯拉蒙

---

* 原註：海爾復原了，但傷勢導致食道彎曲。醫生開了證明讓他得以免戴領帶。海爾後來遇到有強迫症的巴頓將軍，後者質問他為什麼衣冠不整。中士拿出他的醫生證明，顯然令巴頓啞口無言。

（Nisramont）地區，第二裝甲師的右翼必須面向西方，」德軍的勞赫特少將寫道，「這次調轉開啟一道缺口，以致英軍得以一路挺進到安格魯（Engreux）。唯有靠一次佯攻，才嚇阻了英軍從我軍防線背後展開進攻。師指揮所必須後撤到蒙特（Mont）。」[8]如同美軍步兵，英軍在深雪中也備受折騰，浸濕而結凍的野戰靴令他們寸步難行。德軍的長統靴以較好的耐候性著稱。第五十一高地師第一高登團的團長，在樹林中撞見他麾下的一名中士把一具德軍屍體掛在樹枝上，並在底下生火。「他是想解凍屍體，」團長寫道，「以便脫下靴子。」[9]

德軍第二裝甲師的一個戰鬥團靠著工兵、步兵、突擊砲和坦克，在烏法利茲前方架起一道防線。透過夜色掩護，豹式戰車得以在四百到五百公尺的射程擊毀剛駛出樹林的美軍坦克，因為後者在雪地上無所遁形。「沒多久，一輛美軍坦克化成火球，照亮其他坦克，使它們成為顯著目標。交火至多十五分鐘後，二十四輛美軍坦克起火燃燒，另外十輛完好無缺地收繳。德軍的二十四輛坦克只折損兩輛。」[10]正如絕大多數會戰報告，這樣的戰績或許過於樂觀浮誇，但毫無疑問，德軍在戰役的最後階段數度重挫了盟軍。

一月十五日，正在攻打席里蒙（Thirimont）村的美軍第三十步兵師發現，「紅磚屋已成貨真價實的碉堡，裡頭架設了重型機槍和其他自動武器。」美軍靠第一二〇步兵團的兩個營、一個坦克營、一個坦克殲擊營，以及「超過一萬一千發一〇五毫米和一五五毫米砲彈」，才攻下這塊地方。該團在德軍第三空降獵兵師手下折損了超過四百五十人。但由於厚厚的雪與冰，「救護車無法接近傷員」，於是醫護營跟農家借了馬和雪橇把他們馱回來。絕大多數德國俘虜腳上都長了凍瘡，難以行走。[11]

巴頓開著他的吉普車，訪視負責攻打烏法利茲的部隊。「有一度，」他寫道，「我們遇見一個已經戰死，而且顯然立刻結凍的德國機槍手；他呈現半蹲坐姿勢，雙手向前伸，還握著一條滿滿的彈藥帶。我看見許多黑色物件從雪地裡突出，細細一看，發現那是死人的腳趾頭。」他也為人死後迅速凍結、臉會轉成「某種紫紅色」的事實而感到驚訝。巴頓後悔沒帶相機把這個景觀記錄下來。[12]

一月十五日，當朱可夫和科涅夫的坦克大軍全速殺向奧德河及尼斯河（Neisse）國境線，希特勒搭火車回到了柏林。西里西亞工業區即將淪陷。除了突訪奧德河前線的陸軍指揮部一次之外，元首再沒離開過首都。

一月十五日入夜前，美軍第二裝甲師的兩個戰鬥指揮部都已挺進到烏法利茲的方圓一公里內，然後雙方會合，休整過夜。他們派巡邏隊到鎮上的廢墟探查敵情。斥候在一月十六日凌晨一點進城，但沒發現敵軍蹤影。另有一支巡邏隊前往烏爾特河以東；敵軍也剛剛棄守那裡的陣地。「當天上午九點半與第三軍團巡邏隊接頭，象徵第一軍團與第三軍團在阿登攻勢中會師的一刻。」[13]

阿登攻勢即將畫下句點。英軍的一個團發現，德國國防軍已經發完英勇獎章，轉而以倫德施泰特元帥的簽名照代替。但被俘的一名德軍通信兵指出：「師部不認為這種獎賞，可以產生鼓勵步兵作戰的任何作用。」[14]

正如艾森豪先前決定的，第一及第三軍團會合後，美軍第一軍團將重歸布萊德雷的第十二集團軍轄下。這項調動在一月十七日午夜正式生效。「情況如今已恢復原狀，」韓森興高采烈地記錄。[15]但蒙哥馬利還沒罷手。他決心牢牢掌握第九軍團，於是提出一套計劃，讓它享有比驕傲的第一軍團更高的優先權。

「上午十點半，」辛普森將軍的日誌記錄員於一月十五日寫下，「陸軍元帥蒙弟抵達我軍辦事處跟司令開會，商討由第九軍團額外接手另一個戰區。陸軍元帥投下震撼彈。他要求司令擬定計劃，派遣第九軍團的四個軍和十六個師盡快朝科隆和萊茵河前進……這意味著第九軍團將扛起引領西線挺進的重責大任——擔任主力；在此同時，第一軍團的任務是扼守南邊，並且在突破之後，保護第九軍團的南翼……此刻，第二十一集團軍顯然非常認真考慮這樣的行動，並且會將我們的計劃呈給SHAEF批可。」[16]

這顯然是蒙哥馬利在布萊德雷背後玩的小把戲。但是，先要求第九軍團自己訂定計劃是個高招，尤其當辛普森及其參謀因為有機會取得凌駕第一軍團的地位（後者將被迫扮演次要角色）而感到躍躍欲試。「『保護第九軍團側翼』將是老字號陸軍有史以來最棒、最過癮的俏皮話！」辛普森的日記記錄，「我們每一個人，多麼想看到這句話寫成白紙黑字！」[17]

蒙哥馬利認定SHAEF已經同意他的計劃，但他其實只拿給英籍的副作戰參謀長懷特利將軍看過。他並不知道艾森豪認為布萊德雷更有機會往南突破，因為德軍會把最精銳的部隊調往北部，保護魯爾地區。最重要的，美國指揮官普遍反對這項計劃，尤其以一月十六日飛到巴黎的布萊德雷反應最為激烈。布萊德雷在維拉庫布萊（Villacoublay）機場著陸，旋即開車前往凡爾賽。過去兩星期的緊張氣氛以及無疑許多個無眠的夜晚，在在令他備感疲倦，然而沸騰的義憤鞭策他撐下去。在前一陣子的紛紛擾擾後，他必須讓艾森豪看清，假如蒙哥馬利獲准指揮美軍的主要攻勢，將會掀起一場抗議風暴。如今政治考量與角力主宰了盟軍的戰術，蒙哥馬利本人難辭其咎。

一月十八日，決心修補嫌隙的邱吉爾在下議院發表演說，強調「所有的仗幾乎都是美軍打的，所有的損失幾乎由他們概括承受……訴說我們的光榮故事時，我們必須謹慎；英軍切莫在美軍最偉大的戰役——而且我相信——也將是美軍最著名的勝利中，搶了不該搶的功勞」。[18]

同一天下午，辛普森打電話給蒙哥馬利：「我剛剛跟布萊德通話。他問，明天早上十點半，你方不方便在我這裡〔馬斯垂特〕跟他碰面？」

「樂意之至，」蒙哥馬利說，「布萊德現在在哪兒？」

「他跟考特尼〔霍奇斯〕在一起。」[19]

辛普森接著立刻致電布萊德雷。布萊德雷說他打算盡早抵達馬斯垂克，以便在蒙哥馬利現身之前先跟辛普森談談。這次拜會的目的，是要商討「未來的跨部隊計劃」。他的用意，想必是要駁斥蒙哥馬利的主張，而這主張的前提是，「美軍第一及第三軍團以其現狀」，將無法繼續執行阿登反攻，並突破齊格菲防線，直抵普呂姆與波昂。[20]布萊德雷的一番話，大幅扭轉辛普森原先對蒙哥馬利及其計劃所持的正面態度。

「有鑑於英國目前的宣傳手法，」辛普森當時寫道，「第九軍團日後的任何行動，都將歸於陸軍元帥的個人榮耀。他覺得所有光榮都屬於他，很少提起其他任何陸軍指揮官的名字。由於陸軍元帥和英國媒體的態度，怨恨和憤慨已悄悄鑽進人們心裡；他們報導以美軍的血換來的英軍成就，並透過BBC向全歐洲廣播。」[21]

布萊德雷終於報復了蒙哥馬利在耶誕節當天及後來對他的羞辱。盟軍強渡萊茵河之後，被排擠到邊緣的會是蒙哥馬利本人。布萊德雷在十二月初曾經說過，「如今在這場戰役中，他的部隊被貶為非常次要的角色，幾乎無足輕重，只負責保護我們這支銳不可擋的大軍側翼。」[22]這句話雖然與當時的實情不符，但此刻即將成真。

蒙哥馬利並非第十二集團軍唯一的眼中釘、肉中刺。他們與SHAEF的關係持續惡化；一部分是因為布萊德雷無法原諒艾森豪之前把第一軍團調給蒙哥馬利，另一部分則是因為史密斯將軍毫不掩飾他對布萊德雷總部及霍奇斯的輕蔑。一月二十四日午餐過後，布萊德雷在他的辦公室跟霍奇斯、巴頓及另外七位將領開會。會開到一半，懷特利少將從SHAEF打電話過來，表示他們會從布萊德雷即將展開的攻勢中，抽出好幾個師作為戰略性預備兵力，並增援亞爾薩斯的德弗斯。*

布萊德雷大發脾氣，並讓在場所有人聽到他的答覆：「這件事攸關美國大兵、美國陸軍以及所有指揮官的名聲與信譽。如果你想那樣做，那麼就我而言，你可以拿走第十二集團軍轄下任何一個該死的師或軍，隨便處置。至於我們這些被你留下的人，我們會袖手旁觀，直到地獄結冰。我想你以為我不會動怒，但我希望你牢記，我氣得火冒三丈。」[23]話說到這裡，在場的每位軍官都起立鼓掌。巴頓扯開嗓門說給大家聽：「叫他們去死吧，我們三個〔布萊德雷、巴頓和霍奇斯〕不幹了，我會帶頭辭職。」

一月二十日，正當美軍一步步逼近聖維特，德軍的一名砲兵軍官在日記中寫道，「小鎮只剩斷垣殘壁，但我們會守住這片廢墟。」在及腰的雪堆上，進攻不會是一件易事。他隔天記錄：「戰火聲越來越接近鎮上……我要寄回我的所有個人物品。世事難料。」[24]一月二十三日，美軍第

* 原註：這通來自SHAEF的電話據說是出自史密斯將軍，但後者的傳記作者堅稱是懷特利少將打的。[25]

七裝甲師的B戰鬥指揮部，很榮幸地擔綱收復這個曾讓他們如此英勇防守的小鎮。

美軍第十九戰術空中司令部的戰鬥機和轟炸機，連同英國第二戰術航空隊的颱風式戰機，持續攻擊撤退中的德軍車輛。一月二十二日，第十九戰術空中司令部宣稱有超過一千一百輛車被毀，另外五百三十六輛受損。[26]但這個數據並未得到後來的研究證實。「三個戰術空中司令部表示，總共擊毀敵軍四百一十三輛裝甲車，」英國的官方報告指出，「後續的地面檢查顯示，這個數字至少誇大了十倍。」報告中說，盟軍飛機的真正貢獻，源於「掃射並轟炸德軍補給線，迫使必要的補給無法抵達前線」。[27]德軍的資料支持這項結論。在前線戰鬥中，盟軍的空中武力「並未扮演決定性的戰術角色」，瓦登博格少將後來說，「他們對後方的威力更強大。」[28]

一月二十三日，第七裝甲師奪回了聖維特。倖存的人都逃走了，整個小鎮彷彿墳墓般寂靜無聲。在戰火下依舊挺立的建築，唯一有名的只剩下布歇爾塔（Büchel Tower）。一月二十九日，前線或多或少回到十二月十五日的位置：總共花了一個月又兩星期。韓森在日記中記錄：「今天，第三軍團認為突出部之役正式結束，並且就此開啟對德國目標的全新攻勢。」[29]

一月的最後一週，布萊德雷將他的老鷹戰術指揮部從盧森堡市遷到那慕爾的省會。巴頓前來道別。「他是個好軍官，」巴頓寫在日記裡，「但是完全欠缺『那個』。太可惜了。」[30]省長被迫搬出雄偉的那慕爾宮（Palais de Namur），布萊德雷以總督的派頭安頓下來。一月三十日來拜訪的辛普森，形容那是「一個富麗堂皇的地方，到處是錦緞壁面、絲絨窗簾、太多幅全尺寸的皇室成員肖像油畫、厚厚的地毯，以及光亮的大理石地板。充作辦公室的臥房碩大無比——簡直跟大型民宅的底層一樣大」。[31]

至於私人住所，布萊德雷接收了那慕爾城堡。城堡內的景況相當淒涼，所以德國戰俘被派去清理打掃。布萊德雷的參謀覺得「有必要抄賣國賊的家」，以便添補家具。就連韓森都承認，「老鷹戰術指揮部」如今被戲稱為「老鷹劫掠部」。[32]照辛普森所說的，這座城堡同樣有大理石壁爐和地板，以及大型庭院和俯瞰默茲河河谷的壯麗景色。布萊德雷還堅持安裝一台冰淇淋機。

二月四日星期日，蒙哥馬利受邀前來參加午餐會議。他在摩托車警衛護送下，搭乘插著米字旗的勞斯萊斯抵達。根據韓森所述，他以「素來慢條斯理、引人注目、不慌不忙的鷹隼般姿態登場」。所有美軍軍官顯然都以冷漠相待。「然而，他的自負依舊不受影響。他說說笑笑、高談闊論，並且指手劃腳。整頓飯下來，他以太大聲的音量持續主導話題。」[33]

布萊德雷和艾森豪拋下蒙哥馬利，自顧自離開餐桌，顯然是刻意怠慢。他們在雨中開車到巴斯通會見巴頓。渡過默茲河後不久，他們「經過敵軍坦克及謝爾曼傷痕累累的焦黑殘骸，還有墜毀的C－47及許多被棄置的輜重。巴頓跟我們在巴斯通的第八軍後方梯隊總部見面。他在一間小小的煤爐室諮詢艾克及布萊德雷的意見；當時在歷史性的圍城過程中，一〇一空降師就是在這裡避難」。三位將軍接著在小鎮遭轟炸的中心點拍下合照，然後爬上他們的車輛，北上烏法利茲。[34]從那他們「經過〔難以計數的〕謝爾曼坦克；敵軍的砲火在它們的裝甲上留下明顯的傷痕」。

裡，他們繼續驅車拜訪霍奇斯將軍，後者已經將他的總部遷回了斯帕。這是一次象徵性的光榮繞場一周，故意把陸軍元帥排擠在外。

比利時面臨了危機，但SHAEF的反應慢半拍。糧食短缺導致礦場罷工，連帶造成嚴冬裡煤炭不足。政府抑制價格的手段被輕易規避，黑市蔓延。在鄉下，人們甚至回復以物易物制度，而絕大多數交易，都涉及美軍或英軍拿口糧罐頭來交換新鮮雞蛋。

阿登戰役大約造成兩千五百位比利時平民喪生，另有五百名非戰鬥人員死於盧森堡大公國；一般認為其中三分之一是死於盟軍空襲。如果加上十月到三月的整個冬季間，由於至少五千枚V型飛彈轟炸而喪命的人數，平民的傷亡將提高到超過八千人死亡或失蹤，兩萬三千五百八十四人受傷。[35]

戰爭的破壞力驚人。建築物、教堂、農場、道路和鐵軌全都嚴重受損；下水道、水管、電話線和電線也難逃摧殘。大約八萬八千人流離失所。用手推車裝著僅剩的身家財產返鄉的家庭發現，所有房子的門都不見了，就連沒被砲彈擊中的房子也不例外。不論德軍或盟軍，都把房門拆下來作為散兵坑和壕溝的頂蓋。床單也被充公，為大兵提供一點點溫暖或用於偽裝。冬季衣服也嚴重短缺。英軍民政官指出，「大批比利時婦女穿著軍毯裁成的外套、戰鬥服做成的雪衣，只是簡單地把它們染成黑色或褐色，並拆掉口袋」。[36]

在比利時的盧森堡省和那慕爾省，十八座教堂被夷為平地，另外六十九座嚴重損毀。砲彈也經常打翻墓地，導致白骨四濺。在遭到砲火兩面夾擊的拉羅什，一百一十四位平民身亡，六百三十九棟房屋只剩四棟還能住人。整座小鎮成為一個巨大的瓦礫堆。美軍必須出動推土機來疏通主要道路。翌年春天，當地居民發現回來築巢的燕子完全迷失了方向。[37]

幾乎完全仰賴農業與林業維生的阿登地區受到重創。劫後餘生的雞隻寥寥無幾，大約五萬頭農場動物在戰火中喪命，或被德軍抓走。樹木也被彈片劃得傷痕累累，降低木材價值，為鋸木廠造成長遠的問題。只有少數死於戰火的牲畜可以宰來食用；絕大多數都必須掩埋。許多生還的動物喝了彈坑裡的水、或被腐屍和白磷污染的其他水源後死亡。盧森堡大公國也出現糧食危機，一來是因為戰爭的破壞，另一方面也因為德軍洗劫了該國北部。

最嚴重的問題之一，是如何處理兩邊陣營埋的遠超過十萬枚的地雷，以及分散各地的詭雷、未爆彈和棄置火藥。戰爭結束後，大約四十名比利時人命喪原先的巴斯通周邊防線一帶。在一起意外事件中，一名英國大兵踩到地雷，導致十名弟兄殘廢或重傷。這個雷區的地雷必定埋得密密麻麻，宛如真實的「惡魔花園」，因為他們為了拯救同伴，一個接著一個相繼落難。

到了融雪季節，孩童被送到安全地區，以免誤踩地雷。但有許多孩子因為玩軍火而受傷，尤其當他們試圖清空實彈、製作煙火。盟軍部隊在移防之前的一小段時間內已竭盡所能，但主要任務落在比利時軍隊、志願工作者，以及後來招募來的掃雷人員身上。負責清除未爆彈和地雷的人員必須設法就地引爆。在村落和城鎮裡，他們會在引爆前通知當地居民打開窗戶，但有些房屋過於老舊，窗子打不開。

一月底的雨勢引發了快速融雪；原本埋在雪裡的人畜屍體開始迅速腐敗。儘管臭氣熏天，但有可能對部隊造成影響的疾病威脅，才終於促使美軍當局派來工兵與推土機。移動德軍屍體向來是危險任務，因為他們很可能被設置詭雷，所以必須用繩索套住屍體的腿或手，拖行一段距離，確認屍體底下沒有被放置手榴彈。盟軍的遺體被埋進個別的墳塚，當地居民以鮮花點綴許多墓地。德軍的屍體則純粹被丟進大墳坑，猶如瘟疫的受害者。有些屍體因白磷而嚴重碳化，無法分辨國籍。德軍也好，盟軍也罷，人們但願死亡瞬間降臨這些人身上。

24. 結語

包格涅—馬爾梅迪的死亡十字路口在一月十三日被盟軍收復。翌日上午，攜帶地雷探測器的工兵隊，開始檢查黨衛軍裝甲擲彈兵是否在他們屠殺的死者身上設置詭雷。接著，墳墓登記隊和軍醫著手展開工作。他們的任務格外艱鉅，因為每一具屍體起碼覆蓋了半公尺深的積雪，而且凍得僵硬。

絕大多數呈現多重傷口；額頭、太陽穴和後腦都有彈孔，想必是四處巡查、設法了結戰俘生命的德國軍官和裝甲擲彈兵所為。某些遺體沒有眼睛，或許是被烏鴉叼走了。空空的眼窩積滿了雪。一些死者的雙手還高舉過頭。這些遺體被帶回馬爾梅迪的鐵路大樓解凍。主事者必須以剃刀或小刀割開口袋，取出死者的個人物件。

戰爭罪行的證據蒐羅齊全；最後，達豪（Dachau）的美軍軍事法庭為派佩爾戰鬥團的七十三名前任成員宣判：其中四十三人判處死刑、二十二人終身監禁、八人獲判十到二十年不等的徒刑。另外十一人於一九四八年七月在列日的比利時法庭受審，其中十人被判十到十五年的勞役。然而達豪發出的死刑判決，在冷戰剛剛萌芽的後紐倫堡時期通通獲得減免，戰犯在一九五〇年代出獄返鄉。派佩爾是最後獲釋的一人。[1]服刑十一年半之後，他搬到法國上索恩省（Haute-Saône）的特拉夫（Traves）小鎮隱姓埋名度日。一九七六年七月十三日，他在那裡遭法國反抗組織的前任成員殺害。派佩爾早料到他們會找他算帳。死前不久，他就說過以前的同志會在瓦爾哈拉英靈殿（Valhalla）等候他。

阿登地區的戰事達到西線戰場前所未見的野蠻程度。射殺戰俘的案例，向來比以往的軍事歷史學家願意承認的更為常見，尤其當他們書寫的是自己的同胞。派佩爾戰鬥團在包格涅—馬爾梅迪冷血屠殺戰俘的行徑，無疑令人髮指，但他們不分青紅皂白殘害平民百姓，更讓人覺得齒冷。美國大兵的復仇並不奇怪，但驚人的是，布萊德雷以降的許多美軍將領，全都公開認可大兵射殺戰俘以茲報復的行為。關於香涅屠殺（訓練不足且遭受重創的美軍第十一裝甲師拿大約六十名戰俘洩憤），文史檔案和美軍記述中都沒有太多詳盡資料。他們的復仇跟武裝黨衛軍在包格涅—馬爾梅迪的冷血屠殺不可同日而語，但仍然讓他們的長官蒙羞。

有幾起美國大兵殺害比利時或盧森堡平民的事件；若非誤殺，就是因為在德語人口仍然擁戴納粹政權的某些地區，這些人被懷疑是第五縱隊的隊員。但整體而言，美軍對受困於戰火的百姓展現無比同情，美軍醫療隊也盡心盡力治療受傷的百姓。相較之下，武裝黨衛軍和某些國防軍部隊，則將戰爭失利的怒氣發洩在無辜民眾身上。當然，最惡劣的，莫過於那些執迷於報復比利時反抗軍、為九月份德軍往齊格菲防線撤退時所受的遭遇雪恨的人。另外，第八特種突擊隊在諾維爾和邦德屠殺百姓的其他行徑，也絕不可被人遺忘。

然而，歷史學家往往忽略二十世紀軍事行動的一個極大諷刺。經過血流成河的一次世界大戰，西方民主國家的軍事將領承受來自國內的極大壓力，責令他們減少戰士的傷亡。他們的對應之道是大量使用火砲與炸彈，結果導致更多百姓喪命。白磷彈的濫傷威力尤其可怕。

一九四五年七月二十日，施陶芬貝格在狼穴引爆炸彈整整一年後，陸軍元帥凱特爾及約德爾上將接受有關阿登攻勢的審訊。不論夸夸其談的凱特爾，或冷漠且工於心計的約德爾，兩人都認命地有問必答。他們知道，很快地，他們也得面臨戰爭罪行的審判。

他們在聯合聲明中表示：「動員我們在東線而不是西線的可得預備兵力，究竟是否更為明智，我們留待歷史評論。至於藉由這次攻勢來延長戰爭是不是一項『罪行』，我們交給盟軍的法庭裁決。我們維持自己的判斷，不會因他們而改變。」但他們確實承認，「第五及第六裝甲軍團投入阿登戰役，無異為俄軍一月十二日從維斯瓦河橋頭堡出發的攻勢鋪了一條康莊大道。」[2]儘管俄國歷史學家不願接受這項事實，但紅軍從維斯瓦河到奧德河一路勢如破竹，希特勒的阿登攻勢無疑占了很大因素。

布萊德雷以其「盤算過的風險」導致阿登前線防禦薄弱，究竟對德軍的突破產生了多少助力，如今已無從評判。無論如何，他的部署反映出盟軍當時認為德軍無力展開策略性攻擊。德軍的誤判還更嚴重。不僅希特勒和國防軍最高統帥部，絕大多數將領都認為美軍會倉皇退到默茲河，在那裡建立防線。[3]他們沒料到美軍會堅守北肩和南肩，在氣候惡劣及道路網不足的情況下，嚴重箝制了他們的調動與補給。而且，如同前文所述，希特勒認為基於聯合作戰的複雜性，艾森豪沒有迅速制定決策的能力。

「盟軍的果斷反應，確實超乎我們的預期，」約德爾後來承認，「但最重要的，是我們自己的行動出現了始料未及的耽擱。」[4]布萊德雷在耶誕夜自吹自擂，但吹得很有道理：「全世界沒有其他軍隊可以像我們這樣老練而迅速地調遣兵力。」[5]攻勢的第二天，第一軍團在短短二十四小時內調動六萬大軍移防阿登地區。受人鄙視的李將軍兵站區也締造了奇蹟，成功將八成五的軍需品庫存，轉送到德軍無法染指的地方。十二月十七日到二十六日間，軍需單位出動五萬輛卡車和二十四萬八千人力，運出兩百八十萬加侖的石油，不讓德軍裝甲師的先頭部隊有機會從繳獲的油庫補充燃料。

雖然希特勒直到事已太遲才肯面對現實，但在第一星期結尾，德軍將領就已明白這場大攻勢註定失敗。他們或許收到了奇襲之效，卻始終無法一如他們所需的瓦解美軍士氣。反倒是德軍士氣開始受到影響。「將士們漸漸失去對德軍最高指揮層的信心，」馮・格施道夫少將寫道，「直到明白祖國及其邊境面臨立即危險，才刺激部隊提起勁來抵抗毫不留情的敵人。」[6]

德軍到不了默茲河的事實昭然若揭後，希特勒和最高統帥部的固執讓裝甲教導師的拜爾萊因深感絕望。「部隊苦苦等候並持續鎮守突出部的每一天，就意味進一步損失與突出部對德軍高層的戰略意義不成比例的人力與物力。」他認為計劃上的最大錯誤，就是將主要兵力交給勢必面對最堅強抵抗的第六裝甲軍團。曼陶菲爾的第五裝甲軍團是唯一有機會抵達默茲河的部隊，但即便如此，鑑於兩邊陣營在西線的兵力對比，德軍根本不可能到達安特衛普。拜爾萊因形容阿登攻勢是「行將崩解的國防軍與最高統帥部在臨死前的最後喘息」。[7]

儘管阿登戰役無疑是美軍的一次勝利，卻為英國帶來一場政治挫敗。蒙弟的災難性記者會與英國媒體思慮不周的叫囂，在在為美國——尤其是歐洲戰場上的美軍高階將領——的仇英心理火上澆油。雙方的吵吵嚷嚷，阻礙了邱吉爾派陸軍元帥亞歷山大取代空軍上將泰德擔任艾森豪副手的計劃。馬歇爾將軍堅決反對這項提議，因為那或許會顯得英方「在取得地面行動控制權的爭議上占了上風」。[8]而且正如邱吉爾察覺的，事情還會出現更惡劣的影響。[9]盟軍一旦渡過萊茵河、打進德國境內，蒙哥馬利就會被邊緣化，英方的意見也會受到漠視。在同盟國理事會中，英國的影響力已如強弩之末。事實上，你也無法完全排除在僅僅十一年後的蘇伊士運河危機期間，艾森豪總統之所以對英方的背信棄義如此憤怒，有一部分是基於他在一九四五年一月的經驗所致。*

一九四四年十二月十六日到一九四五年一月二十九日之間的阿登戰役，德軍和盟軍的傷亡人數相去無幾。德軍總計有八萬多人死亡、受傷或失蹤。美軍則有七萬五千四百八十二人傷亡，其中八千四百零七人喪命。英軍折損了一千四百零八人，其中兩百人陣亡。不幸的一〇六步兵師受創最重，損失了八千五百六十八人，不過其中許多人成了戰俘。一〇一空降師的死亡率最高，總共有五百三十五人在行動中捐軀。[10]

在阿登地區，有相當多的前線部隊完全由甫上戰場的非裔美國大兵組成。儘管許多美軍高階將領對他們抱持懷疑與成見，他們仍奮勇作戰，第十七空降師可以為證。第八軍至少有九個野戰砲兵營全是黑人；在支援一〇六師的七個軍砲兵隊中，有四個也是如此。其中兩營後來移防巴斯通，在周邊防線扮演重要角色。第九六九野戰砲兵營後來榮獲二次大戰中首度頒給黑人作戰部隊的傑出部隊嘉獎。另外還有完全由黑人組成的三個坦克殲擊營及第七六一坦克營投入阿登戰役。七六一坦克營B連的指揮官約翰・隆恩上尉（John Long）表示，他打仗「不是為了上帝或國家，而是為了我自己和我的弟兄」。[11]

美軍在阿登戰役中的無名受害者，是那些被敵軍俘虜、不得不在悲慘的戰俘營渡過戰爭最後幾個月的人。他們接連在冰冷的氣候中長途行軍，然後擠在箱車裡歷經漫漫的鐵道旅行，忍受盟軍飛機的轟炸與掃射，以及孳生痢疾的髒亂環境，最後才抵達德國。

一〇六師的約翰·克萊恩中士（John Kline）在日記中描述他的磨難。十二月二十日，他和其他戰俘被迫整天行軍，沒有食物，也沒有水可喝，只能靠幾把雪止渴。在一個小村子，「德軍強迫我們脫下套鞋，交給老百姓。」他們看見德國大兵坐在擄獲的吉普車上，吃著原本屬於他們的耶誕大餐。十二月二十五日，德國百姓朝戰俘縱隊丟石頭之後，他寫著：「耶誕精神已蕩然無存，只留在我們自己心裡。」兩天後，他們在下午抵達科布倫茲（Koblenz），分到攜帶式廚房做的一點湯和麵包。當他們以五百人一組行進，一名生意人打扮的男子突然跳到街上，拿公事包打他的頭。德國衛兵告訴他，這名男子必定是被最近的轟炸惹惱了。[12]

當戰爭在一九四五年四月進入尾聲，澳洲戰地記者戈弗雷·白倫敦遇到一群年輕、半飢餓的美國戰俘，想必也來自一〇六步兵師。他描述他們有一排突出的肋骨、凹陷的臉頰、細瘦的脖子和「瘦長得難看的手臂」。遇見同文同種的盎格魯薩克遜人，他們高興得「有點歇斯底里」。

---

* 原註：這份宿怨在他心裡終身不忘。蘇伊士危機過去多年、二戰早已結束以後，當考李留斯·萊恩（Cornelius Ryan）問起蒙哥馬利，艾森豪還是氣得火冒三丈。「他是個神經病，別忘了這一點。他太自以為是……他這輩子從不犯錯。」蒙哥馬利試圖「確保美軍，尤其是我，在戰爭中毫無功勞、毫無貢獻。我索性停止跟他交流」。[13]

「在我看來，今天早上遇到的幾名美軍戰俘，是我見過最可憐的一群人，」白倫敦寫道，「他們十二月底剛剛抵達歐洲，立刻投入前線，當月就在阿登遭遇德軍猛力反撲。被俘之後，他們幾乎不停地從一個地方移轉到另一個地方，訴說著同袍只因為脫隊去拔地裡的甜菜根，就被德軍毆打致死的故事。這群人之所以更值得同情，是因為他們只不過是從一個對歐洲一無所知的美好國家的美好家庭徵調來的男孩，不如澳洲人堅毅、不如法國人機靈，也不如英國人那般頑強。他們根本搞不清楚狀況。」[14]至少他們還活著。他們的許多弟兄欠缺在禁錮中求生的意志，一如馮內果筆下、取得「五千哩凝視」的比利．皮爾格林（Billy Pilgrim）[15]。他們沒入虛無與麻木，不動也不吃，安安靜靜地餓死。

希特勒出其不意又殘忍無情的阿登攻勢，將東線戰場的慘烈帶到了西線。然而，正如日本一九三七年入侵中國、納粹一九四一年入侵蘇聯，全面戰爭的震撼，並未如他們預期的引來舉世驚慌與崩潰。相反地，它激起廣大群眾負隅頑抗、即便受到包圍也要作戰到底的決心。當德國大軍呼嘯著進攻，孤軍奮戰的連隊在極度不利的情況下堅守關鍵村落。他們的犧牲為盟軍爭取增援部隊抵達的時間；這是他們為打破希特勒的美夢所做的重大貢獻。也許，德國領導人在阿登攻勢犯下的最大錯誤，就是低估了他們長期以來故作輕蔑的部隊與士兵。

N
紹德方丹
歐本
舒密特
許特根森林
格蒙德
韋爾維耶
米策尼希
蒙紹
斯帕
費恩斯高地
安布萊維河
艾瓦耶
艾森柏恩
布蘭肯海姆
比辰巴赫
拉格萊茲
斯圖蒙
馬爾梅迪
斯塔沃洛
韋爾博蒙
宏斯費德
洛西姆
特魯瓦蓬
蘭茲拉特
聖維特
德
薩爾姆河
曼尼
維爾薩姆
馬奈
康曼斯特
西尼艾菲爾山區
普呂姆
基爾河
烏爾河
普呂姆河
烏法利茲
諾維爾
克萊沃
巴斯通
維爾茨
國
比特堡
維安登
盧
克萊夫河
敘爾河
迪基希
紹爾河
埃特爾布呂克
森
埃希特納赫
特里爾
羅登堡
堡
阿爾隆
盧森堡

德軍阿登攻勢的最遠點

一九四四年十二月二十五日

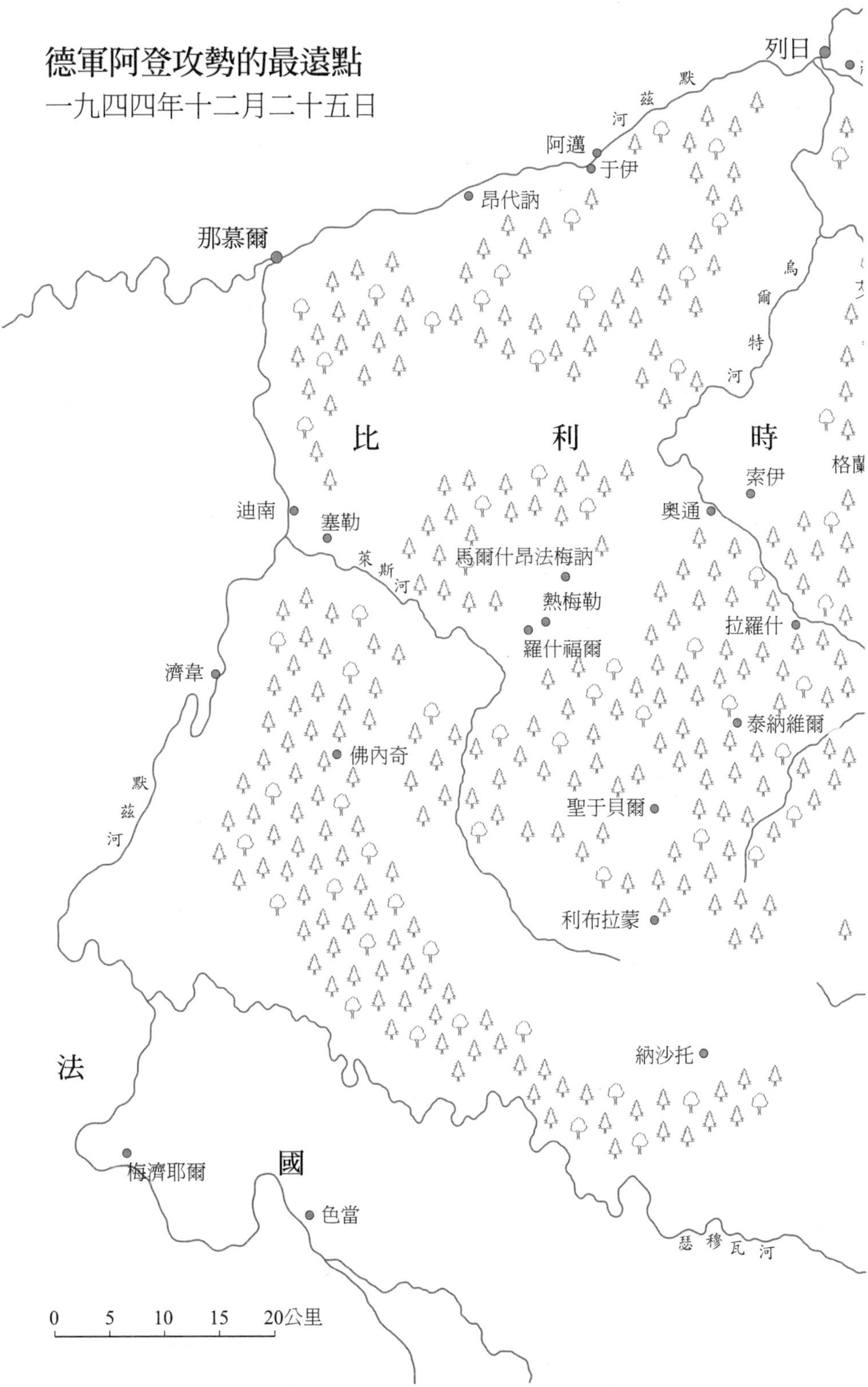

註釋

縮寫

BA-MA Bundesarchiv-Militärarchiv, Freiburg-im-Breisgau

BfZ-SS Bibliothek für Zeitgeschichte, Sammlung Sterz, Stuttgart

CARL Combined Arms Research Library, Fort Leavenworth, KS

CBHD Chester B. Hansen Diaries, Chester B. Hansen Collection, Box 5, USAMHI

CBMP Charles B. MacDonald Papers, USAMHI

CEOH US Army Corps of Engineers, Office of History, Fort Belvoir, VA

CMH Center of Military History, Fort McNair, Washington, DC

CMH *Ardennes* Center of Military History, Hugh M. Cole, *United States Army in World War II: The European Theater of Operations: The Ardennes: Battle of the Bulge*, Washington, DC, 1988

CMH *Medical* Center of Military History, Graham A. Cosmas and Albert E. Cowdrey, *United States Army in World War II: The European Theater of Operations: Medical Service in the European Theater of Operations*, Washington, DC, 1992

CMH *SC* Center of Military History, Forrest C. Pogue, *United States Army in World War II: The European Theater of Operations: The Supreme Command*, Washington, DC, 1954

CSDIC Combined Services Detailed Interrogation Centre

CSI Combat Studies Institute, Fort Leavenworth, KS

DCD Duff Cooper Diaries (private collection)

DDE Lib Dwight D. Eisenhower Library, Abilene, KS

DRZW *Das Deutsche Reich und der Zweiten Weltkrieg*, vols. 6–10, Munich, 2004–8

ETHINT European Theater Historical Interrogations, 1945, OCMH, USAMHI

FCP *SC* Forrest C. Pogue, background interviews for *The Supreme Command*, USAMHI

FDRL MR Franklin Delano Roosevelt Library, Hyde Park, NY, Map Room documents

FMS Foreign Military Studies, USAMHI

GBP Godfrey Blunden Papers (private collection)

HLB *Hitlers Lagebesprechungen: Die Protokollfragmente seiner militärischen Konferenzen 1942–1945*, Munich, 1984 (Helmut Heiber and David M. Glantz (eds.), *Hitler and his Generals: Military Conferences, 1942–1945*, London, 2002)

IWM Documents Collection, Imperial War Museum, London

LHC-DP Liddell Hart Centre – Dempsey Papers

LHCMA Liddell Hart Centre of Military Archives, King's College London

MFF MFF Armed Forces Oral Histories, LHCMA

NARA National Archives and Records Administration, College Park, MD

OCMH Office of the Chief of Military History, USAMHI

PDDE *The Papers of Dwight David Eisenhower*, ed. Alfred D. Chandler, 21vols., Baltimore, MA, 1970–2001

PP *The Patton Papers*, ed. Martin Blumenson, New York, 1974

PWS Papers of William Sylvan, OCMH, USAMHI

RWHP Robert W. Hasbrouck Papers, USAMHI

SHD-DAT Service Historique de la Défense, Département de l'Armée de Terre, Vincennes

SOOHP Senior Officers Oral History Program, US Army War College, USAMHI

TBJG *Die Tagebücher von Joseph Goebbels*, ed. Elke Fröhlich, 29 vols., Munich, 1992–2005

TNA The National Archives, Kew

USAMHI The United States Army Military History Institute at US Army Heritage and Education Center, Carlisle, PA

編按：以上縮寫，為下列各章節註釋中文字與資料出處之縮寫。

1. 勝利熱潮

1. Omar N. Bradley, *A Soldier's Story*, New York, 1964, 389-90; also Dwight D. Eisenhower, *Crusade in Europe,* New York, 1948, 325.
2. NARA 407/427/24235.
3. Gerow and Leclerc; 'continue on present mission', SHD-DAT 11 P 218; also NARA 407/427/24235
4. BA-MA RH19 IX/7 40, quoted Joachim Ludewig, *Rückzug: The German Retreat from France, 1944,* Lexington, KY, 2012, 133
5. Forrest C. Pogue, *Pogue's War: Diaries of a WWII Combat Historian,* Lexington, KY, 2001, 214
6. Eisenhower, *Crusade in Europe,* 326; and Bradley, 391
7. Arthur Tedder, *With Prejudice,* London, 1966, 586
8. 28th Division in Paris, see Uzal W. Ent (ed.), *The First Century: A History of the 28th Infantry Division,* Harrisburg, PA, 1979, 165
9. Jean Galtier-Boissière, *Mon journal pendant l'Occupation,* Paris, 1944, 288
10. 1.2.45, CBHD
11. CMH *SC,* 245.
12. diary Oberstleutnant Fritz Fullriede, *Hermann Göring* Division, 2 September 1944, quoted Robert Kershaw, *It Never Snows in September,* London, 2008, 63
13. prisoner-of-war interview, CSDIC, TNA WO 208/3616
14. Rüdiger Over-mans, *Deutsche militärische Verluste im Zweiten Weltkrieg,* Munich, 2000, 238 and 278
15. For the German retreat from France see: Ludewig, 108/ff.; and David Wingeate Pike, 'Oberbefehl West: Armeegruppe G: Les Armées alle-mandes dans le Midi de la France', *Guerres Mondiales et Confits Contempor-ains,* Nos. 152, 164, 174, 181
16. Generaloberst Student, CSDIC, TNA WO 208/4177
17. Generaloberst Halder, CSDIC, TNA WO 208/4366 GRGG 332
18. Albert Speer, *Inside the Third Reich,* London, 1971, 525

19. *HLB,* 466 and 468
20. CMH *SC,* 249
21. Kreipe diary, 31.8.44, FMS P-069
22. Traudl Junge, *Until the Final Hour: Hitler's East Secretary,* London, 2002, 146
23. Generalmajor Otto Ernst Remer, *Führer Begleit* Brigade, FMS B-592
24. Junge, 144
25. For German civilian morale, see Richard J. Evans, *The Third Reich at War,* London, 2008, 650-3
26. Chester Wilmot, *The Struggle for Europe,* London, 1952, 496
27. *PP,* 533, 537
28. Brian Horrocks, *Corps Commander,* London, 1977, 79
29. Caroline Moorehead, *Martha Gellhorn,* London, 2003, 269
30. General der Artillerie Walter Warlimont, Deputy Chief of the Wehrmachtführungsstab, CSDIC, TNA WO 208/3151
31. VII Corps, NARA RG 498 290/56/2/3, Box 1459
32. ibid.
33. VII Corps, ibid.
34. Maurice Delvenne, 1.9.44, cited Jean-Michel Delvaux, *La Bataille des Ardennes autour de Rochefort,* 2 vols., Hubaille, 2004-5, ii, 159-60
35. ibid.
36. Fullriede diary, 13 September 1944, quoted Kershaw, *It Never Snows in September,* 38
37. BA-MA RH24-89/10, quoted Ludewig, 191
38. Obergefreiter Gogl, Abt. V, Feldjäger Regiment (mot.) 3., OKW Streifendienst, TNA WO 208/3610
39. BA-MA RW4/V0I. 494
40. NARA RG 498 290/56/2/3, Box 1466
41. Stephen Roskill, *Churchill and the Admirals,* London, 1977, 245, quoted Rick Atkinson, *The Guns at Last Light,* New York, 2013, 233
42. Horrocks, 81
43. Pogue, *Pogue's War,* 208

2. 安特衛普與德國邊境

1. LHCMA, Alan Brooke 6/2/31

2. Montgomery to Brooke, 3.9.44; IWM LMD 62/12, Montgomery diary, 3.9.44; see John Buckley, *Monty's Men: The British Army and the Liberation of Europe,* London, 2013, 206
3. *PP,* 538
4. Forrest C. Pogue, *Pogue's War: Diaries of a WWII Combat Historian,* Lexington, KY, 2001, 215-16
5. Patton letter, *PP,* 549
6. Uffz. Alfred Lehmann, 11.9.44, BA-MA RH13/49, 5
7. NARA RG 498 290/56/2/3, Box 1466
8. *PP,* 540
9. Rick Atkinson, *The Guns at Last Light,* New York, 2013, 236
10. CMH *SC,* 293
11. CSDIC, TNA WO 208/4177
12. CMH *SC,* 292
13. Patton diary, *PP,* 550
14. Buckley, 203
15. Forrest C. Pogue, *George C. Marshall: Organizer of Victory,* New York, 1973, 475, quoted Atkinson, 304
16. *PDDE,* iii, 2224
17. XX Corps, NARA RG 498 290/56/2/3, Box 1465
18. Obersturmbannführer Loenholdt, 17 SS PzGr-Div, CSDIC, TNA WO 208/4140 SRM 1254
19. First Army report to the OKW, 1. 10. 44. BA-MA RH13/49, 9
20. O.Gefr. Ankenbeil, 22.9.44, BA-MA RH13/49, 10
21. O.Gefr. M. Kriebel, 18.9.44, BA-MA RH13/49, 11
22. O.Gefr. Hans Buscher, 20.9.44, BA-MA RH13/49, 11
23. O.Gefr. G. Riegler, 21.9.44, BA-MA RH13/49, 11
24. O.Gefr. Hans Hoes, 15.9.44, BA-MA RH13/49, 12
25. diary of General der Flieger Kreipe, FMS P-069
26. 18.9.44, ibid.
27. CSDIC, TNA WO 208/4364 GRGG 208
28. Hauptmann Delica, II Battalion, 19th Fallschirmjäger-Regiment, CSDIC, TNA WO 208/4140 SRM 1227
29. CSDIC, TNA WO 208/4139 SRM 968

3. 亞琛戰役

1. PFC Richard Lowe Ballou, 117th Infantry, 30th Infantry Division, MFF-7, Ci-97 (3)
2. V Corps, NARA RG 498 290/56/2/3, Box 1455
3. MFF-7, Ci-97(2)
4. ibid.
5. Reichsmarschall Hermann Göring, ETHINT 30
6. Generalmajor Rudolf Freiherr von Gersdorff, ETHINT 53
7. Gardner Botsford, *A Life of Privilege, Mostly,* New York, 2003, 47
8. CSDIC, TNA WO 208/4140 SRM 1245
9. CSDIC, TNA WO 208/4139 SRM 983
10. ibid.
11. CSDIC, TNA WO 208/4139 SRM 1103
12. CMH5C, 357
13. TNA WO 208/3654 PWIS H/LDC/ 631
14. ibid.
15. Letter of 26.9.44 to Hauptmann Knapp, NARA RG 498 290/56/5/3, Box 1463
16. CSDIC, TNA WO 208/4139 SRM 982
17. NARA RG 498 290/56/2/3, Box 1459
18. NARA RG 407 270/65/7/2 ML 248
19. V Corps, NARA RG 498 290/56/2/3, Box 1455
20. CSDIC, TNA WO 208/4139 SRM 982
21. NARA RG 498 290/56/2/3, Box 1459
22. ibid.
23. NARA RG 498 290/56/2, Box 1456
24. VII Corps, NARA RG 498 290/56/2/3, Box 1459
25. Lt Col. Shaffer F. Jarrell, VII Corps, ibid.
26. CSDIC, TNA WO 208/4156
27. Victor Klemperer, *To the Bitter End: The Diaries of Victor Klemperer, 1942-45,* London, 2000, 462
28. CSDIC, TNA WO 208/4140 SRM 1211
29. Wilck, CSDIC, TNA WO 208/4364 GRGG 216
30. Unterfeldwebel Kunz, 104th Infanterie-Regt, CSDIC, TNA WO 208/4164 SRX 2050
31. NARA RG 407 270/65/7/2, Box 19105 ML 258

32. CSDIC, TNA WO 208/5542 SIR 1548
33. FMS P-069
34. CSDIC, TNA WO 208/4134 SRA 5610
35. FMS P-069
36. ibid.

4. 戰爭進入冬天

1. Stabartz Köllensperger, 8th Regiment, 3rd Fallschirmjäger-Division, TNA WO 311/54
2. CSDIC, TNA WO 208/3165
3. Luftwaffe Obergefreiter Hlavac, KG 51, TNA WO 208/4164 SRX 2117
4. Obergefreiter Marke, 16th Fallschirmjäger-Regiment, ibid.
5. CSDIC, TNA WO 208/4164 SRX 2084
6. 'Versager-i', Nicholas Stargardt, *Witnesses of War: Children's Lives under the Nazis,* London, 2005, 262
7. Quoted Martin Gilbert, *The Second World War,* London, 1989, 592
8. NARA RG 407 270/65/7/2, Box 19105 ML 258
9. 2. 12. 44, CBHD
10. CMH *SC,* 342
11. NARA RG 407 270/65/7/2, Box 19105 ML 258
12. ibid.
13. TNA WO 171/4184
14. 24. 11. 44, NARA RG 407 270/65/7/2, Box 19105 ML 285
15. CSDIC, TNA WO 208/4139 SRM 902
16. NARA RG 407 270/65/7/2, Box 19105 ML 285
17. ibid.
18. CSDIC, TNA WO 208/4164 SRX 2074
19. Luftwaffe Unteroffizier Bock 3/JG 27, CSDIC, TNA WO 208/4164 SRX 2126
20. 4.5.44, Victor Klemperer, *To the Bitter End: The Diaries of Victor Klemperer, 1942-45,* London, 2000, 383
21. Marie 'Missie' Vassiltchikov, *The Berlin Diaries, 1940-1945,* London, 1987, 240
22. CSDIC, TNA WO 208/3165 SIR 1573
23. CSDIC, TNA WO 208/4135 SRA 5727 13/1/45
24. TNA WO 171/4184
25. *DRZW,* 9/1 (Echternkamp), 48-50

26. VI Corps, NARA RG 498 290/56/5/3, Box 1463
27. CSDIC, TNA WO 208/4164 SRX 2074
28. CSDIC, TNA WO 208/4140 SRM 1189
29. TNA WO 311/54, 32
30. 'Hauptgerichte einmal ohne Fleisch', Branden-burgische Landeshauptarchiv, Pr. Br. Rep. 61A/11
31. NARA RG 407 270/65/7/2 ML 2279
32. Louis Simpson, *Selected Prose,* New York, 1989, 98
33. Forrest C. Pogue, *Pogue's War: Diaries of a WWII Combat Historian,* Lexington, KY, 2001, 230
34. CMH *Medical,* 541
35. NARA 711-51/3-945
36. Antony Beevor and Artemis Cooper, *Paris after the Liberation, 1944-1949,* London, 1994, 129
37. Simpson, 143
38. Allan B. Ecker, 'GI Racketeers in the Paris Black Market', *Yank,* 4.5.45
39. 24.10.44, DCD
40. NARA 851.00/9-745
41. Carlos Baker, *Ernest Hemingway: A Life Story,* New York, 1969, 564
42. For the political situation in Belgium, see CMH *SC,* 329-31
43. V Corps, NARA RG 498 290/56/2/3, Box 1455
44. Arthur S. Couch, 'An American Infantry Soldier in World War II Europe', unpublished memoir, private collection
45. NARA RG 498 290/56/2/3, Box 1465
46. Ralph Ingersoll, *Top Secret,* London, 1946, 185-6
47. Couch, 'An American Infantry Soldier in World War II Europe'
48. NARA RG 498 290/56/2/3, Box 1459
49. Tech. Sgt. Edward L. Brule, NARA RG 498 290/56/5/2, Box 3
50. 358th Infantry, NARA RG 498 290/56/2/3, Box 1465
51. V Corps, NARA RG 498 290/56/2/3, Box 1455
52. V Corps, ibid.
53. NARA RG 498 290/56/5/2, Box 3
54. 358th Infantry, 90th Division, XX Corps, NARA RG 498 290/56/2/3, Box 1465
55. NARA RG 498 290/56/2/3, Box 1459
56. Lt Col. J. E. Kelly, 3rd Battalion, 378th Infantry, NARA RG 498 290/56/2/3, Box 1465

5. 許特根森林

1. Generalleutnant Hans Schmidt, 275th Infanterie-Division, FMS B-810
2. Major Gen. Kenneth Strong, 02/14/2 3/25 – Intelligence Notes No. 33, IWM Documents 11656
3. Generalleutnant Hans Schmidt, 275th Infanterie-Division, FMS B-810
4. ibid.
5. ibid.
6. ibid.
7. ibid.
8. ibid.
9. ibid.
10. VII Corps, NARA RG 498 290/56/2/3, Box 1459
11. ibid.
12. ibid.
13. Charles B. MacDonald, *The Mighty Endeavour: The American War in Europe,* New York, 1992, 385
14. NARA RG 498 290/56/2/3, Box 1459
15. 5.11.44, V Corps, NARA RG 498 290/56/2/3, Box 1455
16. VII Corps, NARA RG 498 290/56/2/3, Box 1459
17. 22nd Infantry, 4th Inf. Div, ibid.
18. VII Corps, ibid.
19. ibid.
20. Colonel Edwin M. Burnett, V Corps, NARA RG 498 290/56/2/3, Box 1455
21. Rick Atkinson, *The Guns at Last Light,* New York, 2013, 317
22. Diary of General der Flieger Kreipe, FMS P-069, 43
23. V Corps, NARA RG 498 290/56/2/3, Box 1455
24. Edward G. Miller, *A Dark and Bloody Ground: The Hürtgen Forest and the Roer River Dams, 1944-1945,* College Station, TX, 2008, 64
25. Generalmajor Rudolf Freiherr von Ger- sdorff, FMS A-892
26. Gersdorff, FMS A-891
27. Col. Nelson 112th Infantry, NARA RG 498 290/56/2/3, Box 1463
28. 8.11.44, PWS
29. Ralph Ingersoll, *Top Secret,* London, 1946, 185
30. NARA RG 407 270/65/7/2, Box 19105 ML 258

31. Arthur S. Couch, 'An American Infantry Soldier in World War II Europe', unpublished memoir, private collection
32. VII Corps, NARA RG 498 290/56/2/3, Box 1459
33. 4.2-inch mortars, NARA RG 407 270/65/7/2 ML 248
34. Couch, 'An American Infantry Soldier in World War II Europe'
35. Generalmajor Rudolf Freiherr von Gersdorff, ETHINT 53
36. Couch, 'An American Infantry Soldier in World War II Europe'
37. Generalleutnant Hans Schmidt, FMS B-373
38. Colonel Luckett, V Corps, NARA RG 498 290/56/2/3, Box 1455
39. NARA RG 498 290/56/2/3, Box 1465
40. NARA RG 498 290/56/2/3, Box 1464
41. quoted John Ellis, *The Sharp End: The Fighting Man in World War II,* London, 1990, 152
42. Robert Sterling Rush, *Hell in Hürtgen Forest: The Ordeal and Triumph of an American Infantry Regiment,* Lawrence, KS, 2001, 139
43. 18th Infantry, 1st Division, NARA RG 498 290/56/2/3, Box 1459
44. Couch, 'An American Infantry Soldier in World War II Europe'
45. 11.11.44, CBHD
46. Omar N. Bradley, *A Soldier's Story,* New York, 1964, 430-1
47. Generalmajor Ullersperger, CSDIC, TNA WO 208/4364 GRGG 237
48. Generalmajor Vaterrodt, CSDIC, TNA WO 208/4177
49. ibid.
50. Generalleutnant Straube, FMS A-891
51. FMS A-891
52. Gersdorff, FMS A-892
53. Ernest Hemingway, *Across the River and into the Trees,* New York, 1950, 249
54. Carlos Baker, *Ernest Hemingway: A Life Story,* New York, 1969, 552
55. J. D. Salinger, 'Contributors', *Story,* No. 25 (November-December 1944), I
56. Charles Whiting, *The Battle ofHürtgen Forest,* Stroud, 2007, 71
57. Ingersoll, 184-5
58. V Corps, NARA RG 498 290/56/2/3, Box 1455
59. Ingersoll, 185
60. Sterling Rush, 163
61. FMS A-891
62. Sgt David Rothbart, 22nd Inf. Rgt, quoted Sterling Rush, 178

63. quoted Paul Fussell, *The Boys' Crusade,* New York, 2003, 91
64. Captain H. O. Sweet, US 908th Field Artillery, Attached to 331st Infantry, 83rd Division, IWM Documents 3415 95/33/1
65. Peter Schrijvers, *The Crash of Ruin: American Combat Soldiers in Europe during World War II,* New York, 1998, 8
66. Generalarzt Schepukat, ETHINT 60
67. Gersdorff, FMS A-892
68. 'The Ardennes', CSI Battlebook 10-A, May 1984

6. 德軍準備出擊

1. Traudl Junge, *Until the Final Hour: Hitler's Last Secretary,* London, 2002, 147
2. ibid.
3. ibid., 148
4. Generaloberst Alfred Jodl, ETHINT 50
5. ibid.
6. CMH *Ardennes,* 18
7. General der Kavallerie Siegfried Westphal, ETHINT 79
8. Generalmajor Rudolf Freiherr von Gersdorff, FMS A-892
9. CSDIC, TNA WO 208/4178 GRGG 330 (c)
10. CMH *Ardennes,* 26
11. Generaloberst Alfred Jodl, ETHINT 50
12. CSDIC, TNA WO 208/3653
13. *DRZW,* 6, 125
14. Manteuffel, Fifth Panzer Army, ETHINT 45
15. Generaloberst Alfred Jodl, ETHINT 50
16. General der Artillerie Walter Warlimont, CSDIC, TNA WO 208/3151
17. Generaloberst Alfred Jodl, ETHINT 51
18. Jodl, TNA WO 231/30
19. CSDIC, TNA WO 208/4178 GRGG 330 (c)
20. TNA WO 231/30, 4
21. CSDIC, TNA WO 208/4178 GRGG 330 (c)
22. CSDIC, TNA WO 208/4178 GRGG 322
23. CSDIC, TNA WO 208/4178 GRGG 330 (c)
24. Hauptmann Gaum, 3rd Bn, *Führer Begleit* Brigade, CSDIC, TNA WO 208/3611
25. TNA WO 231/30

26. CSDIC, TNA WO 208/4140 SRM 1140
27. Manteuffel, Fifth Panzer Army, ETHINT 46
28. Goebbels diaries, 1.12.44, *TBJG* II/14, 305
29. SS Standartenführer Lingner, CSDIC, TNA WO 208/4140 SRM 1211
30. Generalleutnant Heim, CSDIC, TNA WO 208/4364 GRGG 220
31. CSDIC, TNA WO 208/4140 SRM 1210
32. CSDIC, TNA WO 208/3151
33. CSDIC, TNA WO 208/4178 GRGG 330 (c)
34. CSDIC, TNA WO 208/4178 GRGG 330 (c)
35. TNA WO 231/30
36. ibid.
37. CSDIC, TNA WO 208/4140 SRM 1199
38. CSDIC, TNA WO 208/5541 SIR 1425
39. FMS B-823
40. CSDIC, TNA WO 208/4140 SRM 1187
41. ibid.
42. ibid.
43. CSDIC, TNA WO 208/3662
44. Heydte, FMS B-823
45. ibid,
46. ibid.
47. CSDIC, TNA WO 208/4140 SRM 1167
48. CSDIC, TNA WO 208/5541 SIR 1425
49. NARA RG 407 ML 2279
50. Heydte to Leutnant von Trott zu Solz, CSDIC, TNA WO 208/4140 SRM 1182
51. CSDIC, TNA WO 208/4178 GRGG 301
52. SS-Untersturmführer Schreiber, CSDIC, TNA WO 208/4140 SRM 1259
53. Mobile Field Interrogation Unit No. 1, NARA RG 407 ML 2279
54. ibid.
55. CSDIC, TNA WO 208/3619
56. Mobile Field Interrogation Unit No. 1, NARA RG 407 ML 2279
57. ibid.
58. Schreiber, CSDIC, TNA WO 208/4140 SRM 1259
59. Hans Post, *One Man in his Time,* Sydney, 2002, 167

60. Leutnant Günther Schultz, captured Liège 19.12.44, Mobile Field Interrogation Unit No. 1, NARA RG 407 ML 2279
61. Obersturmbannführer Otto Skorzeny, ETHINT 12
62. CSDIC, TNA WO 208/5543 SIR 1673
63. NARA RG 407 270/65/7/2, Box 19124 ML 754
64. TNA WO 231/30
65. Nicolaus von Below, *AIs Hitlers Adjutant, 1937—1945,* Mainz, 1980, 396
66. SS-Oberstgruppenführer Sepp Dietrich, ETHINT 16
67. *HLB,* 535-40
68. Dietrich, ETHINT 16.
69. 116th Panzer-Division, CSDIC, TNA WO 208/3628
70. Obersturmbannführer Joachim Peiper, ETHINT 10
71. Gefreiter Unruh, CSDIC, TNA WO 208/3611 SIR 1408
72. SS-Brigadeführer Heinz Harmel, 10th SS Panzer-Division *Frundsberg,* FMS P-109f
73. 2nd Panzer-Division, FMS P-109e

7. 情報失靈

1. 6.12.44, CBHD, Box 5
2. ibid.
3. John S. D. Eisenhower, *The Bitter Woods,* New York, 1970, 200
4. 7. 12. 44, CBHD
5. 'Notes of Meeting at Maastricht on 7.12.1944', Sidney H. Negrotto Papers, Box 4, USAMHI
6. ibid.
7. *PP,* 576
8. James H. O'Neill, former Third Army chaplain, 'The True Story of the Patton Prayer', *Leadership* No. 25
9. ibid.
10. CSDIC, TNA WO 208/4364 GRGG 220
11. Leutnant von der Goltz (St./Gren-Rgt 1039), CSDIC, TNA WO 208/4139 SRM 1083
12. TNA CAB 106/1107
13. CMH *SC*, 365
14. Strong, letter of 31.8.51, quoted ibid.

15. CMH *SC*, 370
16. 'Indications of the German Offensive of December 1944', dated 28.12.44, 'C' to Victor Cavendish-Bentinck, TNA HW 13/45
17. BAY/XL 152, TNA HW 13/45
18. 'Indications of the German Offensive of December 1944', 28. 12. 44, 'C' to Victor Cavendish-Bentinck, TNA HW 13/45
19. ibid.
20. 'The Ardennes', CSI Battlebook 10-A, May 1984
21. Forrest C. Pogue, *Pogue 5 War: Diaries of a WWII Combat Historian,* Lexington, KY, 2001, 250
22. Peter Schrijvers, *The Unknown Dead: Civilians in the Battle of the Bulge,* Lexington, KY, 2005, 12
23. ibid., 7-8
24. Louis Simpson, *Selected Prose,* New York, 1989, 117
25. 8.12.44, CBHD
26. 13.12.44, PWS
27. TNA CAB 106/1107
28. NARA RG 498 UD603, Box 3
29. 15.12.44, CBHD
30. Omar N. Bradley, *A Soldier's Story,* New York, 1964, 428
31. John Buckley, *Monty's Men: The British Army and the Liberation of Europe,* London, 2013, 259
32. Charles B. MacDonald, *Company Commander,* New York, 2002, 78
33. Colonel R. Ernest Dupuy; *St. Vith: Lion in the Way: The 106th Infantry Division in World War II*, Washington, DC, 1949, 15-16
34. captured letter translated 19 December, headquarters 1st Infantry Division, CBMP, Box 2

8. 十二月十六日星期六

1. V Corps, NARA RG 498 290/56/2/3, Box 1455
2. Peter Schrijvers, *The Unknown Dead: Civilians in the Battle of the Bulge,* Lexington, KY, 2005, 14
3. Manteuffel, Fifth Panzer Army, ETHINT 46
4. 'The Ardennes', CSI Battlebook 10-A, May 1984
5. Generaloberst Alfred Jodl, ETHINT 51

6. Charles P. Roland, 99th Infantry Division, CBMP, Box 4
7. John S. D. Eisenhower, *The Bitter Woods,* New York, 1970, 229
8. letter from Lieutenant Colonel Robert L. Kriz, 394th Infantry; and letter from Lyle J. Bouck, 19 January 1983, CBMR Box 4
9. Eisenhower, *Bitter Woods,* 188
10. Obersturmbannführer Joachim Peiper, 1st SS Panzer-Regiment, ETHINT 10
11. Adolf Schür, Lanzerath, CBMP, Box 6
12. Peiper, ETHINT 10
13. FO, C Battery, 371st FA Bn, 99th Infantry Division, Richard H. Byers Papers, Box 1, USAMHI
14. Standartenführer Lingner, 17th SS PzgDip CSDIC, TNA WO 208/4140 SRM 1205
15. 'Defense of Höfen' *Infantry School Quarterly,* July 1948, CBMP, Box 4
16. CBMP, Box 4
17. Harry S. Arnold, E Company, 393rd Infantry, 99th Infantry Division, CBMP, Box 4
18. Charles P Roland, 99th Infantry Division, CBMP, Box 4
19. Sidney Salins, CBMP, Box 4
20. General der Artillerie Kruse, CSDIC, TNA WO 208/4178 GRGG 330 (c)
21. NARA RG 407 270/65/7/2 ML 2280
22. Matt F C. Konop, diary; 2nd Infantry Division, CBMP, Box 2
23. ibid.
24. NARA RG 498 290/56/2/3, Box 1455
25. NARA RG 498 290/56/2/3, Box 1463
26. 28th Infantry Division, ibid.
27. 112th Infantry Regiment, NARA RG 498 290/56/5/2, Box 3
28. Generalmajor Siegfried von Waldenburg, 116th Panzer-Division, FMS A-873
29. Generalmajor Heinz Kokott, '26th Volksgrenadier Division in the Ardennes Offensive', FMS B-040
30. Major Frank, battalion commander, III/ 13th Fallschirmjäger, CSDIC, TNA WO 208/4140 SRM 1148, and WO 208/5540 SIR 1375
31. Heydte, CSDIC, TNA WO 208/5541 SIR 1425
32. CSDIC, TNA WO 208/3611
33. 'Ardennes Offensive of Seventh Army' FMS A-876
34. 'The Ardennes', CSI Battlebook 10-A, May 1984

35. ibid.
36. ibid.
37. 16.12.44, CBHD
38. ibid.
39. Eisenhower, *Bitter Woods,* 266
40. William R. Desobry Papers, USAMHI
41. *PP,* 595
42. *PP,* 596
43. William H. Simpson Papers, Box 11, USAMHI
44. CSDIC, TNA WO 208/5541 SIR 1444
45. ibid.
46. CSDIC, TNA WO 208/3628
47. CSDIC, TNA WO 208/5541 SIR 1444
48. TNA WO 171/4184
49. ibid.
50. Arthur S. Couch, 'An American Infantry Soldier in World War II Europe', unpublished memoir, private collection
51. Major William F Hancock, 1st Battalion, 9th Infantry, 2nd Infantry Division, CBMP, Box 2
52. Peiper, ETHINT 10

9. 十二月十七日星期天

1. Matt F C. Konop, diary, 2nd Infantry Division, CBMR Box 2
2. Charles B. MacDonald, *Company Commander,* New York, 2002, 82-3
3. ibid.
4. General der Waffen-SS H. Priess, I SS Panzer Corps, FMS A-877
5. Peter Schrijvers, *The Unknown Dead: Civilians in the Battle of the Bulge,* Lexington, KY, 2005, 35-6
6. ibid., 35
7. CMH *Ardennes,* 261
8. V Corps, NARA RG 498 290/56/2/3, Box 1455
9. CBMR Box 2
10. Gefreiter W.P., 17.12.44, BfZ-SS
11. 17.12.44, CBHD
12. Ralph Ingersoll, *Top Secret,* London, 1946, 194

13. First Army diary; quoted D. K. R. Crosswell, *Beetle: The Life of General Walter Bedell Smithy* Lexington, KY, 2010, 810
14. Gaffey Papers, USAMHI
15. 17.12.44, GBP
16. Oberstleutnant von der Heydte, ETHINT 75
17. CMH *Ardennes,* 156-7
18. John S. D. Eisenhower, *The Bitter Woods,* New York, 1970, 280
19. 'Report of Investigation, Action of 14th Cavalry Group on Occasion of German Attack Commencing on 16 Dec. 1944', 29.1.45, First Army IG NARA RG 338 290/62/05/1-2
20. Royce L. Thompson, 'Air Resupply to Isolated Units, Ardennes Campaign', OCMH, Feb. 1951, typescript, CMH 2-3.7 AE P
21. General der Panzertruppe Horst Stumpff, ETHINT 61
22. NARA RG 407 270/65/7/2 ML 2280
23. Major Donald P. Boyer, 38th Armored Infantry Battalion, RWHP, Box 1
24. AAR, 7th AD Artillery, RWHP Box 1
25. RWHP Box 1
26. ibid.
27. 17.12.44, PWS
28. 18.12.44, CBHD
29. Schrijvers, *Unknown Dead,* 40
30. CSDIC, TNA WO 208/5516
31. Obersturmbannführer Joachim Peiper, 1 st SS Panzer-Regiment, ETHINT 10
32. 3rd Battalion, 38th Infantry, CBMP, Box 2
33. 1st Battalion, 9th Infantry, 2nd Infantry Division, CBMP, Box 2
34. ibid.
35. 'The Ardennes', CSI Battlebook 10-A, May 1984
36. 3rd Battalion, 38th Infantry; CBMP, Box 2
37. MacDonald, *Company Commander,* 97, 100
38. 1 st Battalion, 9th Infantry, 2nd Infantry Division, CBMR Box 2
39. ibid.
40. General der Infanterie Baptist Kniess, LXXXV Corps, ETHINT 40
41. 28th Infantry Division, NARA RG 498 290/56/2/3, Box 1463
42. interview Joseph Maertz, Clervaux, *22.8.81,* CBMP, Box 6
43. 'The Breakthrough to Bastogne', vol. ii, Clervaux, typescript, n.d., CMH, 8-3.1 AR

44. Roger Cohen, 'The Lost Soldiers of Stalag IX-B', *New York Times Magazine,* 27.2.2005
45. Clervaux, CBMP, Box 6
46. 'The Ardennes', CSI Battlebook 10-A
47. 17.12.44, PWS
48. XLVII Panzer Corps, ETHINT 41
49. Kniess, ETHINT 40
50. NARA RG 407 270/65/8/2 ML 130
51. Louis Simpson, *Selected Prose,* New York, 1989, 134
52. Walter Bedell Smith, *Eisenhower's Six Great Decisions,* London, 1956, 103
53. Stanley Weintraub, *Eleven Days in December,* New York, 2006, 54-5

10. 十二月十八日星期一

1. NARA RG 498, 290/56/5/2, Box 3
2. NARA RG 498 290/56/2/3, Box 1455
3. V Corps, NARA RG 498 290/56/2/3, Box 1455
4. CBMP, Box 2
5. 1st Battalion, 9th Infantry, 2nd Infantry Division, CBMP, Box 2
6. CO, 2nd Bn, 394th Inf., NARA RG 407, E 427-A (270/65/4/7)
7. CBMP Box 2
8. V Corps, NARA RG 498 290/56/2/3, Box 1455
9. ibid.
10. Charles B. MacDonald, *Company Commander,* New York, 2002, 103
11. V Corps, NARA RG 498 290/56/2/3, Box 1455
12. ibid.
13. 3rd Battalion, 38th Infantry; 2nd Division, CBMP Box 2
14. FO, C Battery, 371st FA Bn, 99th Infantry Division, Richard Henry Byers, 'Battle of the Bulge', typescript, 1983
15. V Corps, NARA RG 498 290/56/2/3, Box 1455
16. 1st SS Panzer-Regiment, ETHINT 10
17. CMH *Ardennes,* 667
18. J. Lawton Collins, SOOHP, USAMHI
19. 18.12.44, PWS
20. William H. Simpson Papers, Box 11, USAMHI
21. 21.12.44, PWS

22. John S. D. Eisenhower, *The Bitter Woods,* New York, 1970, 303
23. Peiper, ETHINT 10
24. Louis Simpson, *Selected Prose,* New York, 1989, 134
25. NARA RG 407 270/65/8/2 ML 130
26. Kokott, FMS B-040
27. Generalmajor Heinz Kokott, 26th Volksgrenadier-Division, FMS B-040
28. Generalleutnant Fritz Bayerlein, Panzer Lehr Division, FMS A-942
29. 'The Breakthrough to Bastogne', typescript, n.d., CMH 8-3.1 AR
30. Bayerlein, FMS A-942
31. Bayerlein, FMS A-941
32. NARA RG 407 270/65/8/2 ML 130
33. William R. Desobry Papers, USAMHI
34. RWHP, Box 1
35. Hauptmann Gaum, 3rd Bn, CSDIC, TNA WO 208/3610
36. Generalmajor Otto Remer, ETHINT 80 and FMS B-592
37. 18.12.44, GBP
38. *PP,* 596
39. Omar N. Bradley, *A Soldier's Story,* New York, 1964, 469
40. *PP,* 597
41. ibid.

11. 斯科爾茲尼與海特

1. Mobile Field Interrogation Unit No. 1, NARA RG 407 ML 2279
2. 21.12.44, CBHD
3. 22.12.44, CBHD
4. 344 /1/A TNA WO 171/4184
5. 21.12.44, PWS
6. quoted Danny S. Parker (ed.), *Hitler's Ardennes Offensive: The German View of the Battle of the Bulge* London, 1997, 172
7. David Niven, *The Moons a Balloon,* London, 1994,258
8. Lord Tryon, conversation with author, 6.2.2013
9. Ernest Unger, conversation with author, 13.12.2012
10. TNA WO 171/4184
11. NARA RG 407 E 427 (270/65/8-9/6-1) ML 7, Box 24201
12. TNA WO 171/4184

13. 25.12.44, CBHD
14. Brigadier A. W. Brown, IWM Documents 13781 73/18/1
15. 25.12.44, CBHD
16. 'Ardennes Offensive', Obersturmbannführer Otto Skorzeny, ETHINT 12
17. SS-Oberstgruppenführer Sepp Dietrich, ETHINT 15
18. Heydte, FMS B-823
19. CSDIC, TNA WO 208/5541 SIR 1444; also TNA WO 208/362 & TNA WO 208/3612
20. NARA RG 498 290/56/2, Box 1456
21. V Corps, NARA RG 498 290/56/2/3, Box 1455
22. 18.12.44, GBP; and V Corps, NARA RG 498 290/56/2/3, Box 1455
23. NARA RG 498 290/56/2/3, Box 1459
24. ibid.

12. 十二月十九日星期二

1. Peiper, FMS C-004
2. Peter Schrijvers, *The Unknown Dead: Civilians in the Battle of the Bulge* Lexington, KY, 2005, 54-6
3. V Corps, NARA RG 498 290/56/2/3, Box 1455
4. TNA WO 311/54
5. Conversation with Obergefreiter Pompe of the 18th Volksgrenadier-Division, CSDIC, TNA WO 311/54
6. NARA RG 407 290/56/5/1-3, Box 7
7. 3rd Fallschirmjäger, Faymonville, Operations of the Sixth Panzer Army, FMS A-924
8. Kurt Vonnegut, C-Span, New Orleans, 30.5.95
9. NARA RG 407 E 427-A (270/65/4/7)
10. CBMP, Box 4
11. Kurt Vonnegut, C-Span, New Orleans, 30.5.95
12. Colonel Walter Stanton, deputy chief of staff VIII Corps, NARA RG 407 270/65/8/2 ML 299
13. Diary of Oberleutnant Behman, Maurice Delaval Collection, Box 7, USAMHI
14. RWHP, Box 1
15. ibid.
16. Hauptmann Gaum, 3rd Battalion *Fuhrer Begleit* Brigade, CSDIC, TNA WO 208/3611

17. Hans Post, *One Man in his Time,* Sydney, 2002, 170
18. Ralph Ingersoll, *Top Secret,* London, 1946, 162
19. 20.12.44, CBHD
20. Charles B. MacDonald, *A Time far Trumpets: The Untold Story of the Battle of the Bulge,* New York, 1984, 420; Dwight D. Eisenhower, *Crusade in Europe,* London, 1948, 371
21. D. K. R. Crosswell, *Beetle: The Life of General Walter Bedell Smith,* Lexington, KY, 2010, 812
22. Patton and date of counterattack, *PP,* 599
23. *PP,* 600
24. 19.12.44, CBHD
25. VIII Corps, NARA RG 407 270/65/8/2 ML 299
26. 'The Break-through to Bastogne', typescript, n.d., CMH 8-3.1 AR
27. Lieutenant Ed Shames, in Tim G. W. Holbert, 'Brothers at Bastogne-Easy Company's Toughest Task', *World War II Chronicles,* Winter 2004/5, 22-5
28. Louis Simpson, *Selected Prose,* New York, 1989, 121
29. NARA RG 407 270/65/8/2 ML 130
30. Generalmajor Heinz Kokott, 26th Volksgrenadier-Division, FMS B-040
31. ibid.
32. ibid.
33. Generalleutnant Fritz Bayerlein, FMS A-941
34. ibid.
35. ibid.
36. Kokott, FMS B-040
37. William R. Desobry Papers, USAMHI, and NARA RG 407 270/65/8/2 ML 130
38. NARA RG 407 270/65/8/2 ML 130
39. William R. Desobry Papers, USAMHI
40. Holbert, 'Brothers at Bastogne-Easy Company's Toughest Task', 22-5
41. quoted George E. Koskimaki, *The Battered Bastards of Bastogne: The 101st Airborne in the Battle of the Bulge,* New York, 2007, 113
42. Capture of 326th Field Hospital, CMH *Medical,* 409-14
43. William R. Desobry Papers, USAMHI
44. CMH *Medical,* 414
45. Carol Mather, *When the Grass Stops Growing,* Barnsley, 1997, 284-7
46. ibid., 286

47. ibid., 287
48. ibid.
49. Crosswell, 814
50. CMH *SC*, 378
51. Kenneth Strong, *Intelligence at the Top,* London, 1970, 226
52. Coningham, FCP *SC*
53. Bedell Smith, FCP *SC*
54. Ingersoll, 205
55. Chester B. Hansen Collection, Box 42, S-25, USAMHI

13. 十二月二十日星期三

1. Carol Mather, *When the Grass Stops Growing,* Barnsley, 1997, 287
2. Sir Carol Mather docs., IWM, 11/28/1 5
3. ibid.
4. Dempsey, FCP *SC*
5. Quoted Nigel Hamilton, *Monty: Master of the Battlefield 1942-1944,* London, 1984, 213
6. Mather, 288
7. Bedell Smith, FCP *SC*
8. 21.12.44, PWS
9. 23.12.44, PWS
10. Ralph Ingersoll, *Top Secret,* London, 1946, 200
11. 'The Ardennes', CSI Battlebook 10-A, May 1984
12. ibid.
13. Carlos Baker, *Ernest Hemingway: A Life Story,* New York, 1969, 558
14. Generalmajor Siegfried von Waldenburg, 116th Panzer-Division, FMS A-873
15. Lieutenant Ed Shames, in Tim G. W. Holbert, 'Brothers at Bastogne - Easy Company's Toughest Task', *World War II Chronicles,* Winter 2004/5, 22-5
16. Charles B. MacDonald, *A Time for Trumpets: The Untold Story of the Battle of the Bulge,* New York, 1984, 499-500
17. Quoted Peter Schrijvers, *Those Who Hold Bastogne,* New Haven, CN, 2014, 63
18. Generalmajor Heinz Kokott, 26th Volksgrenadier-Division, FMS B-040
19. Generalleutnant Fritz Bayerlein, Panzer Lehr Division, FMS A-941
20. Kokott, FMS B-040.
21. ibid.

22. ibid.
23. ibid.
24. Louis Simpson, *Selected Prose,* New York, 1989,137-8
25. Charles B. MacDonald, *The Battle of the Bulge,* London, 1984, 448-9
26. RWHP, Box 1
27. Maj. Donald P. Boyer Jr, S-3, 'Narrative Account of Action of 38th Armored Infantry Battalion', n.d., RWHP, Box 1
28. Generalmajor Otto Remer, ETHINT 80
29. Mack Morriss, 'The Defense of Stavelot' *Yank,* 9.2.45
30. NARA RG 407 290/56/5/1-3, Box 7
31. ibid.
32. Operations of the Sixth Panzer Army, FMS A-924
33. V Corps, NARA RG 498 290/56/2/3, Box 1455
34. Richard H. Byers, 'The Battle of the Bulge', Richard H. Byers Papers, Box 1, USAMHI
35. 3rd Panzergrenadier-Division, FMSA-978
36. Peter Schrijvers, *The Unknown Dead: Civilians in the Battle of the Bulge,* Lexington, KY, 2005, 30
37. MacDonald, *A Time for Trumpets,* 406
38. Arthur S. Couch, 'An American Infantry Soldier in World War II Europe', unpublished memoir, private collection
39. MacDonald, *A Time far Trumpets,* 407
40. Martin Lindsay, *So Few Got Through,* Barnsley; 2000, 161
41. TNA WO 231/30
42. J. W. Cunningham, IWM Documents 15439 06/126/I
43. Brigadier A. W. Brown, IWM Documents 13781 73/18/1
44. Bedell Smith, FCP *SC*
45. *Time,* 1.1.45
46. 21.12.44, Hobart Gay Papers, USAMHI
47. Memo, R. H. C. Drummond-Wolff, chief, Liberated Territories Desk, PWD, 21.12.44, C. D. Jackson Papers, Box 3, DDE Lib
48. Fritz Hockenjos, Kriegstagebuch, BA-MA, MsG2 4038
49. LHC-DP, No. 217, II, 5, quoted Ian Kershaw, *The End: Hitler's Germany 1944-45,* London, 2011, 156
50. Antony Beevor, *Berlin: The Downfall 1945,* London, 2002, 1

51. CSDIC, TNA WO 208/4364 GRGG 235/6
52. ibid.
53. ibid.
54. ibid.
55. ibid.

14. 十二月二十一日星期四

1. Peiper, FMS C-004
2. Peter Schrijvers, *The Unknown Dead: Civilians in the Battle of the Bulge,* Lexington, KY, 2005, 57-8
3. NARA RG 407 290/56/5/1-3, Box 7
4. Mack Morriss, 'The Defense of Stavelot, *Yank,* 9.2.45
5. 21.12.44, PWS
6. 24.12.44, CBHD
7. 21.12.44, CBHD
8. 21.12.44, PWS
9. J. Lawton Collins, SOOHP Box 1, USAMHI
10. Jonathan M. Soffer, *General Matthew B. Ridgway,* Westport, CN, 1998, 71
11. Major Donald P. Boyer Jr, RWHP, Box 1
12. ibid.
13. ibid.
14. RWHP, Box 1
15. Schrijvers, *Unknown Dead,* 169
16. Richard D. Sparks, ' A Walk through the Woods', 2003, http://www.ryansdom.com/theryans/sparks/adobe/ walk2.pdf
17. Generalmajor Siegfried von Waldenburg, 116th Panzer-Division, FMS A-873
18. ibid.
19. 4th SS Panzer-grenadier-Regiment *Der Führer,* FMS P-109b
20. Waldenburg, FMS A-873
21. NARA RG 407 270/65/8/2 ML 130
22. *PP,* 603
23. NARA RG 407 270/65/8/2 ML 130
24. Robert Harwick, 'Christmas for Real!', *The Magazine of the Gulf Companies,* November-December 1945, 70-1
25. ibid.

26. ibid.
27. General der Panzertruppe Heinrich von Lüttwitz, XLVII Panzer Corps, FMS A-939
28. George E. Koskimaki, *The Battered Bastards of Bastogne: The 101st Airborne in the Battle of the Bulge,* New York, 2007, 148

15. 十二月二十二日星期五

1. Maurice Delaval Collection, Box 7, USAMHI
2. I&R Platoon, 423rd Infantry; 106th Division, Richard D. Sparks, 'A Walk through the Woods', 2003, http://www.ryansdom.com/theryans/sparks/adobe/ walk2.pdf
3. Sam Bordelon, ibid.
4. 22.12.44, RWHP, Box 1
5. Misc'l AG Records, NARA RG 407 E 427 2280, Box 2425
6. Sparks, 'A Walk through the Woods'
7. Misc'l AG Records, NARA RG 407 E 427 2280, Box 2425
8. ibid.
9. Maurice Delaval Collection, Box 7, USAMHI
10. Peter Schrijvers, *The Unknown Dead: Civilians in the Battle of the Bulge,* Lexington, KY, 2005, 26-7
11. NARA RG 407 290/56/5/1-3, Box 7
12. Peiper, ETHINT 10
13. Generalmajor Heinz Kokott, 26th Volksgrenadier-Division, FMS B-040
14. ibid.
15. André Meurisse, quoted George E. Koskimaki, *The Battered Bastards of Bastogne: The 101st Airborne in the Battle of the Bulge,* New York, 2007, 221-2
16. Bedell Smith interview, FCP *SC*
17. J. Lawton Collins, SOOHP, Box 1, USAMHI
18. John S. D. Eisenhower, *The Bitter Woods,* New York, 1970, 453
19. General der Panzertruppe Heinrich von Lüttwitz, XLVII Panzer Corps, FMS A-939
20. 23rd Hussars report, William H. Simpson Papers, Box 11, USAMHI
21. Oberstleutnant Rüdiger Weiz, 2nd Panzer-Division, FMS B-456
22. Generalmajor Siegfried von Waldenburg, FMS A-873
23. 22.12.14, CBHD
24. ibid.
25. Eisenhower, *Bitter Woods,* 422
26. CMH *SC*, 381

27. Ralph Ingersoll, *Top Secret,* London, 1946, 201-4

16. 十二月二十三日星期六

1. CMH *Ardennes,* 468
2. John S. D. Eisenhower, *The Bitter Woods,* New York, 1970, 424
3. Generalleutnant Karl Thoholte, 'Army Group B Artillery in the Ardennes', FMS B-311
4. ETO Historical Division, NARA RG 498 290/57/17/6
5. Royce L. Thompson, 'Air Resupply to Isolated Units, Ardennes Campaign', OCMH, Feb. 1951, typescript, CMH 2-3.7 AE P
6. General der Waffen-SS H. Priess, I SS Panzer Corps, FMS A-877
7. William H. Simpson Papers, Box II, USAMHI
8. Peter Schrijvers, *The Unknown Dead: Civilians in the Battle of the Bulge,* Lexington, KY, 2005, 27-8
9. Major Herbert Büchs, ETHINT 34
10. Generalmajor Heinz Kokott, 26th Volksgrenadier Division, FMS B-040
11. ibid.
12. ibid.
13. ibid.
14. Thompson, 'Air Resupply to Isolated Units, Ardennes Campaign'
15. Martin Wolfe, *Green Light!* Philadelphia, PA, 1989,348
16. George E. Koskimaki, *The Battered Bastards of Bastogne: The 101st Airborne in the Battle of the Bulge,* New York, 2007, 257
17. 17 ibid.
18. CMH *Medical,* 420
19. Kokott, FMS B-040
20. Koskimaki, 147
21. Louis Simpson, *Selected Prose,* New York, 1989, 138
22. ibid., 139
23. NARA RG 498 290/56/2/3, Box 1455
24. V Corps, ibid.
25. 22.12.44, PWS
26. A. J. Cowdery, Civil Affairs, IWM Documents 1739510/18/1
27. Derrick Jones, IWM Documents 4309
28. Henry Dubois, cited Jean-Michel Delvaux, *La Bataille des Ardennes autour de Rochefort,* 2 vols., Hubaille, 2004-5, i, 333

29. Jean-Michel Delvaux, *La Bataille des Ardennes autour de Celles,* Hubaille, 2003, 38-9
30. ibid., 81-2
31. CMH *Ardennes,* 437
32. Delvaux, *Rochefort,* i, 238-9 and ii, 236
33. 23.12.44, FDRL MR

17. 十二月二十四日星期天

1. 12.44, CBHD
2. ibid.
3. ibid.
4. ibid.
5. 'The Intervention of the Third Army: III Corps in the Attack', typescript, n.d., CMH 8-3.1 AR
6. VIII Corps, Third Army, NARA RG 498 290/56/2/3, Box 1463
7. VII Corps, NARA RG 498 290/56/2/3, Box 1459
8. NARA RG 498 290/56/5/2, Box 3
9. VIII Corps, Third Army; NARA RG 498 290/ 56/2/3, Box 1463
10. ibid.
11. ibid.
12. Generalmajor Ludwig Heilmann, 5th Fallschirmjäger- Division, FMS B-023
13. Robert R. Summers et al., 'Armor at Bastogne', Armored School, Advanced Course, May 1949, CARL N-2146.71-2
14. 24.12.44, Diary of Robert Calvert Jr, Company C, 51st Armored Infantry Battalion, 4th Armored Division, *American Valor Quarterly,* Summer 2008, 22
15. NARA RG 407 290/56/5/1-3, Box 7
16. 24.12.44, PWS
17. 8.1.45, CBHD
18. John S. D. Eisenhower, *The Bitter Woods,* New York, 1970, 449
19. William A. Carter, typescript, 1983, CEOH, Box V, 14, XII, 22
20. CSDIC, TNA WO 208/4140 SRM 1150
21. Generalmajor Siegfried von Waldenburg, 116th Panzer-Division, FMS A-873
22. VII Corps, NARA RG 498 290/56/2/3, Box 1459
23. Waldenburg, FMS A-873
24. Brigadier A. W. Brown, IWM Documents 13781 73/18/1

25. David W. Hogan Jr, *A Command Post at War: First Army Headquarters in Europe, 1943-1945,* Washington, DC, 2000, 223
26. Eisenhower, *Bitter Woods,* 466
27. Oberstleutnant Rüdiger Weiz, 2nd Panzer-Division, FMS B-456
28. ibid.
29. A. J. Cowdery, Civil Affairs, IWM Documents 17395 10/18/1
30. Jean-Michel Delvaux, *La Bataille des Ardennes autour de Rochefort,* 2 vols., Hubaille, 2004-5, i, 17-41
31. TNA WO 171/4184
32. Heinz Guderian, *Panzer Leader,* New York, 1996, 310-11
33. Carlos Baker, *Ernest Hemingway: A Life Story,* New York, 1969, 558-9
34. CMH *Medical,* 418
35. Stanley Weintraub, *Eleven Days in December,* New York, 2006,137
36. Simone Hesbois, quoted Delvaux, *Rochefort,* i, 328-9
37. Rochefort, Delvaux, *Rochefort,* ii, 240
38. Gerald Astor, *Battling Buzzards: The Odyssey of the 517th Parachute Regimental Combat Team 1943-1945,* New York, 1993, 300
39. PFC Warren Wilson, Coy I, 2nd Bn, 395th Inf, Weintraub, 125
40. Frederick A. McDonald, *Remembered Light: Glass Fragments from World War II,* San Francisco, 2007, 29

18. 耶誕節

1. Peter Schrijvers, *Those Who Hold Bastogne,* New Haven, CN, 2014, 119-20
2. Generalmajor Heinz Kokott, 26th Volksgrenadier-Division, FMS B-040
3. 502nd Parachute Infantry Regiment, VIII Corps, NARA RG 498 290/56/2/3, Box 1463
4. PFC Leonard Schwartz, George E. Koskimaki, *The Battered Bastards of Bastogne: The 101st Airborne in the Battle of the Bulge,* New York, 2007, 325
5. 502nd Parachute Infantry Regiment, VIII Corps, NARA RG 498 290/56/2/3, Box 1463
6. Kokott, FMS B-040
7. Cpl Jackson of the 502nd Parachute Infantry Regiment, VIII Corps, NARA RG 498 290/56/5/2, Box 3
8. Kokott, FMS B-040
9. TNA wo 311/54

10. Kokott, FMS B-040
11. Royce L. Thompson, 'Air Resupply to Isolated Units, Ardennes Campaign5, OCMH, Feb. 1951, typescript, CMH 2-3.7 AEP
12. NARA RG 407 270/65/8/2 ML 130
13. Lutrebois, NARA RG 498 290/56/5/2, Box 3
14. Denyse de Coune, Souvenirs de guerre: Assenois 1944-5', p.125, quoted Peter Schrijvers, *The Unknown Dead: Civilians in the Battle of the Bulge,* Lexington, KY, 2005, p. xiii
15. General der Panzertruppe Heinrich von Lüttwitz, XLVII Panzer Corps, FMS A-939
16. Jean-Michel Delvaux, *La Bataille des Ardennes autour de Rochefort,* 2 vols., Hubaille, 2004-5, i, 341
17. Brigadier A. W. Brown, IWM Documents 13781 73/18/1
18. TNA WO 231/30
19. Jean-Michel Delvaux, *La Bataille des Ardennes autour de Celles,* Hubaille, 2003, 103
20. General-major Siegfried von Waldenburg, 116th Panzer-Division, FMS A-873
21. VIII Corps, NARA RG 498 290/56/2/3, Box 1463
22. VIII Corps, NARA RG 407 270/65/8/2 ML 299
23. *PP,* 606
24. Schrijvers, *Unknown Dead,* 31
25. Richard Henry Byers, 'Battle of the Bulge', typescript, 1983
26. Leutnant Martin Opitz, 295th Volksgrenadier- Division, NARA RG 407 290/56/5/1-3, Box 7
27. Chester B. Hansen Collection, Box 42, S-7, USAMHI
28. *PP,* 606
29. Chester B. Hansen Collection, Box 42, S-7, USAMHI
30. Bedell Smith, FCP *SC*
31. *Daily Express,* Stanley Weintraub, *Eleven Days in December,* New York, 2006, 79

19. 十二月二十六日星期二

1. 26.12.44, CBHD
2. *PP,* 605
3. *PP,* 607
4. Peter Schrijvers, *Those Who Hold Bastogne,* New Haven, CN, 2014, 130
5. Royce L. Thompson, 'Air Resupply to Isolated Units, Ardennes Campaign', OCMH, Feb. 1951, typescript, CMH 2-3.7 AE P

6. 26.12.44, CBHD
7. CMH *Medical,* 422
8. *American Valor Quarterly,* Summer 2008, 19
9. NARA RG 407 270/65/8/2 ML 130
10. Generalmajor Rudolf Freiherr von Gersdorff and Generalmajor Heinz Kokott, ETHINT 44
11. Major Frank, commander III/ 13th Fallschirmjäger, CSDIC, TNA WO 208/4140 SRM 1148
12. General der Panzertruppe Heinrich von Lüttwitz, XLVII Panzer Corps, ETHINT 42
13. 26.12.44, CBHD
14. Brigadier A. W. Brown, IWM Documents 13781 73/18/1
15. General der Panzertruppe Heinrich von Lüttwitz, XLVII Panzer Corps, FMS A-939
16. Oberstleutnant Rüdiger Weiz, 2nd Panzer-Division, FMS B-456
17. Jean-Michel Delvaux, *La Bataille des Ardennes autour de Rochefort,* 2 vols., Hubaille, 2004-5, i, 218
18. ibid., 304, 308
19. Colonel Shaffer F Jarrell, VII Corps, NARA RG 498 290/56/2/3, Box 1459
20. Jean-Michel Delvaux, *La Bataille des Ardennes autour de Celles,* Hubaille, 2003, 94
21. diary of Sister Alexia Bruyère, 26.12.44, quoted Delvaux, *Rochefort,* i, 143
22. Generalmajor Siegfried von Waldenburg, FMS A-873
23. Generalmajor Otto Remer, ETHINT 80
24. CCA from 3rd Armored Division, TNA WO 231/30
25. FMS P-109
26. Alfred Zerbel, 3rd SS Panzergrenadier-Regiment *Deutschland,* FMS P-109
27. NARA RG 498 290/56/2/3, Box 1463
28. Peter Schrijvers, *The Unknown Dead: Civilians in the Battle of the Bulge,* Lexington, KY, 2005, 183
29. ibid., 184
30. Leutnant Martin Opitz, 295th Volksgrenadier-Division, NARA RG 407 290/56/5/1-3, Box 7
31. ibid.
32. TNA WO 231/30
33. 26.12.44, PWS

34. 26.12.44 CBHD
35. 27.12.44, *PP,* 608
36. Samuel W. Mitcham Jr, *Panzers in Winter,* Mechan-icsburg, PA, 2008, 153-4
37. Nicolaus von Below, *Als Hitlers Adjutant, 1937-1945,* Mainz, 1980, 398

20. 盟軍準備反攻

1. 27 December, Royce L. Thompson, 'Air Resupply to Isolated Units, Ardennes Campaign', OCMH, Feb. 1951, typescript, CMH 2-3.7 AE P
2. George E. Koskimaki, *The Battered Bastards of Bastogne: The 101st Airborne in the Battle of the Bulge,* New York, 2007, 365-6
3. Generalmajor Siegfried von Waldenburg, 116th Panzer-Division, FMS B-038
4. 12th Army Group, NARA RG 407 270/65/7/2 ML 209
5. 28.12.44, PWS
6. 28.12.44, CBHD
7. Montgomery letter to Mountbatten, 25.12.44, Nigel Hamilton, *Monty: The Field Marshal 1944-1976,* London, 1986, 238
8. CMH *Ardennes,* 610
9. 27.12.44, PWS
10. ibid.
11. J. Lawton Collins, SOOHP USAMHI
12. CMH *Ardennes,* 612
13. William H. Simpson Papers, Box 11, USAMHI
14. Montgomery's plan outlined at Zonhoven, Crcrar diary, TNA CAB 106/1064
15. 31.12.44, CBHD
16. 2.1.45, CBHD
17. Alanbrooke Diary, 30.12.44, LHCMA
18. quoted Russell F Weigley, *Eisenhower's Lieutenants,* Bloomington, IN, 1990, 542-3
19. quoted Hamilton, *Monty: The Field Marshal,* 275
20. DDE Lib, Box 83
21. Eisenhower at SHAEF meeting on 30.12.44, Air Chief Marshal Sir James Robb's notes, NARA RG 319 270/19/5-6/7-1, Boxes 215-16 2-3.7 CB 8
22. F. de Guingand, quoted Hamilton, *Monty: The Field Marshal,* 279
23. DDE Lib, Box 83
24. diary of Robert Calvert Jr, Company C, 51st Armored Infantry Battalion, 4th Armored Division, *American Valor Quarterly,* Summer 2008, 22

25. Generalmajor Otto Remer, ETHINT 80
26. ibid.
27. General der Panzertruppe Heinrich von Lüttwitz, XLVII Panzer Corps, FMS A-939
28. Remer, ETHINT 80
29. Stephen E. Ambrose, *Band of Brothers,* New York, 2001, 194
30. Koskimaki, 393
31. ibid., 391
32. MFF-7, Ci-107
33. CMH *Ardennes,* 626
34. III Corps, NARA RG 498 290/56/5/2, Box 3
35. Generalmajor Ludwig Heilmann, 5th Fallschirmjäger-Division, FMS B-023
36. Generalmajor Heinz Kokott, 26th Volksgrenadier-Division, FMS B-040
37. TNA WO 311/54
38. Third Army daily log, 31.12.44, Gaffey Papers, USAMHI
39. 30.12.44, CBHD
40. Letter, Eugene A. Watts, S-3, 52nd Armored Infantry Bn, 9th AD, 28.2.85, CBMP, Box 1
41. Edward Horrell, IWM Documents 17408 10/4/1
42. Jean-Michel Delvaux, *La Bataille des Ardennes autour de Celles,* Hubaille, 2003, 40
43. ibid., 36
44. Horrocks on medical leave, Hamilton, *Monty: The Field Marshal,* 255-6
45. A. J. Cowdery, Civil Affairs, IWM Documents 17395 10/18/1
46. Liliane Delhomme, Jean-Michel Delvaux, *La Bataille des Ardennes autour de Rochefort,* 2 vols., Hubaille, 2004-5, 241
47. Lance-Sergeant Walker, Letter to author from his son, Air Marshal Sir David Walker, 27.4.14
48. William H. Simpson Papers, Box 11, USAMHI
49. G. Patrick Murray, 1973, SOOHP
50. 31.12.44, PWS
51. 31.12.44, CBHD
52. Ursula von Kardorff, *Diary of a Nightmare: Berlin 1942-1945,* London, 1965, 161
53. Leutnant Martin Opitz, 295th Volksgrenadier-Division, NARA RG 407 290/56/5/1-3, Box 7

21. 雙重奇襲

1. *HLB,* 514, 517
2. Fähnrich Schmid, CSDIC, TNA WO 208/4134 SRA 5615
3. Oberleutnant Hartigs, 4/JG 26, CSDIC, TNA WO 208/4135 SRA 5767
4. CSDIC, TNA WO 208/4134 SRA 5515
5. Hartigs, CSDIC, TNA WO 208/4135 SRA 5764 20/1/45
6. Feldwebel Halbritter, CSDIC, TNA WO 208/4134 SRA 5569
7. CSDIC, TNA WO 208/4135 SRA 5760 23/1/45
8. CSDIC, TNA WO 208/4177
9. CSDIC, TNA WO 208/4292 USAFE/M.72
10. CSDIC, TNA WO 208/4164 SRX 21091
11. ibid.
12. Oberstleutnant Johann Kogler, CSDIC, TNA WO 208/4177
13. CSDIC, TNA WO 208/4178
14. CSDIC, TNA WO 208/4177
15. Oberleutnant Hartigs, FW 190 4/JG 26, CSDIC, TNA WO 208/4164 SRX 2086
16. ibid.
17. CSDIC, TNA WO 208/4164 SRX 2086
18. Sebastian Cox of the Air Historical Branch of the Ministry of Defence, e-mail to author, 18.8.14. I am most grateful for his corrections and precise figures for aircraft losses on both sides.
19. 1.1.45, PWS
20. 2.1.45, PWS
21. William H. Simpson Papers, Box 11, USAMHI
22. Sebastian Cox, e-mail to author, 18.8.14
23. William H. Simpson Papers, Box 11, USAMHI
24. Nicolaus von Below, *Als Hitlers Adjutant, 1937-1945,* Mainz, 1980, 399
25. letter to Colonel Waine Archer from Colonel Pete T. Heffner Jr, 3.1.45, NARA RG 498 290/56/5/3, Box 1463
26. NARA RG 331, SHAEF records (290/715/2) E-240P, Box 38
27. Charles de Gaulle, *Mémoires de Guerre: Le Salut, 1944-1946,* Paris, 1959, 145
28. James Robb diary, DDE Lib, Papers, Pre-Pres., Box 98
29. Dwight D. Eisenhower, *Crusade in Europe,* London, 1948, 396
30. De Gaulle, *Mémoires de Guerre: Le Salut, 1944-1946,* 148
31. Eisenhower, *Crusade in Europe,* 396

32. 4.1.45, DCD
33. letter to Colonel Waine Archer from Colonel Pete T. Heffner Jr, 5.1.45, NARA RG 498 290/56/5/3, Box 1463
34. *PDDE,* iv, 2491
35. 3.1.45, TNA HW 14/119
36. ibid.
37. Thomas E. Griess, 14.10.70, York County Heritage Trust, York, PA, Box 94
38. VI Corps, NARA RG 498 290/56/5/3, Box 1463
39. Chester B. Hansen Collection, Box 42, S-28, USAMHI
40. 6.1.45, CBHD
41. 8.1.45, CBHD
42. ibid.
43. 6.1.45, CBHD
44. 5.1.45, CBHD
45. TNA CAB 106/1107
46. TNA CAB 106/1107
47. ibid.
48. ibid.
49. 8.1.45, CBHD
50. TNA CAB 106/1107

22. 反攻

1. Generalmajor Otto Remer, ETHINT 80
2. 4.1.45, *PP,* 615
3. ibid.
4. CBHD, Box 5
5. Ed Cunningham, 'The Cooks and Clerks', *Yank,* 16.3.45
6. Lt Col. Glavin, G-3 6th Armored Division, VII Corps, NARA RG 498 290/56/2/3, Box 1459
7. 6th Armored Division, NARA RG 498 290/56/5/2, Box 3
8. CMH *Ardennes,* 647
9. 4.1.45, *PP,* 615
10. 17th Airborne, NARA RG 498 290/56/5/2, Box 3
11. ibid.
12. Colonel J. R. Pierce, NARA RG 498 290/56/5/2, Box 3

13. VII Corps, NARA RG 498 290/56/2/3, Box 1459
14. 8.1.45, CBHD
15. Congressional Medal of Honor Library; vol. i, 172-3, Peter Schrijvers, *Those Who Hold Bastogne,* New Haven, CN, 2014, 225
16. VIII Corps, NARA RG 498 290/56/2/3, Box 1463
17. *PP*, 615
18. 3.1.45, PWS
19. William H. Simpson Papers, Box 11, USAMHI
20. 3.1.45, PWS
21. ibid.
22. 4.1.45, CBHD
23. War Diary, 13th Bn Parachute Regiment, TNA WO 171/1246
24. Jean-Michel Delvaux, *La Bataille des Ardennes autour de Rochefort,* 2 vols., Hubaille, 2004-5, ii, 123-4
25. 6.1.45, PWS
26. 7.1.45, Hobart Gay Papers, USAMHI
27. José Cugnon, quoted Delvaux, *Rochefort,* ii, 28
28. ibid., i, 232
29. diary of Sister Alexia Bruyère, quoted ibid., i, 143
30. *PP,* 632
31. Captain H. O. Sweet, IWM, 95/33/1
32. NARA RG 165, Entry 178, Box 146353
33. CSDIC, TNA WO 208/4157 SRN 4772 25/3/45
34. Major Gen. Kenneth Strong 02/14/2 3/25 - Intelligence Notes No. 33, IWM Documents 11656
35. NARA RG 498 290/56/2/3, Box 1459
36. MFF-7, Ci-107
37. VIII Corps, NARA RG 498 290/56/2/3, Box 1463
38. NARA RG 498 290/56/2/3, Box 1466
39. Gerald Astor, *A Blood-Dimmed Tide,* New York, 1992, 375
40. TNA WO 231/30
41. V Corps, NARA RG 498 290/56/2/3, Box 1455
42. VII Corps, NARA RG 498 290/56/2/3, Box 1459
43. Generalmajor Ludwig Heilmann, 5th Fallschirmjäger-Division, FMS B-023
44. CSDIC, TNA WO 208/3616 SIR 1548

45. Feldwebel Rösner, 7th Battery, 26th Volksgrenadier-Division, TNA WO 311/54
46. Robert M. Bowen, *Fighting with the Screaming Eagles: With the 101st Airborne from Normandy to Bastogne,* London 2001, 204-5
47. Assistant Arzt Dammann, CSDIC, TNA WO 208/3616 SIR 1573
48. 'Shock Nurse', Ernest O. Hauser, *Saturday Evening Post,* 10.3.45
49. CMH *Medical,* 385-6
50. VII Corps, NARA RG 498 290/56/2/3, Box 1459
51. ibid.
52. ibid.
53. ibid.
54. 5th Infantry Division, XX Corps, NARA RG 498 290/56/2/3, Box 1465
55. General der Panzertruppe Heinrich von Lüttwitz, XLVII Panzer Corps, FMS A-939
56. 8.1.45, A. J. Cowdery, Civil Affairs, IWM Documents 17395 10/18/1
57. *HLB,* 597
58. Generalmajor Hans Bruhn, 533rd Volksgrenadier-Division, CSDIC, TNA WO 208/4364 GRGG 240
59. 11.1.45, William H. Simpson Papers, Box11, USAMHI
60. to Major General Clayton Bissell, TNA WO 171/4184
61. Colonel Liebisch, *Art of War Symposium,* US Army War College, Carlisle, PA, 1986, 617
62. *Velikaya Otechestvennaya Voina,* Moscow, 1999, iii, 26
63. 15.1.45, CBHD
64. Generalleutnant von Heyking, 6th Fallschirmjäger-Division, TNA WO 171/4184

23. 剷平突出部

1. quoted Air Marshal Sir James Robb, 'Higher Direction of War', typescript, 11.46, provided by his daughter
2. Stephen E. Ambrose, *Band of Brothers,* New York, 2001, 229
3. Tim G. W. Holbert, 'Brothers at Baştogne-Easy Company's Toughest Task', *World War II Chronicles,* Winter 2004/5, 22-5
4. Ambrose, *Band of Brothers,* 223-4
5. NARA RG 498 290/56/5/3, Box 1463
6. 14.1.45, A. J. Cowdery, Civil Affairs, IWM Documents 17395 10/18/1
7. A. Fieber, 1st Bn, Manchester Rgt, in 53rd (Welsh) Div., IWM Documents 4050 84/50/1

8. 2nd Panzer- Division, FMS P-109e
9. Martin Lindsay, *So Few Got Through,* Barnsley, 2000, 160
10. 2nd Panzer-Division, FMS P-109e
11. MFF-7, Ci-100/101
12. Patton, quoted Gerald Astor, *A Blood-Dimmed Tide,* New York, 1992, 366
13. Armored School, Fort Knox, General Instruction Dept, 16.4.4.8, CARL N-18000.127
14. quoted H. Essame, *The Battle for Germany,* London, 1970, 117
15. 17.1.45, CBHD
16. William H. Simpson Papers, Box 11, USAMHI
17. ibid.
18. TNA CAB 106/1107
19. William H. Simpson Papers, Box 11, USAMHI
20. Montgomery to Brooke, 14.1.45, Nigel Hamilton, *Monty: The Field Marshal 1944-1976,* London, 1986, 325
21. William H. Simpson Papers, Box 11, USAMHI
22. 2.12.44, CBHD
23. 24.1.45, Hobart Gay Papers, USAMHI
24. NARA RG 407 E 427 2280, Box 2425
25. D. K. R. Crosswell, *Beetle: The Life of General Walter Bedell Smithy* Lexington, KY, 2010,853
26. CMH *SC*, 395 n. 111
27. Joint Report No. 1 by Operational Research Section 2nd Tactical Air Force and No. 2 Operational Research Section, 21st Army Group, TNA WO 231/30
28. Generalmajor Siegfried von Waldenburg, 116th Panzer-Division, FMS B-038
29. 29.1.45, CBHD
30. *PP,* 630
31. William H. Simpson Papers, Box 11, USAMHI
32. 16.1.45, CBHD
33. 4.2.45, CBHD
34. ibid.
35. CMH *SC*, 332
36. 25.1.45, A. J. Cowdery, Civil Affairs, IWM Documents 17395 10/18/1
37. Peter Schrijvers, *The Unknown Dead: Civilians in the Battle of the Bulge,* Lexington, KY, 2005, 325

24. 結語

1. FMS C-004
2. Interrogation of Generalfeldmarschall Keitel and Generaloberst Jodl, 20.7.45, TNA WO 231/30
3. Seventh Army, FMS A-876
4. Generaloberst Alfred Jodl, FMS A-928
5. 24.12.44, CBHD
6. Generalmajor Rudolf Freiherr von Gersdorff, FMS A-933
7. Generalleutnant Fritz Bayerlein, Panzer Lehr Division, FMS A-941
8. quoted D. K. R. Crosswell, *Beetle: The Life of General Walter Bedell Smith,* Lexington, KY, 2010,837
9. Churchill to Ismay, 10.1.45, TNA PREM 3 4 31/2
10. CMH *SC*, 396; and Royce L. Thompson, OCMH, typescript, 28452, CMH 2-3.7 AE P-15
11. Gerald K. Johnson, 'The Black Soldiers in the Ardennes', *Soldiers,* February 1981, 16ff
12. 'The Service Diary of German War Prisoner #315136', Sgt John P. Kline, Coy M, 3rd Battalion, 423rd Infantry Regiment, CBMP, Box 2
13. Cornelius J. Ryan Collection, Ohio University, Box 43, file 7, typescript, n.d.
14. 19.4.45, GBP
15. Vonnegut on C-Span, New Orleans, 30.5.95

參考書目

Ambrose, Stephen E., *Band of Brothers*, New York, 2001
Arend, Guy Franz, *Bastogne et la Bataille des Ardennes*, Bastogne, 1974
Astor, Gerald, *A Blood-Dimmed Tide*, New York, 1992
—— *Battling Buzzards: The Odyssey of the 517th Parachute Regimental Combat Team 1943–1945*, New York, 1993
Atkinson, Rick, *The Guns at Last Light*, New York, 2013

Baker, Carlos, *Ernest Hemingway: A Life Story*, New York, 1969
Bauer, Eddy, *L'Offensive des Ardennes*, Paris, 1983
Bedell Smith, Walter, *Eisenhower's Six Great Decisions*, London, 1956
Beevor, Antony, *Berlin: The Downfall 1945*, London, 2002
—— *The Second World War*, London, 2012
Beevor, Antony, and Cooper, Artemis, *Paris after the Liberation, 1944–1949*, London, 1994
Belchem, David, *All in the Day's March*, London, 1978
Below, Nicolaus von, *Als Hitlers Adjutant, 1937–1945*, Mainz, 1980
Bennet, Ralph, *Ultra in the West*, New York, 1980
Boberach, Heinz (ed.), *Meldungen aus dem Reich: Die geheimen Lageberichte des Sicherheitsdienstes der SS 1938–1945*, 17 vols., Herrsching, 1984
Botsford, Gardner, *A Life of Privilege, Mostly*, New York, 2003
Bowen, Robert M., *Fighting with the Screaming Eagles: With the 101st Airborne from Normandy to Bastogne*, London 2001
Bradley, Omar N., *A Soldier's Story*, New York, 1964

Cole, Hugh M., *United States Army in World War II: The European Theater of Operations: The Ardennes: Battle of the Bulge*, Washington, DC, 1988

Connell, J. Mark, *Ardennes: The Battle of the Bulge*, London, 2003

Couch, Arthur S., 'An American Infantry Soldier in World War II Europe', unpublished memoir, private collection

Crosswell, D. K. R., *Beetle: The Life of General Walter Bedell Smith*, Lexington, KY, 2010

D'Este, Carlo, *Eisenhower: Allied Supreme Commander*, London, 2002

De Gaulle, Charles, *Mémoires de Guerre: Le Salut, 1944–1946*, Paris, 1959

Delvaux, Jean-Michel, *La Bataille des Ardennes autour de Celles*, Hubaille, 2003

—— *La Bataille des Ardennes autour de Rochefort*, 2 vols., Hubaille, 2004–5

Domarus, Max (ed.), *Reden und Proklamationen 1932–1945*, Wiesbaden, 1973

Doubler, Michael D., *Closing with the Enemy: How GIs fought the War in Europe, 1944–1945*, Lawrence, KS, 1994

Dupuy, Colonel R. Ernest, *St. Vith: Lion in the Way: The 106th Infantry Division in World War II*, Washington, DC, 1949

Eisenhower, Dwight D., *Crusade in Europe*, London, 1948

Eisenhower, John S. D., *The Bitter Woods*, New York, 1970

Ellis, John, *The Sharp End: The Fighting Man in World War II*, London, 1990

Elstob, P., *Bastogne: La Bataille des Ardennes*, Paris, 1968

Ent, Uzal W. (ed.), *The First Century: A History of the 28th Infantry Division*, Harrisburg, PA, 1979

Essame, H. *The Battle for Germany*, London, 1970

Evans, Richard J., *The Third Reich at War*, London, 2008

Ferguson, Niall, *The War of the World*, London, 2007

Forty, George, *The Reich's Last Gamble: The Ardennes Offensive, December 1944*, London, 2000

Friedrich, Jörg, *Der Brand: Deutschland im Bombenkrieg 1940–1945*, Berlin, 2002

Fussell, Paul, *The Boys' Crusade*, New York, 2003

Galtier-Boissière, Jean, *Mon journal pendant l'Occupation*, Paris, 1944

Gehlen, Reinhard, *The Gehlen Memoirs*, London, 1972
Gellhorn, Martha, *Point of No Return*, New York, 1989
Gilbert, Martin, *The Second World War*, London, 1989
Guderian, Heinz, *Panzer Leader*, New York, 1996

Hamilton, Nigel, *Monty: Master of the Battlefield 1942–1944*, London, 1984
—— *Monty: The Field Marshal 1944–1976*, London, 1986
Hastings, Max, *Armageddon: The Battle for Germany 1944–45*, London, 2004
—— *Finest Years: Churchill as Warlord, 1940–45*, London, 2009
Heiber, Helmut, and Glantz, David M. (eds.), *Hitler and his Generals: Military Conferences 1942–1945*, London, 2002; *Hitlers Lagebesprechungen: Die Protokollfragmente seiner militärischen Konferenzen 1942–1945*, Munich, 1984
Hemingway, Ernest, *Across the River and into the Trees*, New York, 1950
Henke, Klaus-Dietmar, *Die amerikanische Besetzung Deutschlands*, Munich, 1995
Hitchcock, William I., *Liberation: The Bitter Road to Freedom: Europe 1944–1945*, London, 2009
Hogan, David W., Jr, *A Command Post at War: First Army Headquarters in Europe, 1943–1945*, Washington, DC, 2000
Horrocks, Brian, *Corps Commander*, London, 1977
Hynes, Samuel, *The Soldiers' Tale: Bearing Witness to Modern War*, London, 1998

Ingersoll, Ralph, *Top Secret*, London, 1946
Isaacson, Walter, *Kissinger: A Biography*, London, 1992

Jordan, David, *The Battle of the Bulge: The First 24 Hours*, London, 2003
Jung, Hermann, *Die Ardennen-Offensive 1944/45: Ein Beispiel für die Kriegführung Hitlers*, Göttingen, 1971
Junge, Traudl, *Until the Final Hour: Hitler's Last Secretary*, London, 2002

Kardorff, Ursula von, *Diary of a Nightmare: Berlin 1942–1945*, London, 1965
Kershaw, Alex, *The Longest Winter*, New York, 2004
Kershaw, Ian, *Hitler 1936–1945: Nemesis*, London 2000
—— *The End: Hitler's Germany 1944–45*, London, 2011
Kershaw, Robert, *It Never Snows in September*, London, 2008
Klemperer, Victor, *To the Bitter End: The Diaries of Victor Klemperer, 1942–45*, London, 2000

Lacouture, Jean, *De Gaulle: Le Politique*, Paris, 1985
Lindsay, Martin, *So Few Got Through*, Barnsley, 2000
Ludewig, Joachim, *Rückzug: The German Retreat from France, 1944*, Lexington, KY, 2012

MacDonald, Charles B., *A Time for Trumpets: The Untold Story of the Battle of the Bulge*, New York, 1984; *The Battle of the Bulge*, London, 1984
—— *The Mighty Endeavour: The American War in Europe*, New York, 1992
—— *Company Commander*, New York, 2002
—— *The Battle of the Huertgen Forest*, Philadelphia, PA, 2003
McDonald, Frederick A., *Remembered Light: Glass Fragments from World War II*, San Francisco, 2007
Massu, Jacques, *Sept ans avec Leclerc*, Paris, 1974
Mather, Carol, *When the Grass Stops Growing*, Barnsley, 1997
Merriam, Robert E., *Dark December*, New York, 1947
—— *The Battle of the Bulge*, New York, 1991
Meyer, Hubert, *The 12th SS: The History of the Hitler Youth Panzer Division*, vol. ii, Mechanicsburg, PA, 2005
Miller, Edward G., *A Dark and Bloody Ground: The Hürtgen Forest and the Roer River Dams, 1944–1945*, College Station, TX, 2008
Mitcham, Samuel W., Jr, *Panzers in Winter*, Mechanicsburg, PA, 2008
Moorehead, Caroline, *Martha Gellhorn*, London, 2003
Mortimer Moore, William, *Free France's Lion: The Life of Philippe Leclerc*, Havertown, PA, 2011

Neillands, Robin, *The Battle for the Rhine 1944: Arnhem and the Ardennes*, London, 2006
Neitzel, Sönke, and Welzer, Harald, *Soldaten: On Fighting, Killing and Dying*, New York, 2012
Niven, David, *The Moon's a Balloon*, London, 1994
Nobécourt, Jacques, *Le Dernier Coup de dés de Hitler*, Paris, 1962

Overmans, Rüdiger, *Deutsche militärische Verluste im Zweiten Weltkrieg*, Munich, 2000

Parker, Danny S. (ed.), *Hitler's Ardennes Offensive: The German View of the Battle of the Bulge*, London, 1997
Pogue, Forrest C., *The Supreme Command*, Washington, DC, 1954
—— *George C. Marshall: Organizer of Victory*, New York, 1973
—— *Pogue's War: Diaries of a WWII Combat Historian*, Lexington, KY, 2001
Post, Hans, *One Man in his Time*, Sydney, 2002

Ritchie, Sebastian, *Arnhem: Myth and Reality: Airborne Warfare, Air Power and the Failure of Operation Market Garden*, London, 2011
Roberts, Andrew, *Masters and Commanders*, London, 2008
Roberts, Mary Louise, *Foreign Affairs: Sex, Power, and American G.I.s in France, 1944–1946*, Chicago, 2013

Schrijvers, Peter, *The Crash of Ruin: American Combat Soldiers in Europe during World War II*, New York, 1998
—— *The Unknown Dead: Civilians in the Battle of the Bulge*, Lexington, KY, 2005
—— *Liberators: The Allies and Belgian Society, 1944–1945*, Cambridge, 2009
—— *Those Who Hold Bastogne*, New Haven, CN, 2014
Sears, Stephen W., *The Battle of the Bulge*, New York, 2004
Simpson, Louis, *Selected Prose*, New York, 1989
Soffer, Jonathan M., *General Matthew B. Ridgway*, Westport, CN, 1998
Speer, Albert, *Inside the Third Reich*, London, 1971
Spoto, Donald, *Blue Angel: The Life of Marlene Dietrich*, New York, 1992
Stargardt, Nicholas, *Witnesses of War: Children's Lives under the Nazis*, London, 2005
Sterling Rush, Robert, *Hell in Hürtgen Forest: The Ordeal and Triumph of an American Infantry Regiment*, Lawrence, KS, 2001
Strawson, John, *The Battle for the Ardennes*, London, 1972
Strong, Kenneth, *Intelligence at the Top*, London, 1970

Tedder, Arthur, *With Prejudice*, London, 1966

Van Creveld, Martin L., *Fighting Power: German and U.S. Army Performance, 1939–1945*, Westport, CN, 1982
Vassiltchikov, Marie 'Missie', *The Berlin Diaries, 1940–1945*, London, 1987

Weigley, Russell F., *Eisenhower's Lieutenants*, Bloomington, IN, 1990

Weinberg, Gerhard L., *A World at Arms: A Global History of World War II*, Cambridge, 1994

Weintraub, Stanley, *Eleven Days in December*, New York, 2006

Welch, David, *Propaganda and the German Cinema 1933–1945*, Oxford, 1983

Whiting, Charles, *The Battle of Hürtgen Forest*, Stroud, 2007

Wijers, Hans J. (ed.), *The Battle of the Bulge: The Losheim Gap, Doorway to the Meuse*, Brummen, 2001

Wilmot, Chester, *The Struggle for Europe*, London, 1952

Wingeate Pike, David, 'Oberbefehl West: Armeegruppe G: Les Armées allemandes dans le Midi de la France', *Guerres Mondiales et conflits contemporains*, Nos. 152, 164, 174, 181

Winton, Harold R., *Corps Commanders of the Bulge: Six American Generals and Victory in the Ardennes*, Lawrence, KS, 2007

Wolfe, Martin, *Green Light!*, Philadelphia, PA, 1989

Zimmermann, John, *Pflicht zum Untergang: Die deutsche Kriegführung im Westen des Reiches, 1944/45*, Paderborn, 2009

致謝

這樣的一本書，若非朋友與素昧平生之人鼎力協助，絕無可能研究完成。首先，我要對Rick Atkinson深深致謝；他大方分享他對這段時期的研究，一股腦地把他的筆記全給了我。事實證明，這些筆記是指引方向的明燈，幫助我一開始在浩瀚的檔案堆裡摸索時，少走了人們這個階段很容易走的許多冤枉路。

對於其他許多人，我也虧欠太多；這些人值得我由衷感謝。Hadelin de Liedekerke Beaufort伯爵（德軍第二裝甲師先頭部隊就是在他位於塞勒附近的領地被殲滅）不僅為我盡地主之誼，也替我牽線認識M. Jean-Michel Delvaux。後者是位歷史學家，專門研究戰爭期間塞勒與羅什福爾地區的百姓經驗，其卓越的研究成果令人欽佩，助益甚多。戴倫堡（d'Arenberg）公爵閣下體貼地安排他的管家M. Paul Gobiet載我逛遍所有地標景點；德軍第一一六裝甲師就是在他的領地上作戰。

英國國防部空軍軍史館（Air Historical Branch）館長Sebastian Cox，提供了有關空中武力運用的概括性建議，其中對於「底板行動」的細節描述，尤其讓我受益匪淺。Orlando Figes介紹我認識他的叔叔Ernest Unger，後者熱心訴說了傑哈特・昂格爾（Gerhardt Unger）的故事。澳洲戰爭紀念館的Ron Schroer聯繫了Hans Post，後者好心地提供了他的回憶錄與訪談錄音，細數他在戰役期間投身黨衛軍的歷程。美國陸軍軍事學院（US Army War College）的Tami Davis Biddle教授、Max Hastings爵士、Stefan Goebel博士和James Holland全都提供了建議、材料與書本，給予我莫大幫助。

我還要謝謝我在法國的出版商Ronald Blunden，謝謝他提供尊翁Godfrey Blunden的論文。謝謝Anne Induni女士；她是SHAEF副參謀長詹姆士・羅布中將之女，謝謝她分享其父一九四六年十一月在賓利莊園（Bentley Priory）寫下的論文〈戰爭的更高方向〉（Higher Direction of War）。此外，謝謝亞瑟・考區博士為我提供他未出版的、有關一九四四年冬天的回憶錄。

當然，我也得到檔案管理員的許多幫助與建議，其中包括William Spencer以及他在邱園（Kew）的英國國家檔案館的同事；Conrad Crane博士、Richard Sommers博士，以及位於賓州卡萊爾鎮（Carlisle）的美國陸軍軍事歷史研究所（USAMHI）全體工作人員；位於馬里蘭州大學公園市（College Park）的國家檔案與記錄管理局（NARA）的Tim Nenninger博士與Richard Peuser；倫敦國王學院Liddell Hart軍事檔案中心的工作人員；以及帝國戰爭博物館的工作人員。Harland Evans幫助我在國家檔案館、帝國戰爭博物館和Liddell Hart中心蒐集了各種材料。

最後，我永遠感謝我的經紀人兼好友Andrew Nurnberg，以及美國的Robin Straus；還有我在倫敦企鵝出版社的編輯Eleo Gordon，以及紐約的Kathryn Court。Peter James再度證明自己是最卓越的文字編輯。不過和往常一樣，我最深的感謝要獻給我的妻子兼最初的審稿人Artemis。這本書要獻給我們的兒子Adam；在我撰寫本書最複雜的幾個章節時，他考了現代史第一名，因而鞭策我更加努力。

照片出處

絕大多數照片取自美國國家檔案館（National Archives）。其他照片的出處分別是：1、13、16，出自AKG Images；5，出自Documentation Française；11，出自坦克博物館（Tank Museum）；12，出自德國科布倫茲聯邦檔案館（Bundesarchiv）；6、7、18、20、25、26、30-32、34、36、38、39、41、46、47，出自美國陸軍（藏於國家檔案館）；8、23、26、40，出自倫敦的帝國戰爭博物館（Imperial War Museum）；10，原出於波昂拜德哥德斯堡（Bad Godesberg）的Heinz Seidler，轉載自W. Goolrick與O. Tanner合著的*The Battle of the Bulge*。

國家圖書館出版品預行編目資料

解密突出部之役：英國權威軍事史家帶你實境穿越1944年阿登戰場，見證希特勒敗亡最後一里路／安東尼．畢佛（Antony Beevor）著；黃佳瑜譯. -- 初版. -- 臺北市：麥田, 城邦文化出版：家庭傳媒城邦分公司發行, 民108.03
面； 公分. --（歷史選書；74）
譯自：Ardennes 1944 : Hitler's Last Gamble
ISBN 978-986-344-633-0（平裝）
1. 第二次世界大戰 2. 戰史
712.84 108002136

歷史選書 74

解密突出部之役

英國權威軍事史家帶你實境穿越1944年阿登戰場，見證希特勒敗亡最後一里路

Ardennes 1944 : Hitler's Last Gamble

作　　者／安東尼．畢佛（Antony Beevor）
譯　　者／黃佳瑜
責任編輯／江灝、賴逸娟
主　　編／林怡君

國際版權／吳玲緯　蔡傳宜
行　　銷／艾青荷　蘇莞婷
業　　務／李再星　陳紫晴　陳美燕　馮逸華
編輯總監／劉麗真
總 經 理／陳逸瑛
發 行 人／涂玉雲
出　　版／麥田出版
10483臺北市民生東路二段141號5樓
電話：(886)2-2500-7696　傳真：(886)2-2500-1967
發　　行／英屬蓋曼群島商家庭傳媒股份有限公司城邦分公司
10483臺北市民生東路二段141號11樓
客服服務專線：(886) 2-2500-7718、2500-7719
24小時傳真服務：(886) 2-2500-1990、2500-1991
服務時間：週一至週五09:30-12:00．13:30-17:00
郵撥帳號：19863813　戶名：書虫股份有限公司
讀者服務信箱E-mail：service@readingclub.com.tw
麥田網址／https://www.facebook.com/RyeField.Cite/
香港發行所／城邦（香港）出版集團有限公司
香港灣仔駱克道193號東超商業中心1/F
電話：852-2508 6231　傳真：852-2578 9337
馬新發行所／城邦（馬新）出版集團 Cite (M) Sdn Bhd.
41-3, Jalan Radin Anum, Bandar Baru Sri Petaling, 57000 Kuala Lumpur, Malaysia.
電話：+ 6(03)9056 3833　傳真：+ 6(03)9057 6622
讀者服務信箱：services@cite.my

封面設計／兒日設計
印　　刷／前進彩藝有限公司

■2019年（民108）3月　初版一刷　　Printed in Taiwan.

定價：560元

ISBN 978-986-344-633-0